Günter Ederer, Jahrgang 1941, produzierte über 40 Jahre lang Filme für ARD und ZDF und berichtete aus 62 Ländern mit dem Schwerpunkt Wirtschaft. Sechs Jahre lang war er ZDF-Korrespondent in Tokio. Mit 23 Preisen, darunter der Deutsche Fernsehpreis, der Ludwig-Erhard-Preis für Publizistik und der Deutsch-Französische Journalistenpreis, ist er der meist ausgezeichnete Wirtschaftsjournalist Deutschlands. Seine Bücher waren alle Bestseller. Günter Ederer ist Fellow im Institut Zukunft für die Arbeit und lebt mit seiner Frau bei Bingen/Rhein.

GÜNTER EDERER

TRÄUM WEITER, DEUTSCHLAND!

POLITISCH KORREKT GEGEN DIE WAND

WILHELM HEYNE VERLAG
MÜNCHEN

ANMERKUNG ZUM REDAKTIONSSCHLUSS

Einige Zahlen für dieses Buch wurden noch im Dezember 2010 auf den aktuellen Stand gebracht. Der eigentliche Redaktionsschluss aber war Ende Oktober 2010. Die Kapitel über die Bevölkerungsentwicklung wurden im Juli und August 2010 geschrieben. Vor der Veröffentlichung der Taschenbuchausgabe im Sommer 2013 wurden Zahlen und Daten ergänzt. Redaktionsschluss: Februar 2013. Die Themen, die dieses Buch beinhaltet, stehen zurzeit im politischen und gesellschaftlichen Mittelpunkt, sodass es während der Endfertigung darüber oft heftige Auseinandersetzungen in der Öffentlichkeit gab. Das trifft besonders auf die Themen Bevölkerungsentwicklung, Einwanderung und Wohlfahrtsstaat zu. Gerade in diesen Bereichen ändern sich die Zahlen fast wöchentlich. Ich habe meine Texte nicht der tagesaktuellen Hysterie angepasst. Diese trägt nur zur Verwirrung und nicht zur Lösung der Fehlentwicklungen in unserem Land bei. Aber die langfristigen Konsequenzen, die sich aus der demografischen Entwicklung und den Schulden ergeben, ändern sich nicht und müssen weder jetzt, zwei Jahre nach dem Ersterscheinen, noch später revidiert werden, weil Politik zwar viel vermag, aber nicht gegen die Mathematik ankommt.

MIX
Papier aus verantwortungsvollen Quellen
FSC® C014496
www.fsc.org

Verlagsgruppe Random FSC® N001967
Das für dieses Buch verwendete
FSC®-zertifizierte Papier *Holmen Book Cream*
liefert Holmen Paper, Hallstavik, Schweden.

2. Auflage
Aktualisierte Taschenbuchausgabe 7/2013

INHALT

VORWORT: AUF DEM WEG ZUM CRASH?

Da sind zwei Züge in den Siebzigerjahren auf demselben Gleis losgefahren, die irgendwann in den nächsten 15 Jahren zusammenstoßen werden. Der eine Zug heißt Bevölkerungsentwicklung, der andere Staatsverschuldung.

Mit zunehmendem Tempo steigt die Zahl der Rentner rapide an, und wenn dann die Jahrgänge von 1960 bis 1970, die geburtenstärksten, die es je in Deutschland gab, aus dem Arbeitsleben ausscheiden, fehlen jährlich bis zu 600 000 Menschen, die die Lücken füllen könnten. Im Fünfjahresrhythmus sind es dann drei Millionen Beschäftigte weniger, die Steuern zahlen und die Sozialsysteme finanzieren können. Zahlen, die heute schon unumkehrbar feststehen.

Nicht anders verhält es sich mit dem anderen Zug-Ungetüm, das auf uns zurollt: den unvorstellbaren Schulden, die Deutschland angehäuft hat. Mehr als zwei Billionen Euro cash und noch einmal sieben Billionen Euro in Gesetzen festgeschriebene Ausgaben, für die es keinen Cent Rücklagen gibt. Das sind die rasant ansteigenden Kosten für die Beamtenpensionen, die Rentner, die Krankenkosten und die Pflege, über die wir nur ansatzweise diskutieren. Die Milliarden, die Deutschland für die Euro-Rettung aufbringen muss, können weder von den Politikern, noch von den internationalen Finanzexperten der Europäischen Zentralbank oder des Internationalen Währungsfonds genau beziffert werden. Ein kollektiver Verdrängungsmechanismus benebelt Bevölkerung und Politik. Obwohl die Zahlen bekannt sind, will kaum jemand wissen, welche Konsequenzen sie bedeuten. Es ist wie im Märchen Des Kaisers neue Kleider. Wer laut ruft: »Unser Staat ist pleite«, wird von der politisch korrekten Klasse als Miesmacher aussortiert.

Er stört den wohligen Traum, dass alles schon nicht so schlimm kommen wird.

Die Züge werden noch beschleunigt durch die wachsende Staatsgläubigkeit der Deutschen. Dazu zwei Beispiele: Als die weltweite Finanzkrise auch Deutschland erreichte, forderte die Vereinigte Linke die Verstaatlichung der Banken. Dabei waren die dümmsten Käufer der wertlosen US-Finanzderivate die staatseigenen Landesbanken. Es wird also die Verstaatlichung der staatlichen Banken verlangt. Das ist schon ein Fall für den Psychiater. Oder, wann immer die Deutsche Bahn AG durch Pannen und Unfähigkeit auffällt, werden sofort die geplante Privatisierung und die Gewinnmaximierung verantwortlich gemacht. Das geschieht reflexartig, ohne die Fakten überhaupt noch wahrzunehmen. Die Deutsche Bahn AG gehört nämlich zu 100 Prozent der Bundesrepublik Deutschland und wird auf allen Ebenen, von der Spitze bis zum Lokführer, von politisch motivierten Entscheidungen geprägt.

Wie die Lämmer, die ihren Metzger wählen, hoffen immer mehr Deutsche auf die Lösung unserer Probleme durch das Kollektiv, also den Staat. Statt darauf zu drängen, dass jedem Einzelnen möglichst viel Geld von seinem Verdienst bleibt, damit er selbst entscheiden kann, was für ihn gut und richtig ist, haben wir uns eines der kompliziertesten Steuersysteme der Welt zugelegt. Wir übergeben lieber unser Geld dem Staat und lassen dann einen Bürokraten über uns verfügen. Nicht einzelne Entscheidungen von Millionen von Bürgern formen unsere Gesellschaft, sondern einige wenige entscheiden über Millionen. Es dürfte weltweit einmalig sein, dass eine Partei an Zustimmung verliert, weil sie die Staatsausgaben und damit die Steuern senken will.

Dafür haben sich in Deutschland neue moralische, aber sehr schwammige Maßstäbe etabliert. Keine Gesetzesinitiative mehr, die nicht mit den Attributen »umweltverträglich, sozialverträglich und nachhaltig« versehen wird. Das ist dann »politische

Correctness« in Vollendung. Aber diese »politische Correctness«, diese soziale Tyrannei der öffentlichen Herrschaftsmeinung ist nicht nachhaltig: Im Gegenteil, sie beschleunigt die beiden aufeinander zu donnernden Züge. Unser Gesellschaftsmodell der vermarxten, vermurksten Marktwirtschaft kracht an die Wand – unweigerlich. Und spätestens dann wird deutlich, wie unsozial es war und ist. Ob wir durch eine hohe Inflationsrate oder gleich durch eine Währungsreform für die Schulden der verantwortungslosen Jahrzehnte von 1970 an aufkommen müssen, ist ziemlich egal. Die Zeche zahlt vor allem der berühmte »kleine Mann«, der sich nicht absetzen und seine Gelder außer Landes bringen kann.

So ausweglos die Perspektive für die Bundesrepublik Deutschland auch aussieht, in diesem Buch zeige ich Alternativen auf, wie die Züge noch mit einer Vollbremsung zu stoppen wären. Es sind Alternativen, die in anderen Staaten mit Erfolg praktiziert werden. Wir Deutsche müssen also das Rad nicht neu erfinden, sondern einmal von anderen lernen, auch wenn uns das schwerfällt. Hängen wir doch immer noch der Vorstellung nach: »Am deutschen Wesen muss die Welt genesen.« Denn reden wir uns nicht gerade ein, dass wir die »Lokomotive der Weltwirtschaft« sind, die »Retter des Euro«, das »Vorbild für die Rettung des Weltklimas«? Statt sich im Eigenlob zu suhlen, haben alle Lösungsansätze in diesem Buch etwas gemeinsam, das den Deutschen eher fremd ist: Sie verlangen weniger Staat, mehr Wettbewerb, sie verlangen mehr Eigenverantwortung, weniger Gleichheit und vor allem den Mut für ein unabdingbares Bekenntnis zur Freiheit.

Wir haben die Wahl: Weiter so wie bisher mit einem Modell, das die Geburten schrumpfen lässt, weil sich Kinderlosigkeit auszahlt, und das die Schulden wachsen lässt, weil ein allgegenwärtiger Staat vernebelt, wer verantwortlich ist – oder wir setzen auf die individuelle Freiheit, den Motor, welcher der westlichen demokratischen Gesellschaft zum Erfolg verholfen hat.

TEIL 1

FREIHEIT – DIE VERGEWALTIGUNG EINES MENSCHENRECHTS

1. EINDRÜCKE AUS EINER VERWIRRTEN NATION

»Haben Sie einen Tipp, wie ich mein Geld anlegen soll? Wo ist es denn noch sicher?« Diese Frage wurde mir nach der Finanzkrise hundertfach gestellt. Nach jedem Vortrag, jedem Gespräch mit Freunden und Bekannten, wollten alle nur das eine wissen: Wie rette ich mich vor der drohenden Inflation oder – noch schlimmer – der scheinbar unabwendbaren Währungsreform? Tagtäglich hörten die Menschen von den Hunderten Milliarden, die die Banken dieser Welt vernichtet hatten, von Hunderten Milliarden, die die Regierungen als Rettung für die drohende Zahlungsunfähigkeit ganzer Staaten zur Verfügung stellen mussten. Zum ersten Mal schwante den Bürgern unserer Republik, dass es wirklich zu einer Finanzkatastrophe kommen könnte. Die entsprechende Crash-Literatur überschwemmt seither die Buchläden. Angst macht sich breit, die Schuldigen werden gesucht.

Es liegt offenbar in der Natur des Menschen, die eigene Verantwortung zu verdrängen. Das trifft besonders für die Politiker hierzulande zu. Für die Linken und politisch Korrekten in Deutschland sind vor allem die Neoliberalen schuld, ein Begriff, unter dem sie Monopolkapitalismus, Raubtierkapitalismus, Marktwirtschaft, Unternehmertum, globale Weltwirtschaft und was weiß ich sonst noch alles subsumieren. Für die bürgerliche Rechte sind die Schuldigen die Sozialschmarotzer, Gleichmacher, Kommunisten und sonstigen Linken. Doch gemeinsam vergessen alle Parteien, dass sie sich den Staat zur Beute gemacht haben und durch eine hemmungslose Umverteilungsmaschinerie alle transparenten Verantwortungsstrukturen vernichtet haben. Das übertönt die politische Elite mit Wortgetöse, um ihre Untätigkeit zu verschleiern.

Wie wohltuend ist es doch für die Deutschen, dank der Griechenland-Pleite mit dem Finger auf Südeuropa zeigen zu können, wo die sonnenverwöhnten Mittelmeeranrainer unser schönes Geld verjubeln. Die »da unten« hinterziehen Steuern, sie gehen mit spätestens 60 in Rente, sie fälschen Statistiken, kassieren unberechtigt Subventionen aus Brüssel und leben auf unsere Kosten. Ja, das alles stimmt teilweise sogar – nur, das alles stimmt auch für Deutschland.

So sehr wir auch nach Schuldigen suchen, mal die gierigen Banker an der Wall Street, mal die unbekannten Bürokraten in Brüssel, mal die unzuverlässigen Mittelmeerstaaten anklagen, es hilft nichts. Denn all unsere Probleme haben wir uns selbst zuzuschreiben. Niemand hat uns gezwungen, einen Schuldenberg von mehr als 2 Billionen Euro anzuhäufen. Niemand hindert uns daran, einen funktionierenden Föderalismus aufzubauen. Niemand hat uns mit Gehirnwäsche die Staatsgläubigkeit so eingebläut, dass wir sie wie eine unheilbare Erbkrankheit kultivieren.

Die Menschen in Deutschland haben allen Grund, sehr nachdenklich zu sein. Die brutalen Zahlen zur Bevölkerungsentwicklung und Staatsverschuldung sind in keinem Soziologieseminar, auf keiner noch so romantischen grünen Wiese wegzudiskutieren. Mit großer Verbalhektik versucht die Politik, durch noch mehr Staat, noch mehr Umverteilung, den drohenden Crash zu vermeiden. Doch was die Parteien als Lösungen anbieten, wirkt nicht als Bremse vor dem Abgrund, sondern eher als Turbolader.

Doch ich bin nicht bereit, in den Chor der Politikerbeschimpfung einzustimmen. Jeden Abgeordneten, jeden Politiker auf Bundes-, Landes- und Kommunalebene haben wir freiwillig gewählt. In Westdeutschland hat uns weder eine Besatzungsmacht dazu gezwungen, politische Irrläufer wie Honecker oder Mörder wie Mielke per Scheinwahlen zu bestätigen, noch wurden unsere Politiker von überirdischen Mächten eingesetzt. Jeden einzelnen Volksvertreter haben wir mehrheitlich gewollt und gewählt. Wir haben also genau das politische Personal, das dem Willen des Volkes entspricht. Wenn wir trotzdem unzufrieden sind, dann ist das ein Ausdruck von Orientierungslosigkeit. Wir müssen also mit uns selbst unzufrieden und bereit sein, das ganze Ausmaß unserer Finanz- und Gesellschaftskrise als Ergebnis des Versagens aller zu akzeptieren. Aber davon sind wir noch weit entfernt.

Nach einem Vortrag vor den Kunden einer Bank nahm mich der Vorstandsvorsitzende zur Seite und meinte, die Beschreibung unserer Staatsverschuldung und der Konsequenzen für die nächste Generation sei aber sehr negativ ausgefallen. Er habe beobachtet, wie die Besucher förmlich in ihren Stühlen zusammengesackt seien. Dabei hatte ich nur Zahlen über Verschuldung und Bevölkerungsentwicklung vorgetragen, die auch in diesem Buch stehen und ausführlich erläutert werden. Im weiteren Verlauf der Diskussion räumte der Banker ein, dass die Menschen schon längst spürten, dass es so nicht weitergehen könne. In einer seiner Filialen in einer Stadt mit 40 000 Einwohnern hätten seine Privatkunden in einer Woche im April 2010 für eine Million Euro Gold gekauft. Die Menschen wollen zwar nicht hören, wie es um unseren Staat bestellt ist, aber sie versuchen, heimlich, still und leise wenigstens ihr Vermögen in Sicherheit zu bringen.

Das Verschweigen unangenehmer wirtschaftlicher Fakten und die Vernebelung der weltpolitischen Realität mit gutmenschlicher Romantik sind in der wiedervereinigten Bundesrepublik Deutschland in politisch korrekten Grundhaltungen festgelegt. Wer in diesem Staat eine herausgehobene einflussreiche Position einnehmen will, muss sich an diese »politische Correctness« halten. Sie betrifft Politiker, Medienvertreter, Intellektuelle, Künstler, Lobbyisten und Unternehmer. Das bedeutet: Die öffentliche Diskussion ist einer Sprachhygiene unterworfen, wird von Sozialkitsch geprägt und unterdrückt so die Meinungsfreiheit. So beschreibt dies der Medienforscher Professor Norbert Bolz von der TU Berlin.

Ein krasses Beispiel lieferte im Oktober 2010 die Fraktion der Grünen mit einer Anfrage an die Bundesregierung: Sie wollte in einem einseitig formulierten Fragenkatalog wissen, ob es die Bundesregierung dulde, dass sich Abgeordnete der CDU und FDP mit einem »Klimaleugner« treffen dürfen. Gemeint war damit der hoch angesehene US-Wissenschaftler Professor Fred Singer, der in seinen Forschungsergebnissen die Sonne, und nicht die Treibhausgase, als Ursache für den Klimawandel benennt. Selbst wer sich jenseits der korrekten Vorgaben informiert, wird mit dem Bannstrahl der politischen Vernichtung bedroht. Herr Sarrazin kann da sicher mitreden.

Dieses Buch nimmt auf »politische Correctness« keine Rücksicht, sondern will auf Widersprüche zwischen den Verlautbarungen und den Realitäten aufmerksam machen. Seit der Wiedervereinigung Deutschlands beobachte ich einen schleichenden Abbau freiheitlichen Gedankenguts und eine immer stärker werdende Sehnsucht nach mehr Gleichheit. Wie sonst ist es zu verstehen, dass ernsthaft darüber diskutiert werden kann, ob dieses von der Sowjetmacht dominierte Gebilde in Ostdeutschland, das sich DDR nannte, ein Unrechtsstaat gewesen ist? Mord, Schießbefehl, Existenzvernichtung, totale Unterdrückung der Meinungsfreiheit, Reiseverbot – das alles wird relativiert, weil doch angeblich soziale Gerechtigkeit herrschte. Diese Geschichtsverdrehung wollen uns nicht nur Ex-Mitläufer des Unterdrückungsregimes wie Gregor Gysi und Lothar de Maizière unterjubeln, sondern auch aus dem Westen stammende Spitzenpolitiker wie der Ministerpräsident von Mecklenburg-Vorpommern Erwin Sellering (SPD) und die ehemalige Chefredakteurin des Hessischen Rundfunks, die Linken-MdB Luc Jochimsen. Die Wertvorstellung dieser Verwirrten: Gleichheit – der absolute Wert, dagegen Freiheit als Gefahr für die Gleichheit! So kommt dann der peinliche Spruch zustande: »Es war nicht alles schlecht in der DDR.« Ähnlich argumentierten mir gegenüber meist auch diejenigen, die den Nationalsozialismus relativieren.

Wie »politische Correctness« die Meinungsfreiheit bedroht, zeigt auch Aygül Özkan, Ministerin aus Niedersachsen. Sie forderte, dass der Staat eine Sprachregelung erlassen müsse, wie über die Integration berichtet werden dürfe. Ein massiver Eingriff in das Grundrecht der Pressefreiheit. Eigentlich ein Anlass, diese Ministerin sofort aus dem Verkehr zu ziehen, egal wie sie heißt und woher ihre Familie stammt, ob aus der Lüneburger Heide oder dem anatolischen Hochland. Wird die Rücksicht auf Immigranten so weit getrieben, dass die Grundrechte der Freiheit relativiert werden dürfen?

Die anbiedernde »politische Correctness« beherrscht auch die Wirtschaft und die Wissenschaft. Professor Hubertus Christ, langjähriger Präsident des Vereins Deutscher Ingenieure (VDI) und Vorstandsvorsitzender des weltweit agierenden Maschinenbauers ZF Friedrichshafen, schrieb im Sommer 2010 einen Artikel für die VDI-Nachrichten, in dem er einen Dialog zwischen den Wissenschaftlern anregt, die unterschiedliche Ergebnisse für die Ursachen des Klimawandels erforscht haben. Seine Warnung: Wenn wir uns weiterhin so einseitig informieren, droht der Wettbewerbsverlust der deutschen Wissenschaft und der deutschen Wirtschaft. Sein Artikel wurde nicht gedruckt!

Ein Mitglied der Leopoldina, der bedeutendsten Institution der deutschen Wissenschaft, beschied ihm, dass eine kontroverse Diskussion über den Klimawandel nur möglich wäre, wenn Professor Schellnhuber vom Potsdamer Institut für Klimafolgenforschung zustimmen würde. Deutsche Wissenschaftler fragen also die Frösche, ob der Sumpf trockengelegt werden darf. Aber das trifft auf Wissenschaftler in fast allen Staaten und zu allen Zeiten zu. Sie dienen, egal wer regiert. Im Dritten Reich war sogar Einsteins Relativitätstheorie verpönt. Sie stammte ja von einem Juden.

Keine Lehre hat solch autoritäre Verhaltensweisen ausgelöst wie die Klimadebatte: Die Nachrichtenredaktionen von ARD und ZDF haben beschlossen, dass die »Erkenntnisse der IPCC, also des Weltklimarates« stimmen und berichten deshalb nicht mehr unvoreingenommen über anderslautende Forschungsergebnisse oder Aktivitäten. Einzelne Kritiker an dieser Position dürfen höchstens einmal in einer Phalanx von Grün angehauchten Romantikern ein paar Takte sagen, um dann zum Abschuss freigegeben zu werden. Das grenzt an Unterschlagung von Information aus Staatsräson. Keinem Fernseh- oder Rundfunkrat fällt das überhaupt noch auf.

Der Kanzlerin-Berater Professor Schellnhuber verlangte in einem *Spiegel*-Interview eine »Weiterentwicklung« der Demokratie, die eine Anzahl von Parlamentssitzen für Abgeordnete reservieren soll, die sich nachhaltig um die zukünftigen Generationen kümmern. Ein glatter Verfassungsbruch. Da wird unterstellt, dass eine Demokratie, in der alle Menschen das gleiche Recht haben zu wählen, nicht funktioniert. Schellnhuber fordert da nicht mehr und nicht weniger als die Rückkehr zu einem undemokratischen Ständestaat, in dem früher die Zünfte, und heute dann entsprechend selbst ernannte Gutmenschencliquen die Macht ausüben. Aus solchem Gedankengut hat sich der internationale Faschismus entwickelt. Kein einziger Parlamentarier, geschweige denn die Kanzlerin, fordert einen

Rausschmiss von Schellnhuber oder eine Klarstellung seines Unfugs. Die Klimapredigten dieses Mannes sind gerade politisch korrekt. Deshalb darf er gleich die Grundprinzipien unserer Demokratie in Frage stellen. Da sind die Berufsaufheuler unempfindlich.

»Sind Sie stolz, ein Deutscher zu sein?« Wem wurde diese Frage im In- oder Ausland noch nicht gestellt? Mir fiel als beste Antwort immer der Spruch des ehemaligen Bundespräsidenten Gustav Heinemann ein: »Ich liebe meine Frau.« Ehrlich gesagt, ich habe es eher als Last empfunden, Deutscher zu sein. Ich wurde in diesem Land geboren, ohne mein Zutun, ohne Wahl. Meine Eltern stammen aus Bayern und Hessen, sind also Deutsche, und so bin ich auch einer. Damit habe ich die ganze deutsche Geschichte als Erbe angetreten – und da ich nicht ausgewandert bin, habe ich das Erbe auch nicht ausgeschlagen. Und es ist kein schönes Erbe. Manchmal habe ich zum Beispiel die Schweden, Schweizer oder Dänen beneidet: Kein dröhnender Militarismus, keine Nazis, aber auch keine verklärte Romantik belastet ihre jüngere Vergangenheit. Wer weiß schon, dass die Dänen ganz üble Sklavenhändler gewesen waren? Das ist so lange her, so lange fast wie die Zeit der Dichter und Denker in den vielen deutschen Kleinstaaten. Nein, ich war nie stolz, Deutscher zu sein. Aber ich habe mich auch nicht geschämt. Ich war froh, in der Bundesrepublik aufzuwachsen, einem Staat immerhin, der uns damals als junge Menschen viele Chancen bot. Da wirkten noch die mutigen Reformen von Ludwig Erhard. Es waren die goldenen Jahre für ein geschundenes Land. Und in meiner Schule haben wir am 20. Juli und dann auch am 17. Juni in der Aula Gedenkfeiern für die Opfer der Unterdrückung gestaltet. Der Schulchor sang »Freiheit, die ich meine« und »Die Gedanken sind frei«.

Ich war und bin auch froh darüber, dass sich Deutschland zu seinen Verbrechen bekennt, anders als die Japaner, die sich davor drücken, anders als die Sowjets, die sich auch noch als Befreier feiern lassen. So hatte ich mich mit diesem meinen Staat und meiner Nationalität arrangiert, dachte, ich hätte gelernt, mit jener Erbsünde der Nazi-Verbrechen zu leben, der ich als Deutscher eh nicht entrinnen kann.

Jetzt nehmen meine Zweifel an Deutschland wieder zu. Die freiheitliche Wirtschaftsordnung Ludwig Erhards reduziert sich zunehmend auf eine geschichtlich kurze Periode, die von berufsständischen und staatsbeherrschenden Monopolen abgelöst wird. Argwöhnisch betrachtet ein selbstzufriedenes Bürgertum den technischen Fortschritt. Für ideologische Utopien einer romantischen Umweltreligion aber wird die Basis des Wohlstandes, die westlich demokratische Zivilisation, infrage gestellt. Über allem schwebt das Verlangen nach Gleichheit ohne individuelle Freiheit. Vor diesem Deutschland habe ich Angst und stelle mir oft die Frage, ob es richtig war, das Erbe anzutreten, oder ob es in jungen Jahren nicht doch besser gewesen wäre, es auszuschlagen und auszuwandern.

Angesichts der nicht mehr zu fassenden Staatsverschuldung und der unumkehrbaren Folgen des Geburtenstreiks werden die nächsten zwei Jahrzehnte entscheiden, was aus Deutschland und damit der Mitte Europas wird. Mit dem politischen und gesellschaftlichen Modell, das wir gerade verfolgen, hat das Land keine Zukunft. Sein Versagen ist an der Höhe der Staatsverschuldung abzulesen. Wenn wir so weitermachen, sind der finanzielle und damit auch der geistige Bankrott sicher.

In diesem Buch beschreibe ich, wie im Vorwort angekündigt, die Alternativen. Keine Utopien – lauter in anderen Staaten erfolgreich erprobte Modelle, in denen möglich war, was in Deutschland so schwer durchzusetzen ist: radikal freiheitliche Reformen statt mehr Staat und mehr Gleichheit. Das würde aber auch bedeuten, dass wir uns auf die wenigen und ziemlich erfolglosen Deutschen besinnen, für die Freiheit wichtiger war, als sich zu ihrem eigenen Vorteil den Fürsten und Diktatoren zu unterwerfen: Freiherr vom Stein zum Beispiel, Philipp Jakob Siebenpfeiffer, Friedrich Hecker und Friedrich Wilhelm von Steuben, Ludwig Bamberger, Otto Wels und Dietrich Bonhoeffer und nicht zuletzt Ludwig Erhard, der aus den Rahmenrichtlinien für den Unterricht von den Kultusministern verbannt worden ist.

Wenn Ihnen die Namen wenig oder nichts sagen, dann wissen Sie auch, wie gering der Stellenwert der Freiheit in unserer Gesellschaft ist. In den Schulbüchern finden sich kriegslüsterne Generäle, reaktionäre Adlige, gleichmacherische Kommunisten und deutsche Machtpolitiker. Die Männer und Frauen, die für Freiheit und Selbstbestimmung kämpften und litten, werden vernachlässigt oder nur dann ausführlich behandelt, wenn es um die Zeit von 1933 bis 1945 geht. Dieses zwiespältige Verhältnis zur Freiheit bedroht unseren Staat, wenn er wieder in heftige wirtschaftliche Turbulenzen kommt.

2. DIE RELATIVIERUNG DER FREIHEIT

»Wir halten diese Wahrheiten für ausgemacht, dass alle Menschen gleich erschaffen werden, dass sie von ihrem Schöpfer mit gewissen unveräußerlichen Rechten bedacht werden, worunter sind Leben, Freiheit und das Bestreben nach Glückseligkeit.« Am 9. Juli 1776 wurden diese Sätze zum ersten Mal in deutscher Übersetzung gedruckt. Verfasst worden waren sie von Thomas Jefferson in der amerikanischen Unabhängigkeitserklärung, der ersten Verfassung weltweit, in der die universellen Menschenrechte als Staatsziel verankert wurden. Jedes amerikanische Schulkind lernt im Geschichtsunterricht, dass Jeffersons Ideale die Grundlagen für die freiheitlichste Nation der Welt sind, die er damit geprägt hat.

Jefferson setzte zuerst in Virginia die strikte Trennung von

Staat und Kirche durch, was in den islamischen Ländern bis heute nicht realisierbar ist. Er gründete die Universität von Virginia. Dort stand zum ersten Mal keine Kirche, sondern eine Bibliothek im Mittelpunkt, und in den Regalen fanden sich die Bände von John Locke, dem englischen Philosophen der Freiheit, und von Baron von Montesquieu, dem französischen Mathematiker und Philosophen, der mit seiner Lehre von der Gewaltentrennung in Legislative, Exekutive und Judikative die Grundlagen für eine moderne Demokratie geschaffen hat.

Wenn wir heute die Unterschiede zwischen dem Islam und der westlich geprägten Welt diskutieren, dann prallen Gegensätze aufeinander, die die Welt ohne die Jefferson'sche Freiheitsverfassung und die moderne Welt nach seiner Verfassung beschreiben. Jefferson prägt das westliche Menschenbild. Dazu gehören: das Recht des Einzelnen auf seine Individualität, auf Eigentum, das Recht auf Religionsfreiheit, aber auch die Trennung von Kirche und Staat.

In den amerikanischen Unabhängigkeitskämpfen gegen die britische aristokratische Kolonialmacht ging es auch um die Befreiung von Zöllen, Handelsbeschränkungen und Steuern, um die Loslösung von willkürlichen Eingriffen in die Besitzrechte und ein Verbot des vererbbaren Rechts, das eine Klasse über die andere herrschen lässt. Von den USA ausgehend haben diese Grundrechte einen Siegeszug über die ganze Welt angetreten.

In Deutschland hat es besonders lange gedauert, bis die Menschenrechte auch Verfassungswirklichkeit werden konnten. Das erste Mal wurden sie 1848/49 in der Paulskirche zu Frankfurt in einer deutschen Verfassung festgeschrieben, einem Parlament, das schnell wieder von preußischen Bajonetten niedergestochen wurde. In der Weimarer Verfassung blitzten die Menschenrechte kurzfristig auf und endeten 1933 in einem der blutrünstigsten Regime, die es je auf Erden gegeben hat. Seit 1948 nun versucht erst Westdeutschland und seit 1990 die ganze Republik, die Verfassung mit Leben zu füllen und politisch zu verwirklichen.

Von der Freiheit, die sich die Amerikaner erkämpft haben, träumen noch immer ganze Völker. Jahrelang war ich davon überzeugt, dass es nur eine Frage der Zeit sei, bis dieser Traum überall erfüllt sein wird. Als ich 1966 anfing, politische Filme für die ARD zu drehen, wurde mehr als die Hälfte Europas von Diktaturen beherrscht: Faschisten unterjochten Portugal, Spanien und Griechenland. Die Türkei taumelte von einem Militärputsch zum nächsten, und mit eiserner Hand kontrollierte die Sowjetunion ganz Osteuropa. In Südamerika durften Militärs im Namen des Antikommunismus ihre Völker drangsalieren. In Afrika wurden die Kolonialherren mit wenigen Ausnahmen durch korrupte und mörderische Regime ersetzt. In Asien war Japan das einzige Land, das als Demokratie bezeichnet werden konnte. Was war das vor 1970 noch für eine unfreie, trostlose Welt! Wir Journalisten waren mit der Unfreiheit direkt konfrontiert, wenn wir eine Filmerlaubnis beantragten und nur mit vielen Einschränkungen arbeiten durften – wenn wir denn überhaupt ins Land gelassen wurden.

Als ich 1985 meine Korrespondentenstelle in Tokio antrat, gehörten zu meinem Berichtsgebiet die japanische Demokratie, zwei knallharte Militärdiktaturen in Südkorea und Taiwan und eine operettenhafte, aber sehr blutige Diktatur auf den Philippinen. Als ich Tokio 1990 verließ, hatten sich alle diese Staaten in Demokratien verwandelt. In allen vier gab es jetzt auch Presse- und Meinungsfreiheit. In Europa fand ich einen Kontinent, aus dem alle faschistischen und kommunistischen Diktaturen verschwunden waren. Die Sowjetunion befand sich noch in einem Häutungsprozess. In Südamerika hatten die letzten Militärregime abgedankt. Fast überall auf der Welt, außer im Nahen Osten, gab es mehr Freiheit als früher. Und heute? Warum beschleicht mich heute das Gefühl, dass die Freiheit, so wie sie die Väter der amerikanischen Unabhängigkeitserklärung in ihrer

Verfassung verewigt haben, so wie sie die großen Freiheitsdenker von Immanuel Kant bis Friedrich August von Hayek weiterentwickelt haben, bedroht ist?

In regelmäßig stattfindenden Befragungen nach den Werten in der US-Gesellschaft werden die Grundsätze von Thomas Jefferson mit deutlicher Mehrheit abgelehnt. Die Befragten wissen allerdings nicht, dass die Inhalte der Befragung aus der Unabhängigkeitserklärung stammen. Vor allem die strikte Trennung von Staat und Religion bekäme heute in den USA keine Mehrheit mehr. Das hat sicher auch mit dem amerikanischen Schulsystem zu tun: Da wird Jefferson zwar verehrt, aber nur mit Worthülsen. Die Bedeutung seines Werks wird nicht mehr erklärt.

Seit dem Angriff auf die Türme des World Trade Center in New York nehmen die Übergriffe in den USA auf das Selbstbestimmungsrecht des Individuums zu. Sicherheit vor Freiheit hat Ex-Präsident George W. Bush praktiziert und dadurch dem Ansehen seines Landes mehr Schaden zugefügt als die irren Fanatiker, die den angeblich heiligen Krieg des Islam führen. Die Bush-Regierung hat gegen das eiserne Gesetz einer funktionierenden Demokratie verstoßen: die Gewaltenteilung. Die Gefangenen von Guantánamo wurden nicht nach Gesetzen der Legislative und von unabhängigen Gerichten der Justiz verurteilt und eingesperrt, sondern von der Exekutive – durch einen Verwaltungsakt des Präsidenten. Gegen viele weitere Verfügungen und Gesetze, die nach dem Terroranschlag erlassen wurden, hätte Thomas Jefferson wahrscheinlich eine Revolution ausgerufen. Aber wie die Umfrage zeigt: Der Gründungsvater und mit ihm die US-Verfassung wären heute nicht mehr mehrheitsfähig.

Eine ganz andere Bedrohung der Freiheit geht von den Schwellenländern, allen voran China, aus. Sie zeigen, dass rasantes wirtschaftliches Wachstum auch ohne politische Freiheit möglich ist. Unterdrückung der Meinungsfreiheit, eine weisungsgebundene Justiz, eine kleptokratische Bürokratie und ein Verbot der Koalitionsfreiheit bestimmen das Leben der Chinesen. Dafür allerdings hat die Partei die Losung ausgegeben: Werdet reich! Alles, was Geld macht, ist erlaubt. Reich werden als nationale Tat. Das ist so neu, dass sich vor allem die Linken mit China sehr schwer tun. Auf der einen Seite nennt sich die Machtelite von Beijing immer noch »kommunistisch«, doch das Einzige, was sie von Maos Arbeiterparadies übernommen hat, sind die politischen Unterdrückungsmechanismen. Die Gleichheit haben sie komplett über Bord geworfen.

Das chinesische Modell übt natürlich eine große Anziehungskraft auf alle armen Staaten aus. Da schafft es eine Nation in weniger als einer Generation, dem drückenden Elend zu entfliehen. 8 bis 10 Prozent Wachstum jährlich sind die Norm. Was sind dagegen schon Meinungsfreiheit und Versammlungsfreiheit wert? Wirtschaftliches Wachstum und Wohlstand ohne Freiheit: Die Botschaft aus China breitet sich weltweit aus – verspricht sie doch den korrupten Eliten in der Dritten Welt einen Weg, wie sie sich an der Macht halten können. China nervt auch nicht mit Fragen nach Menschenrechten und Pressefreiheit, weder seine Nachbarn Myanmar und Nordkorea noch die Potentaten in Afrika.

Und die lästigen, ständig moralisierenden Europäer? Sie bieten das Modell Gleichheit statt Freiheit. Sie verteilen um: innerhalb der EU, innerhalb der einzelnen Staaten – in Deutschland ist es der Länderfinanzausgleich –, innerhalb der Bevölkerung mit gigantischen Sozialausgaben. Wirtschaftlich ausgedrückt lautet das Ergebnis: hohe Staatsschulden, hohe Arbeitslosigkeit, besonders bei den Jugendlichen, sinkende Löhne für Arbeiter und niedrige Geburtenzahlen, eine aufgeblähte Bürokratie. Was soll daran so attraktiv sein? Die Europäer streben nicht mehr nach einer Gleichheit vor dem Gesetz und einer Gleichheit der Chancen, sondern nach einer Gleichheit für die Lebensbedingungen aller Menschen.

Was aber wird aus einer Welt, in der Freiheit nur noch eine Worthülse ist? Wer sie in China einfordert, ist ein Volksfeind, der eingesperrt wird. Wer in den USA die Trennung von Kirche und Staat verteidigt und die Polizeiübergriffe anprangert, gilt als unamerikanisch oder wird als Muslim verdächtigt. Wer in Europa der Freiheit das Primat vor der Gleichheit auf der Werteskala einräumt, wird als Neoliberaler verleumdet. Diese geistige Verwirrung wird gerade in der Einwanderungsdebatte deutlich. Die Masse der Immigranten kommt nach Europa, weil es hier immer noch wirtschaftliche Perspektiven und mehr Freiheitsrechte gibt als in ihren Heimatländern in Asien und Afrika. Aber sie bringen Lebenserfahrungen und Sitten mit, die unseren Werten entgegenstehen. Die Rolle der Frau und die Bedeutung der Religion im täglichen Leben sind zwei Reibungsflächen, die anscheinend unlösbare Konflikte verursachen. Aber nur, wenn wir Europäer unsere Freiheitswerte selbst relativieren und infrage stellen.

Mühsam sind wir dabei, die Gleichberechtigung von Mann und Frau zu verwirklichen. Dies kann für uns kein verhandelbares Gut sein. Warum aber brauchen wir dann so lange, bis Zwangsheiraten, Kopftuchzwang, Frauenmorde, Vielehen usw. mit allem gebotenen Nachdruck unter Strafe gestellt und verfolgt werden? Die Debatte, ob es sich dabei um religiöse oder traditionelle Verhaltensmuster handelt, ist für die Motivforschung wichtig, nicht für die Strafverfolgung. Jene, die mit Islamisten darüber diskutieren, warum Steinigungen bei Ehebruch erlaubt sein können, wenn sie nicht bei uns, sondern in Pakistan oder Somalia stattfinden, spiegeln einen Liberalismus vor, der nichts anderes ist als scheinheiliges Gutmenschentum. Sie sind Feiglinge.

Ähnlich verwirrt diskutieren unsere Stichwortgeber, die politisch korrekten Talkshow-Damen und -Herren, wenn es um die Religionsfreiheit geht. Die in der Verfassung verankerte Freiheit verlangt, dass die Religionen nicht über den Freiheitsrechten stehen. Niemand will, dass zum Beispiel die römisch-katholische Inquisition wieder das Recht erhält, ihre Moral- und Religionsansichten durchsetzen zu können. Aber ich will auch nicht, dass der Islam, der noch nicht durch eine freiheitliche Revolution aus dem Staatsleben herausgedrängt und in die Moscheen verbannt wurde, jetzt mit all seiner Intoleranz unsere Freiheitswerte einschränken kann.

Es mag geschmacklos sein, wenn Karikaturen religiöse Symbole benutzen, egal ob es sich um ein Kreuz oder den Koran handelt, aber wir können es nicht dulden, dass daraufhin eine Fatwa, ein religiöses Urteil, gesprochen wird, das die Betroffenen sogar mit dem Tode bedroht. Moscheen zum Beten werden durch unser Grundgesetz geschützt – Moscheen, die als Zentren der Intoleranz und Einschüchterung missbraucht werden, gehören verboten. Sie erfüllen den Tatbestand der Volksverhetzung. Muslime, die in Europa, die in Deutschland leben wollen, müssen unsere Werteskala akzeptieren. Sie ist nachzulesen in unserem Grundgesetz, sie ist formuliert in der amerikanischen Unabhängigkeitserklärung. Aber wir können diesen Anspruch nur erheben, wenn wir selbst noch an Freiheit und Gewaltenteilung glauben und sie verteidigen. Und genau daran hapert es eben. Dazu kommt, dass die Nationalstaaten sich in internationalen Verträgen gebunden haben, die ihre Souveränität einschränken.

Dem einzelnen, an Politik nicht sonderlich interessierten Bürger kann ich schwerlich einen Vorwurf machen, dass er sich kaum noch dafür interessiert, wie seine Freiheitsrechte immer weiter eingeschränkt werden. Er hat den Überblick verloren. Wer von uns weiß denn noch, wer für ihn zuständig ist, wer seine direkten Lebensumstände bestimmt: Seine Gemeinde, sein Bundesland, die Regierung in Berlin oder die europäische Zentrale in Brüssel? Schließlich unterwerfen wir uns auch den Vereinten Nationen und ihren Unterorganisationen. Und welchen Einfluss hat da noch der einzelne Bürger? Er fühlt sich vor allem hilflos. Bei den Wahlen darf er seine Stimme für Parteien abgeben, die sich in ihren nichtssagenden Versprechungen weitgehend ähneln. Und nach der Wahl muss er seit Jahrzehnten feststellen, dass die Gewählten dann doch machen, was sie wollen – und nicht, was sie versprochen haben.

Fangen wir mit der Kommune an. Die Wahlbeteiligungen für Gemeinderäte und Bürgermeister ist je nach Region schon unter 50 Prozent gesunken. Ein Armutszeugnis für eine Demokratie. Aber was entscheidet der Bürger noch mit seiner Wahl? Jedes Bundesland hat seine eigenen kommunalen Regeln entwickelt. In Niedersachsen gibt es Samtgemeinden, in Rheinland-Pfalz Verbandsgemeinden, in Hessen Großgemeinden usw. Pleite sind sie mehr oder weniger alle. Ihre Befugnisse, und die des Ortsbürgermeisters, sind überall unterschiedlich festgelegt. Aber im Zweifelsfall haben sie alle gar nichts mehr zu sagen: Der Landkreis ist zuständig. Je nach Verschuldung haben sie das Haushaltsrecht verloren, und eine übergeordnete Behörde teilt mit, was sie noch dürfen und was nicht.

Doch die meisten Gesetze und Verordnungen, die unser tägliches Leben betreffen, kommen schon aus Brüssel: zum Beispiel das Glühlampenverbot, die Handytarife, die EC-Kartengebühren, die Abgasnormen. Auch die Richtlinie zur Haushuhn-Hofhaltung, die besagt, dass jederzeit 25 Lux Licht, zu messen auf Augenhöhe des Huhns, vorhanden sein müssen, und dass Hühner nicht zur Legezeit gefüttert werden sollen, weil dann ein Motivationskonflikt entstehen kann, ob das Huhn erst fressen und dann das Ei legen soll oder andersherum.

Das neue Europa wird nicht von den Bürgern ausgehend aufgebaut, sondern ist einer undurchschaubaren Bürokratie unterworfen. Dahinter können sich dann die einzelnen Regierungen verstecken. Sie drücken ein Gesetz in Brüssel durch, wie zum Beispiel die Deutschen die Fauna-Flora-Habitat-Richtlinie, und machen dann Brüssel dafür verantwortlich, wenn die Kosten beim Straßenbau explodieren. Das ist die negative Seite Brüssels. Positiv ist, dass Brüssel Deutschland zwingt, seine wettbewerbsfeindlichen Wirtschaftsgesetze zu verändern und Märkte zu öffnen, die sonst immer unter der »Daseinsvorsorge« (siehe Kapitel 18) dahingeschimmelt wären.

Lediglich die Wahl zum Europaparlament räumt einen Hauch von Mitbestimmung ein. Doch wesentliche Fragen, wie die Einführung des Euro oder die Mitgliedschaft der Türkei, werden dem Volk zur Abstimmung nicht vorgelegt. Die Bevormundung durch die eigene Regierung beschädigt die großartige Idee von Europa. Seine Völkervielfalt macht seine Faszination aus, nicht das Kleingedruckte auf einer Verpackung, auch nicht eine Gesetzesharmonisierung, die selbst in den USA für die Bundesstaaten nicht vorhanden ist.

Als weiterer Vormund tauchen zunehmend die Vereinten Nationen auf. In Brasilia tagte die UNESCO, die UN-Kulturbehörde, darüber, ob der Bau einer Brücke über den Rhein bei der Loreley akzeptiert wird, weil das Rheintal doch ein Weltkulturerbe ist. Das klingt bombastisch. In Wirklichkeit sitzen aber in Bonn angestellte Beamte, die das UNESCO-Weltkulturgremium mit Argumenten bestücken. Was mit dem Attribut UN versehen wird, wird gleichgesetzt mit Weltregierung, moralischem Anspruch, mit Fortschritt für die Menschenrechte. Auch dahinter verstecken sich die Regierungen gerne.

Doch die Realität ist eher erschreckend verlogen. Blutige Bürgerkriege in Arabien, Afrika und Asien, Drogenkriege in Südamerika, die Unterdrückung von nationalen Minderheiten in Staaten aller Kontinente. Aber der Konferenztourismus der UN und ihrer Organisationen geht ungebrochen weiter, deklariert Menschenrechte, um sich aber auf das Selbstbestimmungsrecht der Völker zu berufen, wenn die UN es vorziehen, dem Abschlachten der Menschen in vielen Staaten lieber zuzusehen, als zu handeln. Was können wir denn anders erwarten, wenn Sie sich die UN-Gremien von 2007 ansehen?

- In der UN-Abrüstungskommission sitzt der Iran als Vizevorsitzender, Syrien als Berichterstatter.
- Im Informationskomitee sind China und Kasachstan vertreten.
- Nordkorea ist Mitglied der Kommission für soziale Entwicklung.
- Zur Kommission zur Verbrechensvorbeugung und Kriminalgerichtsbarkeit gehören Russland und Libyen.
- In der Internationalen Arbeitsorganisation gehört Saudi-Arabien dem Führungsgremium an.
- Bei der UNICEF, dem Kinderhilfswerk der Vereinten Nationen, sind China und Bhutan Mitglieder des Vorstands.
- Simbabwe wurde zum Vorsitz der Kommission für Nachhaltige Entwicklung gewählt.
- Und schließlich noch Weißrussland, das den zweiten Vorsitzenden im Ausschuss für soziale, humanitäre und kulturelle Angelegenheiten stellt.

Die Liste ist nicht vollständig. Aber diese diplomatischen Heucheleien spiegeln die heutigen Konflikte wider. Solange es die UN gibt, werden wir mit solchen Widersprüchen leben müssen. Aber wir sollten die UN nicht mit einem moralischen Heiligenschein umgeben, den sie nicht hat. Die Widersprüche sind jenes Quantum an Heuchelei, auf die die Weltgemeinschaft Anspruch hat, damit nicht noch schlimmere Konflikte den Globus heimsuchen. Aber es kann nicht im Interesse der Menschheit liegen, wenn wir über all die mörderischen Regime, all die autoritären Regierungen den Mantel des Schweigens hüllen, damit die Partys der Diplomaten nicht gestört werden. Vor lauter Ritualen verlieren die Konferenzpolitiker schon mal den Überblick und vergessen, wem sie da alles die Hände schütteln müssen. So kann es dann auch passieren, dass der damalige deutsche Kanzler Gerhard Schröder den russischen Herrscher Wladimir Putin einen lupenreinen Demokraten nennt.

Zunehmend entwickeln sich die Vereinten Nationen nicht zu einer Organisation, die die Menschenrechte schützt und fördert, sondern die Begriffe Freiheit und Menschenrechte umdefiniert. Immer öfter versucht die UN in ihren Stellungnahmen und Konferenzen, für das Elend in der Welt die Regierungen demokratischer Staaten und den »Kapitalismus« verantwortlich zu machen. Sie verlangt zu Recht Standards für die Arbeitswelt und für die Umwelt, zu den Menschenrechten zählt sie den Zugang zu sauberem Wasser, medizinischer Versorgung, Bildung und freier Entfaltung. Aber Mitgliedstaaten, die ihre Bürger wie Sklaven halten, die freie Gewerkschaften verbieten, ineffiziente Planwirtschaft betreiben, Menschen aus ihren Siedlungsgebieten vertreiben, die Konzentrationslager zur Umerziehung bauen, die mehr für ihr Militär ausgeben als für Bildung – all diese Staaten sitzen in den UN-Gremien und machen die westlichen Demokratien für das Elend in ihren Ländern verantwortlich. Gleichzeitig verbieten sie sich aber jede Einmischung, weil dies gegen ihre nationale Souveränität verstößt.

Die westlichen Demokratien werden den Unterdrückten dieser Welt nicht helfen, wenn sie diese Terminologie übernehmen. Der Kampf, wie ihn sozialistische und nationalistische Staaten gegen einen freien und fairen Welthandel führen, sichert den korrupten Herrschern der Dritten Welt internationale Aufmerksamkeit. Und die wiederum nutzen sie, um weltweite Transferzahlungen und Zölle zu fordern. Davon lernt kein Kind in Afrika lesen und schreiben, davon wird kein Dorfbewohner in Mittelamerika satt.

Die staatlich organisierte Umverteilung, die auf nationaler Ebene nicht funktioniert, funktioniert erst recht nicht weltweit. Globale Regeln, wie sie zum Beispiel von Attac gefordert werden, würden mit einer Flut von Bestimmungen die Weltwirtschaft lähmen – mit furchtbaren Konsequenzen für die Armen dieser Welt, weil Innovation und Wachstum praktisch zum Erliegen kämen. Die Hungerstaaten dieser Welt leiden nicht an zu großen kapitalistischen Freiheiten, sondern genau am Gegenteil: an Regierungen, die die Wirtschaft unterdrücken und sie für ihre Zwecke ausbeuten. Es sind Regierungen, die Privateigentum nicht respektieren und damit die Kraft, die von der individuellen Freiheit des Einzelnen ausgeht, nicht nutzen können. Indiens Wirtschaft hat mit ihrem stürmischen Wachstum zum Beispiel erst begonnen, als sich der Staat von der sozialistischen Planwirtschaft verabschiedete. In China ist der Wohlstand regelrecht explodiert, nachdem Deng Xiaoping Privatbesitz und Marktwirtschaft erlaubte.

Hier sei eine Zwischenbemerkung erlaubt: Die gleichen 68er-Studenten und politischen Anhängsel, die mit dem roten Mao-Büchlein demonstrierten, während in der Volksrepublik Millionen Menschen verhungerten und während der Kulturrevolution ermordet wurden, die gleichen gesetzten Herren, die heute den wirtschaftlichen Erfolg ihres Marsches durch die Institutionen genießen, klagen jetzt die Umweltzerstörung in China an und den großen Unterschied zwischen Arm und Reich. Dabei bemüht sich China seit einigen Jahren mit einem gewaltigen Kraftakt, das Land wieder aufzuforsten, nachdem Mao es bis auf 4 Prozent seines ehemaligen Waldbestandes hat abholzen lassen.

Die große Koalition, die heutzutage die Berichterstattung prägt, die Aktivisten von Greenpeace bis Attac zum Beispiel, lassen sich von Fakten selten irre machen. Sie bombardieren mit ihren Thesen die Öffentlichkeit so lange, bis diese zu einer Realität mutieren. Sie halten keine Mahnwachen vor der Botschaft des Sudan, der einen Teil seiner Bevölkerung abschlachten lässt – bis zu 300 000 Opfer sollen es mittlerweile sein –, sie sammeln auch nicht für die Flüchtlinge aus Simbabwe, die vor Hungertod und physischer Vernichtung fliehen, sie klagen nicht vor Touristenbüros die Urlauber an, weil sie auf Fidel Castros Unterdrückungsinsel Kuba fliegen. Die Liste könnte beliebig fortgesetzt werden. Die angeblich so moralischen Nichtregierungsorganisationen, die NGOs, haben für mich jede Glaubwürdigkeit eingebüßt, weil sie sich nicht um die Unterdrückten und Verfolgten kümmern, sondern um die angeblich die Menschheit vernichtende kapitalistische Welt.

Nichts eignet sich so hervorragend wie die drohende Weltklimakatastrophe, um die kapitalistische Welt an den Pranger zu stellen und neue gigantische Umverteilungsprogramme zu fordern. Schließlich geht es hier um nicht mehr und nicht weniger als den Untergang der Welt. Damit ist natürlich jeder Eingriff in die souveränen Rechte eines Staates zu rechtfertigen, aber auch jeder Eingriff in den Lebenswandel des Einzelnen.

Es ist unmöglich, hier eine abschließende wissenschaftliche Betrachtung zu postulieren, die den Anteil und die Wirkung von menschengemachten Treibhausgasen auf das Weltklima untersucht. Was aber ohne Einschränkung richtig ist: Seit der Konferenz in Rio de Janeiro 1992 zieht ein wachsender Tross von Klimawissenschaftlern, Klimapolitikern, Klimarettern, Klimagegnern und vor allem auch Klimajournalisten um den Globus, um das Klima zu retten. Bei der Konferenz 2010 in Cancún waren es schon 15 000 Teilnehmer. 2012 in Doha fast 20 000. Das wichtigste Ergebnis von Doha: Die nächste Konferenz wird in Warschau in Polen stattfinden. Sie zieht also um, von dem Staat Qatar, der den höchsten Pro-Kopf-Ausstoß von CO_2 in der Welt hat, in den Staat, der innerhalb der Europäischen Union dafür sorgt, dass seine Kohlekraftwerke uneingeschränkt weiter betrieben werden können.

Fest steht auch, dass all diese Konferenzen kein Gramm CO_2 eingespart haben. Im Gegenteil: Jahr für Jahr wächst der Ausstoß von Treibhausgasen. Die Konferenz konnte sich noch nicht einmal darauf einigen, ob und um wie viel Grad sich das Weltklima erhöht hat. Einig sind sich die vielen Tausend Teilnehmer aber, dass das Weltklima um nicht mehr als 2 Grad ansteigen soll. Wie dies berechnet werden soll, wer es macht, ist unbekannt. Fakt ist auch, dass es bei der Rettung der Welt um ein Billionengeschäft geht. Noch unklar ist, wer die Zeche zahlt und wer die Gelder bekommt.

Ottmar Edenhofer, Chefökonom des Potsdamer Instituts für Klimafolgenforschung, leitender Wissenschaftler des Weltklimarats der UN, des IPCC und Berater von Bundeskanzlerin Angela Merkel, schrieb in der *Neuen Zürcher Zeitung* vor der Konferenz in Cancún: »Wir verteilen durch die Klimapolitik de facto das Weltvermögen um … das hat mit Umweltpolitik nichts mehr zu tun.« Und weiter: »Zunächst mal haben wir Industrieländer die Atmosphäre der Weltgemeinschaft quasi enteignet.« Edenhofer hat ausgerechnet, wie wir Europäer leben müssten, wenn der Reichtum der Welt gleichmäßig verteilt werden würde. Gerecht wäre für uns der Lebensstandard von Moldawien – er entspricht genau dem Weltdurchschnitt.

Edenhofer steht mit dieser Aufforderung, die Luft zum Atmen neu zu verteilen, ja nicht allein. Bisher wurde in Deutschland vor lauter grüner Begeisterung nur nicht hingehört, wenn es um die Rettung des Weltklimas ging. Der Kanadier Maurice Strong, Vorgänger von Klaus Töpfer als UNEP-Direktor (UN-Umweltbehörde) und Vorsitzender der Rio-Konferenz, schrieb schon 1993 in der Zeitschrift *Access to Energy*: »Die einzige Hoffnung für den Planeten besteht darin, dass die industrialisierte Welt zusammenbricht.« 1997 sagte er über sich: »Meine Ideologie ist der Sozialismus, meine Methoden sind kapitalistisch.«

Professor Stephen Schneider aus Kalifornien, einer der führenden Wissenschaftler des Weltklimarats IPCC, weiß auch, wie dieses Ziel zu erreichen ist. Er forderte schon 1989 im *Discover Magazine* regelrecht zur Verfälschung der Wissenschaft auf: »Deshalb müssen wir Schrecken einjagende Szenarien ankündigen, vereinfachende, dramatische Statements machen und wenig Erwähnung irgendwelcher Zweifel, die wir haben mögen. Jeder von uns Forschern muss entscheiden, wie weit er eher ehrlich oder eher effektiv sein will.«

Der Leiter des Potsdamer Instituts für Klimafolgenforschung Professor Joachim Schellnhuber fordert, ganz praktischer, bürokratisch veranlagter Deutscher, eine UN-Superbehörde, denn der Klimawandel sei »eine solch weltweite Bedrohung, die nicht einzelnen Staaten, gewählten Regierungen oder gar dem Volk überlassen werden kann«.

Dankbar nehmen Politiker aller Parteien die Steilvorlagen an, um Steuern zu erhöhen, Subventionen zu verteilen, ihre Macht abzusichern. Die einmalige Chance, auch noch dafür belohnt zu werden, wenn sie die Luft zum Atmen besteuern, lassen sie sich nicht entgehen, von ganz links bis ganz rechts.

In Deutschland ist das sichtbare Ergebnis dieser Politik die Auswirkung des Erneuerbare-Energien-Gesetzes (EEG). Wer keine Grundstücke und kein Kapital hat, um Windmühlen und Solaranlagen zu bauen, zahlt über seinen Strompreis direkt an die Besitzenden Renditen von bis zu 8 Prozent. Eine unverschämte Umverteilung von unten nach oben, auf die ich in Kapitel 6 näher eingehe.

Zusammengefasst basieren meine Befürchtungen, dass die Freiheit trotz der Demokratisierung vieler Staaten wieder bedroht ist, auf vier gefährlichen Tendenzen:

- In den USA kommt zunehmend Sicherheit vor Freiheit.
- China und andere Schwellenländer zeigen, dass wirtschaftliche Entwicklung ohne individuelle Freiheit möglich ist.
- Europa strebt mehr nach Gleichheit als nach Freiheit.
- Eine neue Klimareligion schafft die Freiheit zugunsten undurchschaubarer Weltbehörden ab.
- Meine Besorgnis, dass die Freiheit von innen heraus bedroht ist, resultiert nicht zuletzt daraus, dass sich keine deutsche Partei gegen diese Entwicklungen stemmt und bedingungslos für die Freiheit kämpft – und das macht mir Angst.

3. NEOLIBERALISMUS – DIE KRIMINALISIERUNG EINER GROSSARTIGEN IDEE

Am 15. September 2008 wurde der Kapitalismus von einem lebensgefährlichen Virus angegriffen. An diesem Tag musste die mächtige Bank Lehman Brothers in New York Insolvenz anmelden. An diesem Tag verbrannten weltweit über eine Billion Dollar, lösten sich ungeheure Geldbeträge in nichts auf. Die Schockwellen aus dem Zentrum des Weltkapitalismus fegten wie ein Tsunami durch Bankhäuser auf allen Kontinenten und lösten Panik aus. Und Deutschland befand sich mittendrin im Chaos. In letzter Sekunde, so berichten heute die Akteure dieser Tage, retteten die Deutschen die Münchner Hypo Real Estate Bank vor der Pleite und damit die Weltwirtschaft womöglich vor dem endgültigen Zusammenbruch der Finanzwirtschaft – und damit vielleicht den Kapitalismus vor einem tödlichen Angriff. So könnten sehr verkürzt die Chaostage im turbulenten Herbst 2008 zusammengefasst werden. Aber in dieser Zeit wurden auch Legenden geboren, und eine davon geistert wie das Mantra einer tibetischen Gebetsmühle durch die politische Landschaft: Hier würde die hässliche Fratze des Kapitalismus sichtbar und schuld daran sei der Neoliberalismus.

Seither verlangen mit wenigen Ausnahmen Politik und die medienbestimmenden, gesellschaftlichen Kräfte mehr Staatskontrolle, sind die Grenzen zwischen Marktwirtschaft und Raubtierkapitalismus verwischt. Der Markt habe versagt, und am besten wäre es, wenn die Finanzwirtschaft verstaatlicht würde. Wo die Verwirrung groß ist, lässt sich dann gut ein politisches Süppchen kochen, das schmackhaft serviert wird, aber von den Ideologie-Köchen bewusst vergiftet wurde.

In der allgemeinen Hysterie jener Tage sind die Zusammenhänge von Ursache und Wirkung der Finanzkrise untergegangen. Schlimmer noch: Die Fakten und Ursachen waren den handelnden Entscheidungsträgern in den Banken selbst nicht bewusst. Noch bevor die Analysen halbwegs sicher erstellt werden konnten, griffen die Politiker mit ideologisch geschärften Äxten an, um sich einen parteipolitischen Vorteil zu verschaffen. Bis zum heutigen Tag wird damit die Legende in Deutschland gepflegt, durch mehr Staat könnte eine solche Krise verhindert werden und diese Finanzkatastrophe sei die Schuld der Neoliberalen.

Es gibt kaum ein schlimmeres Schimpfwort in der deutschen Politik als: Sie Neoliberaler! Und kein treffenderes Totschlagargument als: Das ist neoliberale Politik. Konsequenterweise sind alle Übel, von denen wir wirtschaftlich und gesellschaftspolitisch heimgesucht werden, eine Folge der neoliberalen Politik von … ja, von wem denn eigentlich? Da zählt dann der Bewahrer Helmut Kohl genauso dazu wie der Reformer Gerhard Schröder, der Klientelpolitiker Guido Westerwelle und alle, die die Worte Marktwirtschaft und Wettbewerb noch wagen auszusprechen.

Die Benutzer des Begriffs Neoliberalismus im politischen Machtkampf sind in zwei Kategorien einzugruppieren. Die einen wissen überhaupt nicht, was »Neoliberalismus« bedeutet. Sie lassen sich in ihrer Unwissenheit instrumentalisieren, übernehmen jede Parole aus dem linken Lager, weil das für sie modern und gerecht erscheint. Sie gehören also zu den schlichten Mitläufern.

Die anderen wissen genau, was Neoliberalismus historisch und wirtschaftlich bedeutet. Sie wissen genau, dass sie damit einen Kampfslogan geprägt haben, der mit dem wahren Inhalt des Neoliberalismus überhaupt nichts zu tun hat. Sie zählen zu den Heuchlern, den Brunnenvergiftern. Deshalb eine kurze Erklärung, woher dieser Begriff kommt und was er eigentlich beinhaltet.

1938 trafen sich die führenden Ökonomen Europas zu einem internationalen Kolloquium in Paris. Mit dabei der Deutsche Alexander Rüstow, der vor den Nazis in die Türkei geflohen war. Es wurde darüber diskutiert, welche Bedeutung der Liberalismus hat, um die Folgen der Weltwirtschaftskrise und des zunehmenden Totalitarismus zu bekämpfen oder gar den Vormarsch der Unfreiheit zu verhindern. An der Konferenz nahmen viele Repräsentanten des Liberalismus teil, auch die Österreicher Ludwig von Mises und Friedrich A. von Hayek, die später zu den geistigen Vätern der Chicagoer Schule wurden, die davon ausgeht, dass der Markt am besten für die gerechte Verteilung der Güter sorgt. Die Chicagoer Schule diente als wissenschaftliche Grundlage für die Reformen von Ronald Reagan und Margret Thatcher.

Rüstow sah im traditionellen »Laissez-faire-Liberalismus« keine Antworten für die Herausforderungen seiner Zeit. Der historische Wirtschaftsliberalismus verlangte ein uneingeschränktes Spiel der Marktkräfte ohne regulierendes Eingreifen des Staates. Alexander Rüstow und mit ihm Wilhelm Röpke dagegen sahen Eingriffe in die Wirtschaft gerechtfertigt, um die Bildung von Kartellen und Monopolen zu verhindern und um Konjunkturschwankungen auszugleichen. Das Prinzip der Marktwirtschaft aber wollte Röpke nicht antasten, da es für ihn ein Mittel zur Verwirklichung der christlich-humanistischen Ethik war. Alexander Rüstow formulierte schon 1932, wie sich die Reformer das Verhältnis zwischen Marktwirtschaft und Staat vorstellten: »Der neue Liberalismus jedenfalls, der heute vertretbar ist, und den ich mit meinen Freunden vertrete, fordert einen starken Staat, einen Staat oberhalb der Wirtschaft, oberhalb der Interessen, da, wo er hingehört.« In diesem Sinne benutzte Rüstow in Paris zum ersten Mal das Wort Neoliberalismus. Damit verlangte er also eine deutliche Abgrenzung vom ungezügelten Markt und forderte Regeln für die Wirtschaft, die Monopolbildungen verhindern und eine Chancengleichheit für den Marktzugang aller Bürger herstellen sollen. Der Staat hat eine Kontrollfunktion, muss sich aber aus der Wirtschaft als Teilnehmer heraushalten.

Der Begriff Neoliberalismus war geboren, glücklich aber waren die Ökonomen der Konferenz mit dieser Bezeichnung nicht. Vor allem die deutschen Wissenschaftler, die die Freiburger Schule gegründet hatten, bezeichneten sich lieber als »Ordoliberale«, was für sie die gedanklichen Zusammenhänge treffender beschrieb. Anfang der Dreißigerjahre hatten sich Wirtschaftswissenschaftler und Juristen um Walter Eucken in Freiburg zusammengefunden, die unter anderem eine Schrift zur Ordnung der Wirtschaft herausgaben. Hier wurden die wissenschaftlichen Grundlagen erarbeitet, wie eine Marktwirtschaft den größtmöglichen Nutzen und Freiheitsspielraum schafft und dabei gleichzeitig dem Allgemeinwohl dient. Diese Wissenschaftler der Freiburger Schule waren auch die Vordenker der »sozialen Marktwirtschaft«, wie sie von Alfred Müller-Armack und Ludwig Erhard politisch ausformuliert und umgesetzt wurde. Ein Glücksfall für Deutschland, wie ihn dieser Staat in der Mitte Europas nur selten erleben durfte.

Von Anfang an sahen die Freiburger die deutsche Wirtschaftsgesetzgebung der Nachkriegszeit kritisch, da sie Kartelle und Monopole begünstigt. Diese können dann leicht von Regierungen, ob sie demokratisch gewählt sind oder nicht, ausgenutzt werden, um Kontrolle über das Volk auszuüben. Die Gedanken und Forschungen der Freiburger Schule um Eucken, Röpke und Rüstow waren die geistigen Grundlagen, auf denen Ludwig Erhard seine Denkschrift 1943/44 verfasste, in der er den wirtschaftlichen Wiederaufbau Deutschlands beschrieb. Obwohl das bei den Nazis als Hochverrat galt, trug er seine Schrift ständig mit sich herum.

Noch einige Grundsätze von Alexander Rüstow, dem Schöpfer des Begriffs Neoliberalismus, die deutlich machen, wie unwissend oder übelwollend die Akteure sind, die diese Bezeichnung als politischen Kampfbegriff missbrauchen. So sagte Rüstow: »Brauchst du eine hilfreiche Hand, so suche sie zunächst am Ende deines Armes«, aber er sagte auch, dass der

Staat absolute Chancengleichheit schaffen müsse, wozu eben hohe Erbschaftssteuern gehören. (Adam Smith, der Stammvater aller liberalen Gesellschaftsvorstellungen, forderte sogar eine hundertprozentige Erbschaftssteuer, um für jede Generation wieder einen neuen Anreiz und Chancengleichheit herzustellen.) Über die desolate Finanzsituation im Deutschen Reich, die den Nazis den Wahlsieg mit ermöglichte, schrieb Rüstow 1932: »Wenn Kapitalverluste drohen oder eintreten, springt man mit Staatsgarantien ein und füllt aus öffentlichen Mitteln auf … Der Appetit kommt beim Essen, und so ergibt sich jene Schraube mit dem schlimmen Ende, an dem wir jetzt angelangt sind.« Das formulierte er ein Jahr bevor die Nationalsozialisten die Macht in der bankrotten Weimarer Republik übernahmen.

Und heute? Wieder führt uns die Politik in einen Schuldenstaat, wieder wird die Währung ausgehöhlt, und wieder wird der Staat als Retter angesehen, statt sich auf die Kraft der Freiheit zu verlassen. Es kann einem angst und bange werden.

Unter den vielen, die das Wort Neoliberalismus als politisches Totschlagargument benutzen, sind einige, die damit die Beschädigung ihrer Glaubwürdigkeit in Kauf nehmen in der Hoffnung, dass es keiner besser weiß. Ex-Ministerpräsident Jürgen Rüttgers gehört dazu. Den Leipziger Parteitag 2003, an dem Friedrich Merz in der Union noch etwas zu sagen hatte und die soziale Marktwirtschaft gestärkt werden sollte, bezeichnet Rüttgers als »neoliberale Entgleisung«. Diese Anbiederung an einen angeblichen »Zeitgeist« hat ihn nicht vor der Abwahl gerettet. Einen ähnlichen Imagevorsprung versprach sich der damalige Finanzminister Peer Steinbrück in einer Diskussion vor rund 800 Zuhörern in Passau 2009. Die Finanzkatastrophe in New York wäre das Ergebnis des Neoliberalismus, wollte er mir weismachen. Als ich ihn darauf aufmerksam machte, dass dies ein Begriff sei, der gerade das Gegenteil beinhalte, dass der Neoliberalismus nämlich Grenzen und klare

Regeln verlange, wiegelte er gönnerhaft ab. Jetzt würde ich aber weit zurückgreifen, bis zur Freiburger Schule. Das wisse doch heute niemand mehr. Auf die Rolle seines Ministeriums bei der Finanzkrise und die Orientierungslosigkeit, mit der dort jahrelang agiert worden ist, komme ich in diesem Kapitel noch zu sprechen.

Unfassbar aber sind die verbalen Ausfälle von Heiner Geißler, ehemaliger Minister und Generalsekretär der CDU unter Helmut Kohl. Was er in Talkshows und Vorträgen an Hasstiraden über das Unheil des Neoliberalismus ablässt, ist nicht mehr mit Nachsicht auf sein vorgerücktes Alter zu entschuldigen. Wenn einer weiß, was Neoliberalismus bedeutet, wenn einer die soziale Marktwirtschaft, so wie Ludwig Erhard sie politisch durchgesetzt hat, kennt, wenn einer weiß, welche politischen und gesellschaftlichen Kräfte Erhard gebremst und zum Beispiel die Verschärfung des Kartellgesetzes verhindert haben, dann ist dies Heiner Geißler. Warum hetzt er dann so, warum macht er diese zersetzende Polemik mit? Will er damit alte Rechnungen mit seiner Partei begleichen, deren Mitgliedschaft er immer noch betont? Geißler prahlt damit, dass er Mitglied bei Attac geworden ist. Und Attac prahlt damit, dass selbst der ehemalige CDU-Generalsekretär bei ihnen mitmacht. Er hilft einer Truppe, die mit Freiheit nichts anzufangen weiß, die ihre Vorstellungen zur alleinigen Religion macht.

Heiner Geißler ist politischer Profi und hat deshalb verinnerlicht, was Friedrich A. von Hayek über den Entscheidungsmechanismus in der Demokratie sagt: Die politischen Entscheidungen würden nur entfernt über Wahlen getroffen. Die dominierenden intellektuellen Strömungen würden bestimmen, wie sich die Politiker verhalten. Diese Strömungen könnten durch Journalisten und Lehrer aufgebaut werden. Politiker seien deshalb zwangsweise unoriginell und schrieben Programme nach den Anschauungen der großen Menge. »Der erfolgreiche Politiker verdankt seine Macht dem Umstand, dass er sich innerhalb der herrschenden Ideen bewegt und in konventioneller Weise denkt und spricht.« In diesem Punkt war sich von Hayek mit seinem wirtschaftspolitischen Gegner John Maynard Keynes einig, der davon überzeugt war, dass die Ideen der Nationalökonomen und Philosophen stärker wirken, als allgemein angenommen wird, und zwar sowohl wenn sie recht haben als auch wenn sie irren.

Es geht den Verleumdern der Neoliberalen nicht um die Realität und um einen Disput darüber, welches der erfolgreiche Weg ist, Unheil und wirtschaftliche Katastrophen abzuwenden. Es geht ihnen um die Deutungshoheit, um die Eroberung des Meinungsmonopols bei Intellektuellen, Journalisten und Lehrern. Da sind sie auch schon weit vorangekommen, nicht zuletzt durch hemmungslose Zyniker wie Heiner Geißler.

In einem Crashkurs für eine Sommerakademie von Attac sind die wüsten Verdrehungen über den Neoliberalismus nachzulesen. Da wird für sämtliche Plagen der Welt der Neoliberalismus verantwortlich gemacht: Steuerbegünstigungen für Reiche. Sozialabbau und Privatisierung bewirken das Anwachsen von Ungleichheit und Auflösung des sozialen Zusammenhaltes. Die Macht der Reichen und Konzerne ist so groß geworden, dass sie erfolgreich die Demokratie instrumentalisiert haben. Sie nutzen internationale Organisationen und supranationale Strukturen, um unpopuläre Reformen an den Parlamenten und der Bevölkerung vorbei durchzusetzen. Die unheilige Triade ist die Weltbank, der Währungsfonds und die Welthandelsorganisation. In dem Papier wird ein Gegensatz konstruiert zwischen dem ausbeuterischen Neoliberalismus und der rosaroten Zukunft nach Attac-Vorstellungen: Menschenrechte, Verteilungsgerechtigkeit und Umweltschutz sollen Vorrang erhalten vor Wirtschaftsfreiheit, privatem Eigentum und der Selbstbestimmung des Individuums. Die Attac-Ziele werden erreicht durch: »Zentrale Planwirtschaft«, Geschenkwirtschaft, Subsistenzwirtschaft oder allgemein »solidarisches Wirtschaften«, zum Teil ohne Geld und ohne Staat. Also eine Art Tauschwirtschaft autonomer Kibbuz-Vereinigungen.

Der Verfasser des Papiers Christian Felber weiß natürlich, dass die Herrschenden keine Macht abgeben und die Parteien ihr Programm nicht umschreiben werden. Deshalb müsse die repräsentative Demokratie korrigiert werden durch Elemente partizipativer und direkter Demokratie und der Bildung von Global-Governance-Strukturen, was Felber mit »globalen Regelungen ohne Weltregierung« übersetzt. Was sich wie mehr Bürgerbeteiligung anhört, ist in Wirklichkeit die Rückkehr zum Mittelalter der Zunftordnung.

Ralf Ptak, Hochschuldozent an der wirtschaftswissenschaftlichen Fakultät der Universität Köln, geht in seiner Verteufelung des Neoliberalismus noch eine Umdrehung weiter: »Im Kern ist der Neoliberalismus eine modernisierte und radikalisierte Variante des klassischen Wirtschaftsliberalismus.« Die Marktgesellschaft ist für ihn der zivilisatorische Endpunkt menschlicher Geschichte und zielt fundamental auf die Entthronung der Politik.

Der politische Arm von Attac ist die Partei Bündnis 90/Die Grünen. Vor allem in der Umwelt- und Energiepolitik haben diese Gruppen ein Spielfeld gefunden, in dem sie ihre »Attacken« ausleben können. Die Verknüpfungen sind vielfältig, durch gemeinsame Wahlkämpfe, gemeinsame Kundgebungen und durch Personen, die mal für die Partei, mal für Attac auftreten. Ihr Ziel, nämlich die Korrektur und weitgehende Beseitigung der bestehenden, repräsentativen, freiheitlichen Demokratie ist mit leichten Varianten identisch.

Das passt zusammen mit dem Entwurf der Resolution für das dann Gott sei Dank nicht zustande gekommene Klimaabkommen von Kopenhagen, in dem eine UN-Behörde gefordert wurde, die das Recht hätte, die Staaten zu kontrollieren und ihre Wirtschafts-, Umwelt-, Finanz- und Energiepolitik zu genehmigen. Das ist genau das, was Attac auch will. Die traurige Rolle, die Bundeskanzlerin Angela Merkel dabei spielt, hat Friedrich A. von Hayek wie schon gesagt auf den Punkt gebracht: Politiker sind unoriginell und laufen dem Mainstream nach. Angela Merkel erwirbt sich dabei die historische Schuld, die CDU, die einmal von der freiheitlichen Wirtschaftsordnung Ludwig Erhards geprägt war, zu einem beliebigen Wahlverein zu degradieren.

Die in New York ausgelöste Finanzkatastrophe wäre in einem Staat, der von einer neoliberalen oder – bezeichnen wir es mit dem von den deutschen Nationalökonomen benutzten Begriff – einer ordoliberalen Wirtschaftsordnung geprägt ist, nicht möglich gewesen. Was da an der Wall Street passierte, ist eher das Ergebnis eines Anarcho-Kapitalismus gepaart mit staatlicher Ignoranz. Dass das Fehlverhalten in den USA sich dann wie eine Sintflut auch über die deutsche Bankenwirtschaft ergießen konnte, verursachten deutsche Provinzpolitiker, die zum Größenwahn neigen. Ohne jetzt ein neues Buch über die Crash-Wochen vom September 2008 schreiben zu wollen, müssen doch einige Vor- und Fehleinschätzungen der Finanzkrise eingeordnet werden. Schließlich schweben die Folgen immer noch über den Volkswirtschaften der Welt, belasten die Auswirkungen immer noch die Staatskassen von Washington über London und Athen bis nach Berlin – und reichen in die deutsche Provinz von München, Stuttgart und Kiel, womit die Liste noch längst nicht zu Ende ist.

Sofort nach der Lehman-Brothers-Pleite wurde eine Sprachregelung in Deutschland von den Bankern und ihren Freunden in die Welt gesetzt, die einen Schuldigen ausmachte, mit dem sie gut leben konnten. Beim Ablauf der Geschehnisse will ich mich im Wesentlichen auf Deutschland konzentrieren, weil die Interpretationen und Schlüsse aus dem Finanzgau in den angelsächsischen Staaten anders wahrgenommen und anders hingenommen werden. Die Erklärung lautet verkürzt: Schuld an dem Crash seien vor allem der demokratische ehemalige US-Präsident Bill Clinton und der ehemalige US-Notenbankchef Alan Greenspan. Clinton habe aus sozialpolitischen Gründen die Banken dazu aufgefordert, möglichst jedem US-Bürger einen Kredit zu geben, der es ihm ermöglichte, ein Haus zu kaufen. Die Bonität sollte dabei keine Rolle spielen. Alan Greenspan habe dann durch seine Politik der Geldvermehrung und der niedrigen Zinsen die dafür notwendigen Mittel zur Verfügung gestellt. Das habe zu einem Immobilienboom geführt, der die Immobilienpreise in schwindelnde Höhen trieb. Immer mehr »kleine Leute« konnten die Kredite für den Hauskauf nicht mehr bedienen, sodass Milliardenverluste bei den Banken aufliefen. Die Unterdeckung der Immobilien wurde als »Subprime-Krise« auch mit diesem englischen Begriff erklärt.

Als die US-Banken merkten, dass sie auf vielen Krediten sitzen bleiben würden, weil die Hauskäufer die monatlichen Raten nicht mehr bezahlen konnten, verfielen sie auf einen, wie sie glaubten, genialen Trick. Sie bündelten die wertlosen Kredite in neuen Aktiengesellschaften und verkauften deren Anteile weiter. Vor allem die deutschen Banken stürzten sich auf diese Finanzkonstruktionen, ohne zu wissen, was ihnen da angedreht wurde. Ob die Gier auf ein tolles Geschäft oder maßlose Dummheit dafür verantwortlich waren, ist für das Ergebnis eher uninteressant. Als sich unsere Banken dann plötzlich Milliarden von ungedeckten Kapitalanlagen gegenübersahen, fühlten sie sich als Opfer eines eher »linken«, sozialdemokratischen US-Präsidenten. Da sich das auch noch in den USA, also weit weg, abspielte, konnten sie ja auch nicht wissen, was sich da zusammenbraute.

Dieses Märchen erzählten uns alle, die etwas zu verbergen hatten, angefangen vom Deutsche-Bank-Boss Ackermann bis hin zum ehemaligen SPD-Finanzminister Peer Steinbrück. Zugegeben: Ihre Erklärungen waren etwas ausführlicher und erhielten, je länger die Krise dauerte und je brutaler sie wurde, noch einige weitere Ausschmückungen, aber das war die Lesart der Kapitalnahen. Die parlamentarische und außerparlamentarische Linke hatte es da einfacher: Für sie war an allem der Neoliberalismus schuld.

Das Elend nahm seinen Anfang tatsächlich in den USA. Aber lange vor dem Crash. Präsident Bill Clinton hatte etwas erreicht, was weder seine Vorgänger noch seine Nachfolger schafften: Er erwirtschaftete in den US-Haushalten ein Plus von 138 Milliarden US-Dollar jährlich. Seinem Nachfolger George W. Bush gelang es ganz schnell, dieses Plus in ein gigantisches Defizit zu drehen, das Ende 2009 10,4 Billionen US-Dollar betrug, was selbst der *Bild*-Zeitung eine Schlagzeile auf dem Titelblatt wert war. Bush erhöhte die Militärausgaben und senkte für die oberen Einkommensschichten die Steuern. Einen Teil seiner horrenden Ausgaben finanzierte er mit Einsparungen bei den Sozialausgaben. Das Hausprogramm für die Geringverdiener ließ er weiterlaufen. Es erwies sich ja auch als eine wunderbare Quelle der Geldvermehrung für die Banken. Bush versicherte sich so der Zustimmung der konservativen, besitzenden Einkommensschichten für seine enorm ansteigenden Rüstungsausgaben und den Militäreinsatz im Irak. Statt den Amerikanern bewusst zu machen, was die Verteidigung ihrer Sicherheit kostete, hat er das Wohlgefühl im Country Club und auf dem Golfplatz nicht gestört. Das änderte er auch nicht nach dem Terrorangriff auf das World Trade Center in New York. Wieder bezahlte er die teuren Sicherheits- und Antiterrormaßnahmen mit Schulden. Der überschäumende Patriotismus sollte die Besitzenden nichts kosten.

Angesteckt von den Geldmassen, die die US-Notenbank in Umlauf brachte, um diese verantwortungslose Wirtschaftspolitik zu ermöglichen, stiegen die Immobilienpreise, als ob sie wie ein Luftballon aufgeblasen würden. Das fing schon unter Präsident Clinton an und beschleunigte sich dann unter Bush. Das eherne Marktgesetz hat nämlich immer und überall Geltung: Wenn der Staat sein Füllhorn ausschüttet, und sei es noch so gut gemeint, wird aus einem Marktplatz ein Spielkasino.

Das schäbige Holzhaus in einem heruntergekommenen Vorstadtviertel irgendwo in den USA war praktisch über Nacht nicht mehr 80 000 Dollar wert, sondern 180 000. Der Kleinverdiener, der gestern noch mit drei Jobs gerade so über die Runden gekommen war und dank Clintons niedriger Zinsen ein einfaches Haus gekauft hatte, gehörte plötzlich zur Mittelklasse. Ohne Hemmungen schwatzten ihm die Banken noch einen Kredit auf, der ja durch den gestiegenen Wert des Hauses abgesichert war. Ein neues Auto, ein schöneres Haus in einer besseren Gegend – alles wurde möglich.

Die Verkaufsprofis der Finanzdienstleister schwirrten durch die USA und verkloppten vor dem Hintergrund der stark steigenden Immobilienpreise Häuser, wie bei uns auf Kaffeefahrten Heizdecken. Mittendrin im Immobilienboom die Deutsche Bank mit ihren US-Töchtern. Nach dem Zusammenbruch der Blase berichteten dann auch deutsche Medien von US-Bürgern, die wegen der undurchsichtigen Finanzierungen des deutschen Vorzeigeinstituts alles verloren hatten. So überrascht vom jähen Ende konnten die Akteure in Frankfurt nicht sein, wie sie schließlich vorgaben.

In der Zeit des Booms, von dem die Immobilienpreise auch in Großbritannien, Irland und Spanien angesteckt worden waren, nutzte ich jede Gelegenheit, um mit deutschen Bankern, Wirtschaftsfachleuten und Politikern der CDU über die amerikanische Schuldenmacherei und die irrsinnigen Immobilienpreise zu diskutieren. In meiner Zeit als Korrespondent in Tokio, Mitte und Ende der Achtzigerjahre, hatte ich die Japan-Blase erlebt. Dort trieben auch steigende Immobilienpreise den Aktienindex und dessen Dauerhoch wiederum die Hauspreise in schwindelnde Höhen. Die volks- und betriebswirtschaftliche Regel, dass hinter jeder Geldschöpfung auch eine Wertschöpfung stehen muss, war außer Kraft gesetzt, ein neues Zeitalter der geldpolitischen Schwerelosigkeit erfunden. Unisono jubelte die Tokioter Presse und gab sich dem Größenwahn hin: »Jetzt kostet das Stadtviertel von Marinouchi in Tokio schon so viel wie ganz Kalifornien«, lautete eine Schlagzeile, an die ich mich noch gut erinnern kann. Marinouchi sind die Häuserblocks vor dem Kaiserpalast, in denen sich das Hauptquartier von Mitsubishi befindet.

Das Ende der Japan-Blase ist bekannt. Bis zum heutigen Tag hat sich diese einst so robuste zweitgrößte Volkswirtschaft der Welt nicht davon erholt. Der japanische Aktienkurs, der Nikkei-Index, schwebte damals bei 36 000 Punkten, heute sind die Anleger froh, wenn er die Marke von 10 000 nicht unterschreitet. Leider kenne ich auch viele Japaner, die damals auf dem Preishöhepunkt noch schnell ein Zweizimmer-Apartment in der Innenstadt von Tokio erwarben, für das sie umgerechnet 500 000 Euro zahlten und das sie heute für höchstens 250 000 verkaufen können.

Aber als sich das alles in den USA wiederholte, reagierten die Akteure, als ob Japan auf einem anderen Planeten liegen würde. »Japan, das ist doch was ganz anderes als die USA«, lautete der Tenor. In den USA regierte schließlich ein Republikaner, ein Konservativer. Nicht nur Linke haben ein ideologisches Sieb vorgeschaltet, das nur durchlässt, was in ihr Weltbild passt, sondern auch Kapitalbesitzer und strukturelle Politikkonservative haben einen Filter in ihr Wahrnehmungsvermögen eingebaut. Der sortiert nicht, wie bei den Linken, sondern der deutet Fakten um. Also in etwa so: Macht ein Demokrat in den USA Schulden, dann ist das typisch für diese Partei, die nicht mit Geld umgehen kann. Macht ein Republikaner Schulden, dann ist das gut, weil er keine Steuern erhöht und somit den Kreislauf der Wirtschaft ankurbelt. Senkt ein Demokrat die Steuern, dann ist das nicht genug. Erhöht ein Republikaner die Steuern, dann wird das einfach übersehen.

Zurzeit präsentieren die Republikaner ihre politische Schizophrenie: Sie sperren sich gegen jede wirtschaftspolitische Initiative von Barack Obama, weil dies mit neuen Schulden verbunden ist. Sie fordern jetzt eine strenge Haushaltskonsolidierung. Hätten sie sich nur halb so engagiert für eine solide Haushaltsführung unter Präsident Bush gezeigt, wären sie vielleicht ein Vorbild. So aber sind sie nur egoistische Opportunisten, denen ihr Land ziemlich egal ist. Die USA sind deshalb für Deutschland und Europa kein wirtschaftliches Vorbild mehr. Auf die Wahrnehmungsstörungen und dieses schizophrene Verhalten werde ich in Bezug auf Deutschland noch zurückkommen.

Solange die Immobilienblase in den USA von den Republikanern betrieben wurde, haben mir viele angesehene deutsche Banker klargemacht, dass dies doch nur zeige, wie robust das Wachstum in den USA sei. CDU-Politiker schwärmten von Parteitagen der Republikaner nach dem Motto: Von Bush lernen, heißt siegen lernen. So wollten sie auch hier in Deutschland punkten. Diese Naivität rächte sich. Was auch immer die politischen Versäumnisse oder sogar Vorgaben sind, die die Finanzkrise ermöglichten, sie sind keine Entschuldigung für das Verhalten der Banken und deren hemmungslose Gier. Die Finanzinstrumente, die findige Banker entworfen haben, um die Spekulationen mit den wertlosen Krediten zu vertuschen und daraus sogar noch Milliardengewinne zu machen, sind einzig und allein den Banken und Versicherungen anzulasten, die sie erfunden und damit gehandelt haben. Mitschuld tragen all die Politiker, die bei diesem Treiben zuschauten, entweder weil sie auch daran verdienen wollten, oder weil sie noch nicht im Ansatz verstanden haben, was da eigentlich passiert. Beides sind keine Entschuldigungen.

Die ärgerlichste Ausrede, sowohl bei den handelnden Bankern als auch bei den verdattert zuschauenden Politikern, ist die Ausrede, das Desaster sei in diesem Maße nicht vorhersehbar gewesen. Die Herren der Banktürme in aller Welt haben es geschafft, sich über Jahre mit einer Aura der Weisheit, der Klugheit, ja der Allwissenheit zu umgeben. Sie beraten Regierungen, sie haben Firmen, ganze Konzerne in ihrer Hand, sie halten Hof, wie es sich höchstens noch mittelalterliche Potentaten leisten konnten. Die Wolkenkratzer der Banken sind Kathedralen unseres Zeitalters. Sie beherrschen das Stadtbild, demonstrieren ihre Macht. Und wie im Mittelalter haben sie sich eine eigene Welt geschaffen, die sie fast unverletzlich, fast unangreifbar macht.

Seit 1990, dem Platzen der Japan-Blase, sind wir durch mehrere Finanzkrisen getaumelt. Die Argentinien-Pleite, die Mexiko-Krise, die südkoreanische Bankenkrise, der vom thailändischen Baht ausgehende Zusammenbruch der Finanzwelt Südostasiens, die Russland-Krise – nie wurde einer der Finanzmanager oder Währungsspekulanten dafür haftbar gemacht. Im Gegenteil: Der Mann, der das englische Pfund besiegte, Großspekulant George Soros, hält noch Hof und erklärt den staunenden Politikern, was sie falsch machen und warum er dann nicht anders kann, als ihre Währungen zu attackieren. Wenigstens spendet er das Geld zum größten Teil wieder, das er auf den Finanzmärkten abschöpft.

Die Hauptursache für das Versagen der Politik liegt darin, dass die Banker ihre Gesetze selbst machen dürfen. Dies gilt nahezu für die ganze Welt, vor allem aber für die wichtigsten Industriestaaten. In Deutschland haben sie sogar im Finanzministerium gesessen und die Gesetze formuliert, wie den Verzicht auf die Körperschaftssteuer beim Verkauf der großen Aktienpakete nach dem Jahr 2000. Auch die mangelnde Haftung der Aufsichtsratsmitglieder für ihre Entscheidungen wird von den Betroffenen erfolgreich verteidigt.

Eine Marktwirtschaft und die sich daraus entwickelnde Wettbewerbswirtschaft funktioniert aber nur, wenn die verantwortlichen Akteure für ihr Handeln haften und die Verantwortung tragen. Sie müssen dafür mit ihrem Kapital, mit ihrem Hab und Gut einstehen. Verwalten sie das Kapital anderer, sind sie also als Manager eingestellt, so haften sie mit ihren Entscheidungen gegenüber dem Kapitalgeber. Es liegt in dessen Verantwortung, inwieweit er seinen Treuhänder, also den Manager, mithaften lässt.

Das ist alles eigentlich recht einfach und recht deutlich. Wenn sich Juristen an diese Grundsätze heranmachen, dann werden daraus lange Verträge, die am Ende viele Interpretationen zulassen, wer nun eigentlich haftbar ist und wer nicht. Dies wiederum könnte vom Gesetzgeber durch eindeutige Spielregeln verhindert werden. Aber genau das macht er nicht.

In der Welt der Banken und der Finanzwirtschaft ist es den Beteiligten perfekt gelungen, diese Verantwortungsstrukturen zu verwischen. Wer muss denn nun dafür haften, dass die Münchener Immobilienbank Hypo Real Estate (HRE) circa 400 Milliarden Euro verspekuliert hat? Es wäre ja schon erhellend, wenn wir erfahren würden, wo und wie das Geld versemmelt wurde, denn wir alle haben jetzt ein Recht darauf, die Schuldigen zu benennen, weil wir als Steuerzahler diese Bank gekauft haben. Sie gehört jetzt uns. Wir – also Sie und ich – sind auch an dieser Bank beteiligt, weil sie niemand mehr haben wollte, noch nicht einmal mehr geschenkt. Da hat unsere Regierung sie verstaatlicht und damit die Marktwirtschaft außer Kraft gesetzt. Die Versager, die die HRE zugrunde gewirtschaftet haben, müssen nicht für ihre Entscheidungen aufkommen, sondern der Steuerzahler.

Im Fall der Münchener Pleite-Bank wurde noch eine weitere Dimension der Kuddelmuddelwirtschaft sichtbar. Die HRE musste gerettet werden, so die Erkenntnis aller Beteiligten, weil sie zu groß war, um pleite zu gehen. Ihre Schließung hätte mindestens so große Finanzschockwellen um die Welt gejagt wie die Pleite von Lehman Brothers in New York. Der

Zusammenbruch des Weltfinanzsystems mit unvorstellbaren Folgen für Millionen Menschen war zu befürchten. Damit ist die Rettungsaktion sicher zu rechtfertigen. Nicht zu rechtfertigen aber ist, dass die staatliche Bankenaufsicht, die zuständigen Ministerien und der Aufsichtsrat ein solches Monstrum haben wachsen lassen, ohne die Gefahr für die Volkswirtschaft zu erkennen. Eine immer wiederkehrende Antwort darauf lautet: Die Gesetze in unserem Staat werden dem Zeitgeist angepasst und folgen keinem Ordnungsprinzip. Der Zeitgeist lautete: Wir wollen auch am großen Kuchen der internationalen Finanzwirtschaft teilhaben. Die Ordnung, dass der Handelnde für sein Tun auch verantwortlich ist, wurde außer Kraft gesetzt.

Am Beginn der Verdunkelungskette stehen die Erfinder der Derivate der neu entwickelten Finanzprodukte in New York. Sie haben ihre faulen Kredite in Päckchen geteilt, haben diese Päckchen mit einem Firmennamen versehen und die Aktien dieser Firma weiterverkauft. Sie haben auch noch Versicherungen für diese neu gegründeten »Nullwertfirmen« abgeschlossen und diese dann ebenfalls verkauft. An eine andere Bank oder Versicherung – und die hat das Ganze noch einmal umgepackt und dann wieder verkauft. Noch immer ist nicht abschließend sortiert, was in welchen Päckchen war, wer sie gekauft oder zwischenverkauft hat und wer letztendlich auf ihnen sitzen geblieben ist. Auf diesen Wegen ging alle Transparenz und Haftungsidentität verloren.

In Staaten mit einer auf ordoliberalen Grundsätzen aufgebauten Gesetzgebung könnten jetzt die Verpacker als Kriminelle angeklagt werden. Hätte Deutschland noch einen Ludwig Erhard, wären solche Geschäfte in unserem Land verboten und wir hätten keinen Fall wie die Hypo Real Estate.

4. DIE FINANZKRISE – DAS GROSSE STAATSVERSAGEN

Die Bundesrepublik Deutschland ist ja nicht ganz ohne Regeln, schließlich haben wir eine Bankenaufsicht. Kleine Eifersüchteleien und politischer Opportunismus führten aber dazu, dass diese Bankenaufsicht nicht allzu mächtig und auf zwei Institutionen verteilt wurde. Da haben wir die Deutsche Bundesbank und die BaFin, die Bundesanstalt für Finanzdienstleistungsaufsicht.

Die BaFin wurde bewusst klein gehalten. Erst durfte sie kein zusätzliches Personal einstellen und dann teilte ihr 2007 der Staatssekretär im Finanzministerium, Jörg Asmussen, mit: Sie soll weniger eigene Prüfungen der Banken vornehmen und dafür mehr private Wirtschaftsprüfer einschalten. Damit wurde das Ordnungsprinzip einer funktionierenden Marktwirtschaft auf den Kopf gestellt. Der Staat delegiert seine Kontrolle über die Schlüsselindustrie Finanzwirtschaft an die Finanzwirtschaft, aber dafür steigt er selbst als Mitspieler in den Markt ein und weitet seine Tätigkeit als Banker aus, wie ich das am Beispiel der Landesbanken noch beschreiben werde.

Aber selbst wenn diese abgespeckte und eingeschränkte Bankenaufsicht aktiv wurde, versagte der Staat völlig. Die Hypo Real Estate hatte nach dem Abbau der ordnungsrelevanten Bankgesetze – wie das Verbot, nicht der Bilanzierung unterworfene Zweckgesellschaften im Ausland zu gründen – in der Steueroase Irland eine Zweckgesellschaft, die Depfa Bank plc, gegründet. Diese Depfa plc war ein gigantischer Staatsfinanzierer in Deutschland. Bund, Länder und Kommunen hatten sich dort Milliarden ausgeliehen.

Seit Friedrich dem Großen stand die Deutsche Pfandbrief für Seriosität und Sicherheit. Der Alte Fritz hatte sie gegründet, damit Refinanzierungen der öffentlichen Hand zu niedrigen Konditionen ermöglicht wurden. Um die Sicherheit des

Geldgeschäfts zu garantieren, musste hinter jedem Pfandbrief ein Sachwert stehen, der nur zu 60 Prozent beliehen werden durfte. Diese Tradition der günstigen und sicheren Kreditversorgung des Staates wurde mit Erlaubnis der Bundesregierung ausgehebelt. Die Erlaubnis, Zweckgesellschaften in Steueroasen zu gründen, nutzte die HRE und machte aus ihrer irischen Depfa-Tochter ein Institut, das hoch spekulative Kredite in ihre Deckungsstöcke aufnehmen konnte. Die Manager der Depfa Irland agierten scheinbar losgelöst von aller Vernunft mit einem Geschäftsmodell, das selbst jeder Banklehrling als sicheren Weg in den Bankrott erkannt hätte. Sie offerierten zum Beispiel an die deutschen Länder und Kommunen langfristige Milliardenkredite mit niedrigen Zinsen, so um die 2 bis 2,5 Prozent, und refinanzierten diese mit kurzfristigen Krediten, die in drei Monaten fällig wurden. Und ich wiederhole es noch einmal: Das war nicht die Folge des Neoliberalismus, das war die Folge von Dummheit, Leichtsinn, Gier und Verantwortungslosigkeit. Und es war die Folge einer abenteuerlichen Gesetzgebung.

Die Politik des leichten Geldes in den USA und Großbritannien hatte in New York und London eine schnell wachsende Finanzindustrie entstehen lassen, die gleichzeitig eine wundersame Vermehrung des Reichtums suggerierte. Zunehmend schauten die deutschen Politiker neidisch auf diese Wachstumsmaschinen, die aus Geld noch mehr Geld machten. So überlegte die damalige rot-grüne Regierung nach dem Machtwechsel, wie auch sie an eine solche Geldquelle herankommen könnte.

In der Bundesrepublik Deutschland waren Stabilität und Unabhängigkeit der Notenbank Tradition. Viele dieser internationalen Finanzgebaren blieben den deutschen Banken untersagt. Da fügte es sich gut, dass ein junges agiles SPD-Mitglied Leiter der Abteilung VII im Finanzministerium wurde, die zuständig für die Finanzmarktpolitik ist: Jörg Asmussen aus Flensburg. Er nahm sich der »Liberalisierung« an. Dem Zeitgeist entsprechend formulierte die SPD auf ihrem Parteitag am 7. Mai 2003 die Forderung, den Handel mit Kreditgeschäften zu entwickeln, damit auch die deutsche Finanzwirtschaft ihre Wettbewerbsfähigkeit erweitern könne.

Im Januar 2004 legte dann die Boston Consulting Group (BCG) ein Gutachten vor, das sie im Auftrag des Bundesministeriums der Finanzen erstellt hatte. »Optimale staatliche Rahmenbedingungen für einen Kreditrisikomarkt/Verbriefungsmarkt für Kreditforderungen und Risiken in Deutschland« lautet die sperrige Überschrift. Das Gutachten zeigte auf, wie der Finanzmarkt umgestaltet werden muss, damit die deutschen Institute eine dreistellige Milliardensumme mehr zur Verfügung haben, um im internationalen Kasino mitwetten zu dürfen – ganz legal – ja, sogar vom Gesetzgeber gewünscht.

Es war dann auch Jörg Asmussen, der unverhohlen in der rotgrünen Landschaft für die Abschaffung der bestehenden Regeln Stimmung machte, damit die Banken die Eigenkapitalanforderungen umgehen konnten. Hatten sie ihren gesetzlich erlaubten Kreditrahmen ausgeschöpft, so wurde ihnen jetzt auch in Deutschland erlaubt, ihre Kredite in Zweckgesellschaften in Steueroasen wie Irland oder einigen karibischen Inseln auszulagern. Die Kredite verschwanden also aus ihren Büchern und machten Platz für neue Kredite.

Es ist für die damals politisch Verantwortlichen ein vernichtendes Zeugnis ihrer opportunistischen Ahnungslosigkeit, dass sie diese Gesetzgebung durchgewinkt haben. Entweder haben sie das Gutachten der Boston Consulting Group nicht gelesen oder nicht verstanden, was zeigt, dass sie entweder faul oder ahnungslos sind, oder sie haben doch gewusst, was sie machten, als sie den Papieren Asmussens folgten. Dann sollten sie zu ihrer Mitverantwortung stehen und nicht ständig von den »Folgen des Neoliberalismus« faseln.

Im BCG-Papier stand ganz deutlich: Die Zweckgesellschaften sollten ihren anerkannten Steuersitz im Drittland haben. Dann ist auch keine verbindliche Regelung der Gewinnermittlung und Besteuerung relevant. »Vor diesem Hintergrund wird empfohlen, auf die Schaffung eines eigenständigen Verbriefungsgesetzes zu verzichten.« Auch einen PR-Gag – so haben sie das natürlich nicht bezeichnet –, also einen Impuls und eine Initialzündung für die Akzeptanz der Verbriefung im Ausland, hat Boston Consulting empfohlen: die Verbriefung der Bafög-Darlehen in einer Zweckgesellschaft. Das wäre ein klares Signal für das zielgerichtete Engagement des Gesetzgebers zur Stärkung des Verbriefungsmarktes. Das ist raffiniert: In Deutschland muss ja alles mit einem sozialen Mäntelchen umhüllt werden. Wenn also Bafög-Forderungen in eine Zweckgesellschaft ausgelagert werden können, dann muss das ja eine seriöse und gute Sache sein.

Dass die Forderungen an Studenten als Finanzderivate irgendwo in der Welt zur Gewinnmaximierung von Heuschrecken dienen könnten, das war einfach außerhalb des Vorstellungsvermögens der Abgeordneten. So war jedenfalls das Kalkül der Berater. Unsere biederen Abgeordneten haben dann auch gleich darauf verzichtet nachzuhaken, was eine Zweckgesellschaft in einer Steueroase sonst noch alles machen darf. Rot-Grün ist den Empfehlungen von Asmussen und Boston Consulting gefolgt. An den Folgen zahlen wir noch lange.

Aber es wäre unfair, nur der SPD und den Grünen vorzuwerfen, sie wären dem Zeitgeist nachgelaufen. Auch die Konservativen glaubten, dass der Finanzplatz Frankfurt gestärkt werden müsse, indem der Staat auf Transparenz und Eigenverantwortung verzichte. So schlug der damalige hessische Ministerpräsident Roland Koch vor, für ausländische Banker in Frankfurt einen eigenen, niedrigen Steuersatz einzuführen, um die Wettbewerbsfähigkeit der Mainmetropole zu erhöhen. An dem Gedanken ist alles schräg: Ausnahmeregeln für Steuern verstoßen gegen ein ordoliberales Wirtschaftsverständnis genauso massiv wie die Bevorzugung bestimmter Berufsgruppen. Dabei galt Koch noch als großer Wirtschaftsfachmann in der CDU.

Der Finanzkrise ging ein komplettes Versagen des Staates voraus – ein Staat, den die Staatsgläubigen wegen der Finanzkrise noch stärker machen wollten. So naiv kann eigentlich kein denkender Mensch sein. Die Geschichte der Finanzkrise und des Staatsversagens geht aber noch weiter. Zumindest in Deutschland ist es auch eine Geschichte von Biedermännern und Brandstiftern. Die Rolle der Brandstifter hat dabei die Finanzindustrie inne, die Rolle der Biedermänner spielen Jörg Asmussen und sein Chef, Finanzminister Peer Steinbrück.

Im Untersuchungsausschuss des Deutschen Bundestags 2008 über die Hypo Real Estate und die notwendige Verstaatlichung wurden Details bekannt, die eigentlich zum Rücktritt der Verantwortlichen hätten führen müssen. Da kam ans Licht, dass die eh schon zahnlose BaFin im Frühjahr 2008 eine Prüfung in Dublin bei der Depfa plc vornahm. Sie begründete dies damit, dass die Depfa plc ein »systemrelevantes Finanzkonstrukt« sei. Finanzminister Steinbrück aber war der Auffassung, dass die BaFin in Dublin überhaupt nicht prüfen dürfe, sondern dass das die Aufgabe der Iren sei. Steinbrück berief sich dabei auf die im Kreditgesetz eingeschränkte Prüfungsberechtigung. Die BaFin-Prüfer fanden eine ziemlich desolate Bank vor, die so kriselte, dass zu befürchten war, dass sie ihre Mutter, die HRE in München, mit in den Abgrund riss. Am 18. August 2008 legte die BaFin ihren Prüfbericht vor, in dem sie 49 Verstöße aufzählte. Daraufhin passierte – nichts.

Sowohl Asmussen als auch Steinbrück behaupteten im Untersuchungsausschuss, sie hätten diesen Bericht nie gesehen, weil dieser von einem Sachbearbeiter einfach so abgelegt wurde. Mit anderen Worten: Das Finanzministerium beschäftigt Mitarbeiter an entscheidender Stelle, die noch nicht einmal mehr mitkriegen, wenn der Finanzgau schon angekündigt wird. Konsequenzen für diese Pannen damals bis heute: keine. Steinbrück gilt auch als Finanzminister a. D. immer noch als Fels in der Brandung der Finanzflut.

Aber bei meiner schon erwähnten Diskussion mit Steinbrück in Passau 2009 macht er wieder den Neoliberalismus, die entfesselten Märkte in New York für die weltweite Finanzkrise verantwortlich. Das lenkt vom eigenen Versagen ab und bedient die in Finanzderivaten ahnungslose Wählermasse, die trotz einiger Crash-Bücher von den komplizierten Vorgängen wenig verstehen. Schlagwörter wie »der böse US-Kapitalismus« und »der menschenverachtende Neoliberalismus« bleiben leichter im Gedächtnis. Mit diesen Brunnenvergiftungsvokabeln schützen sich die Politiker aller Parteien davor, die wirklichen Ursachen für die Kapitalvernichtung der Finanzkrise in Deutschland zu benennen – und damit eine Wiederholung zu verhindern.

Manchmal kann ich die Chuzpe von Gysi, Lafontaine, Ottmar Schreiner, Trittin und Co. nur bewundern, wenn sie nach der Finanzkrise und der daraus resultierenden Belastung der Steuerzahler mit über 100 Milliarden Euro noch mehr Staat verlangen. Damit fordern sie auch noch mehr altgediente Politiker in den Aufsichtsräten. Nötig aber ist das Gegenteil: mehr unabhängige Spezialisten und eine effiziente, transparente Überwachung der Kapitalmärkte.

Mehr Staatsanteil, das geht in Deutschland kaum noch, wie die Geschichte der Düsseldorfer Industrie-Kreditbank (IKB) zeigt. Sie war die erste Bank, die in Deutschland wackelte. 2007 gehörte sie noch zu 38 Prozent der KfW, der Kreditanstalt für Wiederaufbau, einer staatseigenen Bank. Die IKB hatte sich voll in das Geschäft mit den neuen Finanzprodukten gestürzt. Auch sie wollte endlich das große Geld machen. Als Erste bemerkte die Deutsche Bundesbank die prekäre Lage und stellte in einem Bericht fest, dass sich in den Büchern der IKB ein Großkredit von 18 Milliarden Euro finde, dessen Zuordnung nicht rechtens sein könne. Die konkurrierende BaFin aber wollte dieser Ansicht nicht folgen und widersprach. So passierte erst einmal nichts.

Am 30. Juli 2007 gab dann die IKB eine Ad-hoc-Warnung

heraus, in der sie die Gewinnerwartung zurücknahm. Der Vorstandssprecher Stefan Ortseifen schätzte das Risiko auf einen einstelligen Millionenbetrag, eine Folge der Krise am US-Subprime-Markt. Kurz darauf aber musste laut BaFin-Präsident Jochen Sanio in der bis dahin größten Bankenkrise der Republik ein Rettungspaket von 3,5 Milliarden Euro geschnürt werden.

Ach ja, da gibt es noch den 22-köpfigen Aufsichtsrat der IKB, der mit insgesamt 1,3 Millionen Euro für seine Dienste entlohnt wird. Darin saßen 2007 unter anderen die Politiker Jörg Asmussen, Barbara Hendricks, Hartmut Schauerte und hoch angesehene Wirtschaftsmanager wie Ex-BDI-Präsident Michael Rogowski, Ex-Tchibo-Chef Dieter Ammer oder Ex-Eon-Chef Ulrich Hartmann, der übrigens auch im Aufsichtsrat der Deutschen Bank zu finden ist. Alle hatten von der existenzbedrohenden Schieflage nichts bemerkt. Deshalb konnte Hartmann auch nichts dazu sagen, dass die Deutsche Bank für einige Hundert Millionen Euro noch schnell Ramschpapiere an die etwas dümmeren IKB-Banker verkaufte. Die einen hatten schon begriffen, dass das alles Schrott war, die anderen glaubten noch an ein Schnäppchen.

Auf dem Weg in die endgültige Pleite stockte die Kreditanstalt für Wiederaufbau dann noch ihren Anteil auf 90,8 Prozent auf, bis die Bank an den amerikanischen Investor Lone Star für rund 120 Millionen Euro verkauft wurde. Die KfW hatte am Ende 8 Milliarden Euro verloren und die Bundesregierung noch einmal 1,8 Milliarden. Wir Steuerzahler dürfen jetzt für die »Nichts sehen, nichts hören, nichts sagen«-Dilettanten mit rund 10 Milliarden Euro aufkommen.

Damals war die Vorstandssprecherin der KfW noch Ingrid Matthäus-Maier, eine ehemalige Richterin und Volljuristin, die von der FDP zur SPD gewechselt war. Ob ihre Erfahrung als Finanzpolitikerin der SPD ausreichend war, um sie gleich mit der Leitung einer Bank zu betrauen, stand bei ihrer Wahl nicht im Vordergrund. Diese Jobs werden nach politischen Vorgaben besetzt und zeigen, was dabei herauskommt, wenn Banken dem Staat gehören.

Der Verwaltungsrat der KfW besteht damals wie heute aus 37 Mitgliedern, die geballten politischen Interessen unterworfen sind. Er überwacht die Geschäftsleitung und die Vermögensverwaltung, genehmigt größere Kreditobligos und den Jahresabschluss. Er spiegelt wider, wie Staatswirtschaft aussieht. Unter Schwarz-Gelb wechseln sich im Sommer 2010 im Vorsitz Wirtschaftsminister Rainer Brüderle und Finanzminister Wolfgang Schäuble ab. Weitere Minister im Verwaltungsrat sind: Landwirtschafts- und Verbraucherministerin Ilse Aigner, Entwicklungshilfeminister Dirk Niebel, Verkehrsminister Peter Ramsauer, Umweltminister Norbert Röttgen, Außenminister Guido Westerwelle, die Landesminister Axel Gedaschko, Hamburg, Roland Koch, damals noch Ministerpräsident in Hessen, Karoline Linnert, Bremen, Helmut Linssen, Nordrhein-Westfalen, Hartmut Möllering, Niedersachsen, Marion Walsmann, Thüringen. Aus dem Bundestag: Hubertus Heil (SPD), Barthold Kalb (CSU), Jürgen Koppelin (FDP), Gesine Lötzsch (Die Linke), Michael Meister (CDU), Christine Scheel (Die Grünen), Carsten Schneider (SPD). Von den Gewerkschaften: Frank Bsirske (Verdi), Claus Matecki (DGB), Franz-Josef Möllenberg (Nahrung-Genuss-Gaststätten), Michael Sommer (DGB). Dazu kommen noch alle wichtigen Verbände, elf an der Zahl, von den Handwerkern über die Industrie bis hin zum Bauernverband und alles was dazwischen liegt.

Diese Aufzählung gibt eine Orientierung, warum für Politiker und die mit ihnen verknüpften Organisationen staatliche Einrichtungen und staatliche Banken so einen unwiderstehlichen Charme ausüben: Es gibt dann noch mehr Posten und Pöstchen, die für ein Zubrot gut sind und die Macht und Einfluss versprechen. Wenn dann etwas schiefgeht, wie bei der Bankenkrise, hören wir von den Staatskontrolleuren dieselben Ausflüchte wie bei den Privatbanken: Wir haben das nicht gewusst und wir konnten das auch nicht wissen.

Nicht die Neoliberalen sind an der Krise schuld: Es ist die organisierte Verantwortungslosigkeit, die die Kasinos für Raubtierkapitalisten ermöglichte. Wer also dafür sorgen möchte, dass sich eine solche Katastrophe nicht mehr wiederholt, muss dafür Sorge tragen, dass die ordoliberalen Grundsätze Grundlagen einer Gesetzgebung werden. Vorstände und Aufsichtsräte haften mit ihrem Vermögen für schuldhaftes Versagen – dazu zählen auch Ahnungslosigkeit und Vertuschung.

Eine solche Haftung der Aufsichts- oder Verwaltungsräte bedeutete auch unweigerlich das Ende der Landesbanken. Sie gehören den Ländern, also dem Staat. Trotz IKB und HRE, die höchsten Verluste sind bei den Landesbanken angefallen. Dumm und ahnungslos sind sie auf die Tricks der angelsächsischen Profis reingefallen. Sie wussten, dass sie locker die deutsche Provinz als Müllabladeplatz für wertlose Papiere nutzen konnten. So haften die deutschen Landesbanken jetzt für ungedeckte Immobilienkäufe von Arkansas bis Iowa. Die Schulden der Staatsbanken und damit die Verpflichtungen der Steuerzahler: Bayern LB 100 Milliarden, Landesbank Baden-Württemberg 100 Milliarden, West LB 70 Milliarden, HSH Nordbank 65 Millarden, Nord/LB 35 Milliarden, Helaba 35 Milliarden, LB Berlin 20 Milliarden. Jeweils in Euro. Die US-Verkäufer verdienen unseren Respekt.

Doch auch schon vor der weltweiten Finanzkrise haben Landesbanken ihre Regierungen in schwere Konflikte manövriert. Die Bankgesellschaft Berlin wurde von ihrer Immobilientochter Berlin Hyp in einem Sumpf von Skandalen versenkt und brachte den Vorstandsvorsitzenden der Berlin Hyp Klaus-Rüdiger Landowksi vor den Richter. Bis heute (Ende 2010) sind noch keine rechtskräftigen Urteile gefallen. Die Bankgesellschaft Berlin musste zerschlagen und verkauft werden. Die Sachsen LB verspekulierte sich ebenfalls mit Immobilien und brachte Ministerpräsident Georg Milbradt um sein Amt. Die West LB verstand sich auch als Regierungsbank und finanzierte Flugreisen und Feste der SPD-Ministerpräsidenten. Auf ihrem Höhenflug in die Welt der Finanzderivate verlor sie dann so viel Geld, dass sie jetzt zerschlagen und verkauft werden muss. Die SPD hat seither das Problem, mit dem Filz der gegenseitigen Verstrickungen identifiziert zu werden. Am transparentesten sind die Vorwürfe aus der HSH Nordbank. Der ehemalige Wirtschaftsminister Schleswig-Holsteins Dr. Werner Marnette hat sein Amt hingeworfen, weil er nicht mitverantwortlich sein wollte, wie die HSH Nordbank die Steuergelder vernichtete. Seine Protokolle, im Stern und Spiegel veröffentlicht, zeigen, wie Rolf Stegner (SPD) und Peter Harry Carstensen (CDU), von Unfähigkeit getrieben, Fehlentwicklungen der HSH Nordbank unterstützten und sich dann jeder Verantwortung entzogen.

Alles Vorgänge der letzten 15 Jahre. Diese Skandale erheben keinen Anspruch auf Vollzähligkeit. Sie zeigen aber, dass die Landespolitiker gewisse masochistische Züge haben, nur weil sie auch eine Bank besitzen wollen – ein bisschen Banker spielen dürfen. Wenn dann die Milliardenverluste sichtbar werden, treten sie mit Unschuldsmienen auf und beteuern ihre Ahnungslosigkeit, als ob das auch nur irgendetwas entschuldigen würde.

Der Ruf nach Verstaatlichung deutscher Banken wegen der Finanzkatastrophe hat für mich etwas Unwirkliches. Setzt da bei den Staatsgläubigen wirklich der Verstand aus? Sie machen den Neoliberalismus und Raubtierkapitalismus für die Milliardenverluste verantwortlich und gleichzeitig zeigen die Bilanzen, dass es in Deutschland gerade die staatlichen Banken waren, die hemmungslos im Kasino auf »Zahl« setzten und zwar immer und immer wieder, weil sie nicht ihr eigenes, sondern das Geld der Steuerzahler verspielten. Hat nicht der Staat völlig versagt, weil er ordnungspolitische Grundsätze über Bord warf, nur um auch Eintritt in die Kasinos des Anarcho-Kapitalismus zu erhalten?

Wenn das die Träumer von Attac machen und weltfremde Romantiker der BUND-Grünen, dann kann ich das als Folklore hinnehmen. Aber wenn dies gestandene SPD- und CDU-Politiker tun, dann wird es für einen Staat wie die Bundesrepublik gefährlich. Dann darf unterstellt werden, dass solche Politiker aus öffentlichkeitswirksamen Gründen alles machen, auch ihre eigene Seele verkaufen, auch diesen Staat verraten. Sie haben kein Gewissen.

Eines ist bei diesen Zusammenhängen ganz aus dem Blickfeld geraten: die Karriere von Jörg Asmussen. Nachdem er erfolgreich die Anpassung Deutschlands an den Derivatenkapitalismus organisiert hatte, gehörte er auch dem Geschäftsbeirat der TSI, der True Sales International GmbH an, die von 13 Banken gegründet wurde, um die Verbriefung und den Handel mit Kreditgeschäften zu fördern. Er war im Aufsichtsrat der Pleite-Bank IKB, gleichzeitig war er dank seiner Funktion auch im Verwaltungsrat der BaFin, die genau diese Banken überprüfen sollte. Asmussen befand sich also in der genialen Situation, sich selbst überprüfen zu dürfen. Aber der Tausendsassa ist mittlerweile vom Biedermann zum Feuerwehrmann mutiert.

Um den Finanzmarkt vor dem Einsturz zu retten, wurde der SoF-Fin gründet, der Sonderfonds Finanzmarktstabilisierung. Diese Hilfsorganisation entscheidet darüber, welche Banken mit staatlicher Unterstützung rechnen können, weil sie in die Finanzklemme geraten sind. Bisher bewilligte die SoF-Fin für 18,2 Milliarden Euro Kapitalhilfen und für 144,5 Milliarden Bürgschaften – prominent dabei natürlich wieder einige Landesbanken. Der Vorsitzende des Lenkungsausschusses der SoF-Fin ist … na, raten Sie mal: Jörg Asmussen! In anderen Worten, er kontrollierte nicht nur sich selbst, sondern finanzierte auch die Opfer der von ihm mitbetriebenen Finanzgesetzgebung wieder mit Staatsgeld.

2008 ernannte ihn Peer Steinbrück zu seinem Staatssekretär. Als Anerkennung seiner Verdienste übernahm ihn die schwarz-gelbe Regierung wieder als Staatssekretär im Finanzministerium. Da war er unter anderem damit beschäftigt, Gesetze zu formulieren, die eine solche Finanzkrise in Zukunft verhindern sollen. Also: Er soll die Verbriefungen und Zweckgesellschaften, die er von der Leine gelassen hat, wieder einfangen. »Wir haben dazugelernt«, beschönigt er seine Vergangenheit. Das ist eine nette Formulierung. Er hat dazugelernt, und wir Steuerzahler zahlen dafür das Lehrgeld. Noch mehr Verstaatlichung, die noch mehr solche Karrieren möglich macht, ist wirklich das Letzte, was wir brauchen. Mittlerweile sitzt er sogar als Vertreter Deutschlands im Direktorium der Europäischen Zentralbank. Dort ist er unter anderem damit aufgefallen, dass er die konsequente Stabilitätshaltung des Bundesbankpräsidenten Jens Weidmann nicht mitträgt. Asmussen ist ein Paradebeispiel dafür, dass in unserem System Bürokraten für ihre Untaten nicht zur Rechenschaft gezogen, sondern auch noch befördert werden.

Jetzt, vier Jahre nach der Lehman-Pleite, zwei Jahre nach dem Beginn der Eurokrise, ist immer noch nicht klar, wie der Kapitalmarkt gebändigt werden soll. Welche Rolle darf, ja, muss der Staat beanspruchen, damit er nicht als Geisel genommen werden kann, wie dies 2008 geschehen ist? Auf einer internationalen Konferenz nach der anderen versichern die führenden Wirtschaftsnationen, dass sie gemeinsam handeln müssen und gemeinsam handeln werden. Mittlerweile hört sich das so gebetsmühlenartig an, dass dies schon niemand mehr richtig ernst nimmt. Die nationalen Egoismen sind stärker, die Betroffenheit der Staaten unterschiedlich. New York und London kämpfen um ihre Finanzplätze. Jede strengere Kontrolle wird mit Abwanderungsplänen der Finanzinstitute nach Zürich oder gleich nach Singapur und Hongkong beantwortet. Geld ist wie ein scheues Reh, heißt ein resignierender Spruch. Wenn es aufgescheucht wird, springt es davon. Doch es gibt keinen Grund, vor den Finanzspekulanten zu kapitulieren. Die Voraussetzungen aber sind ein solides Wirtschaften der Staaten und klare, transparente Regeln. Davon sind wir noch weit entfernt und so wird umso geräuschvoller über Scheinlösungen diskutiert.

Bei keiner Demonstration gegen die Finanzhaie und die Globalisierung, bei keiner Talkrunde über die Finanzkrise fehlt die Forderung nach der Tobin-Steuer, der Kapitaltransfersteuer. Sie soll international bei jedem Kapitaltransfer fällig werden. Eine Bank kauft irgendwo auf der Welt Devisen, schon muss sie zahlen. Eine andere Bank verkauft Devisen, sie muss zahlen. Die Billionen, die pro Tag um die Welt herumgereicht werden, würden alle erfasst und mit einem Steuersatz belegt, der den Finanzakteuren die Lust auf Spekulationen nimmt. Der amerikanische Wirtschaftswissenschaftler James Tobin hatte in den Siebzigerjahren eine Abgabe von 0,1 Prozent auf spekulative Devisengeschäfte ins Spiel gebracht.

Das war wie eine Initialzündung für die weltweite Bewegung Attac, die damit gleich alle Ungerechtigkeiten dieser Erde beseitigen möchte. Sie entstand in Frankreich mit dem umständlichen Namen: Association pour la Taxation des Transactions financières pour l'Action citoyenne. Die Abkürzung Attac soll auch gleich auf die Natur der Bewegung aufmerksam machen: auf »attaque« – auf Angriff.

Mittlerweile haben sich fast alle Mitgliedsstaaten der EU, aber auch Länder wie Kanada und Brasilien, für eine Finanztransaktionssteuer ausgesprochen. Nur auf internationaler Ebene ist außer Sympathiebeteuerungen nichts passiert. Das Problem liegt sowohl bei der Realisierung als auch in der Wirkung. Neue und alte Wirtschaftsmächte denken gar nicht daran mitzumachen. Voran die USA und China. Aber auch alle Staaten, die sich als Steueroasen anbieten, werden diese Steuer nicht erheben. Die Erfahrung zeigt: Auch die Europäer, die hohe moralische Standards predigen, werden keinen Wirtschaftskrieg wegen der Tobin-Steuer beginnen.

James Tobin selbst, dessen Namen die Attac-Aktivisten für ihre Idee benutzen, will aber mit der Finanzmarktsteuer nichts zu tun haben und verbittet sich, dass sein Name dafür missbraucht wird. Für ihn war das nur ein Gedankenspiel, das sich nicht realisieren lässt. Wer zum Beispiel entscheidet dann, was ein spekulatives Devisengeschäft ist? Wie soll verhindert werden, dass mit der Finanztransaktionssteuer nicht nur eine neue Abgabe erfunden wird, um den hoch verschuldeten Staaten neue Einnahmen zu bescheren, die überhaupt keine Wirkung auf die Finanzströme der Welt haben?

Im nationalen deutschen Markt könnte das so ausgehen: Die internationalen Großbanken tätigen ihre umsatzstarken Finanztransaktionen in Singapur und zahlen dort nichts. Die Sparkasse in Niedersachsen und die Volksbank in Sachsen legen das Geld ihrer Sparer in einem Fonds an und müssen zahlen. Den Betrag wälzen sie auf die Einlage ab und so zahlt der Kunde. Steuern, die in Unternehmen anfallen, werden am Ende immer die Kunden bezahlen. Das ist nun einmal so.

Die Finanztransaktionssteuer soll nun sicherstellen, dass die Banken in Zukunft aus dem dadurch entstehenden »Restrukturierungsfonds« für ihre selbst ausgelösten Krisen aufkommen können. Das klingt zwar gut, ist aber auch Augenwischerei. Das Aufkommen aller Finanzinstitute in Deutschland soll pro Jahr 1,2 Milliarden Euro betragen. Mittlerweile haben sich einige europäische Länder, darunter Frankreich geeinigt, diese Abgabe zu erheben und damit die Kosten der Eurokrise einzudämmen. Es sollen jetzt sogar über 20 Milliarden Euro abkassiert werden. Das heißt, wir können nur hoffen, dass wir in den nächsten 50 Jahren keine Finanzkrise mehr bekommen, denn sonst reicht der Fonds nicht aus, um auch nur eine Bank zu retten. Ein Fall wie die Hypo Real Estate wäre trotzdem wieder auf Staatsmittel angewiesen. Diese Bankenabgabe ist eher unter der Rubrik »politischer Aktionismus und Beruhigungspille« zu sehen, denn als Barriere gegen eine Pleiteflut bei Banken.

Konsequent wäre, jene Derivate und Finanzkonstruktionen zu verbieten, die unkontrollierbar die Stabilität gefährden. Dazu gehören auch der Hochgeschwindigkeitshandel an den Börsen, die Leerverkäufe und die Spekulationen mit Devisen. Diese »Produkte« aber zu besteuern heißt nichts anderes, als dass der Staat sich an unmoralischen Geschäften beteiligt und sich dafür auch noch feiern lässt. Verstehen die Linken das nicht, sind sie zu blöd dafür, oder brauchen sie solche Konstruktionen, um den Casinokapitalismus verteufeln zu können, den sie dulden?

Barack Obama hat es uns vorgemacht: Er setzt, ohne auf den Rest der Welt zu warten, eine Bankenreform durch, die vor allem verhindern soll, dass es noch einmal heißt: »To big to fail« – zu groß, um pleitezugehen. Zum Beispiel darf keine Bank mehr als zehn Prozent der Sparanlagen in ihrem Geschäftsgebiet halten und entsprechend auch nicht mehr als zehn Prozent der Kredite der Region ausgeben. Damit werden ihre Macht und Marktposition begrenzt. Klare staatliche Eingriffe in den Markt, die aber den Wettbewerb fördern. Gravierender noch ist das Verbot für jede Bank, die das klassische Bankgeschäft betreibt, also Spareinlagen entgegennimmt und im Gegenzug Kredite ausgibt, in Zukunft auch noch einen Hedgefonds oder eine Private-Equity-Gesellschaft zu betreiben. Zudem soll solchen Instituten der Handel auf eigene Rechnung untersagt werden.

Die Bankenaufsicht kann in Zukunft riskante Geschäftsmodelle unterbinden. Zusammen mit weiteren Maßnahmen, die die Investmentbanken betreffen, wird so das Geschäftsmodell der Banken, das die Finanzkrise so richtig anheizte, zerstört. Faktisch bedeutet dies, dass der Kunde in Zukunft weiß, ob er eine Bank oder ein Spielkasino betritt. Die Banken werden weiterhin vom Staat geschützt, die Spielkasinos aber können pleitegehen und werden dann auch nicht mehr gerettet.

Natürlich laufen die Banken gegen diese Gesetze Sturm.

Aber hier zeigt sich, ob ein starker Staat die Wettbewerbswirtschaft gegen die Monopolisten schützen kann oder nicht. Die Amerikaner sind da schon viel weiter als die moralisierenden Europäer. Es ist nämlich eine Ausrede, die an Lüge grenzt: National können wir nichts machen, wir müssen in allen Staaten die gleichen Finanzmarktregeln haben. Das war in der Vergangenheit nicht so, und das wird es auch in Zukunft nicht geben. Großbritannien hat schon lange eine Börsensteuer, ohne dass deswegen die Londoner City gelitten hat. Die spanische Regierung hatte ihren Banken verboten, die angeblich innovativen Finanzprodukte der Angelsachsen zu kaufen. Spanien hat deswegen auch keine Milliarden an giftigen Papieren zu verdauen. Dafür haben die Sparkassen zwischen Bilbao und Málaga locker wertlose Immobilien finanziert. Das wird einige der spanischen regionalen Gernegroß-Sparkassen umbringen. Niemand hat Deutschland gezwungen, durch falschen Ehrgeiz die Liquidationsmasse der Banken auszuweiten. Es ist also möglich, in Deutschland Leitbanken des Finanzwesens so einzubeziehen, dass eine Wiederholung des Crashs unmöglich wird. Langfristig wird diejenige Nation am besten dastehen, die eine solide, transparente Finanzindustrie und einen seriösen Haushalt vorweist. Es gibt für langfristiges Anlagekapital keine günstigeren Voraussetzungen. Die Finanzhaie aber tummeln sich dort, wo das Aas verrottender Staatsschulden schwimmt, das für sie eine leichte Beute ist.

5. DEN KAPITALISMUS VOR DEN KAPITALISTEN RETTEN

In Deutschland fehlt ein Bewusstsein für Transparenz. Das betrifft nicht nur alle Verwaltungsvorgänge, sondern vor allem auch den Finanzsektor. In Skandinavien kann jeder Bürger nachschauen, wie viele Steuern sein Nachbar zahlt. Bei uns fallen sogar öffentlich gezahlte Subventionen unter die Rubrik »Steuergeheimnis«. Weil es an Transparenz mangelt, sind auch die Verantwortlichkeiten nicht klar geregelt. Die schon angesprochene Haftung der Aufsichtsräte und Manager ist juristisches Niemandsland. Jedem, für den die Worte »Wettbewerbswirtschaft« und »Markt« keine hohlen Phrasen sind, sollte daran gelegen sein, dass diese Grauzonen der organisierten Verantwortungslosigkeit bei satten Bezügen beseitigt werden.

Nichts hat die Menschen in diesem Land so aufgeregt wie die Manager, die, nachdem sie Milliardenverluste eingefahren hatten, per Gericht auch noch ihre Boni in Millionenhöhe eingestrichen haben. Dass dies geltendem Recht entspricht, macht die Sache ja nicht besser. Das beweist doch nur, dass sich die Machtelite im Staat die Gesetze so formuliert, dass jene immer wie ein Fettauge oben schwimmt. Dies wiederum verletzt die Masse der Bürger in ihrem Rechtsempfinden und lässt sie an unserer Demokratie verzweifeln. Wie kann es sein, dass der Vorstandsvorsitzende der Hypo Real Estate noch um seinen Millionenbonus klagen kann, während das Unternehmen gleichzeitig mit 100 Milliarden Euro vom Staat gerettet wird? Was sind das für Verträge, die einen Bonus versprechen, also eine besondere Leistung honorieren, auch wenn diese »Leistung« darin besteht, Verluste zu produzieren? Hier ist der Gesetzgeber gefragt. Hier greifen die ordnungspolitischen Vorstellungen der Neoliberalen, die für die Spielfelder der Märkte Leitplanken fordern. Solche Gesetze wird es aber nicht geben, solange die Politiker, die sie machen müssten, selbst in Aufsichts- und Verwaltungsräten sitzen und davon profitieren. Die dringend notwendige Verabschiedung des Staates als Marktteilnehmer wird in der Finanzkrise wie von einem grellen Lichtstrahl sichtbar gemacht. Erst dann wird er als glaubwürdiger Schiedsrichter über die Spielregeln eines transparenten Marktes akzeptiert werden. Aber nichts geschieht. Im vagen Gefühlsdusel von Transaktionssteuer und Bankenabgabe werden dritt- und viertklassige Lösungen debattiert, die die bestehenden Fehler im System sicher nicht ausrotten.

Natürlich höre ich hier die warnende Stimme des Deutsche-Bank-Chefs Josef Ackermann, dass eine solche Mithaftung der Vorstände an ihren Entscheidungen die fähigen Manager aus Deutschland treiben werde und dass sich dann kein gestandener Mann aus der Wirtschaft mehr fände, der bereit sei, ein Aufsichtsratsmandat zu übernehmen. Also – auf die, die wir vor der Finanzkrise hatten, können wir gut verzichten. Einige kenne ich, und sie zeigten sich alle entsetzt über die Vorgänge. Leider aber hätten sie die nicht mitbekommen oder nichts dagegen unternehmen können, weil dafür ja der Vorstand zuständig sei. Fazit: Wenn die Aufsichtsräte so machtlos sind, brauchen wir sie nicht.

Auf die Frage an Josef Ackermann, warum Bankmanager so hoch bezahlt werden – Investmentbanker verdienen schon mal 100 Millionen Euro im Jahr –, erwiderte er einmal: »Nur so können wir die Besten halten, und die brauchen wir.« Seither rätsle ich: Wenn uns die besten Finanzmanager von New York über London bis Frankfurt in diese Krise gestürzt haben, was hätten dann wohl die billigeren dritt- und viertklassigen Banker angerichtet? Mehr Schaden als den, den wir erleben mussten, mehr Verantwortungslosigkeit und Selbstüberschätzung geht ja wohl kaum. Für mich habe ich entschieden, dass ich auf solche erstklassigen Topmanager gut verzichten kann. Die Position von Josef Ackermann zeigt, dass diese Verwalter fremden Eigentums nicht mehr in der realen Welt leben. Unsere Gesetze und Wirtschaftsregeln lassen zu, dass für sie die Bodenhaftung aufgehoben wurde und sie in der Schwerelosigkeit leben dürfen. Beispiele: Das Victory-Zeichen Josef Ackermanns beim Prozess gegen den ehemaligen Mannesmann-Boss Klaus Esser, der 80 Millionen Mark für den Verkauf seines Unternehmens bekommen hat. So etwas ist für Ackermann eine tolle Leistung. Ihm wird ein Bußgeld von 3,2 Millionen Euro auferlegt, weil seine Juristen in der Lage waren, mit dem Gericht einen Deal auszuhandeln. Hier fehlt das Gesetz, dass Manager keine Boni erhalten dürfen, wenn sie ihr Unternehmen verkaufen oder Mitarbeiter entlassen, um höhere Gewinne zu machen. Die paritätische Mitbestimmung hat diese Selbstbedienung bisher nicht verhindern können.

Klaus Zumwinkel, hoch angesehener Topmanager und Vorstandschef der Deutschen Post, wird erwischt, wie er viele Millionen privates Geld mit beachtlicher krimineller Energie am Fiskus vorbei in eine Liechtensteiner Stiftung geschleust hat. Er bekommt zwei Jahre auf Bewährung, weil seine Juristen mit der Staatsanwaltschaft einen Deal aushandeln. Er gilt natürlich weiter als Ehrenmann, denn noch immer (Juli 2010) residiert er in der schmucken Villa der Deutschen Post Stiftung am Rhein. Es fehlt ein Gesetz, das Steuerhinterziehung ab einer gewissen Größenordnung mit dem Verlust staatsbürgerlicher Rechte für eine gewisse Zeit ahndet und Strafen auf Bewährung ausschließt.

Klaus Lederer war Vorstandschef des Oberhausener Babcock-Konzerns, als dieser eine Milliardenpleite hinlegte – bis heute die größte in der deutschen Industriegeschichte. Angeklagt wegen Insolvenzverschleppung und Untreue gab es erst sechs Jahre später ein Urteil. Während die Gläubiger auf Milliardenforderungen sitzen blieben, kam Lederer mit einem hellblauen Auge davon. Er erhielt eine Bewährungsstrafe, 250 000 Euro Geldauflage, und musste 1000 Sozialstunden ableisten, die er an seinem Wohnsitz in Florida verrichten durfte. Es fehlt das Gesetz, dass Manager mit ihrem Vermögen haften, wenn sie schuldhaft einem Unternehmen Schaden zugefügt haben.

Klaus-Rüdiger Landowsky, ehemaliger Vorstand der Berliner Hyp und CDU-Fraktionsvorsitzender im Berliner Abgeordnetenhaus wird nach rund anderthalb Jahren Gerichtsverhandlung im März 2007 wegen Untreue zu einem Jahr und vier Monaten auf Bewährung verurteilt. Nach dreieinhalb Jahren wurde das Urteil vom Bundesgerichtshof aufgehoben. Der Vorwurf der Untreue könne nicht aufrechterhalten werden, weil die Beweisführung nicht schlüssig sei. Der Gesetzgeber hat versäumt, die Beweisführung zu ermöglichen, indem er die Geschäfte der Banken besser überwacht. Es fehlt eine Neufassung des gültigen Insolvenzrechts und eine Anpassung der Definition von Untreue.

Der Staat muss sich seine Glaubwürdigkeit zurückerobern, damit der begründete Verdacht ausgeräumt wird, dass sich Wirtschaftsverbrechen in unserem Lande lohnen. Diese Skandale stärken doch nur wieder die Parolen, dass dies die Folgen des Raubtierkapitalismus, also des Neoliberalismus, seien. Wer darüber noch mehr lesen will, dem kann ich das Buch *Die Abwracker* von Hans Olaf Henkel empfehlen.

Die von New York ausgehende akute Bedrohung der Finanzmärkte war gerade so abgewendet worden, als wir mit einem neuen Gau konfrontiert wurden: mit der Griechenland-Krise. Wieder stand angeblich der Zusammenbruch der Weltfinanzmärkte bevor, wieder gab es scheinbar keine Alternative zur Rettung, als die Steuerzahler für das Chaos zur Kasse zu bitten. Alles wie gehabt. Und wieder wurden der Neoliberalismus und die ungezügelten Märkte dafür verantwortlich gemacht. Es ist leicht, die Griechenland-Krise den Spekulanten in die Schuhe zu schieben. Im Januar und Februar 2010 attackierten sie im großen Stil den Euro. Das war eigentlich konsequent und logisch. Unübersehbar lebten die meisten europäischen Staaten über ihre Verhältnisse, spendierten ihren Bürgern mehr, als sie zur Verfügung hatten. So stiegen vor allem in Südeuropa die Staatsschulden. Schon lange machte der Begriff »Piigs« die Runde, was ausgesprochen und übersetzt auch »Schweine« heißt. Gemeint sind damit die Staaten Portugal, Italien, Irland, Griechenland und Spanien. Eigentlich wussten alle Verantwortlichen, dass diese Länder die Stabilitätskriterien für den Euro nicht einhielten. Aber »man« blieb nett zueinander – oder

»man« brauchte sich noch vorübergehend. Das traf ganz besonders auf Griechenland zu.

Bis 2009 regierte in Griechenland Konstantinos Karamanlis, ein Konservativer. In seine Legislaturperiode fiel die Wiederwahl des konservativen Portugiesen José Manuel Barroso als Präsident der EU-Kommission. Die beiden waren sich auf vielfältige Weise verbunden. Da die Machtverhältnisse in Europa unsicher waren, brauchten die Strippenzieher in Brüssel dringend einen südeuropäischen Konservativen, der für Barroso warb und für ihn stimmte. Ein Kassensturz, der die Tricksereien der Griechen aufgedeckt hätte, war deshalb unbedingt zu vermeiden. Die Rechnung ging auf. Barroso wurde wiedergewählt, und nun konnte die Parlamentswahl in Griechenland das europäische Gleichgewicht nicht mehr stören. Diese gewann der Sozialist Giorgos Andrea Papandreou und ihm blieb nichts anderes mehr übrig, als das riesige Staatsdefizit zu beichten. Übrigens: Seit den Fünfzigerjahren wechseln sich in Griechenland fast ausschließlich die Familien Karamanlis und Papandreou als Ministerpräsidenten oder Staatspräsidenten ab. So haben beide Parteien und beide Familien gemeinsam das Land in die Pleite manövriert.

Die Beichte der Griechen warf mehr Fragen auf als die brutalen Zahlen hergaben. Jahrelang hatten sie die Statistik gefälscht. Warum aber ist diese offensichtliche Aufblähung der volkswirtschaftlichen Leistung bei gleichzeitigem Verstecken der Schulden niemandem aufgefallen? Haben die Banken, die Griechenland so großzügig Milliarden geliehen haben, wirklich das Risiko nicht gekannt? Wie hat Goldman Sachs, der US-Finanzgigant, Griechenland dabei geholfen, die Bilanzen zu fälschen? Auf all diese Fragen treffen zwei Antworten zu: Aus den oben erwähnten politischen Gründen wurde den Griechen vieles nachgesehen und aus der Gewissheit, dass schon irgendjemand für die Schulden aufkommen würde, haben die Banken gegen alle kaufmännischen Grundsätze verstoßen und weiter

Geld nach Athen überwiesen. Schließlich betrug die Staatsverschuldung 130 Prozent und Griechenland drohte die Zahlungsunfähigkeit.

Wie schon in der Finanzkrise klappte auch dieses Mal wieder die Drohung der Banken, dass ein Zusammenbruch Griechenlands zu einer Kettenreaktion führen könnte und die Weltfinanzmärkte einstürzen würden. Wieder jagte eine internationale Konferenz die andere, um aus Steuergeldern der EU-Mitgliedsstaaten die Milliarden zu erbetteln, die den Griechen den Staatsbankrott ersparen würden. Wieder wurden die Spekulanten beschimpft, die das arme Land erdrückten, und wieder hatten es die Banken geschafft, dass die Steuerzahler für deren Gewinne aufkamen.

Um weitere Spekulanten abzuschrecken wurde ein gigantischer Eingreiffonds von 735 Milliarden Euro geschaffen, der von der EU-Kommission, den EU-Staaten und dem Internationalen Währungsfonds garantiert wird. Doch geholfen hat das nicht. Im Herbst 2010 stand dann Irland vor dem Staatsbankrott. Das Land musste unter dem Rettungsfonds Schutz suchen. Und noch immer droht eine Kette von Staatsbankrotten und ein Zusammenbruch des Euro, auch wenn ein akuter Crash vermieden wurde.

Portugal, Zypern, Spanien und Italien sind alles noch Wackelkandidaten. Der Fluch des leichten Geldes, das zum Schuldenmachen verführte, ist nicht mit Absichtserklärungen zu vertreiben, sondern nur durch einen harten Sparkurs.

Doch wer sind diese viel gescholtenen Spekulanten? Es sind in der Hauptsache Pensions- und Versicherungsfonds, die versuchen, aus dem Zinsaufschlag für das höhere Risiko, die eine Griechenland-Anleihe bedeutet, einen höheren Gewinn zu erzielen. Die Betonung liegt dabei auf dem Wort Risiko. Wenn aber die Steuerzahler Europas das Risiko übernehmen, dann haben die Kapitalanleger natürlich ein für sie selbst sehr gutes Geschäft gemacht. Solange die »Spekulanten« sicher sind, dass sich immer wieder Deppen freiwillig und unfreiwillig finden lassen, die ihnen die höheren Gewinne ohne Risiko garantieren, werden sie das Monopolyspiel umso intensiver mitmachen.

Die Alternative: Ein Staat, der wie Griechenland so hemmungslos gegen internationale Verträge verstößt und auf Kosten anderer seine Staatsbürger verwöhnt, muss damit rechnen, Insolvenz anmelden zu müssen. Zumindest sollte vor ein Rettungspaket aus Steuern ein Moratorium geschaltet werden, das die Rückzahlungsquote an die Schuldner deutlich herabsetzt. Die Kapitalanleger müssten dann ihren Leichtsinn oder ihre Gier mit deutlichen Verlusten bezahlen. Das würde zweierlei bewirken: Sie würden Staaten mit Haushaltsdefiziten nicht mehr so leichtfertig Geld leihen und umgekehrt wäre es für die Schuldenmacherstaaten nicht mehr so einfach, sich über internationale Kapitalmärkte zu finanzieren. Sie müssten dann höhere Zinsen zahlen, was abschreckend wirkt.

Die Griechenland-Rettung ist eigentlich ein politischer und wirtschaftlicher Skandal. Politisch, weil gegen den Vertrag von Maastricht verstoßen wird. Wirtschaftlich, weil wieder einmal den Banken das Risiko abgenommen wurde. Damit wird das Vertrauen in die EU-Institutionen geschwächt und die Steuerbürger büßen wieder einmal für die Sünden anderer. An den Ursachen der Misere hat sich grundsätzlich nichts geändert, wie der Fall Irland einige Monate später zeigte. Es gibt keinen Grund, irgendjemanden dafür zu loben: weder die deutsche Regierung noch die EU-Kommission noch den Internationalen Währungsfonds. Das einzig Gute an der Fast-Pleite von Griechenland ist, dass damit der Bevölkerung auch in Deutschland klar wurde, dass ein Staat zum Bankrott gezwungen werden kann, und dass Staatsschulden doch nichts fürs Feuilleton sind, sondern das eigene Portemonnaie plündern.

Im Vertrag von Maastricht, in dem die Stabilitätskriterien festgelegt wurden, die erfüllt werden müssen, um Mitglied im

Euro-Club werden zu dürfen, sind drei Voraussetzungen festgeschrieben. Zwei davon werden ununterbrochen missachtet: Die Staatsverschuldung darf nicht über 60 Prozent des Bruttoinlandsproduktes liegen und die zusätzlichen Schulden des Staatsetats dürfen nur 3 Prozent der Haushalte betragen.

Nicht nur die Piigs-Staaten sind davon weit entfernt. Auch Frankreich und Deutschland halten sich nicht an die Maastricht-Kriterien. Dies war schon unter Finanzminister Hans Eichel der Fall. Damals wie heute drängt Deutschland daher nicht auf strenge Sanktionen. Wer will schon mit Steinen werfen, wenn er selbst im Glashaus sitzt. Heute ist das vom damaligen Finanzminister Theo Waigel ausgehandelte Stabilitäts- und Wachstumspaket noch nicht einmal mehr das Papier wert, auf dem es steht. Entsprechend anfällig für Währungsspekulanten wurde der Euro. Sein Glück: Auch US-Amerikaner und Japaner drucken fleißig Geld, weichen dadurch ihre Währung auf. Sie alle haben Angst vor ihren Wählern und geben daher bunt bedrucktes Papier aus, von dem sie sagen: Das ist Geld, das ist etwas wert. Solange die Mehrheit der Weltbevölkerung das glaubt, geht es weiter. Und weil dabei Euro, Dollar und Yen im Gleichschritt daherwanken, kommt es nicht zum Run auf eine der drei Leitwährungen. Dass sie damit aber die nächsten Krisen vorbereiten, stört die Regierungen im Moment noch nicht.

Schlimmer noch für die Zukunft des Euro aber ist die Preisgabe eines weiteren Prinzips, das als unabdingbare Voraussetzung vor der Einführung des Euro festgeschrieben wurde: Jeder Staat ist für seine eigenen Finanzen verantwortlich. Es ist explizit festgelegt, dass die EU-Länder nicht gegenseitig für die Schulden aufkommen dürfen. Auch dieses Prinzip wurde ausgehebelt – ein eindeutiger Vertragsbruch. Erschreckend, wie bedenkenlos die Parlamentarier des Deutschen Bundestags am 21. Mai 2010 das »Gesetz zur Übernahme von Gewährleistung im Rahmen eines europäischen Stabilisierungsmechanismus« durchgewinkt haben. Der eine oder andere sprach in kleinem

Kreise zwar von Bauchschmerzen, die er habe, aber schließlich ginge es auch darum, die schwarzgelbe Regierung zu stützen. Machterhalt, der auf Vertrags- und Gesetzesbruch beruht. Unsere Abgeordneten sind keine Volksvertreter, sondern Machterhalter für sich selbst.

Die Errichtung des ESM – des Europäischen Stabilitätsmechanismus – mit einem Volumen von 700 Milliarden Euro hat zwar die akute Eurokrise etwas beruhigt, aber diese Aktion ist ein Musterbeispiel dafür, wie Sünden der Vergangenheit mit neuen Sünden überlagert und verschlimmert werden. Am Anfang stand die Disziplinlosigkeit der Staaten indem sie die Maastricht-Verträge missachteten. Dann kam die Erkenntnis, dass nur durch den Bruch des Verbotes, dass kein Staat für die Schulden eines anderen aufkommen muss, der Euro zu retten ist. Schließlich wurde der ESM geschaffen, dessen Gouverneure von jeder Strafverfolgung und damit Verantwortung für ihr Tun geschützt sind und volle Immunität genießen.

Das alles hat mit Marktwirtschaft und Neoliberalismus nichts zu tun – das ist blanke Staatswirtschaft, ohne dass die handelnden Personen je für ihr Handeln zur Verantwortung gezogen werden können.

Umso höher ist die Haltung des 44-jährigen FDP-Abgeordneten Frank Schäffler einzuschätzen, der in einer persönlichen Erklärung begründete, warum er dem Gesetz nicht zustimmte, das 735 Milliarden Euro zur Stabilisierung des Euro vorsieht. Schäffler führte aus, was ein Bundeskanzler hätte sagen müssen. Auszüge: »Die Gründerväter Europas wollten ein Europa des Rechts und der Rechtsstaatlichkeit … Es gibt Alternativen zum derzeitigen planwirtschaftlichen und rechtswidrigen Handeln der europäischen Regierungen und der EU-Kommission. Planwirtschaft und Rechtsbruch sind nicht alternativlos … Wir müssen uns trauen die Ursachen unserer Finanz- und Überschuldungskrise zu benennen. Die Hauptursache unserer Finanz- und Überschuldungskrise von Staaten und Banken liegt in der Geld- und Kreditschöpfung aus dem Nichts und der Möglichkeit, staatlich ungedecktes Zwangspapiergeld unbegrenzt vermehren zu können. Ohne diese Alchemie des Geldes hätte kein Schneeballsystem aus wertlosen zukünftigen Zahlungsverpflichtungen entstehen können. Dieses Schneeballsystem ist nur möglich, weil der Staat aus Gründen der leichteren Finanzierung der Staatsausgaben den Banken Privilegien verliehen hat, die gegen die Grundprinzipien jeder marktwirtschaftlichen Ordnung verstoßen.«

Frank Schäffler, ein Abgeordneter nur, der sich gegen die finanzpolitische Planwirtschaft durch die Hintertür entscheidet. Nur einer, der ausspricht, dass die Banken von diesen Staatseingriffen sehr gut leben und ihnen all die moralische Entrüstung über die Macht der Banken noch nicht einmal mehr ein müdes Lächeln abringt. Ihre Gewinne steigen durch die Missachtung ordoliberaler Prinzipien in immer neue Höhen. Kein Geschäft ist so lukrativ für die Banken wie die Anleihen und Kredite zur Finanzierung der Staatsschulden. Wie schön ist es doch, wenn Deutschland schon wieder über 50 Milliarden Euro im Jahr braucht. Wie das im Detail funktioniert, beschreibe ich in Kapitel 8.

Gibt es von den Deutschen 3,5 Prozent, so können die Banken von den Griechen sogar 6 Prozent Zinsen verlangen, die wegen hoher Schulden fällig sind. Der Aufschlag wird entsprechend dem angeblich höheren Risiko berechnet. Doch Risiko, das war einmal. Denn jetzt stehen die Europäer füreinander ein. Außerdem wird in Europa und den USA praktisch eine unbegrenzte Geldschöpfung betrieben. Die USA gewähren den Banken direkten Zugang zu ihren Krediten zum Nulltarif, und die Europäische Zentralbank (EZB) stellt so viel Liquidität zu Verfügung, wie die Banken verlangen. Seit Oktober 2008 haben die Rettungspakete für Banken weltweit ein Volumen von mehr als 4,1 Billionen Euro erreicht.

Ernst zu nehmende Wirtschaftswissenschaftler in aller Welt streiten nur noch darüber, ob diese ziemlich wertlosen Geldmassen durch eine Inflation wieder eingesammelt werden oder durch eine Deflation, weil die Bürger aus Angst vor der Zukunft das Geld horten, statt die Nachfrage nach Waren zu verstärken. Letzteres lässt sich in Japan beobachten, wo der Staat seit dem Platzen der Blase 1990 mit immer neuen Geldmassen versucht hat, die Wirtschaft anzukurbeln. Doch das Preisniveau sank und die Schuldenquote stieg von 64 Prozent des Bruttoinlandsprodukts auf 225 Prozent. Die Nachfragepolitik à la Keynes hat nicht geholfen, denn sie wirkt wie ein Rauschmittel: Nach kurzfristiger Stimulierung macht die Einnahme süchtig und ist langfristig sehr ungesund. Keynes' Rezept, eine nachlassende Konjunktur mit Staatsgeldern anzukurbeln und bei boomender Wirtschaft entsprechend zu sparen, hat noch nie funktioniert. Zwar waren die Regierungen fröhlich dabei, wenn es ums Geldverteilen ging, aber die darauf folgende, notwendige Periode des Sparens ist noch nie praktiziert worden.

Die Rettungspakete für Griechenland, Irland und den Euro hebeln die Eigenverantwortung und die Marktmechanismen aus. Wie sollen die Europäer – und vor allem die Deutschen – Vertrauen in eine Marktwirtschaft entwickeln? Sie sehen nur die Einschränkungen der Staatsausgaben aufgrund all der Sparpakete, die sie mit ihren Steuern bezahlen müssen, und gleichzeitig lesen sie von immer höheren Milliardengewinnen der Banken und Millionen-Boni der Banker. Dadurch haben es die Linken leicht, dieses System als Perversion des gierigen Kapitalismus zu verteufeln. So wie sie es erklären, klingt es ja auch plausibel. Die sich zum pragmatischen und bürgerlichen Flügel zählenden Abgeordneten dürfen sich nicht wundern, wenn sie an Glaubwürdigkeit verlieren. Es ist zu befürchten, dass sie die Tragweite ihrer Abstimmungen während der Krisen überhaupt nicht begriffen haben. Sie stimmen ab, wie es die Kanzlerin befiehlt – und sie befiehlt, was sie überblicken kann und was ihrer Macht dient. Deutschlands Zukunft spielt dabei kaum eine Rolle.

In der erwähnten Diskussion mit Peer Steinbrück 2009 habe ich ihm heftig widersprochen, als er wieder einmal den ungezügelten Neoliberalismus für die Finanzkrise verantwortlich machte. Die Ungleichgewichte zwischen den Staaten und die horrenden Gewinne der internationalen Großbanken seien doch nur dank der Staatsschulden möglich, entgegnete ich ihm. »Jetzt schießt er von hinten quer durch die Brust ins Auge«, lenkte Steinbrück ab. Seit er nicht mehr Finanzminister ist, macht er auch die Staatsschulden für die Finanzkrisen mitverantwortlich. Mehr Verantwortungsgefühl für unser Land und weniger Taktik für eine Partei stünde vielen Amtsträgern aller politischen Farben gut.

Die Masse der Bevölkerung übernimmt die flotten Sprüche gegen die Marktwirtschaft, hört ständig, wie verheerend der Neoliberalismus sei, und erwartet dann Lösungen der Probleme, die jedoch in Wirklichkeit die Situation verschlimmern. Eine dimap-Umfrage 2010 ergab, dass 8 Prozent der Bevölkerung eine Verstaatlichung der Banken wünschen und 59 Prozent eine Teilverstaatlichung. Ebenfalls 59 Prozent fänden es gut, wenn der Staat wieder stärker in die Wirtschaft eingreifen würde. Damit schließt sich der unheilvolle Kreis: Weil die Bevölkerung erst mit falschen Lösungen und irreführenden Parolen berieselt wird, ergeben Umfragen, dass der Staat als Retter gesehen wird. Weil der Staat als Retter gesehen wird, verlangen Politiker mehr Einfluss des Staates auf die Wirtschaft. Erhält der Staat mehr Einfluss, verschlechtern sich die wirtschaftlichen Daten, verschärfen sich die sozialen Konflikte. Dafür wird wiederum der Neoliberalismus verantwortlich gemacht und die nächste Drehung der Spirale Richtung Sozialismus ist in Gang gesetzt. Mittlerweile ist die deutsche öffentliche Meinung davon so durchdrungen, dass weite Teile der CDU von dieser Staatsgläubigkeit angesteckt sind. Da tröstet es auch nicht, dass sie überhaupt nicht wissen, warum und was sie da erzählen. Und die FDP? Verbal ist sie gegen die Staatswirtschaft, faktisch nur selten – und das kostet sie ihre Glaubwürdigkeit.

Diese Politik jenseits von Verantwortungsstrukturen und der Orientierung an kurzfristigen Wahlerfolgen ist sowohl für die Entstehung der Staatsschulden als auch für die zunehmende Kluft zwischen Arm und Reich verantwortlich. Das trifft für alle westlichen Massendemokratien zu. Wären Staatsschulden generell verboten, könnten die Regierenden ihre Bevölkerung nicht wie aus einem Wunschkatalog bedienen. Da die Gebildeten und wirtschaftlich Stärkeren auch die Fähigkeit und dadurch die Macht haben, Angriffe auf ihre Privilegien abzuwehren, hüten sich Politiker in demokratischen Staaten, genau diese Sonderrechte zu beschneiden. Im Gegenteil, in Kapitel 6 werde ich zeigen, dass gerade die oberen Einkommensschichten die meisten staatlichen Zuwendungen bekommen. Da aber die Masse der Bevölkerung zu den mittleren und niedrigen Einkommensgruppen gehört, muss sich eine Partei, um gewinnen zu können, bei dieser Wählerschicht die Stimmen holen. Sie muss ihnen Wahlgeschenke zukommen lassen. Diese bezahlen die Machteliten dann aber nicht mit ihrem Geld, sondern mit Schulden.

Ausgerechnet an der Universität von Chicago, der Heimat des Monetaristen und Nationalökonomen Milton Friedman, der den uneingeschränkten Markt forderte, hat sein Nachfolger eine Theorie entwickelt, die in den Ohren eingefleischter Kapitalisten wie Häresie klingen muss. Raghuram Rajan, ein gebürtiger Inder, macht die große Kluft zwischen Arm und Reich für das verantwortungslose Handeln der Regierungen verantwortlich: In seinem Heimatland hat er beobachtet, dass die Banken in armen Regionen den Menschen in Wahljahren besonders viel Geld leihen. Dann wird ihre Stimme gebraucht. Diese Geldschwemme orientiert sich nicht an der wirtschaftlichen Realität der Empfänger, sondern an der politischen Rendite des Wahlausgangs. Rajan sieht darin eine Parallele zu den leichtfertig vergebenen Darlehen an die Amerikaner, die sich gar kein Haus leisten konnten. Die Präsidenten Bill Clinton und Georg W. Bush haben nach dem Motto gehandelt: Populismus und Kredit gehören zusammen. Die Lohnspreizung in den USA hatte derart krasse Formen angenommen, dass kein Präsident mehr die Wahl gewinnen konnte, wenn er nicht die unteren Einkommensschichten in sein Lager zog, ohne dabei die Großverdiener zu verschrecken. Um solche Auswüchse in Zukunft zu verhindern, fordert Rajan für die USA ein besseres soziales Netz.

Raghuram Rajans Ideen fallen vor allem in Asien und in den Schwellenländern auf fruchtbaren Boden. Im krisengeschüttelten Bangkok schrieb ein angesehener Kolumnist in der Nation einen aufsehenerregenden Leitartikel, in dem er die bürgerkriegsähnlichen Zustände auf die Kluft zwischen Arm und Reich zurückführte. Dabei berief er sich ausdrücklich auf den neuen »Chicago boy«. Das Wachstum in Thailand – trotz Unruhen wurden 2010 rund 10 Prozent erwartet – würde die großen Banken und die Exportindustrie reich machen, die 35 bis 40 Millionen Bauern aber würden leer ausgehen. Der Autor des Leitartikels Thanon Khanthong forderte seine Regierung auf, von Raghuram Rajan zu lernen. Das kapitalistische System, so wie es heute praktiziert werde, führe nur zu Ungleichheit, die wiederum zu Wahlgeschenken führe, die mit Schulden bezahlt würden, die die Banken immer mächtiger machten.

Raghuram Rajan will den Kapitalismus vor den Kapitalisten retten. Die Auseinandersetzung zwischen rechts und links hält er für überholt, nicht zielführend. Dem früheren Finanzguru und Notenbankpräsidenten Alan Greenspan hält er vor, dass seine Politik des leichten Geldes die Welt unsicherer gemacht habe. Für die Finanzkrise macht er die Armut, Politikversagen und Manager-Untaten gleichermaßen verantwortlich – und er fordert gute, verlässliche Regeln für die Finanzmärkte. Auf keinen Fall aber will er verstaatlichen, keinen Staatseinfluss auf das Tagesgeschäft. Die Regelwerke sollen den Markt stärken, Monopolbildung verhindern. »Es braucht einen Markt, der Innovationen fördert und den großen Firmen das Leben schwer macht.« Die indische Softwareindustrie sei nur groß geworden, weil sich die Regierung anfangs nicht um sie gekümmert habe.

Raghuram Rajan, der frühere Chefökonom des Internationalen Währungsfonds, setzt neue Impulse für die Finanzordnung dieser Welt. Er hat die Kanzel der Chicagoer Wirtschaftskathedrale bestiegen. Mit ihm ist Ludwig Erhard in Chicago angekommen. Deutschlands, ja, Europas Zukunft hängt davon ab, ob wir weiter in eine Staatswirtschaft abdriften oder mit dem Inder Rajan und der von ihm ausgehenden Faszination für die Schwellenländer den Kapitalismus vor den Kapitalisten retten und den Wettbewerb und Markt stärken.

TEIL 2

DER KONSEQUENTE WEG IN DIE STAATSPLEITE

6. SUBVENTIONEN – DIE ZEMENTIERUNG DER MACHT

Ein Staat, der Ernst damit macht, den Kapitalismus vor den Kapitalisten zu retten, wird erst einmal Bilanz ziehen müssen, um festzustellen, wie die Finanzströme laufen und wie es dazu kommen konnte, dass die Reichen immer reicher und die Armen immer ärmer werden. Diese Feststellung stimmt, auch wenn sie sich nach einer Parole aus dem neokommunistischen Lager anhört. Die Frage ist jedoch, wie es zu dieser verhängnisvollen Entwicklung in den meisten Industriestaaten kommen konnte, die vom Chicagoer Weltökonom Raghuram Rajan als eine der Ursachen der Finanzkrise identifiziert wird.

Ein Blick auf die Forbes-Liste der reichsten Menschen dieser Welt macht deutlich, dass die Superreichen ihre Milliarden nicht in einer vom Neoliberalismus geprägten Wettbewerbswirtschaft verdient haben. Die traurige Wahrheit ist, dass es überdurchschnittlich viele Milliardäre in sehr armen Ländern gibt. Sie verdanken ihr Vermögen unkontrollierten Märkten, Monopolen, politischen Machtstrukturen und der Korruption.

Der reichste Mann der Welt ist mit 52,5 Milliarden Euro Carlos Slim Hela, ein Mexikaner, der die heimische Telekommunikationsindustrie total beherrscht. Kein Konkurrent hätte in Mexiko eine faire Chance. Auf dem 2. Platz rangiert Bill Gates, der allerdings im Dauerclinch mit den Kartellbehörden der USA und Europas lag, die ihn mit Millionenbußgeldern wegen seiner Monopolmethoden bestraften und ihn per Gesetz zwangen, seine wettbewerbsverzerrenden Geschäftspraktiken aufzugeben.

Mukesh Ambasi und Lakshmi Minttal, zwei Inder, stehen auf Platz 4 und 5. Sie konnten ihre Milliardenvermögen in der Zeit aufbauen, als in Indien unter dem Vorwand der nationalen Unabhängigkeit Einfuhren so gut wie unmöglich waren. Wer eine Lizenz zur Herstellung eines Produktes hatte, verdiente sich damit als Monopolist dumm und dämlich. Auf Platz 8 rangiert der Brasilianer Eike Batist, der seine ersten Millionen durch Geschäfte mit Goldschürfern machte. In Brasilien ein eher rechtsfreier Raum.

Die Forbes-Liste mit den hundert reichsten Menschen bietet noch mehr Beispiele dafür, dass Kapitalismus und Wettbewerbswirtschaft nicht identisch sind. Dreizehn Russen stehen auch darauf. Sie haben ihre Beute in einem Land gemacht, in dem vorher die totale Gleichmacherei des Stalinismus herrschte. Sie haben dabei den hemmungslosen Umgang mit der Macht gelernt, aber nicht die ausgleichende und soziale Wirkung einer fairen Wettbewerbswirtschaft. Aus Deutschland stammen nur fünf Milliardäre unter den hundert Reichsten dieser Welt, wovon einer, Theo Albrecht, im Sommer 2010 gestorben ist.

Bis auf wenige Ausnahmen gehören alle Milliardäre zu den Kapitalisten, vor denen der Kapitalismus gerettet werden muss. Sie verdanken ihr Vermögen vor allem fehlenden Regeln, die Monopole verbieten und mehr Wettbewerb erzwingen.

Das Rezept der Kommunisten gegen die Kapitalisten war Ermordung, Enteignung und Übernahme der Vermögen in Staatseigentum. Das hat in keinem Land der Welt dem Volk auch nur einen Hauch mehr an Wohlstand gebracht. Einige Bonzen lebten und leben in diesen Systemen in Saus und Braus, und die Masse darbt vor sich hin. In der DDR hatten sich die

SED-Gleichmacher ihr kleines Paradies in Wandlitz geschaffen, das sie streng von ihren Untertanen abschirmten. Doch was bei vielen DDR-Bürgern die Zornesröte aufsteigen ließ ob des »Luxus«, den sich die mittlerweile senilen Greise gönnten, beschrieb der verstorbene Wirtschaftsjournalist Johannes Gross mit dem zynischen Satz: »Honecker musste 17 Millionen Deutsche unterdrücken, damit er so leben konnte wie ein westdeutscher Handwerksmeister mit 17 Angestellten.« Der Ende 2011 verstorbene nordkoreanische Diktator Kim Il-sung und der Dauertyrann in Kuba, Fidel Castro, sind die besten Beispiele für die stalinistische, mörderische Gleichmacherei.

Bei den Sozialisten bis hin zu den Sozialdemokraten gibt es die Vorstellung, dass, je nach Position auf der linken Werteskala, der Reichtum der Kapitalisten an die Masse verteilt werden könnte, um soziale Gerechtigkeit zu erlangen. Die Instrumentarien dazu lauten: hohe Spitzensteuersätze, Vermögenssteuer, Erbschaftssteuer, Investitionssteuern, aber auch Verbot der Produktion gesellschaftsschädlicher Güter wie Luxusautos, teure Jachten usw. Mit den so erzielten Einnahmen würden dann Grundeinkommen, Mindestlöhne, kostenlose medizinische Betreuung, kostenlose Bildung und weitere Wohltaten bezahlt. Statt teure Autos bauten die geschrumpften Werkstätten Fahrräder und Waggons für den Nah-und Güterverkehr. Ich übertreibe nicht: Das hat erst im Frühjahr 2010 Jutta Ditfurth, Mitbegründerin der Grünen, bei Sandra Maischberger ohne großen Widerspruch wieder gefordert.

Die CDU will mittlerweile die Kapitalisten auch durch Umverteilung etwas mehr zur Kasse bitten, wobei das Konzept sehr verschwommen ist. Und die FDP fordert weniger Steuern für die Leistungsträger, wobei nicht klar wird, wer diese Leistungsträger sind. Die Milliardäre, die Millionäre oder die Facharbeiter?

Keine Partei fordert mehr Markt, mehr Wettbewerb und mehr Eigenverantwortung – weder in ihren dröhnenden Sonntagsreden, und erst recht nicht in klaren Gesetzesinitiativen, aus denen hervorgeht, wer seine Erlaubnis, Geld zu drucken, verliert und wie der Wettbewerb organisiert werden soll.

Deutschland ist stolz auf seine »soziale Marktwirtschaft«. Nach dem Zusammenbruch des kommunistischen Imperiums wurde sie als Exportschlager gefeiert, den nun Mittel- und Osteuropa übernehmen würden. Das klang nach mehr Markt, der ja leider immer mit mehr Kapitalismus gleichgesetzt wird, aber das Wort »sozial« nahm dem Ganzen doch wieder die Brutalität, mit der diese Wirtschaftsform im Osten identifiziert wurde. »Soziale Marktwirtschaft« als dritter Weg zwischen Kapitalismus und Sozialismus, daran glauben mittlerweile auch die Westpolitiker. Dass das ausgemachter Unfug ist, geht dabei unter.

Die Bundesrepublik Deutschland hat in der Tat eine wirtschaftliche Mischform, so etwas zwischen Staatsmonopolkapitalismus und Bürokratenwirtschaft mit einigen Marktrestposten. Wer in der Bundesrepublik Erfolg hat, das bestimmt der Staat, nicht die Ideen, Leistungsbereitschaft und wettbewerbsfähigen Produkte des Marktteilnehmers. Und der Staat macht immer einige Leute schwerreich, macht Millionäre zu Milliardären. Die Marktwirtschaft leidet unter den Staatsmonopolkapitalisten und wird trotzdem für die Ungleichheit, die sie angeblich verantwortet, auch noch beschimpft.

Vordergründig betrachtet könnte der Eindruck entstehen, die Bundesrepublik sei ein kapitalistisches Land. Ein unverständliches, ungerechtes Gesetz ist dafür besonders verantwortlich. Wie anders ist sonst zu verstehen, dass die Einnahmen durch Arbeit mit bis zu 46 Prozent versteuert werden, die Einnahmen aus Kapital aber nur zu 25 Prozent. Das bedeutet, dass die Wohlhabenden, die Kapital anhäufen können, diesen Teil ihres Wertzuwachses nur mit 25 Prozent versteuern müssen. Der ärmere Teil der Bürger aber, der nur seine Arbeitskraft zur Verfügung stellen kann, muss dafür wesentlich höhere Steuern bezahlen.

In keiner Talkshow, die sich mit unseren Finanzen beschäftigt, fehlt der Hinweis, dass schon heute die oberen Einkommensklassen die größte Steuerlast tragen und kleine bis mittlere Einkommen kaum noch zum Steueraufkommen beitragen. Das ist ein geschickter Trick, um von den wahren Verhältnissen abzulenken. Die Aussage stimmt nur, wenn ausschließlich die Einkommensteuer (Aufkommen 26,43 Milliarden Euro, jeweils alle folgenden Zahlen für 2009) und die Lohnsteuer (Aufkommen 135,165 Milliarden Euro) betrachtet werden. Aber die meisten Einnahmen beschert dem Staat mittlerweile die Umsatzsteuer mit 176,991 Milliarden. Davon sind die kleinen und mittleren Einkommen voll betroffen. Dagegen bleiben die Anteile des Einkommens von Großverdienern unversteuert. An dritter Stelle steht die Energiesteuer mit 39,822 Milliarden Euro, die auch jeden Bürger voll trifft und die ständig weiter im Namen der Umwelt in die Höhe getrieben wird. Während sich die Kapitalanleger mit Investitionen in erneuerbare Energien freikaufen können, bleiben Rentner und kleine Einkommen auf den steigenden Steuern sitzen. Die Kapitalertragssteuer macht dagegen nur 12,474 Milliarden Euro aus. Dies wird in den Talkrunden leider nicht thematisiert. Den Verantwortlichen empfehle ich ein Zitat:

»Die Kunst des Steuereintreibens ist, die Gans so zu rupfen, dass man möglichst viele Federn mit möglichst wenig Gezische bekommt.« Es stammt von Jean-Baptiste Colbert, dem Finanzminister des Sonnenkönigs Ludwig des XIV.

Wir haben in Deutschland die merkwürdige Trennung in Steuern und Abgaben, obwohl wir daraus am Ende die gleichen Leistungen bezahlen. Also: Beiträge zur Krankenkasse, zur Rente, zur Arbeitslosen- und Pflegeversicherung bezeichnen wir als Sozialabgaben. Da diese aber nicht ausreichen, ergänzen wir das Aufkommen aus Steuermitteln. Das ganze Konstrukt ist so kompliziert, dass es ständig überarbeitet werden muss, was für viele Politiker eine Vollbeschäftigung garantiert. Was sie machen, ist unlogisch bis volksverdummend. Zum Beispiel gibt es Einkommensgrenzen für die Krankenversicherung. Wer 2010 beispielsweise mehr als 3750 Euro pro Monat verdiente, musste für das höhere Einkommen keine höheren Beiträge zahlen. Warum nicht jeder Arbeitnehmer entscheiden kann, welche Versicherung er für sich abschließen darf, bleibt unerklärlich. Außer wir unterstellen, dass Geringverdiener einen Vormund brauchen. Die Besserverdienenden dürfen sich sogar aus der gesetzlichen Krankenkasse abmelden und in eine vordergründig preiswerte Privatkrankenkasse wechseln. Das ist aber weder kapitalistisch noch sozialistisch. Das ist unsystematisch, also chaotisch.

Das Geheimnis des verdeckten Staatsmonopolkapitalismus in der Bundesrepublik Deutschland heißt: Subventionen. Der Staat gibt, der Staat nimmt. Er macht dies so allumfassend, dass noch nicht einmal mehr eine Einigung darüber erzielt werden kann, was überhaupt Subventionen sind und wie hoch sie ausfallen. Jedes Jahr veröffentlicht die Regierung einen Subventionsbericht. Der ist so unvollständig, um nicht zu sagen, so verlogen, dass er nicht einmal das Papier wert ist, auf dem er gedruckt wird. Viele staatliche Begünstigungen werden einfach umgetauft und zum Beispiel als »allgemeine Aufgaben«, als »Beihilfen« oder »nützliche Aufwendungen« betitelt. So beläuft sich der offizielle Subventionsbericht, je nachdem welche Ausgaben berücksichtigt werden, in etwa auf 50 Milliarden Euro. Diesen Betrag können wir aber bei den weiteren Betrachtungen einfach vergessen. Hilfreicher ist der jährliche Subventionsbericht des Instituts für Weltwirtschaft in Kiel. Darin werden für das Jahr 2009 insgesamt 174,74 Milliarden Euro aufgeführt – unterteilt in 122,477 Milliarden Euro Finanzhilfen und 52,263 Milliarden Steuervergünstigungen.

Rund 175 Milliarden Euro, das bedeutet: Wir könnten die gesamte Lohn- und Einkommenssteuer auf null setzen und hätten dann immer noch 4 Milliarden Euro übrig – etwa so viel wie die jährliche Erbschaftssteuer ausmacht.

Die Kieler Subventionsspezialisten haben noch eine andere Rechnung aufgemacht: Wenn 100 Prozent aller sofort kündbaren Subventionen gestrichen würden, dann könnte der Spitzensteuersatz von 47,5 Prozent auf 28,5 Prozent und der Eingangssteuersatz von 15,8 Prozent auf 9,5 Prozent gesenkt werden. Davon würde jeder Bürger profitieren und nicht nur die Lieblinge der Regierenden. Es würde dem Staat die Macht nehmen, durch Zahlungen oder Vergünstigungen einiger sich Wählerstimmen zu kaufen.

Aber: In Deutschland gibt es circa 2500 Förderprogramme, in der EU sogar über 20 000 Möglichkeiten, den Staat anzuzapfen. Da steigt kein normaler Bürger mehr durch. Je größer ein Unternehmen, umso besser kann es sich in diesem Labyrinth zurechtfinden. Wieder sind durch diese Gesetzes- und Verordnungsflut die Großen im Vorteil. Solch absurde Verhältnisse kann sich kein Satiriker ausdenken.

Um auch dem Mittelstand die nötigen Informationen zukommen zu lassen, hat sich in Osnabrück Kay-D. Brose als Subventionsberater etabliert und pflegt Computerprogramme, die dem Investitionswilligen sagen, in welchem Landstrich in Deutschland oder Europa er die meisten Zuschüsse erwarten kann. Der Staat stellt zwar Gelder zur Verfügung, kümmert sich aber nur um die Verwaltung und nicht um die sinnvolle Verwendung. Die Kieler stellen dazu lapidar fest: »Für die Festsetzung einer Subvention gibt es ein gravierendes Informationsproblem. Die Angebots- und Nachfragebedingungen auf einem spezifischen Markt sind nicht bekannt. Der Staat verfügt nicht über das Wissen, das er haben müsste, damit im Falle des Marktversagens öffentliche Mittel im richtigen Umfang eingesetzt werden.« Mit anderen Worten: Der Staat hat keine Ahnung, was diese bewirken. Er weiß nur, einige Empfänger profitieren davon zu Lasten anderer.

An einem Beispiel will ich versuchen, das Spiel vom Geben und Nehmen zu verdeutlichen. Bei der emotional aufgeladenen

Diskussion um die Kilometerpauschale für Fahrten zum Arbeitsplatz geht es um 4,2 Milliarden Euro, aber niemand weiß wirklich, wer davon profitiert. Am Anfang steht die ständige Suche des Staates nach neuen Einnahmequellen. Die werden dann gerne mit irgendeinem moralischen Zweck ummantelt. Seit alles, was »öko« heißt, mit »gut« und »Weltrettung« identifiziert wird, bot sich eine deutliche Erhöhung der Energiesteuern an. Für den Liter Sprit wurde damals (1999 – 2003) eine schrittweise Erhöhung von 30 Pfennig plus Mehrwertsteuer beschlossen. Damit es sich besser verkaufen ließ, hieß der Steuerzuschlag »Ökosteuer«. Dabei wurden anfangs 2 Prozent für ökologische Projekte ausgegeben, die aber immer weiter abnahmen. Offiziell aber hieß es, mit der Ökosteuer solle der Steueranteil der Renten aufgestockt werden.

Diese Preiserhöhung trifft aber vor allem die Pendler auf ihrem Weg zur Arbeit und damit nicht alle Bürger gleichermaßen. Wer in der Stadt wohnte, wurde davon überhaupt nicht tangiert. Der Staat greift durch seine Subventionierung der Fahrtkosten in die Marktverhältnisse ein. Derjenige, der eine teure Stadtwohnung kauft oder mietet, verhält sich energiesparend. Wer eine preiswerte Unterkunft auf dem Land nutzt, hat die Fahrtkosten. In einer Wettbewerbswirtschaft, die diesen Namen verdient, sollte es jedem Bürger selbst überlassen bleiben, welche Lösung seinen Bedürfnissen entspricht. In dem Moment aber, in dem der Staat die Kosten für eine Gruppe unverhältnismäßig erhöht (Ökosteuer), will er diese Wählergruppe trotzdem nicht verlieren und gewährt ihr besondere Privilegien, in diesem Fall die Kilometerpauschale. Aus ökologischer Sicht gibt es keinen Grund, weite Anfahrten zum Arbeitsplatz zu subventionieren, da dadurch die Zersiedlung des Landes vorangetrieben wird. Um die Einnahmen aus der Ökosteuer auch wirklich verbuchen zu können, wäre also eine Abschaffung der Kilometerpauschale sinnvoll. Wären da nur nicht die verdammten Wahlen.

Die »Flächenstaaten«, voran die Bayern, die schon immer

gern Marktwirtschaft mit Eigennutz verwechselten, schlagen einen Kompromiss vor, der dann Gesetz wird. Die Kilometerpauschale wird nur noch ab 20 Kilometer Entfernung gewährt. Dumm nur, dass das auch für einen juristischen Laien sichtbar gegen das Gleichbehandlungsgebot im Grundgesetz verstößt. Also kassiert das Bundesverfassungsgericht diese Scheinlösung. Die Kilometerpauschale bleibt von der Steuer absetzbar. Die verfassungskonforme völlige Abschaffung trauen sich die Parteien nicht. So erhöhen sich die Ausgaben im Haushalt pro Jahr um 2,5 Milliarden Euro. Die Kostenungleichheit zwischen Stadt- und Landbewohner ist wieder hergestellt.

Niemand soll sich in dem Geben-Nehmen-Spiel benachteiligt fühlen, schließlich ist jeder potenzieller Wähler. Mit vielen Milliarden Euro werden die öffentlichen Nahverkehrsmittel subventioniert und weil die Gelder vom Bund, den Ländern und den Kommunen kommen, weiß niemand so genau, wie viele Milliarden das sind. Damit bezahlt auch der Stadtbewohner nicht den kostendeckenden Preis, wenn er mit dem Bus oder der noch mehr gepriesenen Straßenbahn zur Arbeit oder zum Stadtbummel fährt. Bei der Straßenbahn werden die Kosten für den Flächenverbrauch und die Lärmbelästigung immer mit Null in die Rechnung gesetzt. Das Kuddelmuddel ist komplett.

Der Pendler zahlt höhere Benzinkosten, darf aber die Kilometerpauschale wieder absetzen. Die Stadtbewohner nutzen subventionierten Nahverkehr, müssen aber eine höhere Miete in Kauf nehmen. Niemand kann ihnen sagen, um wie viel die Steuern sinken würden, wenn diese Subventionen nicht gezahlt werden müssten und wie hoch dann ihre Mehrbelastung bei gleichen Marktbedingungen wäre. Zwei Effekte aber würden mit Gewissheit eintreten: Der Staat müsste sich gut überlegen, ob er eine Bevölkerungsgruppe so massiv mit Steuern benachteiligen sollte wie die Pendler durch die Ökosteuer. Und die Unternehmen des Personennahverkehrs müssten die Kosten mehr nach den Bedürfnissen der Nutzer gestalten als nach der politischen Rücksichtnahme der jeweiligen Stadtwerke, die sich nach den ideologischen Präferenzen der gerade Regierenden im Kommunalparlament richten. Es würde garantiert für alle am Markt Beteiligten preiswerter.

Und die Parteien? Die müssten sich dann andere Aufgaben suchen, um sich ihren Wählern zu präsentieren. Sie könnten sich dann zum Beispiel mit dem Monopol der Notare auseinandersetzen, damit der Kauf und der Verkauf von Immobilien nicht mehr so teuer wären. Der starre Immobilienmarkt und der Zwang zum Fernpendeln hängen auch damit zusammen, dass ein Hauswechsel gut fünf Prozent der Kaufsumme verschlingt. Dieses Geldverdienen an mehr oder weniger vorgefertigten Verträgen, die eh keiner versteht, könnte durch einfache Formulare ersetzt werden, die mit ein paar Hundert Euro bezahlt wären. Aber da müssten die Politiker sich mit einer mächtigen Lobby anlegen – und das ist in unserer Form der Demokratie nicht vorgesehen.

Über die Jahrzehnte, in denen die Bundesrepublik jetzt existiert, haben sich drei wesentliche Begründungen für Subventionen als besonders wirksam in der öffentlichen Diskussion bewährt. Sie haben sich nacheinander abgelöst und dabei immer weiter ausgebreitet:

1. Die Autarkie, die nationale Unabhängigkeit. Diese Abschirmargumentation wird überall auf der Welt benutzt, wenn es darum geht, eigene Monopole zu schützen, um damit einigen Mächtigen zu unermesslichem, unverdientem Reichtum zu verhelfen. Die Angst vor Abhängigkeit wird auch dann immer erfolgreich geschürt, wenn es um die angeblichen Lebensgrundlagen eines Volkes geht. Damit können sich Parteien bei Volksgruppen als Retter aufspielen und sie gleichzeitig vor der Konkurrenz schützen. In Deutschland war dies vor allem das Hauptargument für die Agrarsubventionen. »Wer Bauer bleiben will, soll auch Bauer bleiben können«, lautet das Motto der CDU/CSU seit den Fünfzigerjahren. Die heimische Schol-

le werde in Notzeiten die Ernährung Deutschlands sicherstellen. Wir dürften uns nicht von den Agrarimporten abhängig machen usw. Sprüche, die an die Zeiten des Reichsnährstandes aus Adolfs unseligen Zeiten erinnern. Trotz der jährlich 20 und mehr Milliarden Mark und später Euro an Subventionen sind die landwirtschaftlichen Familienbetriebe eingegangen, und der Rest ist gerade dabei abzusterben, weil er nicht wettbewerbsfähig ist.

2. Die Rettung von Arbeitsplätzen. Dieses Argument musste hauptsächlich für die mittlerweile über 200 Milliarden Euro Subventionen für den Steinkohleabbau herhalten. Natürlich schwang auch dabei wieder eine nationale Komponente mit: Die Kohle als einzige deutsche Energiequelle würde uns im Krisenfall eine unabhängige Energiequelle sichern. Die Arbeitsplatzrettung wird in jeder akuten Wirtschaftskrise wieder aus der Mottenkiste herausgeholt. Für diese Kapitalvernichtung werde ich noch peinliche Beispiele aus der jüngsten Zeit schildern.

3. Umweltschutz. Das ist jetzt die neueste und letzte Variante für eine grundsätzlich ideologische Begründung von Subventionen. Sie wird zurzeit am häufigsten bemüht. Wenn wir durch Klimaschutz Umweltschutz betreiben, dann machen wir uns auch unabhängiger von Energie-Importen. Schließlich hat Deutschland nur den Wind und die Sonne. Also geben wir dafür Milliarden aus. Diese umweltschonende Energiepolitik schafft Arbeitsplätze der Zukunft. Was könnte es Besseres geben als Autarkie, Arbeitsplätze und Umweltschutz. Umweltschutz erfüllt damit alle Begründungen für Subventionen. Und weil das so schön klingt, machen diesmal auch alle Parteien mit.

Die Subventionstradition in Deutschland hat mittlerweile eine Marktrealität geschaffen, in der niemand mehr weiß, was der tatsächliche Preis eines Produkts ist. Was würde in Deutschland ein Kilowatt Strom kosten, wenn nicht eine unendliche Kette von Staatseingriffen den Strommarkt zu einem undurchschaubaren Monstrum hätte verkommen lassen? Was wäre der Preis von Lebensmitteln für den Verbraucher, wenn die Landwirte und die Ernährungswirtschaft nicht durch Staatseingriffe in semiautonome Landbewohner verwandelt worden wären? Die führenden Wirtschaftsinstitute haben ausgerechnet, dass jeder Bürger 680 Euro pro Jahr allein für Agrarsubventionen aufbringt. Bei einer vierköpfigen Familie sind das dann schon 2720 Euro. Trotzdem werden die Landwirte noch vor dem Weltmarkt beschützt. Zucker, Rind- und Kalbfleisch sind hierzulande etwa dreimal teurer als der Weltmarktpreis. Schweinefleisch ist 31 Prozent und Geflügel 56 Prozent teurer. Das senkt den Lebensstandard in Deutschland und verhindert Chancen für die Dritte Welt. Wie hoch wären unsere Transportgebühren für den Nahverkehr, den Güterverkehr, den Fernverkehr, wenn der Staat nicht aus ideologischen Gründen bei den einen kassiert und bei den anderen bezahlt? Wir wissen es nicht.

In vielen Beiträgen für die ARD habe ich Teilbereiche ausgiebig recherchiert. Ich schätze deshalb, dass ohne diese Verwerfungen die deutschen Verbraucher insgesamt etwa 100 Milliarden Euro pro Jahr mehr zur Verfügung hätten. Darin sind die Staukosten, die Zuwendungen für die Bahn, der unzureichende Nahverkehr etc. mit eingerechnet. 100 Milliarden Euro – das ist eine ganze Menge Kaufkraft, die nicht nur dem Einzelnen, sondern auch den Anbietern von Energie, Lebensmitteln und Verkehrsdienstleistungen zugutekämen. Bei jedem dieser großen Wirtschaftsbereiche aber wird eines deutlich: Der Staat gaukelt sich selbst und dem Volk vor, mit Subventionen würde er die Schwächeren in der Gesellschaft unterstützen. In Wahrheit sind sie eine Umverteilung von unten nach oben. Den unnötig hohen Mobilitätskosten kann der Arbeitnehmer nicht entkommen.

Nichts ist in Deutschland so für die wachsende Kluft zwischen Arm und Reich verantwortlich wie die praktizierte Umverteilungspolitik durch Subventionen. Hin und wieder wird ihr wahrer Charakter sichtbar. Im Juni 2009 traf es den Agrarsektor. Nach zähem Widerstand vor allem aus Deutschland setzte es die EU durch, dass die Agrarsubventionsempfänger veröffentlicht werden müssen. Da war es vorbei mit dem Märchen von den Hilfen für die kleinen bäuerlichen Betriebe. Ja, die kriegen auch etwas: Wenn es hoch kommt, erhält ein Landwirt in Deutschland so um die 10 000 Euro pro Jahr, das deckt noch nicht einmal die Kosten der Bürokratie, mit der er überzogen wird. »Ich habe kein Wetterrisiko«, schimpft ein sächsischer Landwirt mir gegenüber. »Ich habe ein Politikerrisiko.« Das Tempo, in dem die Bestimmungen für Tierhaltung und Anbaukriterien geändert werden, macht oft Investitionen in den Hof obsolet. 120 rein deutsche Vorschriften musste ein Milchbauer befolgen, als er einen neuen Stall bauen wollte, darunter eine, die besagte, dass er rote Dachziegel verwenden müsse. »Gibt aber keinen Liter mehr Milch«, konstatiert er lakonisch. Die ganzen Auflagen kosten ihn im Jahr ungefähr 2 Cent pro Liter, das macht bei ihm 80 000 Euro. So viel bekommt er ungefähr auch wieder als Ausgleichszahlung. »2 Cent pro Liter«, stellt er klar, »die meine Wettbewerber im Ausland nicht haben.«

Das Problem bei Subventionen ist immer, dass sie mengenabhängig gewährt werden. Damit bekommt der Große automatisch mehr. Bei der jährlichen Verteilung der zirka 50 Milliarden Euro aus den Agrarmitteln wirkt das besonders skandalös. Da bekommt 2008 der Energieriese RWE Power 589 933 Euro. Er kauft die Ackerflächen, die er für Braunkohletagebau vernichtet. Bis es soweit ist, werden die Felder landwirtschaftlich genutzt. Die Lufthansa bekommt 106 276 Euro, weil sie auf ihren internationalen Routen deutsche Landwirtschaftsprodukte serviert. Dieses Geld kommt aus dem Exportsubventionstopf, eine besonders zerstörerisch wirkende Beihilfe, die in vielen Dritte-Welt-Staaten die lokale Landwirtschaft vernichtet. Der Saatgutgigant KWS bekommt 748 013 Euro an Direktzahlungen.

Das Gut Klein Wanzleben in Sachsen-Anhalt sogar 2,6 Millionen Euro.

Auch der deutsche Adel darf sich weiterhin darauf verlassen, dass das gemeine Volk an ihn zahlt. Denn die Losung heißt: Je mehr Landbesitz, umso mehr Geld. Der Markgraf von Baden (237 502 Euro), der Prinz zu Schleswig-Holstein (609 867 Euro), der Graf von Westphalen-Meschede (1 341 146 Euro) und natürlich auch die omnipräsente Gloria von Thurn und Taxis (rund 460 000 Euro) werden weiterhin fürstlich gepäppelt. Diese Zahlen erheben keinen Anspruch auf Vollständigkeit. So transparent sind die EU-Veröffentlichungen auch wieder nicht, da verschiedene Töpfe zum Bedienen bereitstehen und die Angaben der Empfänger, mit Firmennamen verschleiert, nicht gleich sichtbar werden.

Gehen Sie nicht davon aus, dass unsere Umweltretter gegen diese Umverteilung sind. Der Bund Naturschutz bekommt ebenfalls 136 000 Euro.

Aber nicht nur der alte Adel muss nicht darben, auch die ehemaligen LPG-Barone in Ostdeutschland sind mit Millionen dabei. Das hätten sie sich ja nie träumen lassen, dass ihnen einmal die kapitalistische EU mit kräftiger Unterstützung der Bundesregierung mehr Geld schenkt als sie je bei Honecker verwursteln konnten. Mit von der Partie sind auch Bundestags- und Landtagsabgeordnete, die nicht nur für ihre Höfe (z. B. Norbert Schindler, MdB, CDU, 93 000 Euro) Finanzmittel bekommen, sondern in den Parlamenten auch dafür sorgen, dass der Geldsegen nicht abreißt. Eine ganze Berufskaste kann sich dadurch zu den Siegern der Umverteilungspolitik zählen. Der Präsident der Deutschen Landwirtschaftsgesellschaft Carl-Albert Bartmer (360 000 Euro), der saarländische Bauernverbandschef Klaus Lafontaine (117 000 Euro) und Klaus Kliem, Bauernpräsident in Thüringen und Geschäftsführer eines Landwirtschaftsbetriebs in Bad Langensalza, der 1,6 Millionen Euro bekommt. Bevor es langweilig wird: die Emsland Stärke GmbH 8,1 Millionen, August Töpfer & Co. 7,4 Millionen und die Südzucker AG 34,4 Millionen Euro – sie alle wurden für würdig befunden, von Ihnen und mir Steuergeld zu erhalten.

Nach der ersten Aufregung über diese Zahlen ist es wieder ruhig geworden. Wer im Internet nach den neuesten Zahlen sucht, hat es schwer, muss schon ein Experte sein. Die Veröffentlichungen sind zwar erzwungen worden, aber wie sie transparent gemacht werden müssen, hat Brüssel nicht festgelegt. Der Europäische Gerichtshof hat im Herbst 2010 das bisher praktizierte Modell der Veröffentlichungen als Eingriff in die Persönlichkeitsrechte verworfen und deshalb sind die Subventionszahlen vorerst nicht mehr im Netz. Die EU-Kommission aber besteht weiter auf völliger Transparenz. Der Ausgang des Konflikts ist ungewiss.

Es sollte eine Selbstverständlichkeit sein, dass diejenigen, die von der Allgemeinheit Geld bekommen, auch entsprechend öffentlich bekannt gemacht werden. Schließlich sind wir alle ihre Gläubiger. Wir wählen die Politiker, die ihnen das Geld geben, und wir sollten wissen, warum wir sie wählen sollen. Ohne ausreichende Informationen werden wir sonst unwissentlich an diesem Kuhhandel beteiligt.

Die Transparenz der Subventionswege darf nicht bei der Landwirtschaft aufhören. Auch Unternehmen, die Staatsgeld bekommen, sollten gezwungen werden, dies anzuzeigen. In fast allen Staaten Europas stehen diese riesigen Schilder: Dieses Vorhaben (Stadtsanierung, Autobahnbau, Küstenschutz) wird von der europäischen Union mit der Summe X unterstützt. Das gehört sich auch so.

Warum sollte das nicht auch bei der Verteilung deutscher Steuergelder so gehandhabt werden? Warum steht zum Beispiel nicht am Leipziger BMW-Werk: Diese Automobilfabrik wurde mit 250 Millionen Euro Steuergeldern gefördert. Ich weiß ja nicht, ob die Zahl genau stimmt, sie ist offiziell geheim. Das *Wall Street Journal* schrieb sogar von 360 Millionen. Wäre doch interessant, warum eine der hundert reichsten Frauen der Welt, Susanne Klatten, die Mehrheitsaktionärin von BMW, Ihr und mein Steuergeld braucht, um in der Arbeitswüste Ostdeutschlands Arbeitsplätze zu schaffen. Vielleicht gibt es ja gute Gründe, zum Beispiel, dass mittlerweile Automobilfabriken in Deutschland nicht mehr wettbewerbsfähig sind. Dann dürfen wir aber nicht Frau Klatten helfen, dann müssen wir sehen, wie wir wieder wettbewerbsfähig werden. Der Traum vom helfenden Staat platzt immer wieder und hinterlässt dann schwere Schäden bei den Regierungen und beim gutgläubigen Volk.

Innerhalb weniger Jahre haben sich mit BenQ in Kamp-Lintfort und Nokia in Bochum die letzten Handy-Hersteller aus Deutschland verabschiedet. Vorher war schon Motorola auf leisen Sohlen aus Flensburg verschwunden. Der Krach der Fabrikschließungen aber war in ganz Deutschland zu vernehmen. Mahnwachen der IG Metall, ein mitleidender Ministerpräsident Jürgen Rüttgers, weinende Mitarbeiter, nichts half mehr. Wieder wurde die Fratze des Kapitalismus, die Neoliberalen aus Taiwan und Finnland, beschimpft. Alles Quatsch. BenQ aus Taiwan hatte die Fabrikanlage von Siemens billig erworben und dazu noch öffentliche Gelder bekommen, um das international nicht mehr wettbewerbsfähige Unternehmen zu betreiben. Als die öffentlichen Gelder die Defizite bei den betriebswirtschaftlichen Ergebnissen nicht mehr ausgleichen konnten, haben sich die Taiwaner verabschiedet und Siemens so eine Riesenblamage erspart. Siemens hatte nämlich jahrelang den Handymarkt verschlafen, schlecht gemanagt und so versäumt, einen starken Heimatmarkt in Deutschland aufzubauen.

Bei Nokia in Bochum war die Logik der Betriebsschließung noch einfacher. Das Land Nordrhein-Westfalen hatte Nokia Geld geschenkt, damit die Finnen in der krisengeschüttelten Stadt einen Betrieb eröffnen. Solange die Subventionen flossen, blieben sie in Bochum. Als die Zuwendungen abgearbeitet waren, gingen sie.

Ich bin davon überzeugt, dass die Politik nichts dazugelernt hat. Sie wird wieder Firmen mit Subventionen zu halten versuchen und sich die entscheidende Frage nicht stellen: Gibt es Kunden, die für dieses Produkt, das hier hergestellt wird, für den Preis, den dieser Standort verursacht, den verlangten Preis auch zu zahlen bereit sind? Kein Mensch in Deutschland war bereit, für veraltete Siemens-Handys einen höheren Preis zu zahlen als für die »geilen« Handys aus China.

Als wir noch das gute alte Telefon hatten, bei dem für die grüne Variante des Gehäuses und eine längere Schnur ein Aufpreis berechnet wurde, konnte Siemens noch den deutschen Markt kontrollieren. Das Tempo der Innovation wurde von der innigen Beziehung zwischen Post und Siemens vorgegeben. Da war die Welt noch in Ordnung. So verschlief der Münchner Konzern die gesamte elektronische Entwicklung, war nie ein ernstzunehmender Konkurrent für Japaner und Amerikaner.

Ich werde nie vergessen, als ich 1992 für den ZDF-Film *Im Krieg mit Japan* den Elektrokonzern NEC in Kawasaki besuchte. Mit Hochdruck arbeiteten dort die Techniker an dem 64-Megabit-Chip. NEC-Chefentwickler Yuichi Haneta betonte, dass sie ohne staatliche Hilfe diesen Standardspeicher entwickeln, weil sie sich davon einen großen Wettbewerbsvorteil in dieser Hochtechnologie versprechen. Die Anwendungsmöglichkeiten würden sicher neue Märkte eröffnen.

Danach traf ich Karlheinz Kaske, den damaligen Vorstandschef von Siemens. Er sehe für Siemens keine Notwendigkeit, einen 64Megabit-Chip zu entwickeln. Das sei keine betriebswirtschaftliche Aufgabe. Wenn die Bundesrepublik Deutschland das wolle, könne Siemens das auch umsetzen. Das müsse dann aber auch der Staat bezahlen. Siemens werde aus der Mikroelektronik aussteigen. So verhält sich ein Konzern, der sich in einer staatlich gelenkten Wirtschaft eingenistet hat.

Viel hat sich bis heute nicht geändert. Die Entwicklung der Magnetschwebebahn hat sich Siemens teuer bezahlen lassen, kam aber nie auf die Idee, den Zug dann auch betreiben zu wollen. Dieses Milliardengrab sollte auch wieder die öffentliche Hand schaufeln, was Gott sei Dank verhindert werden konnte. Jetzt ist der Konzern in Großprojekte bei Windparks und Solaranlagen eingestiegen. Das sind heute die Technologien, die der Staat hoch subventioniert, so wie früher die Nuklearkraftwerke, bei denen Siemens auch ganz vorne mit dabei war. Keine Frage, Siemens schlägt sich ganz gut, aber wie könnte das Unternehmen weltweit dastehen, wenn es sich nicht an dieser staatlichen Planwirtschaft orientiert und die damit verbundene Subventionsmentalität eingeatmet hätte?

7.   STAATSKNETE – DIE ERZIEHUNG ZUM EGOISTEN

Es gibt Subventionen, über die dauernd gestritten wird und Subventionen, die fast unbemerkt durchgewinkt werden. Zur ersten Gruppe gehören die Milliarden für die Steinkohle. Da diese mittlerweile ein Auslaufmodell sind, will ich in diesem Buch über das Wesen und die Wirkung der Aufrechterhaltung des Bergbaus an Saar und Ruhr nicht mehr viel schreiben. Die Subventionen dienten zwar auch der Erhaltung einer überkommenen Industriestruktur, aber sie dienten vor allem SPD und CDU zur Finanzierung ihrer Parteistrukturen in den Kohlerevieren. Seitdem sich diese Parteistrukturen geändert haben, nicht mehr Bergarbeiter, sondern öffentlich Bedienstete die Mehrheit bilden, wird auch die Kohlesubvention ohne viel Widerstand beendet. Die ökobewegten Beamten und Sozialdienstleister, die heute die SPD in NRW ausmachen, haben mit den Kumpels aus dem Bergbau nichts mehr am Hut.

Eine gigantische Milliardensubvention mit langfristig fatalen Folgen wurde jedoch so gut wie gar nicht thematisiert. Entsprechend vage sind die Ausmaße und die Berechnung des volkswirtschaftlichen Schadens. Es geht um die besonderen Abschreibungsbedingungen für den Mietwohnungsbau in der ehemaligen DDR. Der Täter allerdings ist bekannt: der damalige Bundesfinanzminister Theo Waigel.

Wie immer, wenn es um Subventionen geht, die den Besitzenden dienen, werden sie mit einem Mäntelchen der Nächstenliebe verkleidet. Direkt nach der Wende herrschte in den neuen Bundesländern eine grassierende Wohnungsnot. Das Arbeiterparadies hatte es nicht geschafft, die Werktätigen mit qualitativ anständigen Unterkünften zu versorgen. Die Altbauten verrotteten dank des Verbots, kostendeckende Mieten zu erheben und der zentrale, staatlich organisierte Plattenbau konnte die notwendigen Kapazitäten nicht zur Verfügung stellen. Die Quadratmeterpreise stiegen deshalb rasant an und lagen bald höher als im Westen. Da griff Theo Waigel ein.

Wer von 1991 bis 1996 im Osten Häuser und Wohnungen baute, modernisierte oder wiederherstellte und vermietete, konnte innerhalb von fünf Jahren 50 Prozent der Investitionssumme von seinem steuerpflichtigen Einkommen absetzen, ganz nach Belieben: in einem Jahr alles oder je nach eigener Steuergestaltung auf fünf Jahre verteilt. Das war die Aufforderung an die Geld- und Immobilienbesitzer im Westen, für die Bewohner im Osten Mietshäuser zu bauen. Das Eigentum aber wurde im Westen gebildet. Wer schon hatte, dem wurde gegeben, wer nichts hatte, konnte dann auch nichts erwerben.

Diese Steuererleichterung führte zu einem gewaltigen Bauboom. Als zum 1. Januar 1997 die Förderung herabgesetzt wurde, waren eine Million Wohneinheiten in der ehemaligen DDR entstanden. Natürlich gibt es keine Berechnung über die Steuerausfälle bei den westdeutschen Investoren, da jeder Fall durch individuelle Einkommensverhältnisse anders gelagert ist. Es gibt auch keine zentrale Erfassungsstelle, die die Summe der gewährten Steuererleichterungen dokumentiert hätte. Also sind wir auf eine Durchschnittsrechnung angewiesen. Bei einer Investition von damals 200 000 Mark für eine Eigentumswohnung zum Beispiel konnte der Investor, je nach individuellem Steuersatz, mit einer Steuererleichterung von bis zu 59 760 Mark rechnen. Vor allem die Mitbürger, die den Spitzensteuersatz zahlen sollten, erhielten dadurch wieder eine Chance, dank des lenkenden Staates Vermögensbildung betreiben zu können. Damals betrug der Spitzensteuersatz noch 53 Prozent, dazu noch Solidaritätszuschlag und Kirchensteuer, machte zusammen 59,76 Prozent. Bei einer Million Mark Investition konnte eine Steuerersparnis von bis zu 298 000 Mark erzielt werden.

Eine grobe Schätzung, die es bei den 60 000 Mark Einsparungen eines mittleren Steuersatzes belässt, ergibt bei einer Million Neubauten also 60 Milliarden Mark, die die Staatskasse nicht einnimmt. Dagegen müssen natürlich die Steuereinnahmen von den Bauarbeitern und den Baufirmen gerechnet werden. Sind wir also ganz großzügig und sagen: Die Hälfte der Steuerausfälle wird durch die Wirtschaftsaktivität wieder ausgeglichen, bleiben also Verluste von 30 Milliarden Mark am Staat hängen. Die investitionsbereiten, wohlhabenden Westbürger sind dank der Waigel'schen Rechnung aber um mindestens 60 Milliarden Mark reicher geworden – dank eingesparter Steuer.

Doch auch einem Finanzminister aus Bayern gelingt es nicht, den Markt zu überlisten. Auch für ihn gilt, dass der Staat die Angebots- und Nachfrageentwicklung auf einem spezifischen Markt nicht kennt, weil sich die Marktverhältnisse laufend ändern. Kaum waren die eine Million Wohnungen gebaut, blieb die Nachfrage aus. Weil der Arbeitsmarkt zusammenbrach, zogen Tausende ehemaliger DDR-Bürger in den Westen. Andere bauten sich ein eigenes Haus und verzichteten damit auf die Mietwohnung eines Wessis. Als sich der Nebel nach dem Umbruch auf dem Wohnungsmarkt in den neuen Bundesländern lichtete, wurde ein Wohnungsleerstand von einer Million

Wohnungen sichtbar. Seitdem ist der Wohnungsmarkt im Osten nachhaltig gestört, oder um es mit brutaler Wahrheit zu sagen: Er ist kaputt. Und das mit langfristigen Folgen und Kosten.

Die Subventionsgeldmassen haben auch der ostdeutschen Bauindustrie einen rasanten Aufschwung beschert, der nach dem Ende der Abschreibungsorgie genauso ruckartig wieder vorbei war. Das führte zu Verwerfungen auf dem Arbeitsmarkt, die fast zehn Jahre lang in den Statistiken zu sehen waren.

Schlimmer noch sind die Auswirkungen für die Altbauten. Viele ostdeutsche Städte hatten weniger unter den Bombenangriffen zu leiden als im Westen. Erst in der DDR-Zeit verfiel die Bausubstanz, verwandelten sich ganze Straßenzüge in baufällige Ruinen. Viele Altbesitzer renovierten ihre Häuser, in einigen Städten wie Erfurt und Görlitz zum Beispiel halfen Denkmalschutz und auch Subventionen dabei, die Bausubstanz zu retten. Aber gerade private Investoren fanden danach keine Mieter, weil diese lieber in die Mietneubauten der westdeutschen Immobilienbesitzer zogen. Selbst Plattensiedlungen wurden renoviert. Es ist sicher lobenswert, die alten Städte zu retten, aber das wird nur vorübergehend den Verfall aufhalten, wenn es keine Menschen mehr gibt, die darin wohnen wollen. Wenn schon öffentliche Mittel ausgegeben werden mussten, dann wären sie in Eigentumswohnungen für Ostdeutsche in den wieder aufzubauenden Städten sinnvoller investiert worden. Jetzt aber ist es dafür zu spät. Neben einem renovierten Haus steht eine Ruine, dann kommt wieder ein renoviertes Gebäude – ganze Stadtteile sehen so zum Beispiel in Halle aus. Da es immer weniger Einwohner gibt, werden die Häuser nicht renoviert. Und für die Wohnungen, in die schon Unsummen investiert worden sind, wird es zunehmend schwerer, Mieter zu finden: Wer will schon in solch unfertigen Vierteln leben? So hat Waigels Eingriff in den Markt auf Jahrzehnte den ostdeutschen Städtebau verhunzt.

Schließlich noch die dritte, langfristig die Staatskasse belastende Folge der Steuerabschreibungsorgie Waigels. Der Bevölkerungsrückgang auf der einen Seite, der künstlich angeheizte Bauboom auf der anderen Seite haben den Wohnungsmarkt im Osten zusammenbrechen lassen. Zwar haben die vom Steuerbonus in den Osten gelockten Haus- und Wohnungsbesitzer ihren Immobilienbesitz vergrößert, aber die Ostanlage entpuppte sich als Fehlinvestition. Die ursprünglich hohen Mieten krachten um die Hälfte ein und decken damit nicht mehr die Belastungen für die Neubauten. Selbst wenn die Steuererleichterung mit eingerechnet wird, bleibt der Besitz im Osten ein Verlustgeschäft. Die Eigentumswohnung, die 1994 noch für 200 000 Mark gekauft wurde, ist heute höchstens 40 000 Euro wert – und das auch nur in sehr guter Lage. Wieder ist die Staatskasse gefragt: Eine solche Wohnung lässt sich nur noch weit unter kostendeckenden Preisen vermieten. Die entstehenden Verluste werden mit den Einnahmen steuermindernd verrechnet. Auch hierfür gibt es keine genauen Zahlen – aber bei diesen Langzeitfolgen summieren sie sich pro Jahr auf einige Milliarden Euro, die dem Fiskus entgehen.

Der Schaden ist irreparabel. Vielleicht wird er deshalb ignoriert. Oder die Kapitalanleger des Westens schämen sich, weil sie wieder einmal so einem Steuervergünstigungsversprechen aufgesessen sind. Oder die Banken und Architekten, die die Milliarden eingesteckt haben, wollen ihren Reibach in Ruhe genießen. Oder die konservativen Parteien reden nicht darüber, weil einer von ihnen die Milliarden umverteilt und verschwendet hat. Oder die Masse will davon nichts hören, weil sie sowieso nichts davon versteht. Das letzte Argument war jedenfalls die Begründung der Kollegen, die dieses Thema überhaupt nicht spannend fanden.

Am Anfang dieses Kapitels habe ich von zwei Subventionsformen geschrieben: den Steuervergünstigungen und den Direktzahlungen. Zurzeit erleben wir eine weitere, sehr kreative Variante der Subventionsvertuschung, die von allen Parteien mitgetragen wird – von den Liberalen bis hin zu den Links-sozialisten. Allein dies ist schon bemerkenswert. Das Gesetz, das eine noch nie da gewesene direkte Umverteilung von unten nach oben durchsetzt, hat den harmlosen Namen EEG, das »Er-neuerbare-Energien-Gesetz«. Bevor ich dessen Inhalt vorstelle, muss ich erst seine Funktionsweise erklären.

Der Staat garantiert dem Produzenten die Abnahme eines Produkts zu einem Festpreis, wobei die Menge keinerlei Rolle spielt. Sie darf unendlich groß sein. Damit aber durch eine even-tuelle Überproduktion kein Preisverfall eintritt, garantiert der Staat auch noch einen Mindestpreis, der im Durchschnitt circa zehnmal so hoch ist wie der Preis, der sonst für dieses Produkt üblich ist. Der damit ausgelöste Angebotsüberschuss wird da-durch kompensiert, dass andere, viel preiswertere Anbieter des Produkts massiv behindert und zu hohen Abgaben gezwungen werden, wie zum Beispiel durch die Brennelemente-Steuer oder die CO_2-Abgabe.

Das ist ein Gesetz aus dem Lehrbuch des Staatsmonopolkapi-talismus: Der Markt wird außer Kraft gesetzt, Konkurrenz fin-det nicht statt, das Monopol wird gestärkt, Absatz und Gewinn werden garantiert. Wer möchte da nicht mitmachen?

Immerhin gibt es noch drei Parteien in unserem Land, die hin und wieder das Wort Markwirtschaft in den Mund nehmen. Dass sie damit schon lange nichts mehr am Hut haben, zeigt die Tatsache, dass sie alle dieses Gesetz verteidigen und mitmachen, um daraus für sich Profit schlagen zu können, in cash und mit Wählerstimmen. Dass die Linken so etwas gut finden, ist klar – das ist eine Wirtschaftsform, für die sie große Sympathien he-gen, gibt sie ihnen doch die Möglichkeit, den Staat und jeden Einzelnen zu gängeln, zu kontrollieren.

Aber jetzt kommt der sehr innovative Teil des EEG. Die Ab-nahme des Produkts wird nicht über den Staat abgerechnet, sondern das Produkt bezahlt der Bürger direkt an den Herstel-ler. Ob er will oder nicht: Es gibt keinen Ausweg.

Nun handelt es sich bei dem Produkt um elektrischen Strom, ohne den unser Alltag nicht mehr vorstellbar ist. Wir sind von einer zuverlässigen Lieferung abhängig – es gibt so gut wie keine Alternative. Da hakt der Staat ein. Er zwingt uns, bestimmte Hersteller ohne Rücksicht auf die Kosten zu bevorzugen. Und so zahlen wir direkt an die Produzenten der erneuerbaren Energien die vom Staat festgelegten Preise. Im Jahre 2010 waren es circa 2,5 Cent pro Kilowattstunde mehr, als ohne die Zwangsabnahme fällig gewesen wären. Im Jahr 2012 waren es dann schon 5,27 Cent, und wann immer danach Sie dieses Buch lesen, wird eine Voraussage stimmen: Die EEG-Abgabe ist weiter gestiegen. Das RWI, das Rheinisch-Westfälische Institut für Wirtschaftsforschung, hat ausgerechnet, dass der deutsche Stromkunde bis 2015 allein 120 Milliarden Euro aufbringen muss, wenn die Subventionen für den Solarmarkt so bleiben wie bisher. Weil es sehr lukrativ ist, in diesen Garantiemarkt einzusteigen, wächst dieser natürlich weit über den Bedarf hinaus und verteuert sich so immer weiter zulasten der Abnehmer. Da wird die Marktwirtschaft auf den Kopf gestellt: Normal wäre, dass der Preis sinkt, wenn das Angebot steigt. Das EEG sorgt dafür, dass der Verbraucher mehr zahlen muss, wenn die Solar- und Windinvestoren die Strommenge erhöhen.

Das System spielt, wie alle Subventionen, ganz deutlich den Kapital- und Landbesitzern in die Hände, lässt ihnen Milliardengewinne zukommen. Um erneuerbaren Strom zu produzieren, muss ich Windkraftwerke bauen, Solaranlagen auf Wiesen und Dächer installieren, Biogasanlagen auf einem Gutshof errichten usw. Das kann nur, wer Geld oder Grundstücke hat. Für diese Besitzenden gibt es neben der innovativen Direktzahlungssubvention auch noch die klassische Variante der Steuerverkürzung. Wer zum Beispiel 100 000 Euro in eine Solaranlage im Jahre 2011 investiert und schon 2010 einen entsprechenden Vertrag unterschreibt, darf noch im selben Jahr 40 Prozent als Investitionsabzugsbetrag geltend machen. Das heißt, bei einem Steuersatz von

42 Prozent plus Solidaritätszuschlag und Kirchensteuer bekomme ich, bevor ich auch nur einen Cent ausgegeben habe, 19 600 Euro vom Fiskus gutgeschrieben. Den Rest der Investition kann ich dann über 20 Jahre abschreiben. Das ist ein besonders gutes Geschäft für Spitzenverdiener, die um die 50 Jahre alt sind. Gehen sie in Rente und beziehen weniger Einkommen, sprudeln die gesetzlich garantierten Einspeisevergütungen weiter. Diese unterliegen dann dem im Ruhestand niedrigeren Steuersatz.

Sollten sich die Linksparteien mit einem höheren Spitzensteuersatz durchsetzen, dient das ganz sicher nicht der sozialen Gerechtigkeit. Sie lösen damit nur einen Run auf noch mehr Steuervermeidungsmöglichkeiten aus, die der Staat ja freundlicherweise anbietet. Es werden dann noch mehr Solaranlagen gebaut, die den Strom für den kleinen Mann noch teurer machen. Der Bundestagsabgeordnete Diether Dehm hat das in der ARD-Sendung *Menschen bei Maischberger* im November 2010 sogar öffentlich zugegeben: Auf den Vorwurf, dass die von den Linken geforderte 60-prozentige Einkommenssteuer zu einer noch höheren Auswanderung führe, antwortete er, dass dieser hohe Steuersatz dann ja durch Investitionen in Wind- und Solaranlagen umgangen werden könne. Es bleibt jedem Leser überlassen, zu beurteilen, ob die Politik, die solche Steuergesetze macht, zynisch oder dumm ist.

Wenn sich ein Kapitalanleger dazu entschließt, in einen Windpark zu investieren, kann er mit 8 Prozent Gewinn rechnen. So viel versprechen jedenfalls die massenhaft angebotenen Prospekte und die Internetwerbung, und das in Zeiten, wo eine Sparkasse mal höchstens 2 Prozent bietet. Wie gesagt, dank staatlicher Einspeise-und Gewinngarantie ein Bombengeschäft. Diese innovative Direktsubvention von unten nach oben hat den sozial unverträglichen Nachteil, dass ohne Ausnahme jeder über den Strompreis mitbezahlt: Kleinrentner, Hartz-IV-Empfänger, Arbeiter mit niedrigem Lohn, Mieter und kinderreiche Familien – alle, die kein Geld haben, um sich an der staatlich garantierten Kapitalvermehrung zu beteiligen. Dabei sind die »kleinen Leute« eigentlich das Klientel der Sozialdemokraten. Aber so, wie alle »bürgerlichen Parteien« vergessen, was Marktwirtschaft bedeutet, vergessen die Sozialdemokraten, für wen sie einst angetreten sind. Für die Grünen ist das EEG wie für sie erfunden. Sie können damit ihre Klientel, die besserverdienenden Weltretter, versorgen, und ihnen noch mehr Geld zukommen lassen, und die Linken reiben sich wahrscheinlich verwundert die Augen, dass die Konservativen nicht erkennen, dass sich der Kapitalismus mit dem EEG selbst abschafft.

So wie die Milliarden aus dem EEG für die privaten Anleger sprudeln, so knapp sind die Gelder, die in die Entwicklung zukünftiger Energieträger investiert werden. Auf dem Weltmarkt werden wir nicht daran gemessen, wie viele Solardächer wir in einem sonnenarmen Land wie Deutschland installieren, sondern ob wir hoch effiziente, moderne Kraftwerke liefern können, egal, wie sie angetrieben werden.

Ich muss hier der Versuchung widerstehen, nur noch über den Klimawandel und das Umweltschutzverständnis einer gelangweilten, übersättigten Gesellschaft zu schreiben. In meinem letzten Buch überschrieb ich ein Kapitel mit »CO_2 – Weltuntergang als Steuerquelle«. Das ist zehn Jahre her und seitdem haben viele Staaten Möglichkeiten entdeckt, im Namen der Weltrettung neue Steuern zu erfinden, ohne sich ernsthaft um die weltweiten Probleme zu kümmern, die da lauten: Verschmutzung der Meere, Bekämpfung des Hungers, nachhaltige Forst- und Waldwirtschaft, Stopp der Erosion, Bildungszugang für alle, Ausrottung von Malaria und anderen tropischen Krankheiten. Die Subventionsorgie für die erneuerbaren Energien in Deutschland stellt mittlerweile die früheren Fehlallokationen bei Weitem in den Schatten.

In den Sechziger- und Siebzigerjahren des letzten Jahrhunderts hatte die Politik die Kernkraft als die Energiequelle entdeckt, die uns unabhängiger vom Nahen Osten machen könnte. Das Finanzwissenschaftliche Forschungsinstitut in Köln (FiFo) beziffert die Subventionen bei der Entwicklung und beim Bau der Kernkraftwerke auf 71 Milliarden Euro. Nicht mitgerechnet sind die Betonklötze von Hamm-Uentrup, Kalkar, Mülheim-Kärlich und Wackersdorf, die noch vor ihrer Inbetriebnahme wieder stillgelegt oder abgerissen wurden. Parallel dazu flossen Subventionen in den Steinkohlebergbau, laut FiFo 225 Milliarden Euro. Damit sollte eine nationale Energiereserve gesichert werden. Knapp 78 000 Euro kostete uns pro Jahr ein Arbeitsplatz im Steinkohlebergbau.

Jetzt sind die erneuerbaren Energien dran. Sie sollen uns unabhängig machen und gleichzeitig das Weltklima retten. 153 000 Euro verschlingt ein Arbeitsplatz in der Solarindustrie pro Jahr an öffentlichen Geldern. Aber bei einem so hehren Ziel wird über Geld doch überhaupt nicht mehr geredet.

Eines fällt bei diesen staatlichen Energiekampagnen auf: Jedes Mal, wenn eine neue Energiequelle als Staatsziel identifiziert wurde, flossen erst Milliarden für die Betreiber, dann erhöhte sich der Strompreis für den Verbraucher. Seit wir dem EEG huldigen, benachteiligt derselbe Staat, der früher Kohle und Atomenergie hoch subventioniert hat, genau diese Kohle- und Kernkraftwerke durch neue Steuern und Abgaben. CO_2-Zertifikate für die einen, Brennelementesteuer für die anderen. Sogar der Landschafts- und Vogelschutz wird geopfert. Mal sehen, wie in 20 Jahren diese heute so gepriesene Kapitalvernichtung für das EEG beurteilt wird.

Wie immer, wenn der Staat den Markt außer Kraft setzt, werden neue Milliardäre geboren. Einer von ihnen heißt Frank H. Asbeck, Chef des Unternehmens Solarworld. Sein Markenzeichen: Der Umweltheld fährt Maserati. Und wie immer, wenn der Staat jenseits von Wettbewerb und Markt neue Kostgänger züchtet, beißen sie die die Hand, die sie füttert. Als im Sommer 2010 die Subventionen für die Solarenergie gekürzt werden sollten, gingen die Profiteure auf die Straße oder spitzten ihre Lobbyvertreter an. Das Fürstenhaus Thurn und Taxis protestierte mit dem würdevollen Wappen auf seinem Briefbogen dagegen, dass es seine Ländereien nicht mehr mit hoch subventionierten Solaranlagen zustellen könne, und die Arbeiter der Solarpaneele-Hersteller drohten mit einem heißen Herbst, falls ihre weitgehend vom Steuerzahler finanzierten Arbeitsplätze gefährdet würden.

Solche Aktionen sind logisch und konsequent: Wenn sich der Staat als Alleskönner und Herr über die Wirtschaftsprozesse ausgibt, macht es Sinn, gegen diesen Staat zu streiken. Er hat nämlich eine Achillesferse: Politiker, die wiedergewählt werden wollen. Ein Streik gegen den Markt hingegen ist sinnlos, weil es dort keine entscheidungsfähigen Adressaten gibt. So gesehen waren auch die Streiks der Mitarbeiter von Solarfirmen sinnlos. Die Verbraucher haben sich längst mehrheitlich für Solarpaneele aus China entschieden, weil diese billiger sind. So entpuppt sich die Propaganda, der Solarstrom sorge in Deutschland für die Arbeitsplätze der Zukunft, als glatte Lüge.

In Deutschland wurden 2009 Solarzellen mit einer Leistung von 1300 Megawatt installiert, in China von nur 36 Megawatt. Dafür produziert China Solarzellen mit einer Leistung von 1202 Megawatt, Deutschland von lediglich 876 Megawatt. Die Arbeitsteilung ist eindeutig: Die Chinesen produzieren Solarmodule, die wir im sonnenarmen Deutschland aufstellen, und kaufen stattdessen Nuklearkraftwerke in Russland und Frankreich. Zusätzlich weihen sie jede Woche ein Kohlekraftwerk ein, um die Menge an CO_2 in die Luft zu blasen, die wir versuchen einzusparen. Und die Chinesen bleiben weiterhin Sieger: Kaum wurden die Einspeisevergütungen für neue Solaranlagen gesenkt, sanken auch die Preise für die Solarpaneele. Das war für die Hersteller in Fernost kein Problem – wiederum ein Merkmal aller Subventionen: Sie erlauben Extragewinne, sie verzerren die Preisbildung zulasten des Konsumenten.

Im Wahljahr 2013 haben alle Parteien erkannt, dass die Strompreise die Akzeptanz in der Bevölkerung für erneuerbare Energien schwinden lässt. Die sozialen Härten werden unübersehbar. Also beginnen sie sich als verbraucherfreundliche Kostensenker zu präsentieren. Ein Theater aus Heuchelei und Dummheit. Keine Partei geht an die Wurzeln und stoppt die Quelle des Unfugs, die EEG-Zwangseinspeisung. Jede will irgendwie die Erlöse anders verteilen: Die SPD zum Beispiel die Windfallprofite der Mehrwertsteuer unteren Einkommensschichten zukommen lassen. Die FPD ein wenig die Zulagen senken, die CDU die Zulagen begrenzen, und am schlauesten sind die Grünen: Die werfen der Merkel-Regierung vor, aus dem Erneuerbare-Energien-Gesetz eine Subventionsorgie für Golfplätze, Massentierhaltungen, Schlachthöfe etc. gemacht zu haben, weil diese nicht die ganze Umlage bezahlen müssen. Das ist schon die hohe Kunst der Dialektik, wie sie in Berlin neben Gregor Gysi nur noch Jürgen Trittin beherrscht.

Fazit: Die völlig verkorkste Energiepolitik wird mit weiteren total verkorksten Gesetzen noch ineffizienter und teurer gemacht. Eine Parteienlandschaft, die den Markt aus ihrem Bewusstsein gestrichen hat, muss in einem solchen Chaos landen. Für mich ist die Hauptschuldige daran, die Kanzlerin Angela Merkel.

In der Wirtschaftswissenschaft gibt es den Begriff des Pareto-Optimums, benannt nach Wilfried Fritz Pareto. Dieser Ökonom mit italienischem Vater, französischer Mutter und deutschem Vornamen gilt als Begründer der Wohlfahrtsökonomie. Sein Lehrsatz lautet verkürzt: Eine wirtschaftliche Entscheidung darf nur dann irgendjemandem nützen, wenn sie niemandem schadet. Dieses Gleichgewicht stellt sich in einer freien Gesellschaft dann von selbst ein. Ziehen einige aus ihrer Position zu viel Macht, zu viele eigene Vorteile, dann werden sich die Benachteiligten dagegen wehren, was zu schweren Verteilungskämpfen führen kann.

Genau gegen dieses Pareto-Optimum verstößt die deutsche Subventionswirtschaft. Sie verschafft der Machtelite immer mehr Vorteile zulasten der Masse. Da jedoch die Masse in einer Demokratie gebraucht wird, um durch Wahlen die Macht der Elite zu legitimieren, wird sie mit Scheinwohltaten geködert.

Damit sind wir wieder bei der Analyse von Raghuram Rajan angekommen, dem Dean der Volkswirtschaft der University of Chicago: Die Finanzkrise ist entstanden, weil die Kluft zwischen Arm und Reich zu groß ist und die amerikanischen Präsidenten es Millionen von armen Amerikanern ermöglicht haben, ohne Eigenkapital Häuser zu kaufen. Damit wollten sie Wahlen gewinnen. Das Ergebnis ist bekannt, die Analyse in Deutschland aber noch nicht in der öffentlichen Diskussion angekommen.

Die 2008 monatelang die Politik und Presse beherrschende Opel-Krise ist dafür ein klassisches Beispiel. Der sympathische Gesamtbetriebsratsvorsitzende von Opel, Klaus Franz, hatte eine Duftwolke steigen lassen, die die wirtschaftliche Logik fast der ganzen Nation benebelte. Der Mutterkonzern von Opel, der amerikanische Automobilriese General Motors, war finanziell am Ende. Wochenlang wusste keiner, wie es weitergehen sollte. Damit drohte auch den vier deutschen Opelwerken das Aus, 35 000 Beschäftigte stünden auf der Straße. Für die Standorte Bochum und Kaiserslautern ein Gau, für Rüsselsheim und Eisenach immer noch katastrophal. So schien die Idee von Betriebsrat Franz eine ideale Lösung: Opel koppelt sich von General Motors ab, wird ein eigenständiges Unternehmen. Und wenn sich kein Käufer findet, soll der deutsche Staat Opel kaufen, schließlich sei VW ja auch so ein halbstaatliches Unternehmen.

Plötzlich wurden vier Ministerpräsidenten Unternehmer: Der Nordrhein-Westfale Jürgen Rüttgers (CDU) fuhr gleich medienwirksam nach Detroit, um den US-Bossen zu zeigen, wo der Hammer hängt. Der als Wirtschaftsfachmann gepriesene Hesse Roland Koch (CDU) übernahm die Schirmherrschaft für

Rüsselsheim und auch Dieter Althaus in Thüringen (CDU), neben Kurt Beck in Rheinland-Pfalz (SPD), sicherten ihren Opelanern zu, dass sie für sie da seien. Da durfte natürlich auch die oberste Schutzpatronin der Staatswirtschaft, Angela Merkel, nicht fehlen. Sie flog nach Rüsselsheim, wo sie vom Kinderchor der Opel-Arbeiter begrüßt wurde. Da sich das Ganze bis in den Bundestagswahlkampf hinzog, kam auch noch Frank-Walter Steinmeier (SPD) vorbei. Sie alle versprachen Bürgschaften in Milliardenhöhe, sie verhandelten mit potenziellen Käufern, darunter eine russische Bank, sie garantierten Arbeitsplätze – ja, sie hatten mächtig Angst vor dem mittlerweile zum heimlichen Opel-Chef avancierten Klaus Franz.

Dass hier ein Drehbuch für eine miserable Politikklamotte ablief, hätte die weibliche Hauptrolle in dem Stück, Angela Merkel, spätestens dann erkennen müssen, als sie in die Situation geriet, sowohl mit dem amerikanischen Präsidenten Georg W. Bush – und später mit Barack Obama – als auch mit dem russischen Präsidenten Wladimir Putin telefonieren zu müssen, um sich deren Wohlwollen und Mitarbeit zu sichern. Hat sie wirklich geglaubt, dass die Amerikaner das Know-how von General Motors an die Russen weiterverkaufen lassen? Hat sie wirklich geglaubt, dass die russische Sberbank in der Lage sein würde, ohne direkte Kremlgelder Opel zu finanzieren?

Und hat sie wirklich geglaubt, dass eine österreichisch-kanadische Zulieferfirma namens Magna Opel mit all diesen Risiken jemals aus den roten Zahlen holen könnte – wobei die Amerikaner bereits klar gemacht hatten, dass Opel dann weder in den USA noch in Lateinamerika und China seine Autos verkaufen dürfe? Damit waren schließlich alle Zukunftsmärkte dicht. Wir wissen nicht, was sich Angela Merkel gedacht hat.

In all diesen Monaten war nie die Rede davon, wer die Opelmodelle kaufen soll, für die es bisher keinen Markt gab. Und wenn die staatsgestützten Opelwerke tatsächlich Marktanteile in Europa erobern könnten, zu wessen Lasten ginge das dann?

Müssten dann europäische Automobilkonzerne aufgrund von Umsatzeinbußen Mitarbeiter entlassen? Der Markt wurde von der deutschen Politikerriege einfach außer Acht gelassen – oder schön gerechnet. Jedenfalls gab es kein Massenbekenntnis seitens der Politiker, in Zukunft nur noch Opel zu fahren.

Während hierzulande politisiert wurde, rechneten die Amerikaner nach. Sie verstaatlichten erst einmal General Motors und entschuldeten den Konzern. Dann betrachteten sie die marode Opel-Tochter und kamen zu dem Schluss, dass sich das europäische Unternehmen halten ließe, wenn es modernisiert und neu strukturiert würde. So jedenfalls könnten die Amerikaner den europäischen Absatzmarkt halten. So erteilten sie allen Verkaufsabsichten eine Absage, just zu dem Zeitpunkt, als die Kanzlerin gerade zum Staatsbesuch in Washington weilte. Dabei testeten die Amerikaner die deutsche Leidensfähigkeit oder besser Dummheit. Sie wollten nur auf Entlassungen verzichten, wenn der deutsche Staat mit Milliardenbürgschaften aushalf. Und wieder trommelte die Ministerpräsidentenriege für ihr »Obbel«. Sie waren bereit, dem wieder erstarkten US-Konzern noch Geld hinterher zu schmeißen, Hauptsache, das macht bei Betriebsrat Franz und seinen Arbeitern einen guten Eindruck. In Wirklichkeit wurden sie vorgeführt wie die Nasenbären. Ordnungspolitisches Nachdenken hätte ihnen diese Blamage ersparen können: Ist Opel überlebensfähig, dann werden die Amerikaner, wenn sie General Motors saniert haben, das Unternehmen selbst behalten. Ist die Marke Opel aber nicht mehr wirtschaftlich, ändert sich daran auch nichts, wenn sie der deutsche Staat übernimmt. Kauft ein Dritter das Unternehmen, wird er die Firma ausschlachten.

Es ist dem damaligen Wirtschaftsminister Rainer Brüderle, FDP, zu verdanken, dass General Motors nicht schnell noch einige Milliarden Euro vom deutschen Staat abgreifen konnte. Die Kanzlerin wollte bis zur letzten Sekunde an ihrer Spende an Detroit festhalten. Kaum war klar, es gibt doch kein Geld, reagierten die Amerikaner wieder ganz pragmatisch nach dem Motto: »Dann machen wir es halt selbst.«

Noch eine kleine volkswirtschaftliche Nachhilfe für die Kanzlerin. Die nächsten Subventionsanfragen der Großindustrie liegen nämlich schon auf dem Tisch. Die Automobilindustrie fordert 5 Milliarden Euro für die Entwicklung elektrisch angetriebener Fahrzeuge. Sie hat dabei jedoch nicht gesagt, ob sie die erzielten Gewinne dann auch zwischen den Anteilseignern und dem Staat aufteilen wird.

Ob Opel vom Markt verschwunden wäre oder nicht, macht für den Arbeitsmarkt keinen Unterschied. Wer einen Opel kauft, kauft keinen anderen Klein- oder Mittelwagen. Gibt es keinen Opel mehr, kaufen die Kunden eben ein anderes Fahrzeug. Ein Unterschied ist es allerdings, ob der in Deutschland produzierte Opel durch einen in Korea oder Rumänien produzierten Wagen ersetzt wird. Denn dann verlieren wir Arbeitsplätze. Die Aufgabe der Politik ist es also, in Deutschland Rahmenbedingungen zu schaffen, die die Automobilindustrie im Lande hält – und genau das macht die Kanzlerin nicht.

Auch der einstige Wirtschaftsminister Rainer Brüderle musste höllisch aufpassen. Kaum hatte er sein mutiges »Nein« für die Opelbürgschaften durchgesetzt, forderte sein Parteifreund Hans-Heinrich Sander, der damalige Umweltminister in Niedersachsen, Millionenbürgschaften für Siemens für den Bau der unterirdischen Stromkabel, in denen der Windstrom nach Süden geleitet werden sollte. Hier Nein zu sagen, wird noch mehr Mut erfordern, denn die Gutmenschen und Subventionsjäger aller Parteien stehen geschlossen hinter dem Projekt und seiner staatlichen Förderung.

Für die Verzerrungen, die Subventionen verursachen, gibt es genug Beispiele, um ein ganzes Buch zu füllen. In der Tat ist es schwer vorstellbar, die Subventionen in Deutschland innerhalb von drei Jahren auf null zu setzen, wie dies die Neuseeländer sehr erfolgreich in den Achtzigerjahren des vergangenen Jahrhunderts gemacht haben. Selbst der mutigste Politiker und Marktwirtschaftler müsste befürchten, dass erst einmal das komplette Chaos ausbrechen würde. Anders herum heißt das aber auch: Wir haben unsere Wirtschaft so verunstaltet, dass sie nur noch chaotische Ergebnisse liefert. Trotzdem: Mit dem Ausholzen des Subventionswaldes muss dringend begonnen werden, wenn der Staatseinfluss zurückgedrängt und die Privilegierung der Machtelite beendet werden sollen.

Ein Spektakel, das »nur« 4,5 Millionen Euro an Zuschüssen erhält, aber die ganze Verlogenheit unseres Systems zeigt, kann jedes Jahr in Bayreuth auf dem grünen Hügel der Wagner-Festspiele besichtigt werden. Seit Jahrzehnten pilgern die jeweils staatstragenden Mächtigen zur Eröffnungsgala. Das Fernsehen überträgt live den Aufmarsch: Kanzlerin Angela Merkel mit Mann, der bayerische Ministerpräsident mit Frau, weitere Minister und Wirtschaftsführer mit getragenen Mienen, Thomas Gottschalk albernd als Promi, die unvermeidliche Veronica Ferres und noch viele mehr.

Aber was bezahlen sie für ihren Besuch? Für einen normal sterblichen Opernfreund ist das ein fast unerreichbares Vergnügen. Nicht weil es so teuer ist: Die Karten sind auf über ein Jahrzehnt ausverkauft, oder besser gesagt, vergeben. Das heißt doch: Die Karten sind viel zu billig. Bei dieser Nachfrage ist es doch möglich, dieses kulturelle Megaereignis ohne Subventionen zu begehen. Bei einem Etat von 16 Millionen Euro kommen 4,5 Millionen aus öffentlicher Hand – das sind der Bund, Bayern, Oberfranken, Bayreuth und öffentliche Stiftungen.

Wer ganz sicher an Karten herankommen will, muss mit einem namhaften Betrag zum Freund »der Förderer von Bayreuth« werden. Dieses private Sponsoring ist in den USA, Japan und vielen anderen Staaten die Normalität und ermöglicht die anspruchsvollsten Opernhäuser der Welt. Und hier schließt sich der Kreis: Da der Bund, Bayern usw. mitbezahlen, erhalten sie auch Karten und können sich dann selbst vorführen. 2010 kostete eine Karte mindestens 1133 Euro – und alle 53 900 waren verkauft. Nur jeder zehnte Kartenwunsch konnte erfüllt werden. Doch die öffentliche Hand will gar nicht auf ihre Subventionen verzichten, denn dann könnten Kanzlerin und Ministerpräsident nicht mehr über ein Kartenkontingent verfügen, mit dem sie ihren Günstlingen einen Operngenuss in Bayreuth vermachen können.

4,5 Millionen Euro für ein deutsches kulturelles Aushängeschild: Daran herumzumäkeln werden Sie vielleicht als kleinlich empfinden. Damit retten wir auch nicht die Republik. Aber es ist diese Selbstbedienung, die stört, diese Staatsbeteiligung bei allem. Um das Festspielhaus bauen zu können hat Richard Wagner vom Märchenkönig Ludwig II. 100 000 Taler bekommen. Ein Gunstbeweis. Schaffen wir es in Deutschland wirklich nicht, uns von denen da oben, dem Adel, den Führern und Präsidenten, zu emanzipieren?

Eigentlich müsste ich die Bayreuther Festspiele als vorbildlich darstellen, zumindest was den Anteil der Subventionen an deutschen Theatern und Opernhäuser angeht. 84 Prozent der Ausgaben der städtischen und staatlichen Bühnen werden direkt aus Steuern beglichen. Nur 16 Prozent bringen die Kulturhäuser aus eigenen Mitteln auf. Das heißt: Jede einzelne Theaterkarte, jeder Operngenuss ist hoch subventioniert. Im Schnitt zahlen wir pro Eintrittskarte rund 100 Euro für diese bürgerliche Unterhaltungsvorliebe. Das fast ausschließliche Freizeitvergnügen der einfachen Leute, Fußball, Popmusik und Volksmusik, muss ohne Subventionen auskommen. Die Unternehmensberater von A. T. Kearney haben eine Rangliste der wirtschaftlich besonders erfolglosen Staatstheater aufgestellt. Am schlechtesten stehen das Niedersächsische Staatstheater in Hannover und das Hessische Staatstheater in Wiesbaden da. Aber auch die Bühnen in Frankfurt, Stuttgart und Essen tragen zur Verschuldung ihrer Stadt beachtliche Summen bei.

Und wieder trifft die Subventionsregel zu: Das Geld fließt in die Taschen der »Elite«. Wer geht denn ins Theater? Sicher sehr selten die Kassiererin bei Tengelmann, auch nicht der Stahlarbeiter bei Thyssen oder der Traktorfahrer auf einem landwirtschaftlichen Großbetrieb bei Magdeburg. Es ist die »Bildungselite«, es ist die »gute Gesellschaft« der Mittelstädte, die Avantgarde der Großstädte, das vornehme Feuilleton der elitären Publikationen. Warum sollen sie keine kostendeckenden Preise zahlen? Theater- und Opernkarten würden ohne Subventionen teurer. Vielleicht um das Dreifache. Das ist für die gut situierten Kunstfreunde kein Problem. Sie fahren auch nach Mailand und Verona, nach Salzburg und Wien. Sie haben Geld. Und wenn sie so bildungsorientiert sind, wie sie sagen, dann ist ihnen ein Opernbesuch auch einmal 300 Euro oder sogar 1000 Euro wert, so viel zahlen die Japaner, wenn das Münchner Staatstheater gastiert. Sie bezahlen für Qualität. In Deutschland zahlen die Steuerbürger oft für experimentelle Egotrips hoch bezahlter Regisseure und Theaterintendanten. Bleibt das Publikum aus, macht das nichts. Das betrifft sie nicht.

»Schmieren und Belohnen von Sonderinteressen« verdammt der freiheitliche Nationalökonom Friedrich August von Hayek diese Subventionsmentalität. Das ist eine Erklärung dafür, warum so viele Kunstschaffende der Avantgarde sich zu den Linken bekennen. Sie sind in unserem System vor dem Markt sicher, der Staat teilt ihnen ihre Gagen zu. Eine zweite Begründung hat Václav Klaus, der langjährige Staats- und Ministerpräsident Tschechiens im Magazin *Cicero* beschrieben. Er hat die »Intellektuellen« seines Landes unter den Kommunisten erlebt, wie sie sich nach der Gedankenfreiheit des Westens sehnten. Nach der Demokratisierung Tschechiens lernten sie dann die Marktwirtschaft kennen und stellten fest, dass ihre Fähigkeiten nur noch gefragt sind, wenn sie wirklich etwas zu bieten haben – etwas für die Gesellschaft leisten. Die staatlichen Subventionen des Kunst- und Schriftstellerbetriebs entfielen. Plötzlich sehnten sich viele wieder in den Sozialismus zurück, wo sie sich nicht auf dem Markt durchsetzen mussten. Seither sind die zweitklassigen Intellektuellen alle wieder links. Lieber regelmäßig die Almosen einer Diktatur als die Gedankenfreiheit einer Marktwirtschaft, folgert Václav Klaus.

Claus Peymann, der im Westen verwöhnte, kommunistoide Musenstar, hat einmal gesagt: Am liebsten wäre es ihm, wenn Intendanten kein festes Honorar bekämen, sondern nur einen Euro pro Besucher. Eine glänzende Idee, die er aber selbst nie ausprobiert hat, sondern immer zu den Spitzenverdienern gehörte – mit mindestens sechsstelligem Einkommen pro Jahr. In Berlin trat er sein Amt nur an, weil ihm 10 000 Euro mehr geboten wurden als dem bisher teuersten Theaterintendanten der Hauptstadt. Es sollen jetzt 220 000 Euro Grundgehalt pro Jahr sein – hat er selbst in einem Interview mit *Spiegel*-Redakteur Jan Fleischhauer bestätigt. Da lässt es sich gut von der sozialistisch-kommunistischen Welt, in der alle gleich sind, träumen. Peymann ist vielleicht das herausragendste Exemplar der sehr wohlhabenden, sehr linken Intellektuellen, die die deutsche Kultur prägen. Sie sind typische Produkte der deutschen Subventionskultur. Einmal etabliert kassieren sie ohne Markteinfluss. Aus Steuern bezahlt die Gesellschaft ihre Hofnarren. Vor allem CDU-nahe Politiker versehen sie gerne mit langfristigen hoch dotierten Verträgen, können sie doch damit ihre bürgerliche Liberalität und Aufgeschlossenheit demonstrieren. Bei Peymann waren es die CDU-Politiker Rommel und Radunski.

Wie gesagt: Diejenigen, die die Verträge anbieten, und diejenigen, die sie annehmen, leben von Steuergeldern. Da lässt es sich leicht auf den Kapitalismus schimpfen. Solange die Subventionen fließen, wird sich das sonst so konservative »Bildungsbürgertum« nicht gegen den deutschen Kulturbetrieb wehren, egal wie viele irrationale Sozialisten er noch gebärt. Hauptsache, sie können ihren vom Staat mitfinanzierten Lebensstandard halten.

8. STAATSSCHULDEN – DER CHARME DER BILLIONEN

»Wann immer Sie dieses Buch lesen wird die Bundesrepublik Deutschland rund 2 Billionen Euro Schulden haben.« Das habe ich 2010 für die Erstausgabe geschrieben. Da waren es noch knapp 1,8 Billionen. Leider habe ich recht behalten. Schon 2012 wurde die 2-Billionen-Grenze geknackt. Und ich gehe kein Glaubwürdigkeitsrisiko ein, wenn ich voraussage, dass diese Summe weiter steigen wird auf 2,5 Billionen Euro und darüber – egal, was die jeweils Regierenden über Schuldenabbau erzählen werden.

Diese Summe bringt aber so schnell niemanden aus der Ruhe, weil sie sich niemand mehr vorstellen kann. Sie nicht, ich nicht, der berühmte »kleine Mann« nicht und auch die dafür verantwortlichen Finanzminister nicht. Natürlich könnte ich es jetzt mit Vergleichen versuchen, die immer wieder bemüht werden, um die wahren Ausmaße der Verschuldung darzustellen. Zum Beispiel: 1,8 Billionen Euro wären 11 Türme aus 1 Euro Münzen, die von der Erde bis zum Mond reichen. Oder: Damit kann ein Stapel mit 500-Euro-Scheinen errichtet werden, der 378 Kilometer hoch wäre – und der ungefähr bis zur Internationalen Raumfähre im Weltall reicht. Das alles ist nicht vorstellbar. Und deswegen erschrecken diese Vergleiche auch niemanden.

Probieren wir es mit einer anderen Rechnung. Wenn wir jeden Monat 1 Milliarde Euro zurückzahlen würden, dann wären das im Jahr 12 Milliarden. In zehn Jahren 120 Milliarden und in hundert Jahren 1,2 Billionen. Also müssten wir in etwa 180 Jahren wieder schuldenfrei sein – wenn wir die Zinsen und Zinseszinsen mal nicht mitrechnen. Aber wen interessiert es denn ernsthaft, was in 180 Jahren sein wird? Also, wenn es praktisch unmöglich ist, die Staatsverschuldung je zu tilgen, warum soll sich da heute ein deutscher Steuerzahler den Kopf zerbrechen, ob im nächsten Jahr ein paar Milliarden eingespart werden? Bringt ja doch nichts.

Für einen deutschen Politiker birgt diese nicht zu erfassende Dimension eine unwiderstehliche Versuchung. Wenn schon der Bürger bei knapp zwei Billionen Euro keine Revolution ausruft, dann kann der Politiker ja noch ein paar Milliarden mehr Schulden machen, vor allem wenn es dem Wahlerfolg dient. Diese Logik hat was. Sie ist die Grundlage für das Perpetuum mobile der Geldschöpfung, eine Gleichung, die zwar mathematisch unhaltbar, politisch aber sehr effektiv ist.

Eine Staatsverschuldung in Billionenhöhe ist aus der Realität herausgewachsen, sie hat etwas Metaphysisches. Was nicht zu erfassen ist, wird zum Gegenstand von Deutungen, zerfasert in philosophischen Gedankenspielen. So ist auch zu erklären, dass die Staatsverschuldung als Thema zunehmend aus den Wirtschaftsseiten der Zeitungen ins Feuilleton wandert. Trefflich können hier Geistesgrößen darüber streiten, ob Sparen überhaupt noch einen Sinn macht, ob es nicht sozialverträglicher und nachhaltiger wäre, die jetzt lebenden Menschen mit genügend Kapital zu versorgen, damit die Heilslehre der Gleichheit aller Menschen bald verwirklicht werden kann, die sich bisher selbst kurzfristig immer als Chimäre entpuppt hat. Wenn wir die Staatsschulden von der Diktatur der realen Zahlenwelt befreien, kann das kommunistische Paradies bald ausgerufen werden. Das Parteiprogramm der Linken ist dann kein Wunschkatalog von Wahnvorstellungen mehr, sondern eine sympathische Anleitung für das Leben im Schlaraffenland.

Bitte beschränken Sie die metaphysische Wirkung der Staatsschulden nicht nur auf die Linke. Sie hat in ihrer subtilen Benebelung weitgehend das ganze Parlament und die dazugehörigen Interpreten, die sogenannte Hauptstadtpresse, eingefangen. Der Sommer 2010 lieferte dafür ein eindeutiges Beispiel: »Regierung hält an Sparhaushalt fest«, »Regierung bleibt bei ihren Sparmaßnahmen«, »Regierung setzt aufs Sparen« – so ähnlich lauteten die Überschriften. Die Realität: Im Herbst 2010 wird der Haushalt mit der höchsten Nettokreditaufnahme aller Zeiten in Höhe von 57,5 Milliarden Euro beschlossen. Ursprünglich waren für 2010 sogar 80,2 Milliarden Euro eingeplant. Aber der schnelle Konjunkturaufschwung dank des China- und Indien-Booms hat das Schlimmste verhindert. Mit der Überschrift »Sparhaushalt« versehen die Politiker den Bundesetat für 2011 dennoch, weil sie etwa 6 Milliarden Euro Haushaltskürzungen beschlossen haben und weitere 5 Milliarden durch Steuer- und Gebührenerhöhungen erzielt werden sollen. Letztere gehören aber in die Kategorie »Wolkenkuckucksheim«, weil sie keine realistische Berechnungsgrundlage haben. Angesichts dieser Verdrehung der Realitäten, droht die Gefahr, in eine Vulgärsprache zu verfallen: »Verar … kann ik mir alleene«.

In der Französischen Straße in Berlin hängt die Schuldenuhr des Bundes der Steuerzahler. Seit Juni 1995 diente sie, damals noch in Wiesbaden, für alle, die es wissen wollten, als Mahnung für die ausufernden Staatsausgaben. 1995 waren es noch 1,937 Billionen Mark Schulden, die sich pro Sekunde um 3935 Mark erhöhten. Im Juli 2010, als der »Sparhaushalt« im Kabinett beschlossen wurde, zeigt die Uhr 1,698 Billionen Euro und der Anstieg der Schulden pro Sekunde ist kaum mit bloßem Auge nachzuvollziehen, so schnell geht das. Es sind 3527 Euro (1. August 2010). Am Aschermittwoch 2013 (13.Februar) sind wir bei 2 117 173 540 000 Euro angelangt. Die letzten vier Nullen bedeuten, dass sich die Zahlen so schnell verändern, dass es keinen Sinn macht, sie genau zu erfassen. Denn pro Sekunde steigt der Schuldenstand um 4439 Euro.

Eigentlich müsste die Uhr vor dem Brandenburger Tor stehen – riesengroß und unübersehbar. Vielleicht gelänge es dann, die brutale Wirklichkeit der Staatsschulden aus der Metaphysik und den elitären Diskussionsrunden herauszuholen und sie wieder in der Realität zu verankern. Eine Wirklichkeit, die vor allem dann nicht mehr zu leugnen ist, wenn die Zinsen für die aufgetürmten Billionen zu bezahlen sind. Die Kämmerer der Gemeinden und Städte, die Finanzminister von Bund und Ländern, sie alle kennen diesen unausweichlichen Moment, wenn sie das Geld in ihrem Haushalt statt für Investitionen für die Zahlungen an die Bankinstitute und Fonds verwenden müssen, von denen sie so bedenkenlos Geld geliehen haben. 36,1 Milliarden Euro sind es allein im Bundeshaushalt 2011. Der zweitgrößte Posten nach den Sozialausgaben.

Der Staat wäre nicht der Staat, wenn er nicht noch eine breite Palette von Tricks und Vertuschungen in petto hätte, mit der er die wahre Höhe der Verschuldung verschleiert. Immer wenn es allzu deutlich wird, dass der Bundeshaushalt verfassungswidrig ist, weil die Neuverschuldung höher ist als die Ausgaben für Investitionen, schlägt die Stunde der Kreativen, die das Geld gleich milliardenweise umbuchen. Es landet dann in Schattenhaushalten, so bezeichnet, weil sie im Kernhaushalt nicht auszumachen sind, also im Dunkeln verborgen bleiben. Nur hin und wieder werden sie ins grelle Licht der Öffentlichkeit gezerrt, wenn sie für eine Staatslüge benötigt werden.

Ein besonders dreistes Beispiel lieferte die Kanzlerin Angela Merkel: Als die Frage gestellt wurde, wie denn die vielen Milliarden, die für die Bankenrettung aufgebracht werden müssen, jemals wieder zurückgezahlt werden können, sah sie darin kein Problem. Denn auch die vielen Milliarden der DDR-Altschulden, die im Erblasttilgungsfonds nach der Wende zusammengefasst worden waren, seien wieder getilgt worden. Diese Aussage war heftig. Denn von den 171 Milliarden Mark Schulden, die der Fonds ursprünglich beinhaltete, waren gerade einmal 77 Milliarden abgetragen. Die restlichen 94 Milliarden übernahm der Bund direkt in seine Schuldenverwaltung. Der Bund der Steuerzahler bemerkte entschuldigend dazu: »Das war naiv gedacht. Aber es ist nicht gänzlich auszuschließen, dass die Politik sich selbst schwertut, den Überblick über das Konglomerat der Schattenhaushalte zu bewahren.«

Weitere Beispiele sind die Maßnahmen des Konjunkturpakets II, die über den Investitions- und Tilgungsfonds, also außerhalb des Etats, finanziert werden, wie auch der Bankenrettungsfonds SoF-Fin. Insgesamt weist der Bund derzeit 18 Sonder- und Treuhandvermögen aus, die einen Schuldenstand in diesen Extrahaushalten von 62 Milliarden Euro ausmachen. Der Bund der Steuerzahler, der mir diese Angaben zur Verfügung gestellt hat, mahnt aber ausdrücklich zur Vorsicht: In der amtlichen Statistik würden selten alle Schattenhaushalte, Fonds und Einrichtungen in Hinblick auf ihren jeweiligen Schuldenstand erfasst.

Deshalb ist das Aufspüren von Staatsschulden eine aufwendige Arbeit, für die kriminalistische Fähigkeiten sehr nützlich sind. Auch die Bundesländer haben 21 Milliarden Euro in Schattenhaushalten geparkt und die Gemeinden 3 Milliarden Euro. In Nordrhein-Westfalen haben die Spezialisten des Bundes der Steuerzahler 13 Milliarden Euro entdeckt, die nicht in den Kernhaushalten erwähnt werden, das sind 30 Prozent mehr als die offiziellen 40 Milliarden Euro, die angegeben wurden.

Am Beispiel von Mülheim an der Ruhr wird deutlich, wie das funktioniert. Der amtliche Haushalt weist nur 53 Millionen Euro Schulden aus, aber durch Sonderrechnungen lasten weitere 390 Millionen Euro auf der Stadt. Wenn Ihnen jetzt so langsam schwindelig wird durch die Zahlenfülle, dann geht es Ihnen wie jedem, der sich damit beschäftigt. Und wir sind noch lange nicht am Ende.

Wie jeder Bürger, der mit seinem Geld nicht klarkommt und daher sein Konto überzieht, nehmen auch Bund, Länder und Gemeinden bei Banken Schulden auf, so eine Art Dispositionskredit. Sie heißen offiziell Kassenkredite und sind eigentlich illegal, da sie in der kameralistischen Haushaltsführung nicht vorgesehen sind. Wie alle Überziehungskredite sind sie teurer als langfristige, »ordentliche« Verschuldungen, aber wahrscheinlich nicht so hoch wie die horrenden Zinsen, die Sie und ich bei der Hausbank bezahlen müssen. Da ist es hilfreich, dass in den Sparkassen und Volksbanken die örtlichen Politiker in den Aufsichts- oder Verwaltungsräten sitzen.

Am 31. Dezember 2009 hatte der Bund 20,547 Milliarden Euro an Kassenkrediten aufgenommen, das macht pro Bürger 251 Euro. Immerhin: Die Regierung senkte damit das Volumen der Kassenkredite gegenüber dem Vorjahr um 28,9 Prozent. Die Länder hatten sich zum selben Datum 2,908 Milliarden Euro genehmigt, was 36 Euro pro Einwohner ausmacht und damit ihre Kassenkredite im Vergleich zu 2008 um 9,3 Prozent vermindert. Als die großen Sünder bei den Kassenkrediten stehen die Kommunen am Pranger: 34,7 Milliarden Euro hatten sie zum 31. Dezember 2009 aufgenommen, was 457 Euro pro Einwohner ausmacht, und damit die Schulden innerhalb eines Jahres um 16,2 Prozent erhöht.

Das relativiert natürlich das freundliche Bild, das Länder und der Bund abgeben. Das beliebte Spiel, Gesetze in Berlin zu beschließen, für die die Kommunen die Kosten aufbringen müssen, schlägt hier voll durch. Deswegen ist es erlaubt, nur auf das Gesamtbild zu achten. Solange es keine Steuerreform gibt, die jeder Verwaltungsstufe ihre eigenen Einnahmen ermöglicht, wird die Finanzierung unserer Staatsausgaben ein einziger undurchsichtiger Verschiebebahnhof bleiben. Darüber mehr in Kapitel 10.

Der bestehende Wirrwarr hat für die Politiker den Vorteil, dass die Bürger weitgehend uninformiert bleiben. In den Tageszeitungen stehen einige Zusammenfassungen, aber mit den Details beschäftigen sich die Lokalredakteure ganz selten. Eine Zuordnung ist ja auch nicht möglich. Die Stadt Mainz zum Beispiel, mit einer Milliarde Euro verschuldet, will eine neue Straßenbahnlinie bauen, die 70 Millionen kostet. Wie viel davon im städtischen Haushalt auftaucht, bleibt ungewiss. Für den Bau gibt es Bundesmittel und Landesmittel. Höchstwahrscheinlich wird durch diese Zuschüsse eine Straßenbahn für die Stadt billiger als eine insgesamt preiswertere Buslinie, für die es keine oder weniger Zuschüsse gäbe. Die Differenz zwischen Bund- und Länderzahlungen zum Endpreis kann von der Mainzer Verkehrsgesellschaft übernommen werden, taucht also in keinem Haushalt auf. Die Mainzer Verkehrsbetriebe werden wiederum mit Mitteln aus den Stadtwerken quersubventioniert, durch überhöhte Strompreise.

Für uns Steuerzahler alles rechte Tasche, linke Tasche. Wir zahlen unsere Steuern brav ans Finanzamt. Dort wird das Geld an Bund, Länder und Kommunen verteilt. Danach wieder von Bund, Ländern und Kommunen für ein Projekt eingesammelt. Den Rest zahlen wir als Gebühren an städtische Firmen für Strom, Gas, Wasser, Parkhäuser, Schwimmbäder oder Nahverkehr. Nichts hat mehr einen Marktpreis. Alles wird politisch bestimmt, die Defizite gegeneinander verrechnet. Entweder werden die Steuern erhöht oder die Gebühren, der Strompreis oder die Kosten für die Fahrkarten. Ein ordnungspolitisches Chaos.

Zurück nach Mainz: Straßenbahnen sind gerade ökologisch angesagt, ein Lieblingsspielzeug der Grünen und der »Angegrünten«. Also wird eine Straßenbahn gebaut. Eine ehrliche Kostenrechnung werden die Bürger nie sehen – und leider wollen sie es auch selten. Sie verlangen billigen Nahverkehr und kriegen billigen Nahverkehr. Zahlen sollen das andere. Schilda lässt grüßen.

Sind schon die Wege und der Aufbau der Staatsschulden durch ein dorniges Dickicht verborgen, so entzieht sich die Herkunft des Geldes erst recht der Kenntnis des Staatsbürgers, der ja eigentlich der Souverän des Staates sein sollte. Mal werden Datenschutzgründe, mal das Steuergeheimnis als Grund für die Verschwiegenheit angegeben. Nach dem Motto »Was ich nicht weiß, macht mich nicht heiß« haben die Deutschen bisher auch kein großes Interesse daran gezeigt, wer in den nächsten Jahrzehnten vom deutschen Steuerzahler alimentiert wird. Ist das für den Arbeiter, Angestellten, Beamten und selbst einen Akademiker noch entschuldbar, so sollten die Abgeordneten und Regierungsmitglieder genau Bescheid wissen – tun sie aber nicht und es interessiert sie auch nicht. Mehr Transparenz ist auch bei der staatsgefährdenden Verschuldung nicht erwünscht.

Die wenigen Fakten, die über den Bund der Steuerzahler und durch eigene Recherchen ans Licht kamen, sind alarmierend und beschämend zugleich. Auch wenn Zahlen angeblich langweilig sind, machen sie doch deutlich, wie unser Land seine Unabhängigkeit an seine Gläubiger verkauft: 430 Milliarden Euro haben deutsche Banken und Sparkassen dem Staat geborgt. Weitere 325 Milliarden stammen von sonstigen Gläubigern im Inland. Das können Millionäre und Milliardäre sein, die damit eine sichere Geldanlage haben. Aber auch die 435 000 Kleinkunden, die Bundesschatzbriefe und Bundeswertpapiere kaufen, gehören dazu. Letztere haben dem Staat 17,3 Milliarden Euro geliehen und bekommen dafür zurzeit eine mickrige Rendite. Dafür können sie diese Anlagen mit einem gebührenfreien Schuldenbuchkonto beim Staat deponieren.

Hauptquelle des Geldes und wichtigster Partner für die Schuldenwirtschaft sind aber die Großbanken. Je mehr Staatsschulden gemacht werden, umso höher die Gewinne der Deutschbanker und ihrer internationalen, mächtigen Kollegen. Das wird gerne übersehen, wenn die vereinigten Grünlinken wieder einmal auf die fetten Gewinne der Großbanken schimpfen und gleichzeitig mehr Staatsausgaben und damit mehr Staatsschulden für soziale Zwecke fordern. Das ist wie eine Direktüberweisung an den Erzfeind der Linken, an den Ex-Deutsche-Bank-Chef Josef Ackermann. Neben den Banken sind auch die großen deutschen Versicherer stets bereit, Staatsanleihen im In- und Ausland zu kaufen. Einige Beispiele: Bei der Allianz stand der deutsche Staat Ende 2008 mit 23,3 Milliarden Euro, bei der Münchner Rück mit 20 Milliarden Euro und beim Union-Investment-Rentenfond mit 100 Millionen in der Kreide. Ob das der Unabhängigkeit der Politik bei der Gesetzgebung dient, mag dahingestellt sein. Wer verprellt schon gerne seinen Geldgeber?

Wenn zum Beispiel Heiner Geißler bei einem seiner vielen Talkshow-Auftritte wieder einmal gegen die gierigen Kapitalisten wettert, die Billionen Devisen pro Tag ohne Kontrollmöglichkeiten um den Erdball jagen, dann wird nicht darüber aufgeklärt, dass die Gelder zum Großteil aus der Schuldenwirtschaft der Staaten stammen, und dass auch schon in seiner Zeit als Minister und Generalsekretär der CDU die Schuldenmacherei in Deutschland ganz prächtig florierte.

Im Detail sieht das so aus, wie es der Bund der Steuerzahler veröffentlicht hat: 50 Milliarden Euro braucht der Staat dringend zur Finanzierung seines Haushaltes im Jahr 2010. Die »Bundesrepublik Deutschland Finanzagentur GmbH« wird damit beauftragt, das Geld zu beschaffen. Diese als Schuldenmanager fungierende Gesellschaft verkauft Bundeswertpapiere an die »Bietergruppe Bundesemissionen«, die derzeit aus 33 Großbanken aus dem In- und Ausland besteht. Zu dieser Gruppe gehören unter anderem die Deutsche Bank, die Commerzbank, fast alle deutschen Landesbanken sowie die ausländischen Großbanken Goldman Sachs, Merrill Lynch, Morgan Stanley und Barclays. Mitglied kann nur werden, wer dem Bund eine entsprechende Großabnahme seiner Wertpapiere garantieren kann.

Nun werden pro Jahr aber nicht nur die Summen für die Neuverschuldung gebraucht, sondern auch die abgelaufenen Kredite müssen erneuert werden. Für 2008 sind die Zahlen bekannt: Bei einer Nettokreditaufnahme des Bundes von 11,5 Milliarden Euro lag der Bruttokreditbedarf – also inklusive der Mittel zur Altschuldentilgung – bei 229,2 Milliarden Euro. Da die Großabnehmer dieses Geld nicht in ihren eigenen Portfolios behalten, sondern weiterverkaufen, hat allein der Handel mit Bundeswertpapieren ein weltweites Handelsvolumen von über 6 Billionen Euro ergeben. Im Durchschnitt wechselte jedes Papier sechsmal den Besitzer. Daher noch einmal die lapidare Feststellung: Nichts heizt den internationalen Kapitalmarkt so an wie Staatsschulden, und kein Produkt ist bei den Großbanken so beliebt wie Staatsanleihen. Und die zweite Feststellung: Keine politische Gruppierung ist so ungeeignet, die riesigen Gewinne der Banken und die durch die Welt flirrenden Kapitalmassen zu reduzieren, wie die Linken, die Grünen und Klientelbediener von SPD, CDU und FDP, die durch ihre Ausgabenprogramme noch mehr Schulden machen wollen. Sie sind die Ursachen des ungezähmten Kapitalismus, der Kapitaltürme bei wenigen zulasten aller. Da können sie so viele Umverteilungsprogramme beschließen wie sie wollen.

Wie gesagt: Datenschutz und Geheimniskrämerei verhindern eine komplette Auflistung unserer Schuldiger. So hüllen sich zum Beispiel die Staatsfonds der arabischen Staaten in Schweigen. Sie lassen niemanden wissen, ob und wie viel Geld sie an wen auch immer verliehen haben. An Deutschland dürften das einige Milliarden sein. Wenn es ums Geld geht, ist die Bundesregierung bei der Partnerwahl nicht kleinlich. So hatten wir Ende 2008 beim norwegischen Staatsfonds 12 Milliarden Euro geborgt und beim irischen Staatsfonds 600 Millionen. Peinlich genug. Aber können Sie sich vorstellen, dass wir auch den chilenischen Staatsfonds mit 6,05 Milliarden Euro und den aserbaidschanischen Staatsfonds mit immerhin noch 1,25 Milliarden Euro angepumpt haben? Nichts ist mehr unmöglich.

Schulden kosten – und damit kommen wir zum letzten Akt des Schuldenkreislaufs: den fälligen Zinsen. 63 Milliarden Euro waren allein im Jahr 2010 fällig, die Bund, Länder und Kommunen zu zahlen hatten. Früher gab es das Bundesschuldenbuch, ein dicker Foliant, in dem nachgelesen werden konnte, wann wieder eine Zinszahlung fällig ist. Heute ist das Bundesschuldenbuch in einem Computer versteckt, aber die Zinszahlungen sind geblieben. Im Jahr 2000 wollte ich das einmal genau nachvollziehen. Der Beamte schickte mich nach Frankfurt am Main zu einer unscheinbaren Adresse. Hier residierte die Clearstream

AG, eine Tochter der Deutschen Börse AG. Aber das Unternehmen war leider ausgeflogen, hatte seinen Sitz ins verschwiegenere und kapitalfreundlichere Luxemburg verlegt. Dorthin also wird seitdem die Masse der 63 Milliarden Zinsen überwiesen – und dann sind sie weg. Clearstream übernimmt die Verteilung an die über den ganzen Erdball verstreuten Gläubiger.

Die Luxemburger Lösung hat den Charme, dass dadurch nicht mehr nachvollzogen werden kann, ob die Empfänger dieser Milliarden dafür auch Steuern zahlen. Jeder in Deutschland Lebende muss auf seine Gewinne aus Kapitalerträgen Steuern zahlen, ob das ein Luxemburger Resident macht, wage ich sehr zu bezweifeln. In Luxemburg verliert auch der Bundesfinanzminister den Überblick über die Zahlungsströme. Kein Gläubiger wird so blöd sein, die Zinseinnahmen nach Deutschland zurückzuüberweisen. Und wir Steuerbürger gehen wieder einmal leer aus – dürfen nur zahlen und zahlen und lassen uns gefallen, dass die Zinsen, die bei den Gläubigern anfallen, weitgehend steuerfrei bleiben. 63 Milliarden Zinsen, und das bei absolut niedriger Zinsphase.

Die krampfhaften Sparbemühungen der Haushalte zeigen, wie sehr die Folgen der Staatsverschuldung die politische Gestaltung einschränken. Aber für uns Wähler gibt es im Moment keine Partei, die die Staatsverschuldung glaubhaft abbauen will.

9. DIE SOZIALKOSTEN – EIN BLICK IN DEN ABGRUND

Es gibt Zahlen in Deutschland, über die zu sprechen politisch so unkorrekt ist, dass sie in der politischen Diskussion einfach ausgeblendet werden. Es sind aber Zahlen, die in den nächsten 30 Jahren die Grundfesten dieser Republik zum Einsturz bringen werden – nicht zuletzt deshalb, weil sie nicht zur Kenntnis genommen werden.

Die beschriebene Staatsverschuldung reicht eigentlich schon aus, um in tiefe Depression zu verfallen. Aber das ist nur der Anfang, der für jeden in den Kassenbüchern der Regierung sichtbare Teil. Viel höher noch sind die Belastungen, die der Staat per Gesetz für die Zukunft beschlossen hat. Sie wirken wie ungedeckte Wechsel. Finanzfachleute sprechen hierbei von »implizierten Staatsschulden«. Ihre zerstörerische Wirkung wird in diesem Kapitel beschrieben.

Implizierte Staatsschulden – ein sperriges Wort und ein komplizierter Sachverhalt, der im Tagesgeschäft von Politik und Journalismus weitgehend ausgeklammert wird. Im Finanzwissenschaftlichen Institut der Universität Freiburg beschäftigt sich Professor Bernd Raffelhüschen seit 20 Jahren mit diesen Zahlen. Jeder Politiker, jede Zeitung, jede Organisation, die sich mit unseren sozialen Sicherheitssystemen beschäftigt, kann sie bei ihm abrufen. Raffelhüschen ist auch bereit, sie in aller Ausführlichkeit zu erklären, aber das Interesse an den Details hält sich in Grenzen. Er hat sich nämlich nicht darauf beschränkt, die nackten Zahlen einfach nur aufzuschreiben, sondern er berechnet auch, was sie für die nächste Generation bedeuten. Seine Ergebnisse sind allerdings so fatal, dass sie kaum jemand hören will.

Beginnen wir mit einem einfachen Beispiel: den Beamtenpensionen. Beschäftigte zu verbeamten hatte für Bund, Länder und Gemeinden den angenehmen Vorteil, dass keine Sozialabgaben gezahlt werden mussten. Das war für den Moment preiswerter. Denn statt für die Rentenversicherung Arbeitgeberbeiträge abzuführen, verschob der Gesetzgeber die Kosten in den Ruhestand, in dem dann Pensionen fällig werden. Diese sind dann zwar wesentlich höher als vergleichbare Zahlungen aus der Rentenversicherung, aber dafür – so die Theorie – sollten Beamtengehälter niedriger sein als entsprechende Angestelltenlöhne. Statt in die gesetzliche Krankenkasse einzuzahlen, dürfen sich Beamte privat versichern und bekommen dazu einen Zuschuss und/oder Beihilfen. Da sie unkündbar sind, entfällt auch die Zahlung an die Bundesagentur für Arbeit. Alles in allem können sich Beamte zu den Privilegierten des Staates zählen.

Heide Simonis wollte als Ministerpräsidentin von Schleswig-Holstein das Beamtenprivileg für Lehrer abschaffen, hielt das aber nicht lange durch. »Ich bin umgefallen worden«, verteidigte sie sich. Ihre Haushälter hatten ihr vorgerechnet, dass die angestellten Lehrer einfach zu teuer sind – jedenfalls im Moment.

In den nächsten Jahren werden wir die Rechnung für diese Verschiebung der Kosten kassieren. Als Willy Brandt bei seinem Regierungsantritt 1969 versprach, er wolle mehr Demokratie wagen, endete das nicht in mehr Transparenzgesetzen oder direkter Bürgerbeteiligung, sondern in mehr Beamtentum. Der Jubel, mit dem er bei den damaligen »Intellektuellen« und der Mehrheit der Studenten begrüßt wurde, war verständlich, profitierten sie doch von den vielen neuen Beamtenstellen in den Universitäten, Ministerien und öffentlichen Einrichtungen. Auch das ist eigentlich ein bemerkenswerter, sehr deutscher Vorgang: Mehr Demokratie endet mit mehr Beamten. Es war der Beginn des sehr erfolgreichen Marsches durch die Institutionen.

Aber jetzt kommen die verhinderten Demokratievermehrer in die Jahre und werden pensioniert. Hauptsächlich die Etats der Bundesländer sind davon betroffen, weil sie die Vielzahl der im schulischen und universitären Bereich tätigen Beamten beschäftigen. Raffelhüschen hat ausgerechnet, dass das für die Haushalte, besonders der westdeutschen Länder, einen Anstieg der Pensionskosten von derzeit circa 8 Prozent des Landessteueraufkommens auf bis zu 20 Prozent bedeutet. In den nächsten 15 Jahren muss, je nach Bundesland, das Doppelte bis Dreifache der heutigen Summen aufgebracht werden. Um das zu verdeutlichen: In den westdeutschen Ländern müssten die gesamten Ausgaben für Schulen und Universitäten eingespart werden, um die anfallenden Pensionen bezahlen zu können. Natürlich würden dafür auch andere Etatposten herangezogen, was zum

Beispiel zu einer Tabula rasa in der Wirtschaftsförderung oder der Infrastruktur führen müsste.

Für neue Beamte ist dann sowieso kein Geld mehr da. Der Staat schrumpft auf ein Minimum zusammen. Das wäre an sich ja nicht schlimm: Aber da der Stellenabbau aus schierer Not geschieht, ist zu befürchten, dass noch mehr Polizeibeamte als aufgeblähte Verwaltungsstrukturen auf der Strecke bleiben.

Die auf die Länder zukommende Finanzkatastrophe hat Raffelhüschen berechnet. Bis alle heute im Dienst befindlichen Beamten bei einer Lebenserwartung von etwa 90 Jahren gestorben sind, müssen 942 Milliarden Euro an Pensionen bezahlt werden. Dabei sind Zahlungen an die Witwen und Beihilfen für die Gesundheitskosten nicht enthalten. Rücklagen des Staates: null Komma null. Ein Unternehmen oder eine Bank mit solchen Verpflichtungen ohne entsprechende Rücklagen muss sofort in die Insolvenz. Ein paar Jahre dürfen wir noch davon träumen, dass es für einen Staat möglich ist, sich seiner Schulden auf wundersame Weise zu entledigen und er deshalb nicht pleitegehen kann. Dann aber wird es ein bitterböses Erwachen geben.

Haben Sie in irgendeinem Landtagswahlkampf bei irgendeiner Partei etwas davon gehört, wie die künftige Regierung mit diesen Lasten umgehen will? Ich nicht. Damit lassen sich keine Wahlen gewinnen. Wohl aber mit weiteren Versprechungen. Davon sind zumindest die Parteien überzeugt.

Ein weiteres Milliardengrab und Verursacher der implizierten Staatsschulden sind die Renten. Sehr demonstrativ zelebriert dies die SPD mit ihrer Rolle rückwärts bei der Rente mit 67. In Kapitel 24 schreibe ich ausführlich über die Alternativen für die Bevölkerung, die älter als 65 Jahre ist. Das statische, gesetzlich festgelegte Renteneintrittsalter ist sicher nicht der Weisheit letzter Schluss. Aber eine Leugnung der auf uns zurollenden Altenlawine und der deutlich längeren Lebenserwartung der Senioren ist sicher nur auf Parteitagen möglich. Ob wir eine

Rentengarantie mit 65 oder mit 67 geben, ob wir per Gesetz beschließen, die Rentenformel so zu ändern, dass ohne Rücksicht auf die Lohnentwicklung die Renten nicht gesenkt werden können – dies alles ändert nichts an den nackten Zahlen, die die Rentenausgaben bestimmen. Zahlen wir weiterhin die volle Rente mit 65 aus, dann müssen die Rentenbeiträge der arbeitenden Bevölkerung erhöht werden, ohne dass deren spätere Bezugsrechte mitwachsen. Verschonen wir Rentner und Rentenbeitragszahler, müssen wir die Steuern und damit den Staatsanteil erhöhen. Hier fängt jetzt die ganz große Lügerei an.

Der linksgläubige Teil der Gesellschaft meint, dass damit die stärkeren Schultern mehr belastet werden. Aber an der Einkommenssteuerschraube wird nicht viel zu drehen sein. Da sind vielleicht ein paar Milliarden aus der Erhöhung des Spitzensteuersatzes drin. Dazu ein bisschen Vermögenssteuer, ein paar Prozente mehr Erbschaftssteuer – und wenn das alles zu viel wird, hauen die Kapitalbesitzer ab, und dann gibt es gar nichts mehr. Was hier noch rauszuholen ist, reicht aber sowieso nicht, um das Rentenloch zu stopfen. Die Deckungslücke der Rentenversicherungen beträgt im Moment rund eine Billion Euro. Das ist ja das Fantastische: Es geht immer um Billionen und die aktuelle Politik klebt Pflästerchen mit ein paar Milliarden auf die Löcher.

Nun könnten die SPD und die Grünen sagen, dass es bei diesen Lücken auf ein paar Hundert ungedeckte Milliarden auch nicht mehr ankommt, was irgendwie ja auch stimmt. Aber wie die in 25 Jahren in Deutschland lebende Bevölkerung darauf reagiert, ist für die Parteien sehr gefährlich. Die Wähler, die sie heute damit beglücken, müssen dann feststellen, dass Gelder, die es nicht gibt, auch nicht ausgezahlt werden können – oder sie bekommen bunt bedruckte Scheinchen mit Zahlen und Eurozeichen drauf, mit denen sie sich aber nichts kaufen können. Die Wähler, die an die Rechentricks glauben, können sich ja bei den ehemaligen DDR-Bürgern erkundigen, wie das war, als sie Geld besaßen, das keiner haben wollte.

Die dritte, hoch defizitäre Ursache für die implizierten Staatsschulden ist das Gesundheitswesen. Das hängt wieder direkt mit der Bevölkerungspyramide zusammen. Wir werden alle älter, das wissen wir mittlerweile. Wir sind auch länger fit, wissen aber zum Beispiel nicht, wie viel wir noch zwischen unserem 65. und 70. Lebensjahr leisten können. Wir reden sehr ungern darüber, dass es neue Volkskrankheiten gibt wie Demenz und Alzheimer. Ihre Hauptursache: Der Körper überlebt den Geist. Die Medien zeigen einen rüstigen Mario Adorf mit 80 Jahren, einen ziemlich munteren Johannes Heesters mit über 100. Die Bürgermeister in den Lokalzeitungen sehen wir, wenn sie den Alten und ganz Alten zum Geburtstag oder Jubiläum gratulieren.

Aber aus unserem Bekanntenkreis oder aus eigener Erfahrung kennen wir die Riesenprobleme mit demenzkranken Eltern oder Verwandten. Wenn nach langer häuslicher Pflege kein anderer Ausweg mehr bleibt als eine Heimunterbringung. Die Mehrheit der Über-80-Jährigen ist eben nicht mehr so fit, wie die wenigen, die das Glück haben, dass der Geist lange wach bleibt.

In der Diskussion über die explodierenden Gesundheits- und Pflegekosten klammern wir diese Krankheitsbilder aus. Ein Blick auf die Bevölkerungspyramide aber zeigt, dass es sich bald um mehr als eine Million erkrankter Menschen handeln kann. Die Barmer GEK hat im Herbst 2010 erschreckende Zahlen veröffentlicht. Demnach waren von den 2009 verstorbenen Männern, die über 60 Jahre alt waren, schon 29 Prozent dement, bei den Frauen 47 Prozent. Rücklagen im Gesundheitswesen: keine. Auch für die steigenden Kosten für moderne Medizin und die Überalterung der Bevölkerung haben wir nicht vorgesorgt. Die Lücke beträgt nach den Berechnungen von Bernd Raffelhüschen rund eine Billion Euro. Da ist sie wieder, die tragische Zahl, die die Zukunft Deutschlands bestimmt.

Woher aber wollen die Freiburger Finanzwissenschaftler wissen, dass ihre Zahlen stimmen? Kann nicht doch noch alles anders kommen? Auf dieser Argumentationsebene bewegen sich all diejenigen in unserer Gesellschaft, die aus den desaströsen Berechnungen Konsequenzen ziehen müssten. Doch die Zahlen weichen höchstens um wenige Prozente ab, etwa wenn es um die Verlängerung der Lebenszeit oder um weltweite Finanzkrisen mit katastrophalen Folgen geht, die dann die ganze soziale Sicherungskonstruktion zusammenbrechen lassen.

Die Kapitallücken in der Pflegeversicherung stehen heute schon fest und sind leicht identifizierbar. Noch werden über 70 Prozent der Pflegeleistungen von Angehörigen oder ambulant erbracht. Das entlastet die staatlichen Leistungen um Hunderte Milliarden. In der nächsten Generation aber wird die Zahl der Singles ohne Kinder steigen. Diese werden sehr viel früher Altersheime und Betreuungseinrichtungen in Anspruch nehmen müssen, weil es schlichtweg keine Angehörigen gibt, die sie pflegen könnten. Das trifft eingeschränkt auch auf kinderlose Ehepaare zu.

Noch wehrt sich der Staat, dieser kinderlosen Bevölkerungsgruppe, die im Durchschnitt einen höheren Lebensstandard hat als Familien mit Kindern, die zu erwartenden Mehrkosten zu berechnen. Mit dem läppischen Zuschlag von 0,25 Prozent zur Pflegeversicherung können Kinderlose gut leben. Zu einer annähernd kostendeckenden Beitragserhöhung haben die Politiker derzeit keinen Mut, sondern übergeben dieses Problem an die nächste Generation. Dann sollen die wenigen, heute geborenen Kinder auch für die zahlen, die sich einen schönen kinderlosen Lenz gemacht haben und ihre Karriere pflegen und fördern konnten. Dies wird in den nächsten Jahren zu heftigen Verteilungskonflikten führen.

In der aktuellen politischen Diskussion über Pflege- und Gesundheitskosten werden zwei Binsenweisheiten nicht ausgesprochen: Erstens, die stark steigende Lebenserwartung wird höhere Kosten verursachen und einen höheren Anteil unseres Lebenseinkommens verzehren als dies derzeit der Fall ist. Zweitens, allein mit Reformen der Einnahmen für die privaten und gesetzlichen Krankenversicherungen lässt sich das Problem nicht lösen. Mehr Wettbewerb unter den Anbietern von Gesundheitsleistungen und mehr Eigenverantwortung des Einzelnen sind die Voraussetzungen, um die Gesundheitskosten in ein vernünftiges, marktgerechtes Verhältnis zum Lebenseinkommen zu bringen. Beides wird nicht diskutiert.

Wir verlieren uns in einem Schwarzer-Peter-Spiel, jeder der Beteiligten versucht, dem anderen die Kosten zuzuschieben. Von Markt und Wettbewerb keine Spur. Mal erspart die Regierung den Apothekern den lästigen Versandhandel, verlangt aber gleichzeitig, dass sie einen bestimmten Anteil an importierten Medikamenten verkaufen. Sogar um Zwangsrabatte der Pharmahersteller an die Apotheker kümmern sich die Politiker. Komisch: Heißt das, dass die Pharmakonzerne zu hohe Preise verlangen können, weil es keinen Markt gibt? Oder heißt das, dass der Verbraucher überhaupt keinen Einfluss darauf nehmen kann, welche Medikamente er einnimmt? Was stimmt denn in Deutschland nicht, dass identische Medikamente im Ausland so viel billiger sind als bei uns? Wäre es da nicht viel sinnvoller, den Wettbewerb zu stärken, als mit ständig veränderten Verordnungen die Monopoleinnahmen zu verteilen?

Nicht viel besser geht es bei den Ärztevergütungen zu. Die Hausärzte streiken gegen die Senkung der Honorare durch den Gesetzgeber. Aber die Honorare legen die Kassenärztlichen Vereinigungen fest und die bevorzugen eindeutig ihre Facharztkollegen. Der Patient, soweit er nicht privat versichert ist, weiß sowieso nicht, was abgerechnet wird. Er erfährt auch nicht, wie teuer seine Krankheit ist. Keiner blickt mehr durch. Das ist so gewollt. Der Kranke hat gleich mehrere Vormünder: seine gesetzliche oder private Krankenkasse, seinen Arzt, seinen Abgeordneten. Und solange die ihn einigermaßen versorgen, will er auch gar nicht die Verantwortung für sich selbst übernehmen.

Seit Jahrzehnten jagt eine Gesundheits- und Kostendämpfungs-
reform die nächste. Aber dies geschieht ausschließlich innerhalb des systembedingten Verschiebebahnhofs und ist deswegen zum Scheitern verurteilt. Nur drei Dinge sind für alle tabu:
mehr Markt, mehr Wettbewerb und mehr Transparenz.

Um die Krankenkosten im Alter für die heute lebenden Menschen auf dem bisherigen Niveau bezahlen zu können, müssten
Rücklagen von etwa einer Billion Euro bei den Krankenkassen
liegen. Tatsächliche Rücklagen: null Komma null.

So langsam addiert sich Billiönchen für Billiönchen. Da es
schon so viele sind, erlauben Sie mir die Vorniedlichungsform.
Sie wird auch unter den Gesetzgebern genutzt, leider ganz un-
absichtlich. Die Freiburger um Raffelhüschen haben alle ihre
Zahlen zusammengefasst und eine Generationenbilanz aufgestellt. Diese in Deutschland noch eher unbekannte Betrachtung
der Kapitalströme einer zukünftigen Generation wird berechnet, indem die Wissenschaftler für jeden Jahrgang von der Geburt bis zum 90. Lebensjahr zusammenstellen, welche staatlichen Leistungen der Durchschnittsbürger erhält und wie viel er
an den Staat in Form von Steuern und Sozialabgaben abführt.
Das Ergebnis ist vernichtend. Ein Kind, das heute geboren wird,
erhält bis zu seinem Tod vom Staat rund 80 000 Euro mehr, als
es an Steuern und Sozialabgaben einzahlt. Als Berechnungsgrundlage dient das rechnerische Durchschnittseinkommen.
Folglich haben wir ein Sozial- und Steuersystem aufgebaut, das
sich selbst vernichtet. Das heißt aber auch, dass wir durch eine
Steigerung der Geburtenrate unsere Schulden sogar vergrößern
würden. Das überlebt keine Gesellschaft.

Hauptursache sind die Babyboomer von 1950 bis 1966 und
die danach einsetzende Geburtenschwäche. Diese geburtenstarken Jahrgänge, die jetzt in ihren besten Jahren sind, wandern
in den nächsten 15 Jahren Richtung Rente und sprengen dann
endgültig die Zahlungsfähigkeit des Staates. Unsere 1,8 Billio-

nen Cash-Schulden sind gegenüber dieser implizierten Schuldensumme fast schon überschaubar. Das werde ich noch deutlich machen.

Wenn es um den Umweltschutz geht, reden alle von Nachhaltigkeit. Es ist das Schlagwort des Jahrzehnts, und ein Unternehmen, das sein Produkt noch verkaufen will, muss damit werben, dass es natürlich nachhaltig hergestellt, nachhaltig verarbeitet und nachhaltig transportiert worden ist. »Nachhaltig« ist ein Begriff aus der Forstwirtschaft. Um einen Wald zu erhalten, dürfen nur so viele Bäume geschlagen werden, dass der Wald in seiner Produktivität und Natürlichkeit erhalten bleibt.

Nachhaltigkeit in der Finanz- und Sozialpolitik bedeutet, dass ich nur so viel an die lebende Generation auszahlen kann, dass für zukünftige Generationen das gleiche Leistungsniveau erhalten bleibt. Wenn ich aber die lebende Generation mit Wohltaten überhäufe, um beispielsweise meinen Wahlsieg zu sichern, dann verstoße ich zulasten der zukünftigen Generationen gegen das Gebot der Nachhaltigkeit. Um beim Bild der Forstwirtschaft zu bleiben: Die jetzt Lebenden haben einen absoluten Kahlschlag zu verantworten. Auf dem Brachland der Finanzen wachsen für die nächste Generation nur Dünnholz und Gebüsch.

Die Generationenbilanz des Freiburger Finanzwissenschaftlichen Instituts zeigt die tatsächliche Verschuldung des Staates auf Basis einer Projektion der langfristigen Entwicklung der öffentlichen Finanzen. Sie berücksichtigt sämtliche staatliche Teilsysteme inklusive der Sozialversicherungen. Neben den wirtschaftlichen und fiskalpolitischen Rahmenbedingungen geht vor allem auch die demografische Entwicklung der kommenden Jahrzehnte in die Betrachtung ein. Alles berechnet auf das Jahr 2008.

Das Ergebnis: Die Nachhaltigkeitslücke beträgt 314,5 Prozent des BIP, des Bruttoinlandsprodukts, in Höhe von 2,4 Billionen Euro. Davon entfällt »nur« rund ein Drittel auf die direkten

Schulden von gut 2 Billionen Euro (Stand Anfang 2013), die in den Haushalten aufgeführt sind und für die wir heute schon Zinsen zahlen. Wesentlich schwerer wiegt der Anteil der implizierten Verschuldung von 251,3 Prozent des BIP. Forscher rechnen solche Ergebnisse nicht gerne in handfeste Zahlen um. Trotzdem habe ich es getan: Heraus kommt, dass unser Staat Leistungsgesetze für die heute in Deutschland lebenden Menschen verabschiedet hat, für die eine Deckungslücke von rund sieben Billionen Euro besteht. Das heißt: Die implizierte Staatsverschuldung beträgt etwa fünf Billionen Euro, ungefähr das Dreifache der direkten Staatsschulden. Das bedeutet, in den nächsten Jahren müssen diese fünf Billionen Euro durch Gesetzesänderungen eingespart werden.

Ich habe noch keinen einzigen Politiker gefunden, der in der Lage ist, mir zu erklären, wie dieses Missverhältnis aufgelöst werden könnte. Aber auch Journalisten, Wirtschaftsexperten, Intellektuelle aller Schattierungen drücken sich vor diesen Erkenntnissen und haben außer einem hilflosen Satz wie: »Bitte machen Sie die Menschen mit diesen Zahlen nicht mutlos« keine Erklärung zu bieten.

Neben Professor Raffelhüschen hat auch mein Sohn Peer über die Generationengerechtigkeit geforscht und seine Dissertation darüber geschrieben. Er hat sich mehr an den Bilanzen der verschiedenen Jahrgänge in Deutschland orientiert. Dabei hat er errechnet, dass die zwischen 1940 und 1950 Geborenen die einzige Generation sind, die ungefähr so viel an Leistungen in den Staat einbrachten wie sie auch erhalten haben. In Zahlen: Sie haben während ihres Lebens für den Staat etwa 800 000 Euro erwirtschaftet, und der Staat hat sie mit 800 000 Euro alimentiert. Während die Höhe der Einzahlungen auch für die Jahrgänge danach in etwa gleich blieb, wurden die Leistungen des Staates aber ständig angehoben.

Den Hauptunterschied machen die Ausgaben für die Bildung aus. Die Jahrgänge 1940 bis 1950 erhielten im Schnitt nur 18 000

Euro. Bis zum Jahrgang 2000 ist diese Summe auf 96 000 Euro geklettert. In seiner Dissertation hat Peer errechnet, dass ein zusätzliches Lebensjahr im Alter den Staat netto etwa 16 000 Euro mehr kostet. Bei einer gesteigerten Lebenserwartung von 16 Jahren für die im Jahre 2000 Geborenen entstehen dem Staat pro Kopf also 256 000 Euro Mehrkosten.

Die Ansätze der Freiburger Finanzwissenschaftler um Bernd Raffelhüschen und den Volkswirtschaftler Peer Ederer sind unterschiedlich, die Ergebnisse im Prinzip gleich. Die Vorstellung, nur durch massive Steuererhöhungen oder drastische Ausgabenkürzungen sei die Bundesrepublik vor dem Staatsbankrott zu retten, ist angesichts dieser Zahlen mehr als naiv. Eines lässt sich aber mit Sicherheit voraussagen: Auf keinen Fall werden die Kinder der Schuldenmacher-Generationen die staatlichen Leistungen erhalten, die die Politiker großzügig beschlossen haben.

Seit dem Frühjahr 2010 gibt es ein Beispiel, mit dem die meisten Deutschen eine Vorstellung verbinden können: Um langfristig das Missverhältnis zwischen öffentlichen Einnahmen und zugesagten Ausgaben zu beseitigen, müssten alle Staatsausgaben um 13,8 Prozent gesenkt werden. 13,8 Prozent – ziemlich genau so hoch ist das Haushaltsdefizit in Griechenland. Gnadenlos verlangt die internationale Finanzgemeinschaft, darunter Deutschland, dass die Griechen ihre Ausgaben um diese Summe kürzen müssen. Von uns selbst verlangen wir das aber nicht. Wir rennen weiter blind auf den Abgrund zu.

10. STEUERGESETZE – MACHTINSTRUMENTE DES STAATES

Der 10. Januar 2001 ist ein typisch nasskalter Tag im friesischen Jever. Für Rudolf und Gudrun Fessel aber vernichtet er mit Urgewalt ihre Existenz. Wie eine Flutwelle brechen an diesem Morgen schätzungsweise 200 Beamte, entfesselt von der Steuerfahndung, in ihre Unternehmenszentrale in Jever, in ihre Büros in Emmering und Hamburg, in ihre Privatwohnung, bei ihren Banken, den Lieferanten und Kunden ein. Sie schleppen alles an Akten und Unterlagen weg, was für den Betrieb des Unternehmens notwendig ist. Auslöser dafür: ein Durchsuchungsbeschluss des Amtsgerichts Oldenburg, beantragt vom Finanzamt Wilhelmshaven und der Steuerfahndung Oldenburg. Die zentralen Vorwürfe lauten: Fessels Unternehmen habe keine Waren bezogen, sondern nur Scheinrechnungen erhalten und gestellt und er habe sogenannte Karussellgeschäfte organisiert, um Mehrwertsteuerbetrug zu begehen.

Seither und nach allem, was danach noch geschehen sollte, sind die Fessels mit dem Rechtsstaat Deutschland fertig, wurden aus konservativen Unternehmern verzweifelte alte Menschen, die lange von den Zuwendungen ihrer Söhne leben mussten. Dabei waren sie einmal fest verankert in ihrem Staat, an den sie glaubten.

1984 lassen sie sich in Jever nieder und gründen eine Firma für Import und Großhandel mit Computerteilen. Die Firma wächst schließlich zu einem mittelständischen Betrieb mit 85 Mitarbeitern heran, der 485 Millionen Mark Umsatz macht. Das ist immerhin wesentlich mehr als es das andere größere Unternehmen in der Stadt, die berühmte Jever Brauerei, schafft. Filialen in Emmering bei München und in Hamburg werden gegründet, und weil sich der Umsatz danach fast verdoppelt, beschließen die Fessels, in Jever ein neues Verwaltungs- und Logistikzentrum für 8 Millionen Mark zu bauen. Kurzfristig sollten 20 neue Mitarbeiter eingestellt werden, mittelfristig rechneten sie mit einem Bedarf an 150 Beschäftigten. So viel zum Stand im Dezember 2000.

Anfang März 2001 muss die Source Computer und Elektronik Vertriebs GmbH, wie das Unternehmen hieß, Insolvenz anmelden.

Alle 85 Mitarbeiter werden entlassen, was statt Aufschwung

für die Betroffenen eine Katastrophe bedeutet. Andere Arbeitsplätze sind weit und breit nicht in Sicht.

In der Genehmigung für die Razzia, die das Finanzamt Wilhelmshaven beim Amtsgericht durchgesetzt hat, finden sich für die Richter seitenlange Erklärungen, wie über ein sogenanntes Karussellgeschäft überhaupt Mehrwertsteuer hinterzogen werden kann. Das funktioniert, wenn mehrere Unternehmen in mindestens zwei EU-Mitgliedstaaten Lieferketten aufbauen, um unter Ausnutzung der Vorschriften zum innergemeinschaftlichen Warenverkehr in den Genuss des Vorsteuerabzugs zu kommen, ohne dass von der im Inland am Beginn der Lieferkette stehenden Firma die anfallende Mehrwertsteuer angemeldet und abgeführt wird. In der Tat ist das ein in Europa gängiger Trick, mit dem Schätzungen zufolge allein in der Bundesrepublik jährlich rund 20 Milliarden Euro hinterzogen werden. Trotzdem hat es der Gesetzgeber noch nicht geschafft, eine betrugssichere Regelung zu etablieren.

Die Fessels verbuchen tatsächlich hohe Umsätze mit Belgien, Spanien und Italien. Sie haben deshalb Anspruch auf hohe Mehrwertsteuererstattungen, die sie zur Finanzierung weiterer Geschäfte benötigen. Die Schikane fängt an, als das Finanzamt eine Summe von 18 Millionen Mark über ein Jahr nicht mehr auszahlt und dann statt der Schecks die Fahnder kommen. Am Tag nach der Razzia haben die Fessels noch nicht einmal mehr genug Geld, um sich mit ihrem täglichen Bedarf an Lebensmitteln zu versorgen.

Im Durchsuchungs- und Beschlagnahmebefehl wird kein einziger konkreter Fall eines Steuervergehens genannt. Also wissen die Fessels überhaupt nicht, was ihnen vorgeworfen wird, können keine Missverständnisse ausräumen. Was sie nicht ahnen ist, dass dies erst der Anfang einer jahrelangen Existenzvernichtung sein würde.

Kurz nach der Insolvenz wird der Rohbau ihres neuen Distributionsgebäudes versteigert, was für sie mit einem Millionenverlust endet. Der erste Vorwurf, dass Scheingeschäfte getätigt wurden, taucht bald nicht mehr auf. Wer eine Fabrik baut und Dutzende von Mitarbeitern einstellen will, macht keine Scheingeschäfte. Jetzt wissen die Fessels überhaupt nicht mehr, was die Razzia ausgelöst hat. Es folgen Anhörungen, eine vorläufige Verhaftung des Sohnes und die eidesstattlich bekundete Behauptung der deutschen Steuerfahndung: Alle italienischen PC-Händler werden von der Mafia kontrolliert. Dann schließlich nach sechs Monaten die Aussage: Es geht nicht mehr um Scheingeschäfte, es geht um die italienischen und spanischen Kunden. Fessel hat von jedem seiner Geschäftspartner die europäische Umsatzsteuernummer und einen Auszug aus dem Handelsregister besorgt und seinen Akten beigefügt. Diese aber sind beschlagnahmt, und so kann er nichts beweisen, wenn wieder einmal Vorwürfe wegen angeblicher Karussellgeschäfte erwähnt werden.

Monate und Jahre vergehen, in denen das Finanzamt keinen einzigen konkreten Fall vorlegte, der eine Steuerhinterziehung bewiesen hätte. Nach vier Jahren klagen die Fessels beim Niedersächsischen Finanzgericht wegen Untätigkeit. Diplom-Finanzwirt Josef Dierkes vertritt sie, der 20 Jahre für die CDU im Landtag saß und anmerkt, dass er es früher für undenkbar gehalten hätte, dass es so einen Fall in unserem Land gibt. Bezahlt wurde und wird er von der Oldenburgischen Landesbank, die ohne dazu verpflichtet zu sein, die Prozesskosten übernahm, weil sie diesen Vorgang für skandalös hielt. Dierkes berichtete mir gegenüber von weiteren unfassbaren Verhaltensweisen des Finanzamts.

Als er im September 2004 darauf drängt, endlich einen konkreten Vorwurf gegen die Fessels zu erfahren, übergeben ihm die Fahnder 73 der 400 beschlagnahmten Akten, in denen die maßgeblichen Verfehlungen dokumentiert seien. Dies geschieht in Anwesenheit der Oldenburger Staatsanwaltschaft. Nachdem dieser Aktenberg durchgearbeitet wurde, stellte Dierkes fest, dass in den Unterlagen keine einzige Verfehlung erkennbar ist. Daraufhin gab die Steuerbehörde zu, dass es sich um die falschen Akten gehandelt habe. Wieder war bei dieser Posse der Staatsanwalt anwesend.

Bei meinen Nachfragen 2007 gab die Staatsanwaltschaft die Erklärung ab, angewiesen zu haben, dass die Beweismittel in gerichtsvertretbarer Form dokumentiert werden müssten. Das hat die Steuerbehörde dann auch getan – im Dezember 2007, kurz bevor der Fall verjährt wäre. Auch zum Niedersächsischen Finanzhof nach Hannover bin ich gefahren und habe nachgefragt, warum in der Untätigkeitsklage nichts unternommen worden war. Dort erklärte Richter Jörg Grune: »Wir fühlen uns sehr schlecht. Das muss ich konkret sagen. Das ist auf keinen Fall akzeptabel. Das liegt zum ganz überwiegenden Teil an unserem Steuerrecht.« So nebenbei erfahre ich noch, dass der Fall auch liegen blieb, weil die zuständige Richterin zweimal hintereinander im Mutterschaftsurlaub war.

Ein Ende der Geschichte ist immer noch nicht in Sicht. Die Zwischenbilanz 2010: 85 bestehende Arbeitsplätze wurden zerstört. Ein Unternehmen in einer wirtschaftsschwachen Region mit 485 Millionen Mark Umsatz vernichtet und zurückbleibt eine mit den Nerven völlig fertige Familie, die diesem Staat einmal vertraut hat. »Am Anfang«, erklärt ein resignierter Rudolf Fessel, »habe ich geglaubt, da war nur eine Steuerbehörde übereifrig und das klärt sich gleich wieder auf.« Das war sein größter Fehler.

Ein Einzelfall? Ein Ausrutscher durchgeknallter Finanzbeamter? Das wäre bei aller Tragik für die Fessels noch hinzunehmen. Vor allem, wenn der Staat erkennen würde, dass da etwas im Ablauf der Steuerpraxis nicht stimmt. Aber nach jedem Film, den ich in der ARD über solche Finanzamtsentgleisungen gemacht habe, schrieben mir gleich wieder Dutzende Betroffene, die ihre Unterlagen schickten, damit ich ihnen helfe. In der

145

Veröffentlichung ihrer Fälle sahen sie ihre letzte Chance. Den Glauben an die Gerichte hatten sie längst verloren.

Eine besonders infame Existenzvernichtung will ich noch schildern, weil ich die völlig mit den Nerven fertige Frau und den damals immer noch auf eine Rehabilitation hoffenden Mann in ihrer Sozialwohnung in einem Plattenbau nicht vergessen kann. Es sind die Fälle, anhand derer sich ein an unsere Demokratie glaubender Bürger zwischen Wut und Zynismus hin- und hergerissen fühlt, obwohl ich in meinem Beruf fast allen Höhen und Tiefen, von anrührender Hilfsbereitschaft bis hin zu menschlichen Abgründen, begegnet bin.

Die Geschichte trug sich im brandenburgischen Templin zu, der Heimat von Angela Merkel. Es ist auch die Heimat von Jochen Köhn und seiner Frau. Zu DDR-Zeiten arbeitet er im Baukombinat der Stadt. Mit zäher Ausdauer gelingt es ihm, sein Elternhaus noch zu DDR-Zeiten wiederzubekommen. Es handelt sich um ein Haus in der vom Krieg zerstörten Innenstadt, das er liebevoll wieder restauriert. Nach der Wende kauft er den Bauhof und wandelt ihn in ein Bauunternehmen um. Die Geschäfte laufen gut. Eines der Häuser, das er errichtet, kauft das Ehepaar Horst und Herlind Kasner, die Eltern von Angela Merkel.

Mitte 1996 beschäftigt er 200 Mitarbeiter und hat für zwei Jahre volle Auftragsbücher. Aus dem Elternhaus in der Innenstadt ist eine kleine Ladenstraße geworden mit einem Durchgang in den Hof. Vorne der Blumenladen seiner Frau, in den anderen Gebäudeteilen florieren sieben Geschäfte und ein Café.

Das Drama beginnt, als ohne Vorwarnung ein Pfändungsbescheid des Finanzamts Angermünde bei der Bank eintrifft: 325 615,36 Mark Mehrwertsteuer seien nicht bezahlt worden. Köhn fällt aus allen Wolken. Er ist aber sicher, dass es sich um ein Missverständnis handelt. Er beruhigt die Bank, nimmt Kontakt zum Finanzamt auf, da ihm im Gegenteil noch 265 582 Mark vom Finanzamt erstattet werden müssten. Doch anstatt diese Angaben zu berücksichtigen, schickt das Finanzamt eine neue Pfändung zur Bank – dieses Mal über 240 605 Mark – und zieht die Summe sofort ein. Köhn verfügt dadurch über keinerlei Finanzmittel mehr, um seine Arbeiter zu bezahlen. Doch diese halten zu ihrem Chef, arbeiten weiter, weil sie davon überzeugt sind, dass sie ihr Geld später bekommen werden. Nicht so entgegenkommend sind die Krankenkassen und die Rentenversicherung. Sie erstatten Anzeige. Auf Antrag des Finanzamts wird der Bürgermeister von Templin, Ulrich Schoenreich, aufgefordert, ein Gewerbeuntersagungsverfahren einzuleiten, damit Köhn kein Gewerbe mehr ausüben kann.

Jetzt geht alles ganz schnell. Die Banken sperren alle Konten, Köhns Elternhaus wird gepfändet und versteigert, das Gelände des Bauunternehmens verkauft, seine halbfertigen Häuser weit unter Wert an einen anderen Bauunternehmer weitergereicht. Das Finanzamt verweigert jede Aufklärung. Schließlich gelingt es Köhn mit einer Klage vor dem Verwaltungsgericht, eine Kopie seiner Akte von der Oberfinanzdirektion Cottbus zu erhalten. Und dort steht schwarz auf weiß, dass Köhn 265 582 Mark vom Finanzamt hätte bekommen müssen, und dass der Steuerbescheid von 1996 über 325 615,36 Mark, der die Pfändungen auslöste, falsch war!

Zehn Jahre später, als ich Köhn wiedertraf, kämpfte er immer noch um seine Rehabilitation, flehte regelrecht alle Beteiligten an, ihn doch wieder in die Lage zu versetzen, seine Baufirma eröffnen zu können. Der Bürgermeister von Templin schämt sich wenigstens: Er habe dem Finanzamt vertraut. Er hätte doch nicht wissen können, dass die Beamten nicht die Wahrheit sagen. Er habe Köhn den Gewerbeschein wiedergegeben und würde alles tun, um das Unrecht wiedergutzumachen. Das verantwortliche Finanzamt in Angermünde hüllt sich indessen in Schweigen und verweist auf das brandenburgische Finanzministerium. Dieses schrieb an die IHK Frankfurt/Oder, die sich vermittelnd eingeschaltet hatte, dass »… weitere Schreiben und Anträge in dieser Angelegenheit weder durch das Finanzamt, die Oberfinanzdirektion noch das Ministerium der Finanzen beantwortet werden. Gleiches gilt auch für Nachfragen durch Dritte«. Mir gegenüber erklärte der Sprecher des Finanzministeriums in Potsdam: »Die Behörden sind gehalten, so auch unsere Finanzämter, sich an Recht und Gesetz zu halten. Wir können uns nicht darüber hinwegsetzen. Und das Steuerrecht in Deutschland hat klare Vorgaben, die hier auch angewendet worden sind.«

Peinlicher geht es kaum. Das brandenburgische Finanzministerium dürfte wohl die einzige Stelle in Deutschland sein, die ernsthaft behauptet, unser Steuerrecht habe klare Vorgaben. Das hat mir noch kein Minister, Steuerbeamter oder Finanzrichter bestätigt. Wenigstens darin sind sich alle außerhalb Brandenburgs einig: Das deutsche Steuerrecht ist chaotisch. Aber mit Existenzvernichtungen kennen sich die Stasi-durchwachsenen Strukturen in Brandenburg aus. Die Staatsanwaltschaft Neuruppin hat immerhin ein Vorermittlungsverfahren gegen die Verantwortlichen des Finanzamts eingeleitet. Doch bevor Jochen Köhn eine Entschädigung hätte erhalten können, ist er 2010 verstorben. Damit hat sich der Fall erledigt.

Geschichten aus einer Demokratie, in der sich die Verwaltung immer noch wie in einem Obrigkeitsstaat aufführt. Der Geist der wilhelminischen Staatsherrschaft ist genauso präsent wie der Machtanspruch des Volksgenossen-Staates. Der Bürger ist ein Objekt. Ihre Macht kann die Verwaltung in der Bundesrepublik erst richtig entfalten, weil die Gesetze so kompliziert sind, dass sie der normale Bürger nicht mehr versteht. Dadurch werden der Willkür Tür und Tor geöffnet.

In den Kellern des Bundesfinanzhofs haben wir uns einmal die Akten zeigen lassen, die unser Steuerrecht und die dazugehörigen Kommentare und Ergänzungen beinhalten. Es sind schier unendliche Regale. Nachdem ich minutenlang durch diese Katakomben gelaufen bin, glaube ich gerne, dass zwei Drittel der Weltliteratur über Steuern sich mit dem deutschen Steuerrecht befassen. Dies wird zwar immer und immer wieder behauptet, aber die ursprüngliche Quelle, die das recherchiert hat, konnte ich nicht finden.

Fakt ist aber, dass es in Deutschland niemanden gibt, auch nicht den Finanzminister oder den Präsidenten der Deutschen Steuerberater, der sich im deutschen Steuerrecht auskennt. Nichts macht dies so deutlich wie die Irritationen der Richter am Bundesfinanzhof in München. Sie fühlen sich überfordert, weil sie nach Gesetzen Recht sprechen sollen, die sie selbst nicht mehr verstehen. Das nagt am Fundament der Demokratie, ist womöglich grundgesetzwidrig. Deshalb hat der Präsident des Bundesfinanzhofes Wolfgang Spindler 2007 ein Zeichen gesetzt.

»Wir haben in diesem Jahr eine Norm des Einkommensteuerrechtes für verfassungswidrig erachtet und die Frage dem Bundesverfassungsgericht vorgelegt. Das ist das erste Mal, dass man solch eine Norm beanstandet und zwar wegen Kompliziertheit und Unverständlichkeit. Das ist auch durch dieses Gericht jetzt festgestellt worden, wobei es nicht darauf ankommt, ob der Richter das Recht versteht, sondern ob der normale Steuerpflichtige das Recht versteht.« Wenn dieser Grundsatz wirklich gelten würde, müsste fast das ganze Steuerrecht eingestampft werden. Allein der §2 des Einkommensteuerrechts ist so lang und so verdrechselt formuliert, dass er auch nach mehrfachem Lesen nicht verständlich ist. Immer wieder mahnen die Gerichte den Gesetzgeber an, hier Abhilfe zu schaffen. Aber nichts geschieht. Das Bundesverfassungsgericht hat sogar im Herbst 2010 die Klage des Bundesfinanzhofes nicht angenommen.

Immer noch gilt beispielsweise §32a, der besagt: »Die tarifliche Einkommenssteuer beträgt $(228,74^*z + 2397)^*z + 989$, wobei z ein Zehntausendstel des 12 739 Euro übersteigenden Teils des bis auf einen vollen Euro Betrag abgerundeten zu versteuernden Einkommens ist.«

Mit solchen Formeln verweigert der Staat die Transparenz, die es dem Bürger erlaubt, gesetzestreu seine Bringschuld zu erkennen und zu erfüllen, nämlich seine Steuern zu zahlen, ohne Angst haben zu müssen, kriminalisiert zu werden.

Selbst die Steuerberater können keine Rechtssicherheit mehr bieten, da jedes Finanzamt die Gesetze anders liest oder interpretiert. So schrieb mir eine Steuerberaterin nach 30 Jahren Praxis: »Das Schlimmste an allem ist, dass es gar nicht mehr möglich ist, alle Gesetze und Bestimmungen einzuhalten. Es gibt niemanden, der alles überblickt und schon gar nicht der Unternehmer, der Tag für Tag sein Geschäft zu führen hat. Dabei geht es mir nicht um die Konzerne, die ganze Rechtsabteilungen und Stäbe unterhalten, sondern um die Klein- und Mittelbetriebe, von der Gaststätte bis zum Bauunternehmen, die deshalb per se und zwangsläufig kriminalisiert sind. Gesetze gelten teilweise rückwirkend, teilweise sind sie widersprüchlich und im Ganzen unüberschaubar und dadurch haben wir den Staat, der immer das Recht für sich beansprucht und der es dann aus seiner Sicht mit kriminellen Unternehmern zu tun hat. Alle sind verdächtig!«

Längst überlagert der Unmut über das Steuersystem die Frage nach der Höhe der Steuern. Aber auch das scheint an den Parteien spurlos vorüberzugehen. Sie schlagen sich mit Worten über Steuersenkungen für die Leistungsträger oder Steuererhöhungen für die Spitzenverdiener, als ob das eine oder das andere etwas an den Zuständen ändern würde. Sie führen eine Diskussion über die Köpfe eines staatsverdrossenen Volkes hinweg und packen die dringende Ausmistung des Steuerdschungels nicht an.

Mitte des letzten Jahrzehnts sah es einmal so aus, als gäbe es eine Chance. Der ehemalige Verfassungsrichter und Rechtsprofessor Paul Kirchhof füllte Säle, wurde vom Publikum enthusiastisch gefeiert. Er stellte ein Steuersystem vor, in dem es einen einheitlichen Steuersatz von 25 Prozent gibt und dafür alle Ausnahmeregelungen gestrichen werden. Dabei hat jedes Familienmitglied vom Säugling bis zur Uroma einen jährlichen Steuerfreibetrag von 8000 Euro. Für Beschäftigte gibt es einen zusätzlichen Freibetrag von 2000 Euro. Das bedeutet, eine vierköpfige Familie, in der Vater und Mutter arbeiten, hätte einen Steuerfreibetrag von 36 000 Euro. Alle Einnahmen, ob aus Arbeit, Mieten, Kapital, einer GmbH oder der Landwirtschaft würden dem gleichen Steuersatz unterliegen. All die Konstruktionen von GmbH & Co. KG und was es da sonst noch gibt, um Steuern zu vermeiden, wären hinfällig. Die Steuererklärung könnte rechtssicher in einem halben Tag erledigt werden. Kirchhofs Modell ergänzte die Vorstellungen des ehemaligen CDU-Finanzexperten Friedrich Merz, der ein Steuersystem forderte, bei dem die Steuererklärung eines Facharbeiters auf einen Bierdeckel passt. Beide spielen heute politisch keine Rolle mehr, wurden vom Partei-Establishment hinterrücks politisch gemeuchelt. Da half ihnen auch die große Zustimmung bei ihren Auftritten nichts.

Professor Kirchhof, der gern in eine stockkonservative Ecke gedrängt wird, erklärt die Reformunwilligkeit aus seinen Forschungsergebnissen: »Die Geschichte des Steuerrechts ist eine Geschichte des Kampfes gegen das Steuerprivileg, und da setzen immer die jeweils Mächtigen ihre Privilegienwünsche durch. Das war vor 150 Jahren so, das ist noch heute so. Die können wir nicht konkret definieren, aber man merkt jetzt allenthalben, wenn wir ins Einkommensteuerrecht schauen, es ist eine Begünstigung der jeweils politisch Mächtigen.«

Wie Regenwürmer wanden sich die Politiker, wenn sie zu den Steuerreformen Kirchhofs befragt wurden. Der ehemalige baden-württembergische Ministerpräsident Erwin Teufel unterstützte ihn enthusiastisch. Alle anderen meinten, das sei ja alles ganz richtig, aber leider politisch nicht durchsetzbar. Die SPD machte ihn lächerlich als den Professor aus Heidelberg, der aus dem akademischen Elfenbeinturm komme. Nur der Hesse Roland Koch redete Tacheles: Alles, was Kirchhof sage, sei richtig. Aber dann verlöre die Politik an Gestaltungsmacht. Er, Koch, wolle weiterhin mit Steuern steuern. Das erklärt die obrigkeitsstaatliche Ursache für unser Steuerchaos. Wir werden mit Steuern gesteuert! Nur wenn es möglich ist, Wählergruppen mit Subventionen zu ködern, andere mit Wohltaten zu kaufen, wenn Steuervergünstigungen zugeteilt werden können, dann haben die Politiker die Chance, die Wahlen zu ihren Gunsten zu beeinflussen. Mit Steuern steuern, das ist die Formel, mit der wir in Abhängigkeit gehalten, mit der wir gefügig gemacht werden, damit wir einen Teil unserer Freiheit aufgeben.

Um es noch einmal unmissverständlich zu betonen: Bei einer Steuerreform geht es zunächst nicht um die Höhe der Steuern, es geht um die Steuersystematik, um eine Steuervereinfachung. Damit verbunden ist ein anderes Verhältnis zwischen dem Finanzamt als Repräsentanten des Staates und den Bürgern. Eine klare, vereinfachte Steuergesetzgebung könnte nicht mehr alle Bürger unter den Generalverdacht der Steuerhinterzieher stellen. Es würde sehr schnell klar werden, wer betrügt und wer nicht. Solche Arbeitsplatz- und Menschenvernichtungsorgien, wie ich sie am Anfang dieses Kapitels geschildert habe, wären dann nicht mehr möglich. Dass dies keine Wunschvorstellungen sind, zeigt ein Blick über die Landesgrenzen hinaus: In den Niederlanden wird der Bürger als Bürger behandelt.

Dick van Maave ist Chef eines Bauunternehmens mit 60 Millionen Euro Umsatz in Doetinchem, nur 20 Kilometer von Deutschland entfernt. Aber es sind 20 Kilometer, die einen gewaltigen Unterschied im Verhältnis zwischen Bürger und Staat machen. Er führt uns in sein Büro. Im Nebenzimmer sitzt eine Halbtagskraft, die die ganze Buchführung und die Steuerangelegenheiten bearbeitet. »Eine Halbtagskraft?«, frage ich. »Die Hauptarbeit macht dann wohl der Steuerberater.« – »Was für ein Steuerberater? So was haben wir nicht«, klärt er mich auf.

Die junge Frau ergänzt: »Ja, ich gebe alle Unterlagen per EDV weiter an das Finanzamt, und die sagen uns, was wir zu zahlen haben.« Das klingt wie im Märchen – aber es ist keines. Einmal im Jahr setzen sich Finanzamt und Unternehmen zusammen und besprechen die Bilanz und die Perspektiven für das nächste Jahr. Danach wird die Steuerlast festgelegt. Das war es. Der Steuerpflichtige muss alle Unterlagen sammeln und aufbewahren, damit sie vollständig vorhanden sind, sollte er einer turnusmäßigen Finanzamtsüberprüfung unterzogen werden.

Die Steuerlast in den Niederlanden ist im Durchschnitt um drei Prozent höher als in Deutschland. Aber dafür herrscht Rechtssicherheit. Und der Bürger braucht keinen Steuerberater und keine ganze Abteilung, die sich nur um die Steuern kümmert. Der niederländische Bürger hat mehr Freizeit und mehr Freiheit. Ein Tag im Jahr gehört dem Finanzamt. Anders als bei uns, wo alle Vierteljahr mindestens ein Wochenende draufgeht, wenn die Abrechnungen bearbeitet werden müssen. Alternativ muss ein Steuerberater damit beauftragt werden, und die komplizierte Buchführung verschlingt mindestens ein halbes Monatseinkommen. Für eine solche Vereinfachung wäre in der Bundesrepublik sicher eine große Mehrheit bereit, drei Prozent mehr Steuern zu zahlen.

In Deutschland bin ich sogar verpflichtet, für die Beratung im Finanzamt zu bezahlen. Aber die Auskunft ist dennoch nicht rechtsverbindlich! Wird ein anderer Sachbearbeiter für mich zuständig, kann und darf er alles wieder ganz anders bewerten oder einstufen. Wer kennt nicht die Auseinandersetzungen um das Fahrtenbuch und die Bewirtungen – zwei unklare Bestimmungen, die ganze Heerscharen von Finanzbeamten, Steuerberatern und Gerichten beschäftigen.

In einem Fall hat das Finanzamt im Fahrtenbuch eines Dienstwagens unter 180 000 Fahrkilometern innerhalb von drei Jahren 400 Kilometer als nicht schlüssig identifiziert. Es handelte sich um Eintragungen, die mit der Wartung des Fahrzeugs zu tun hatten. Die Werkstatt bestätigte schriftlich, dass sie die Kilometerzahl oft abgerundet eintrage. Deshalb könne es schon einmal vorkommen, dass sie weniger aufschreiben, als in Wirklichkeit gefahren worden ist.

Obwohl der Tacho hätte rückwärts laufen müssen, um den Widerspruch im Sinne des Finanzamtes zu interpretieren, gab sich die Behörde nicht zufrieden. Sieben Jahre beschäftigte sie sich mit dem Fall: Fragte beim TÜV nach den Protokollen, ob sich da nicht noch eine Differenz einschleichen könnte. Eine Sachbearbeiterin verstarb, der nächste Zuständige musste sich wieder einarbeiten. Am Ende reduzierte das Finanzamt seine Forderung von gut 20 000 Euro auf 1000 Euro, die der Betroffene bezahlte, nur damit er endlich seine Ruhe hatte. Die Rechnung des Steuerberaters aber betrug für den Zeitaufwand über 2000 Euro. In den Niederlanden hingegen werden die Posten »Dienstwagen« und »Bewirtung« mit Pauschalen eingesetzt, bei denen der Staat nicht zu kurz kommt, der Steuerzahler damit aber leben kann.

Für den Steuerhinterzieher und Ex-Post-Chef Zumwinkel jedoch ist es ein Glück, dass er nicht in den Niederlanden lebt. So bürgerfreundlich und partnerschaftlich das Finanzamt arbeitet, so hart wird bestraft, wer dieses Vertrauen durch Steuerhinterziehung oder falsche Angaben missbraucht. Dort gäbe es bei den Größenordnungen, die der ehemalige Vorzeigemanager versteckt hatte, keine Strafe auf Bewährung.

Und noch etwas wäre in den Niederlanden nicht möglich: Wenn ein Unternehmer Steuern hinterzieht, dann wird er so bestraft, dass keine Arbeitsplätze verloren gehen. »Dann bestrafen wir uns ja selbst«, erklärt mir der Leiter eines Finanzamts. Nein, so gnadenlos dumm und brutal, wie in Deutschland die Finanzämter Arbeitsplätze vernichten, sind sie nur in wenigen Staaten – und die haben alle keine freiheitlich-demokratische Tradition.

Unser Steuerrecht überrascht mit humorvollen Gesetzen, die Kabarettisten Vorlagen geben für ein abendfüllendes Programm – nur dass dabei den Betroffenen das Lachen im wahrsten Sinne des Wortes im Halse stecken bleibt. Können Sie sich vorstellen, dass es einen eigenen Mehrwertsteuersatz für rohe oder eingelegte Quallen gibt? Mir war bisher nicht einmal bekannt, dass die auf deutschen Speisekarten stehen. Oder: Welcher Witzbold hat es sich ausgedacht, dass Eselsohren (7 Prozent) einem anderen Mehrwertsteuersatz unterliegen als Mauleselohren (19 Prozent)? Ein Gang über einen Kräutermarkt ist ebenfalls ein steuerpolitischer Angriff auf die Lachmuskeln. Eine kleine Kostprobe: Dill wird mit 7 Prozent besteuert, anders dagegen Salbei. Da sind 19 Prozent fällig. Beim Majoran kommt es ganz darauf an: Der wilde Majoran wird mit 19 Prozent, die Form des Küchenmajorans mit 7 Prozent besteuert. Auch für das Lorbeerblatt sind zwei Auszeichnungen fällig: Wird es in die Suppe geworfen, also als Küchenkraut genutzt, müssen 19 Prozent aufgeschlagen werden, wird es in klares, heißes Wasser geworfen, um daraus einen Tee zu bereiten, sind nur 7 Prozent zu entrichten. Da ist man schon richtig froh, dass beim Basilikum die Rechtslage klar ist. Er unterliegt immer 19 Prozent Mehrwertsteuer. Und so geht es munter weiter: Kartoffeln 7 Prozent, Süßkartoffeln 19 Prozent. So werden preußische Errungenschaften auch noch im Steuerrecht belohnt.

An Absurdität kaum zu überbieten sind die Regelungen rund um die Tomate. Ein Auszug aus dem Gesetzestext: »Für Tomaten ganz oder in Stücken, auch homogenisiert, anders als mit Essig oder Essigsäure zubereitet oder haltbar gemacht, zum Beispiel Tomatensaft mit einem Gehalt an Trockenstoff von 7 Gewicht Hundertteilen oder mehr, gilt der ermäßigte Steuersatz, also 7 Prozent, und für Tomatenketchup und andere Tomatensoßen, sowie Tomatensuppen und Zubereitungen zum Herstellen solcher Suppen, gilt 19 Prozent.«

Stellen Sie sich vor, wie bei diesem Kräuterwahn und Tomatenmatsch ein Händler auf dem Wochenmarkt seine Umsatzsteuererklärung rechtlich einwandfrei abgeben soll. Wann immer ein Kontrolleur will, kann er ihn wegen Steuerhinterziehung anzeigen. Spätestens dann ist es kein Kabarett mehr, dann ist es die Fratze eines Willkürstaats, der sich hinter diesem Unsinn verbirgt.

Diese Abhängigkeit des Bürgers lässt sich dieser Staat einiges kosten. Volker Wissing, FDP, ab 2009 einige Zeit Vorsitzender des Finanzausschusses im Bundestag, der gegen diesen Unfug ankämpft, hat nach vielen parlamentarischen Anfragen im Bundestag herausgefunden, dass in den letzten Jahren 9700 Anfragen im Ministerium eingereicht wurden, bei denen es um den gesetzlichen Mehrwertsteuersatz ging. 470 Personen sind allein im Bund mit der Beantwortung beschäftigt, wie viele es zusätzlich in den Ländern sind, ist unbekannt. Der Verdacht kommt auf: Unsere Steuergesetzgebung ist in Wahrheit ein Beschäftigungsprogramm.

Die Hauptlast staatlichen Versagens muss immer von der Masse der Bevölkerung ausgebadet werden, und je geringer das Einkommen ist, umso härter wird der Einzelne getroffen. Ich habe in den letzten Jahren mit den wichtigsten SPD-Finanzexperten über das komplizierte Steuerrecht gesprochen. Wenn es nicht um die Höhe der Steuerbelastung geht, warum ist die SPD als Partei der tariflich beschäftigten Arbeitnehmer, der Handwerker und Kleingewerbetreibende nicht Vorreiter einer Steuervereinfachung? Die Antworten waren niederschmetternd. Finanzminister a. D. Hans Eichel behauptete, unser Steuerrecht sei nicht komplizierter als in anderen Ländern. Es müssten nur mehr Fahnder und Steuerbeamte eingestellt werden, um die Hinterziehung von Steuern zu unterbinden. Ähnlich sah das auch Joachim Poß, Steuerfachmann der SPD-Fraktion. Seine Partei würde darauf achten, dass niedrige Einkommen durch die Senkung der Eingangssteuerhöhe entlastet würden und die Steuerprivilegien der Arbeiter, wie die steuerfreien Zulagen für Schicht- und Nachtarbeit, erhalten bleiben. Die ehemalige Staatssekretärin im Finanzministerium Barbara Hendricks meinte lapidar: Unser ganzer Staat sei kompliziert, warum solle ausgerechnet das Steuerrecht einfach sein. Und der fachlich hochgelobte Finanzminister a. D. Peer Steinbrück leugnete ebenfalls, dass wir ein kompliziertes Steuerrecht hätten. Das träfe nur auf Unternehmen und Steuerpflichtige mit mehreren Einkommen zu. Der normale Facharbeiter könne schon heute seine Steuererklärung auf einem elektronischen Formblatt problemlos erledigen.

Fazit: Die eine Partei (CDU/CSU) will nichts ändern, die andere Partei (SPD) sieht kein Problem und die dritte Partei (FDP) kann nichts ändern, ihr fehlt objektiv die Kraft und subjektiv die fachliche Kompetenz. Anfang 2013 hat sie sich schließlich als Steuervereinfachungspartei verabschiedet, ihre eigenen Vorschläge beerdigt und sich damit von ihren Wählern verabschiedet. Die Position der Grünen ist nicht auszumachen. Das beweist nur, dass alle Finanzpolitiker schon lange keine Lohnabrechnung eines Arbeiters mehr gesehen haben. Krankenschwestern, Facharbeiter und Handwerker haben wir mit ihrer monatlichen Lohnabrechnung konfrontiert und gefragt, ob sie alles verstehen, was dort steht. Wir haben niemanden gefunden, der uns all die Abkürzungen, Steuerermäßigungen um 25 Prozent, 50 Prozent oder 100 Prozent erklären konnte. Da gibt es betriebliche und staatliche Zulagen, Abzüge für die Sozialversicherungen und Verrechnungen mit anderen Monaten. Die Arbeitnehmer sehen nur, dass vom Brutto erstaunlich wenig netto übrig bleibt und dass die Nettosumme jeden Monat anders ausfällt.

Als Christine Scheel von der Partei der Grünen noch Vorsitzende des Finanzausschusses im Bundestag war, unternahm sie einmal den Versuch, ein einfaches Formular für die Gewinn- und Verlustrechnung für Kleinunternehmer durchzusetzen. Sie scheiterte kläglich. Der Entwurf, den ihr die Verwaltung zusandte, war doppelt so lang wie der vorherige. Als sie protestierte, wurde ihr beschieden, dass Formulare nicht Aufgabe des Parlaments seien, sondern der Verwaltung und deshalb gehe sie das gar nichts an. Ergänzend teilte ihr die Finanzstaatssekretärin Hendricks mit: Dieses ausführliche Formular sei nötig, um die Überwachung zu sichern.

Doch die Überwachung und Komplexität des Steuerrechts ist eine teure Angelegenheit. Professor Heinz Grossekettler, jahrelang Vorsitzender des wissenschaftlichen Beirats des Finanzministeriums, der am Finanzinstitut der Universität Münster lehrte, hat einmal ausgerechnet, wie viel mehr die Erhebung der Steuern in Deutschland kostet als in vergleichbaren Staaten. Wenn er die Belastung für die Volkswirtschaft herausrechnet, also auch die privaten Aufwendungen für die Steuerberater, die Zeitverluste usw., kommt er bei einem Bruttoinlandsprodukt von 2,2 Billionen Euro auf 88 Milliarden Euro. Dies sind die sogenannten Transferkosten. Von den 500 Milliarden Euro Steuereinnahmen verschlingt allein die Finanzverwaltung 30 Milliarden Euro an direkten Kosten. Es gibt dabei Steuerarten, die fast genauso viel kosten, um sie zu erheben, wie sie einbringen. Die Kraftfahrzeugsteuer ist zum Beispiel besonders teuer und wäre schon aus diesem Grunde dringend verzichtbar.

Das hat auch zur Folge, dass Deutschland den wohl dichtesten Bestand von Steuerbeamten in der Finanzverwaltung hat. 240 460 Planstellen sind dafür 2008 ausgewiesen. Für die Verteidigung sind es im gleichen Jahr 281 600. Trotzdem fordert die Gewerkschaft der Steuerbeamten ständig mehr Planstellen, weil selbst diese Menge an Beamten es nicht schafft, in diesem gesetzlich organisierten Chaos eine einigermaßen akzeptable Steuergerechtigkeit herzustellen.

Professor Grossekettler stellt in seiner Untersuchung fest, dass die Transfer- und Erhebungskosten um die Hälfte gesenkt werden müssten, um internationales Niveau zu erreichen. Das wäre durch eine Steuervereinfachung leicht zu bewerkstelligen. Sie würde sich, bei einer Senkung der Tarife auf das von Kirchhof vorgeschlagene Niveau von 25 Prozent genereller Steuerlast, refinanzieren.

Friedrich Merz, einst Hoffnungsträger für alle steuergeschädigten Bürger, der viel Spott ertragen musste, weil er von der Steuererklärung auf einem Bierdeckel geträumt hatte – die übrigens in Neuseeland, der Slowakei und Estland schon Realität ist – hat den grundsätzlichen, unlösbaren Konflikt in der Bundesrepublik für jeden verständlich beschrieben: »Natürlich wollen viele in der Politik durch Steuern steuern, und das ist eine Machtfrage, und das ist ein Macht- und Gestaltungsanspruch des Staates gegen seine Bürger, und es stellt sich schlicht die Frage: Wie viel Freiheit für den Bürger wollen wir, und wie viel Macht-und Gestaltungsanspruch brauchen wir? Das ist eine Abgrenzung, die der Staat auch im Dialog mit den Bürgern treffen muss.«

Die Aushöhlung des Rechtsstaates durch die eigene Regierung ist seit Jahren gängige Praxis in Deutschland. Das unverständliche Abgabenrecht führt dazu, dass die Finanzgerichtsbarkeit immer häufiger angerufen wird. Das ist aber für den Steuerbürger ein mühsamer und langwieriger Weg. Rund 54 000 Klagen werden jährlich bei den Finanzgerichten eingereicht. Die Masse lässt sich durch außergerichtliche Verhandlungen regeln. Aber 10 774 Urteile fällten die Finanzgerichte 2009. Doch 2595 Bürger waren damit noch nicht zufrieden und reichten Klage beim Bundesfinanzhof ein. Bei 19,5 Prozent der Klagen urteilte der Bundesfinanzhof zugunsten des Steuerzahlers, wurde dem Fiskus in letzter Instanz bescheinigt, dass er zu Unrecht Steuern erheben wollte. Doch die Freude über einen Sieg und die doch noch funktionierende Rechtsstaatlichkeit in unserem Land kann verfrüht sein.

Manche Urteile des Bundesfinanzhofs ärgern die Mächtigen im Bundesfinanzministerium so sehr, dass sie die Gewaltentrennung, die eine Demokratie verlangt, einfach außer Kraft setzen. Das Parlament ist die Legislative, die die Gesetze erlässt – im Steuerrecht mehr schlechte als gute. Die Ministerien gehören zur Exekutive, die die gleichmäßige Anwendung der Gesetze gewährleistet. Die Finanzgerichte repräsentieren die Judikative, die darüber wacht, dass Gesetze und ihre Anwendung mit der Verfassung im Einklang stehen. Das lernen wir schon in der Schule.

An den Toren des Bundesfinanzministeriums endet aber die Gewaltentrennung. Wenn Entscheidungen des Bundesfinanzhofs für die Bundeskasse zu teuer werden, oder den Ministerialen nicht passen, dann erlässt das Ministerium einen sogenannten Nichtanwendungserlass. Das heißt, das Urteil wird nicht im Bundessteuerblatt veröffentlicht und ist damit quasi für die Finanzbeamten nicht existent. Alle gleich gelagerten Fälle dürfen dann nicht gemäß dem Urteil der obersten deutschen Steuerrichter entschieden werden. Der betroffene Bürger hat dann wieder nur die Möglichkeit, mit entsprechenden Gebühren und Zeitverlust seinen Fall erneut bis zum Bundesfinanzhof durchzuklagen. Viele scheuen die enormen Kosten und geben klein bei. Der Bund der Steuerzahler stellt zu dieser Praxis lapidar fest: Das Grundgesetz wird ausgetrickst.

Bei meiner bereits erwähnten Diskussion mit dem damaligen Bundesfinanzminister Peer Steinbrück in Passau 2009 fragte ich ihn unter anderem, wie er diese Verwischung von Exekutive und Judikative rechtfertige. Schließlich habe diese Praxis während seiner Amtszeit deutlich zugenommen. »Alles nicht wahr«, entgegnete er mir. Er habe sich erst vor ein paar Wochen mit dem Präsidenten des Bundesfinanzhofs Wolfgang Spindler getroffen und alles besprochen. Es handle sich gerade um zwei Fälle mit widersprüchlichen Urteilen aus zwei verschiedenen Kammern des Bundesfinanzhofs. Es gäbe also kein Problem. Auf meine Vorhaltungen hin, dass ich ihm gerne 122 Urteile übergeben würde mit Aktenzeichen aus dem letzten Jahr, die alle dem Nichtanwendungserlass zum Opfer gefallen waren, und dass jede zehnte Entscheidung kassiert worden wäre, antwortete Steinbrück wieder: »Alles nicht wahr.« Ich ließ nicht locker. Schließlich hatte ich vom Bundesfinanzhof die Auskunft erhalten, dass es Urteile gibt, die weder veröffentlicht noch von einem Nichtanwendungserlass betroffen sind, sondern die die Finanzverwaltung einfach verschwinden lässt. Steinbrücks Reaktion: »Wollen wir uns jetzt hier über Aktenzeichen des Bundesfinanzhofs unterhalten oder über ernsthafte Dinge?« Das war für mich eine neue Erfahrung.

Das Fazit von Professor Paul Kirchhof zum deutschen Steuerrecht lautet: »Das geltende Steuerrecht ist nicht mehr verfassungsgemäß, weil es unverständlich ist. Die Grundidee des Gesetzes ist, dass die Staatsgewalt im Bundesgesetzblatt, in dem Text, der dort geschrieben steht, sagt, was sie vom Bürger erwartet und der Bürger seine Pflichten erkennen kann, indem er den Gesetzestext liest. Das ist heute nicht mehr gegeben.« Aber warum klagt dann kein Staatsrechtler gegen das Steuerrecht? Kirchhof ist ja nicht allein mit seiner Ansicht. Warum greift keine Partei diesen Skandal auf und klagt vor dem Bundesverfassungsgericht? Warum lassen wir Bürger uns das gefallen? Offensichtlich bringt niemand mehr die Kraft auf, sich gegen diese allumfassende, lähmende Bürokratie zu wehren. Das Steuerrecht ist das Ergebnis unserer verhängnisvollen Geschichte in den letzten hundert Jahren, Ausdruck der staatlichen Bevormundung der Deutschen, ihrer Misere, weil sie sich als Untertanen einrichten. Und so ist das Steuerrecht mitverantwortlich, wenn sich die Deutschen langsam aus der Geschichte verabschieden.

11. EIN LÖSUNGSVORSCHLAG – LASTEN-AUSGLEICH STATT STAATSPLEITE

Das fröhliche »Es wird schon nicht so schlimm kommen« der Berufsoptimisten lebt auch von den gigantischen, rund 2 Billionen Euro Staatsschulden. Weil die eh nicht zu begreifen sind, verlangen wir weitere Wohlfühlversprechen von der Politik, die sie mit weiteren ungedeckten Schecks bezahlt. Alles kein Problem, solange die öffentliche Meinung die Debatte beherrscht, zwei Billionen Euro seien sowieso nicht mehr zu tilgen. Und so wird dieses lebensgefährliche Krebsgeschwür »Staatsverschuldung« weiter gezüchtet.

Mit herkömmlichen Behandlungsmethoden ist da tatsächlich nichts mehr zu machen. Wie niedlich sind doch die Rezepte der Ganzlinken, der Soziallinken und Grünlinken, durch eine Erbschaftssteuer, eine Vermögenssteuer und eine Erhöhung der Einkommenssteuer die Finanzierung unserer Haushalte sicherzustellen. Niedlich, weil alles, was sie vorschlagen, vielleicht 15 Milliarden Euro bringt. Wenn überhaupt! 15 Milliarden, das sind etwa ein Drittel der Zinsen des Bundes, die pro Jahr fällig sind. Aber der schlichte abgenudelte Spruch: »Stärkere Schultern müssen auch stärkere Lasten tragen«, lässt sich dadurch in der Gerechtigkeitsdebatte immer wieder in den Talkshow-Ritualen eindrucksvoll einsetzen.

Aber auch die sich »bürgerlich« nennenden Parteien sollten genau wissen, dass ihr Rezept, durch Ausgabenkürzungen die Staatsschuld zu tilgen oder auch nur zu senken, nichts bewirkt. Was sind schon Einsparungen von 10 Milliarden Euro im Bundeshaushalt, wenn die Finanzierungslücke 50 Milliarden Euro beträgt, eine Summe, die auf die Etats um das Jahr 2010 zutrifft.

Linke wie Rechte ergehen sich in rhetorischem Aktionismus, wobei mir nicht mehr ganz klar ist, ob sie noch wissen, dass das alles nur Sprechblasen sind, um die Wähler zu ködern, oder ob sie tatsächlich an dieses Klein-Klein glauben, mit dem sie uns zielsicher in einen Staatsbankrott treiben. Dazu habe ich eine passende Beschreibung bei Ferdinand Lassalle, dem Mitbegründer der Sozialdemokratie, gefunden: »Alle große politische Aktion besteht im Aussprechen dessen, was ist, und beginnt damit. Alle politische Kleingeisterei besteht im Verschweigen und Bemänteln dessen, was ist.« Trefflicher lassen sich unsere Parlamente und Regierungen zurzeit nicht beschreiben.

Wie tragisch ist also die deutsche Staatsschuld im Jahre 2010 mit rund 1,8 Billionen Euro? Das Jahresvolkseinkommen betrug 2009 ebenfalls rund 1,8 Billionen Euro. Das heißt, dass wir unser Jahresvolkseinkommen schon verzehrt haben, bevor wir es erwirtschaften. Ein Unternehmen stünde bei solchen Kennzahlen kurz vor der Insolvenz. Aber: Das Volksvermögen betrug 2008 laut Deutscher Bundesbank 8,9 Billionen Euro. Das ist aber nur eine Betrachtungsweise. Denn wie viel die Bundesrepublik Deutschland wirklich wert ist, weiß keiner genau. Wenn alle Infrastruktur wie Straßen, Kanalisation, Eisenbahnen, Gewässerschutz, Fabriken und Wohngebäude mit einem Wert erfasst und dieser addiert würde, schätzen Finanzexperten das Volksvermögen auf 12 bis 16 Billionen Euro.

Ziemlich genau bekannt sind dagegen die Finanzvermögen, und diese betragen 4,6 Billionen Euro. Während der Finanzkrise waren sie vorübergehend um 3 Prozent gesunken. Aber im Herbst 2010 haben sie schon wieder die Verluste ausgeglichen und sogar den höchsten Stand aller Zeiten erreicht. Das heißt: Die Reichen in Deutschland waren noch nie so reich wie heute. Abgesehen davon, dass damit den politischen Krisenmanagern ein Armutszeugnis ausgestellt wird, weil diese Entwicklung zeigt, wie sie von den Monopolkapitalisten über den Tisch gezogen worden sind, bedeutet dieser Reichtum auch, dass die Insolvenz des Staates abgewehrt werden kann – aber nur mit einem radikalen Schnitt.

Bevor ich weiterschreibe, muss ich Dr. Otto Gaßner vorstellen. Der 58-jährige Rechtsanwalt war jahrelang – auch 1990 während der Wiedervereinigung – Chefsyndikus des Bankhauses Merck, Finck & Co. Er ist vernetzt mit Politikern und Unternehmern, vor allem in Bayern. Es gibt kaum ein Großprojekt, in dem seine Beratung nicht gesucht wird, an dem seine Kanzlei nicht beteiligt ist. Gaßner, ein bekennender wertkonservativer Katholik, ist unbeugsamer Anhänger der Ludwig Erhard'schen Marktwirtschaft und bezeichnet sich selbst als Ordoliberalen.

Für die Linken taugt er als Feindbild. Alle Ideen, Ausführungen und rechtlichen Begründungen für eine radikale Lösung der Staatsverschuldung, die ich im Folgenden beschreibe, beruhen auf einem Papier, dass ich von ihm erhalten habe und das er mit »Operation Rebound« – »Operation Zurückholung« – überschrieben hat.

Es geht darin um nicht mehr und nicht weniger, als die Staatsschulden mit einer einmaligen Vermögensabgabe komplett zu tilgen. Es wäre ein Neubeginn im wiedervereinigten Deutschland möglich. Ein Zurück auf »Go«. Sein radikaler Ansatz durchbricht die nichtsnutzige Rhetorik der Parteien und zwingt sie, eine potenzielle Lösung eines scheinbar unlösbaren Problems zu diskutieren. Das verblüffende an Gaßners Vorschlag ist die Erkenntnis, dass es überhaupt möglich ist, den zur Tilgung der Staatsschuld erforderlichen Betrag aufzubringen. Er will dafür das Immobilien- und Geld-vermögen heranziehen. Die Legitimation für seine Vermögensabgabe, die wie eine vorweggenommene Währungsreform wirkt, nimmt er aus der deutschen Geschichte.

Zweimal schon, nämlich nach dem Ersten und dem Zweiten Weltkrieg, befand sich Deutschland in einer ähnlichen finanziellen Notlage. Damals allerdings waren zerstörerische Kriege die Ursache für Deutschlands Elend. Die wirtschaftliche Situation 1989 in der Ex-DDR wird spöttisch mit dem Satz umschrieben: »Sozialismus heißt Ruinen schaffen ohne Waffen.« Aber diese hauptsächlich von Westdeutschen gern arrogant vorgetragene Pointe vergisst, dass die Schulden ganz Deutschlands, also auch die vom Westen verursachten, eine ebenso verheerende Wirkung auf die Volkswirtschaft hatten wie die beiden Kriege.

Der Zerfall der Bundesrepublik ist eher mit einem von Termiten befallenen, prächtigen Haus zu vergleichen. Die Fassaden sehen noch beeindruckend und gepflegt aus. Innen aber sind sie ausgehöhlt, und die Gefahr ist groß, dass sie beim nächsten Windstoß zusammenbrechen – heißt der nun Finanzkrise oder Eurokrise.

Gaßners politische und moralische Rechtfertigung für die einmalige Vermögensabgabe lautet: »Als Erbe der Vergangenheit belastet heute die Staatsschuld Gegenwart und Zukunft. Mit Hebung der angesammelten Reserven im Volksvermögen belasten wir die Vergangenheit und befreien Gegenwart und Zukunft. Wir erreichen Perioden- und Generationsgerechtigkeit. Staat und Bürger der Vergangenheit haben die Staatsschuld und das Volksvermögen produziert, für die kommenden Generationen saldieren wir und ermöglichen einen neuen Anfang.« Wer kann dem widersprechen, ohne sich als gnadenloser Egoist oder kleinkarierter Karrierist zu outen?

Die Berechnung der einmaligen Vermögensabgabe: Deutschland hat eine Fläche von rund 360 000 Quadratkilometer, das sind 360 Milliarden Quadratmeter. Eine Belastung von 5 Euro pro Quadratmeter ergeben 1,8 Billionen Euro – also praktisch die vollständige Tilgung der Staatsschuld. Des Weiteren stehen als Abgabevolumen zur Verfügung: 4,6 Billionen Euro als Finanzvermögen, wobei das Nettogeldvermögen allein bei 2,7 Billionen Euro liegt. Je nach Höhe müssten für die Werteinlagen in den Depots zwischen 1 und 10 Prozent in den Lastenausgleich gezahlt werden.

Erst wenn die genauen Daten der Banken und der Bundesbank für diese einmalige Vermögensabgabe bekannt sind, können auch die zu erwartende Summe und die Höhe der Abgabe festgelegt werden. Die hier genannten Zahlen unterliegen natürlich erheblichen Schwankungen, je nach Konjunktur- und Aktienkursverlauf. Als Beispiel sei die Telekom genannt. Nach ihrem Kurssturz 2005 hatten die Kapitaleigner in wenigen Monaten 330 Milliarden Euro verloren. Zum Höhepunkt der Finanzkrise Ende 2008 hatte der DAX zum Beispiel 40 Prozent seines Wertes verloren und war auf 4810 Punkte abgestürzt, aber bis Anfang Dezember 2010 schon wieder auf über 7000

Punkte geklettert. Eine einmalige Abgabe von höchstens 10 Prozent zur Finanzierung der Staatsschulden bringt deshalb keinen Börsen-Player in Existenznot.

Die einmalige Abschöpfung des Immobilienvermögens muss natürlich sehr differenziert erfolgen, ohne dass allzu viele Ausnahmen und Besonderheiten zu einer Flut von Prozessen beim Bundesverfassungsgericht oder zu endlosen zeitlichen Verzögerungen führen. Beachtet werden muss der Unterschied, ob es sich um bebautes Land oder Bauland handelt. Ein Quadratmeter in Oberbayern hat sicher auch einen anderen Wert als ein Quadratmeter im östlichen Brandenburg. Wertunterschiede ergeben sich ebenfalls aus der Art der Nutzung. Gewerblich genutzte Fläche muss anders herangezogen werden als Parzellen für Einfamilienhäuser oder gar Hochhäuser mit entsprechender Geschossfläche.

Als Grundlage kann bei der Bewertung zudem auf die bundesweit erarbeiteten Bodenrichtwertkarten zurückgegriffen werden und auf die vorhandenen Grund- und Hypothekenschulden, in denen ja eine Marktbewertung zum Ausdruck kommt. Ein Problem ist das beachtliche Grundeigentum der öffentlichen Hand: Dieses Fiskalvermögen sollte wie privates Eigentum belastet werden.

Es würde den Rahmen dieses Buches sprengen, jetzt einen fertigen, rechtlich einwandfreien Katalog vorzustellen, wie die 5 Euro pro Quadratmeter deutschen Bodens im Durchschnitt zu berechnen sind. In dem Papier »Operation Rebound« aber beschreibt Gaßner, wie die Abgabe erhoben werden kann. Ein Beispiel, das als Richtlinie dienen könnte und das deutlich macht, um wie viel Geld es sich handelt: Für ein Einfamilienhaus ohne Einliegerwohnung auf 700 Quadratmetern Fläche wären einmalig 3500 Euro fällig. So viel werden wir in nächster Zeit mindestens mehr an Steuern zahlen, um die laufenden Haushalte auszugleichen.

Da große Immobilienvermögen nicht liquide zur Verfügung

stehen, können sie nicht zu einer sofortigen Zahlung herangezogen werden. Nach historischem Vorbild sind aber Zwangshypotheken, beziehungsweise Hypotheken- und Grundschuldaufschläge und Hypothekengewinnabgaben möglich. Das heißt, die Grundstücke werden mit einer erstrangigen Grundschuld plus Zinsverpflichtung zugunsten des Staates belastet. Der Eigentümer kann sofort zahlen oder innerhalb eines Zeitraums, etwa in zehn Jahren.

Wie schon gesagt: Diese Form des Lastenausgleichs hat historische Vorbilder. Nach der Hyperinflation 1923 schob der damalige Reichsfinanzminister Hans Luther all seine theoretischen Bedenken beiseite und schuf mit einem radikalen Währungsschnitt und einer rigorosen Steuerpolitik die Rentenmark. Die Deckung dieser stabilen Rentenmark sicherte er mit Zwangshypotheken.

Der Lastenausgleich nach dem Zweiten Weltkrieg nahm den Besitzern die Hälfte des vorhandenen Vermögens zum Stichtag 21. Juni 1948 weg. Dazu gehörten auch Immobilienvermögen und vor allem landwirtschaftlicher Besitz, der von den Alliierten konfisziert wurde, um ihn an geflüchtete Bauern zu verteilen.

Seine Vorschläge ließ Gaßner von der Creme der deutschen Verfassungswissenschaft prüfen, darunter von seinem Doktorvater Professor Klaus Vogel, der auch Doktorvater von Professor Paul Kirchhof war, und dem Senior des Deutschen Verfassungsrechts Professor Wolfgang Fikentscher. Gaßners Vorschläge sind mit dem Grundgesetz und der deutschen Verfassungswirklichkeit absolut vereinbar.

Der Charme dieser Staatsentschuldung: Die beim Staatsbankrott sowieso fälligen Vermögenseinbußen werden so durchgesetzt, dass sie nicht die Zukunft verstellen. Was sind denn die Alternativen?

Eine schleichende Inflation, die die Vermögenssubstanz aller Bevölkerungsschichten auffrisst. Eine 4-prozentige Inflation halbiert innerhalb von zehn Jahren den Wert der Ersparnisse und halbiert auch den Lebensstandard. Das trifft vor allem den Durchschnittsbürger. Die Inhaber großer und flexibler Vermögen bevorzugen dagegen zurzeit eine Inflation, weil sie ihre Barwerte in Staaten mit geringerer Geldentwertung bringen können – oder, wie sie mir sehr oft vielsagend erklären: Sie würden schon jetzt in entsprechende Immobilien investieren. Ein typischer Fall für die These: »Geld vernebelt das Gehirn«. Von den Zwangshypotheken der letzten beiden Staatspleiten hatten sie vor meinen Gesprächen mit ihnen noch nie etwas vernommen.

Die Vorstellung, durch das Drehen an der Steuerschraube, durch Einsparungen im Sozialetat, durch neue Konjunkturprogramme und Wirtschaftswachstum der Staatspleite zu entgehen, entspringt reinem Wunschdenken und ist vom nackten Egoismus der »Besserverdiener« geprägt. Allein die Tatsache, dass die Staatsschuld demnächst ein gesamtes Jahresvolkseinkommen ausmacht, zeigt, wie irrig die Vorstellung ist, dass eine Befreiung aus dem Würgegriff über eine Steigerung der Ertragsbesteuerung möglich sei. Wohl aber werden die sozialen Spannungen zunehmen und zu neuen Belastungen für die Volkswirtschaft führen. Wenn die niedrigen Einkommensschichten das Gefühl haben, dass sie jetzt die Betrogenen sind, die für das »In-die-eigene-Tasche-Wirtschaften« von »denen da oben« die Rechnung bezahlen müssen, gehen sie auf die Straße. In den Staaten, die jetzt schon zu rigorosen Sparmaßnahmen gezwungen sind, können wir das fast täglich beobachten. Mit nüchternen Argumenten ist dann nicht mehr viel zu machen: Die Staaten geraten in tödliche Krisen. Gestern Argentinien, heute Griechenland und Irland, und morgen vielleicht schon Frankreich oder Deutschland. Denn in einem Punkt haben die Demonstranten von Athen, Dublin, Madrid, Paris und London recht: Der jetzt eingeschlagene Kurs der EU-Länder, durch Sparmaßnahmen die zerrütteten Finanzen wieder in Ordnung zu bringen, belastet unverhältnismäßig den »kleinen Mann« und den Mittelstand.

Die einmalige Vermögensabgabe von 1,8 Billionen von den Vermögenden aber würde Deutschland alle Chancen eröffnen. Diese Kraftanstrengung würde beweisen: Das Zusammenwirken von Wirtschaft, Recht und Markt ermöglicht Freiheitsspielräume und schafft die Grundlagen, um die einmalige Einbuße bald wieder zu erwirtschaften. Hinzu kommt ein Gesichtspunkt, den Otto Gaßner in seinem Papier nicht betont, der mir aber sehr wichtig ist. In Deutschland wird gern auf die Neidgesellschaft verwiesen, die den Leistungsträgern ihr hart verdientes Geld nicht gönne. Das sagen dann die, die damit ihr Schwarzgeldkonto im Ausland verteidigen, die Schwarzarbeiter beschäftigen, obwohl sie ohne Probleme auch einen anständigen Lohn bezahlen könnten. Ich habe diese Neidgesellschaft so noch nicht vorgefunden. Die beliebten Stars, unsere Fußballhelden, verdienen Millionen im Jahr, mehr als die Masse der Manager, die für Hunderte Menschen Verantwortung tragen. Kaum jemand regt sich auf, wenn der 20-jährige Bayernstürmer Thomas Müller jetzt laut *Bild* 3 Millionen Euro im Jahr bekommt. Im Gegenteil: Die Bayern-Bosse wären arg beschimpft worden, hätten sie den Publikumsliebling für ein paar lumpige Millionen ins Ausland ziehen lassen.

Nicht viel anders werden Schlagersänger, Schauspieler und Künstler eingestuft. Ihre Millionengagen regen niemanden auf, oder haben sie etwa gehört, dass die Jungs von der Popgruppe Tokio Hotel auch mit 5000 Euro pro Monat gut bedient wären, wo doch in ihrer Heimatstadt Magdeburg Tausende noch nicht einmal 1000 Euro im Monat verdienen? Und Fernsehstar Günther Jauch hat die Frage »Wer wird Millionär?« längst beantwortet. Er wurde Millionär und ist trotzdem so beliebt, dass die Menschen ihn für eine der vertrauenswürdigsten Personen unserer Republik halten.

Neid ist vorhanden, aber nur dann, wenn keine Gegenleistung erkennbar ist, für die einer Millionen kassiert. Über die Bankbonus-Empfänger schreibe ich an anderer Stelle; sie sind zusammen mit einigen Managern zum Feindbild des hart arbeitenden Bürgers mutiert. Sie gehören zu den Kapitalisten, vor denen wir den Kapitalismus retten müssen. Bei Neidgefühlen fallen mir vor allem die vielen Millionen Mitbürger ein, die aus den Tausenden von Töpfen Subventionen erhalten, weil sie zu einer Berufsgruppe gehören oder in einer bestimmten Region wohnen oder in einer bestimmten Branche arbeiten. Ich denke an die Abschreibungsmöglichkeiten, die steuerfreie Einkommen sicherstellen, an die steuerfinanzierten Theaterbesuche, an Luxuslimousinen, die als Dienstwagen abgesetzt werden dürfen. Es gibt eine einfache Faustregel für den Selbstbedienungsladen Deutschland: je höher das Einkommen, umso höher die staatliche Subvention – entweder in Form von direkten Zuzahlungen oder in Form von Steuererleichterungen.

Wenn nun die Staatsschulden von den Land- und Kapitalbesitzern getilgt werden sollen, dann trifft es ganz bestimmt nicht die Falschen. Eine Gegenkampagne mit der Plattitüde, dass die Leistungsträger jetzt für ihre Leistung bestraft werden sollen, wird sicher sofort beginnen, aber sie ist sachlich falsch. Die Einkommen, die den Lastenausgleich tragen sollen, stammen zum allergrößten Teil aus Subventionen, Wettbewerbsverzerrungen und zu niedriger Kapitalsteuer. Die große Leistung in der Vergangenheit besteht vor allem in der erfolgreichen Arbeit ihrer Lobby. Auch perspektivisch ist das Argument mit der Bestrafung der Leistungsträger falsch: Langfristig werden die Vermögenden von einer stabilen Gesellschaft Vorteile haben. Wenn ganz Europa im finanziellen Chaos versinkt, werden ihnen ihre Besitztümer schließlich nicht mehr helfen.

Wieder zurück zu Otto Gaßners »Operation Rebound«. Eine entschuldete Bundesrepublik kann die dringend notwendige Steuerreform und Steuervereinfachung umsetzen, über die ich ausführlich in Kapitel 10 geschrieben habe. Die leidige Debatte über die Erbschaftssteuer innerhalb einer Familie ist danach sinnlos, das Thema Vermögenssteuer ein für alle Mal erledigt. Der Wiederaufschwung der Wirtschaft in Ost und West bietet neue Chancen für innovative Unternehmer und für Bodenwertzuwächse.

Die Entschuldung muss natürlich auch mit einem absoluten Verschuldungsverbot im Grundgesetz einhergehen – für Kommunen, die Länder, den Bund und alle öffentlichen Körperschaften. Das Bundesverfassungsgericht muss das Recht erhalten, jeden Haushalt, der gegen das Verschuldungsgebot verstößt, mit einer sofortigen einstweilen Verfügung stoppen zu können.

Heute sind die Menschen und Unternehmen zum Teil wie gelähmt von der Ungewissheit über die zukünftigen gesellschaftlichen, rechtlichen und wirtschaftlichen Rahmenbedingungen. Die Angst vor der Zukunft, die viele fähige junge Menschen ins Ausland treibt, würde ersetzt durch Perspektiven in einem vor Chancen strotzenden Land. Möglich, dass sich Deutschland mit einem solchen Schritt erst einmal wenig Freunde in Europa und den USA machen würde. Zumindest die mächtigen Vermögenseliten der südeuropäischen Schuldenstaaten würden aufjaulen. Aber Deutschland könnte auch zum Vorbild werden, für all die Demonstranten, die jetzt von Athen bis Lissabon das Gefühl haben, dass sie für die kriminellen Machenschaften ihrer Politiker und Finanzjongleure den Kopf hinhalten müssen.

Für mich wäre eine politische Umsetzung der »Operation Rebound« eine Bestätigung dafür, dass wir reformfähig sind, dass wir eine freie Gesellschaft sind, die sich nicht, in dumpfem Egoismus gefangen, auf den Weg in die kollektive Knechtschaft eines »Gleichheitsstaates« begibt.

»Schulden machen unfrei«, überschrieb Gunnar Persson, der ehemalige schwedische Ministerpräsident, seine Radikalkur, mit der er sein Land aus der Pleite führte. Und er wurde wiedergewählt. Schulden führen zu Fremdbestimmung. Das erleben zurzeit die europäischen Staaten, die am Staatsbankrott entlang kratzen und von den Geldgebern oktroyiert bekommen, was sie tun und lassen dürfen. Die Befreiung von unserer Schuldenlast würde auch Deutschland die Freiheit zurückgeben, all die Reformgesetze zu verabschieden, die nötig sind, um die implizierten Schulden zu verhindern. Ich bin davon überzeugt, dass ein solch freiwilliger Lastenausgleich die Idee der Freiheit stärken würde. Die Gesellschaft würde zusammenrücken und mit Stolz und Zuversicht in die Zukunft blicken.

Das Gaßner-Papier haben nicht nur Verfassungsrechtler, sondern auch Unternehmer, Akademiker verschiedener Fakultäten sowie ehemalige und aktive Politiker zur Beurteilung erhalten. Inhaltlich waren die meisten damit einverstanden, aber fast alle halten es für nicht durchsetzungsfähig. Hauptbedenken: Schon die Ankündigung einer solchen Schuldentilgung würde zu einer Massenflucht des Kapitals führen. Ehemalige Politiker lehnen es ab, weil sie darin ein Schuldeingeständnis sehen, während ihrer Zeit in der Verantwortung die Schuldenpolitik mitgestaltet oder sogar verursacht zu haben. Aktive Politiker haben Angst, sie könnten dadurch die Unterstützung ihrer Finanziers verlieren. Die eher linken Politiker sagen offiziell, dass so etwas nicht machbar ist, aber sie fürchten natürlich, dass ihnen nach einer Schuldentilgung durch die Vermögenden auf Jahre die Themen ausgehen.

Ja, die »Operation Rebound« ist nichts für Weicheier. Aber sie wäre etwas für diejenigen, die die Freiheit bewahren wollen. Gaßner liegt mit seinem Vorschlag voll auf der Linie des Chicagoer Wirtschaftsgurus Raghuram Rajan, der den Kapitalismus vor den Kapitalisten retten will und damit die freie Gesellschaft fordert. Gaßner sagt: »Marktwirtschaft und eine freie Gesellschaft wollen den Einzelnen nicht verändern, sondern nehmen ihn, wie er ist. Sie brechen nicht seinen Erwerbssinn, sondern besteuern ihn. Es ist ein Modell der Gemeinwohlverwirklichung durch Ausnutzung des Eigennutzes. Dadurch ist es das Modell der Gesellschaft der Freien. Wenn der Einzelne seine zu Steuererträgen führenden Geschäfte betreibt, handelt er so gleichzeitig auch als Funktionär des Gemeinwohls. Wer den Erwerbssinn des Volkes überfordert oder bricht, zerstört das Gemeinwesen.«

Genau das soll die »Operation Rebound« verhindern. Fragt sich nur, ob es noch genug Menschen in unserem Staat gibt, die sich dem Gemeinwohl verpflichtet fühlen – wenn nicht, geht er sowieso vor die Hunde, nicht zuletzt wegen des Egoismus der Besitzenden und politischen Eliten, die die Staatsverschuldung zu verantworten haben.

Ihre größte Sünde ist allerdings die Aushebelung des Verbots, dass kein Staat für die Schulden eines anderen Staates aufkommen darf. Mit jeder Rettungsaktion übernahm die Bundesregierung für Hunderte Milliarden Euro Bürgschaften oder Anteile an den Gelddruckorgien der Europäischen Zentralbank. Niemand kann im Moment das Risiko auf ein paar Milliarden Euro genau schätzen, für das die Bundesrepublik Deutschland geradestehen muss. Und deshalb ist eine Entschuldung über eine einmalige Lastenausgleichszahlung auch nicht mehr zu beziffern. Die Merkel-Regierung hat damit die Bedrohung durch die Schuldenberge mit ihrer Vergemeinschaftung des Eurodesasters zu einer unlösbaren Gefahrenquelle gemacht. Daran werden noch Generationen leiden.

TEIL 3

BEVÖLKERUNGSENTWICKLUNG – DIE BRUTALE MACHT DER ZAHLEN

12. WIE VIELE SIND WIR EIGENTLICH NOCH?

Nichts ist so brutal für Politiker wie feststehende Zahlen. Diese bedeuten unabänderliche Tatsachen – und damit haben sie so ihre Schwierigkeiten. Die Bevölkerungsentwicklung besteht aus solch unerbittlichen nackten Zahlen. Seit Jahren stehen sie unverrückbar fest und kündigen einen stetigen, unausweichlichen Rückgang der Bevölkerung an, die traditionell und historisch als »Deutsche« bezeichnet wird. Mittlerweile haben auch Politik und Feuilleton den demografischen Wandel entdeckt, ohne die Sprengkraft zu erkennen, die in dieser Entwicklung steckt. Die Parteipolitik missbraucht die Zahlen, um Wähler einzufangen, den Wirtschaftsverbänden und Unternehmen fällt auch nichts anderes ein, als wieder vor drohender Arbeitskräfteknappheit zu warnen und dies mit der gleichzeitigen Forderung nach mehr Einwanderung zu verbinden. Bisher sind das aber alles nur Versuche, die Brutalität der feststehenden Zahlen in einem Nebel politischer Halbherzigkeiten zu verwischen. Die Politik duckt sich weg, weil sie auf die unausweichlichen Veränderungen, die die demografische Entwicklung mit sich bringt, keine Antworten hat. Selbst einfachste Fragen wie »Wie viele sind wir?« und »Wer sind wir?« kann und will sie nicht seriös beantworten.

Das hört sich übertrieben an. Reicht da nicht ein Anruf beim

Statistischen Bundesamt, und wir erfahren die offizielle Zahl? Die Antwort lautet: Am 31. Dezember 2009 hatte Deutschland 81 802 257 Einwohner. Aber der Präsident des Statistischen Bundesamts, Roderich Egeler, hat seit seinem Amtsantritt mehrfach verlauten lassen: Wir sind jetzt schon 1,3 Millionen weniger. Das Resultat von Doppelanmeldungen, Rückkehrern in ihre Heimatländer oder Beibehaltung eines deutschen Wohnsitzes trotz Daueraufenthalts im Ausland. Diese 1,3 Millionen Gespensterdeutsche haben für ihre angeblichen Wohnsitze einen nützlichen Nebeneffekt: Für sie werden schließlich die Schlüsselzuwendungen, die jedes Bundesland aus dem Steuertopf pro Einwohner bekommt, auch bezahlt. Macht etwa 2,5 Milliarden Umlagen für nicht vorhandene Bundesbürger. Dass die Griechen ihre Statistiken fälschen, haben wir alle während der Finanzkrise gelernt. Und wie heißt eine kreative Statistik bei uns?

Wir wissen nicht genau, wie viele wir sind, und wir haben keine Ahnung mehr, wer wir sind. Es ist politisch nicht korrekt, nach dem ethnischen Hintergrund der Eltern zu fragen. Vielleicht können Sie sich noch erinnern: Im Februar 2009 frohlockte die damalige Familienministerin Ursula von der Leyen, dass die Geburtenzahl 2008 dank des Elterngeldes wieder gestiegen sei. Damit wollte sie ihre Subvention für die Besserverdienenden rechtfertigen. Woher sie diese Botschaft hatte, bleibt schleierhaft. Meine Nachprüfungen beim Statistischen Bundesamt im Frühjahr 2009 ergaben: Die Zahlen für 2008 lägen erst in einigen Monaten vor. Ebenso könne die Behauptung, dass vor allem Akademikerinnen wieder mehr Kinder bekommen hätten, nicht bestätigt werden, da eine Analyse erst im Herbst 2009 bekannt gegeben werden könnte.

Die Analyse im Herbst ergab dann, dass auch 2008 die Geburtenzahl wieder gesunken war, auf 682 514, und durch nichts und wieder nichts ein Trend zu mehr Akademikergeburten zu erkennen sei. Selbst eine genaue Erkenntnis über den Anteil der Geburten mit Migrationshintergrund war aus der Statistik nicht herauszulesen. Doch das wäre wichtig, um eine zuverlässige Planung für die Anforderungen und Ausstattung von Kindergärten und Schulen zu ermöglichen.

Die bürokratische Definition lautet: Migrationshintergrund bedeutet, wenn ein oder beide Elternteile nicht Deutsche sind. Also: das Kind eines Österreichers und einer Deutschen hat einen Migrationshintergrund. Das Kind zweier gerade in Deutschland eingebürgerter Türken oder Iraner hat keinen Migrationshintergrund.

Es gibt Erfahrungswerte von Städten und Gemeinden, von Instituten und Bevölkerungsforschern, die zuverlässiger sind als die amtliche Statistik. In Deutschland hat demnach rund ein Drittel der neugeborenen Kinder einen Migrationshintergrund. Dieser Anteil steigt in den Großstädten auf 60 Prozent an. Diese Zahlen bestätigen die Statistischen Ämter des Bundes und der Länder auf Umwegen. So haben sie für die 15 größten deutschen Städte eine Rangliste erstellt, die die Zahl der minderjährigen Kinder prozentual mit der Gesamtanzahl der Einwohner vergleicht.

Daraus lässt sich ablesen, in welcher Stadt es in den letzten Jahren einen Geburtenanstieg gegeben hat. Sieger ist Duisburg mit 17,3 Prozent. Das heißt, jeder sechste Einwohner dieser gebeutelten Ruhrmetropole ist minderjährig. Gefolgt wird die Stahlmetropole von Dortmund (16,6 Prozent) und Essen (15,0 Prozent). Diese drei Städte zeichnen sich bei anderen Vergleichen dadurch aus, dass sie zu den Spitzenreitern bei Arbeitslosigkeit, Bevölkerungsschwund und hohem Ausländeranteil gehören. Daraus ist zu erkennen, dass der Rückgang der Bevölkerung stärker ist als die Zahl der Geburten, die aber dank der Ausländer wieder leicht ansteigen. Das heißt ganz einfach: Diese Städte werden in einer Generation ein völlig anderes Gesicht haben. Das was in der Vergangenheit »Deutschsein« ausmachte, wird nicht mehr das Straßenbild und die Kultur bestimmen. In Nordrhein-Westfalen sind 30 Prozent der unter sechsjährigen Nachkommen von Einwanderern.

Aufgeteilt in verschiedene Bevölkerungsgruppen habe ich noch folgende Zahlen herausgefunden: Die Geburtenquote der Deutschen beträgt 1,2 Kinder pro gebärfähiger Frau, die der Aussiedler 1,8 und die der Türken 2,2. Dabei ist, wie schon geschrieben, darauf zu achten, dass bei der Quote der Deutschen nur die Staatsangehörigkeit zählt, nicht ihre ethnische Herkunft. Warum und wie die Aussiedler erfasst werden, konnte ich nicht herausfinden.

Warum ist es so schwierig, an solche Zahlen zu gelangen, und warum machen wir ein Geheimnis aus der Zusammensetzung unserer Bevölkerung von heute und von morgen? Mir geht es hier nicht um eine Bewertung dieser Entwicklung. Aber es ist für viele Entscheidungen, die in diesem Land zu treffen sind, extrem wichtig, dass wir diese Daten aus den Entbindungsstationen kennen. Die Frage, wer wir in Zukunft sind, ist nämlich genauso wichtig wie die Frage, wie viele wir sind und in 20 oder 50 Jahren sein werden.

Seit zehn Jahren beschäftige ich mich jetzt schon intensiv mit der Bevölkerungsentwicklung. Immer dachte ich, dass die Basisinformationen zum Allgemeinwissen gehörten, hatte fast Hemmungen, sie immer wieder vorzutragen. Aber jedes Mal war und bin ich überrascht, wie wenig die Zahlen bekannt sind, wie die Zuhörer zweifeln und wie arrogant das politische und wirtschaftliche Establishment reagiert. »Woher wollen Sie wissen, was in 20 Jahren ist, wie viele Kinder dann die Frauen gebären?« Das ist die Standardreplik. Dann folgt das Totschlagargument: »Was ist schlimm daran, wenn es weniger Deutsche gibt – dann lassen wir halt mehr Ausländer ins Land.« Der letzte Einwurf kommt mit an Sicherheit grenzender Wahrscheinlichkeit von gut situierten Kinderlosen, wie ich bei Nachfragen feststellen konnte.

Aber, wie schon am Anfang dieses Kapitels geschrieben: Nichts ist so brutal und einfach wie die nackten Zahlen der demografischen Entwicklung. Um ihre Auswirkungen zu begreifen, braucht man keine höhere Mathematik: Es reichen die Grundrechenarten. Die wichtigste Zahl zur Berechnung der Bevölkerungsentwicklung ist die Geburtenquote. Sie drückt die Zahl der Kinder aus, die von einer »gebärfähigen Frau« tatsächlich geboren werden – die Angelsachsen haben dafür den sympathischen Begriff »women in the reproduction age« geprägt. Seit 1971, als sich in Deutschland die Antibabypille durchgesetzt hat, beträgt dieser Quotient in Deutschland unverändert zwischen 1,3 und 1,4 Kinder pro Frau. Um die Bevölkerungszahl konstant zu halten, müssten es 2,1 Kinder pro Frau sein. Das bedeutet, dass wir jetzt schon seit 40 Jahren wissen, dass der Bevölkerungsknick kommen wird und dass dies seit 40 Jahren nicht nur von der Politik, sondern von uns allen verdrängt wird. Das heißt auch: Die ganze Bevölkerungspolitik, die darauf abzielte, durch staatliche Hilfen die Geburtenzahl wieder anzukurbeln, war für die Katz.

1971 wurden mit 1 013 396 das letzte Mal über eine Million Kinder in Deutschland geboren. Das erste Mal war das 1947 mit 1 028 696 der Fall. Das heißt: Rein jahrgangsmäßig betrachtet beginnt ab 2012 die Zeit, in der über eine Million Menschen in den Ruhestand treten – Jahr für Jahr. Die Spitze wird 2030 mit dem Jahrgang 1965 mit 1 355 595 Rentnern erreicht. Danach nimmt die Zahl langsam wieder ab.

Es beginnen also dramatische 24 Jahre, in denen sich die Zahl der aus dem Arbeitsleben Aussteigenden Jahr für Jahr erhöhen wird. Gleichzeitig sinkt die Zahl derjenigen, die neu ins Arbeitsleben einsteigen. Das werden im nächsten Jahrzehnt 500 000 bis 600 000 pro Jahr sein. Die Arbeitslosigkeit wird in nicht allzu ferner Zeit in einen massiven Arbeitskräftemangel umschlagen. Wenn sich dies in den Jahren um 2010 noch nicht gravierend bemerkbar macht, so liegt das an den vielen Frührentnerprogrammen, mit denen schon einige Hunderttausend Beschäftigte nach Hause geschickt wurden, auch wenn sie noch unter 60 Jahre alt waren.

So schieben wir eine Bugwelle versteckter Arbeitslosigkeit vor uns her, die von »sozialverträglicher Arbeitsplatzaufgabe« betroffen sind. Die beginnende Kluft zwischen der steigenden Zahl der regulär in den Ruhestand gehenden und der jetzt ins Arbeitsleben eintretenden Generation wird dadurch noch verdeckt. Für das Jahr 2010 nannte die Bundesagentur für Arbeit die Zahl von 100 000 weniger Arbeitssuchenden, die durch die demografische Entwicklung den Arbeitsmarkt entlasten. Darüber wird jedoch angesichts von über 3 Millionen Arbeitslosen nicht allzu laut diskutiert. Viel schöner klingt es doch, wenn behauptet werden kann, dass die Arbeitslosigkeit sinkt, weil die Wirtschaft wieder anspringt oder die staatlichen Konjunkturmaßnahmen greifen. Da würde es doch nur stören, wenn es heißt: Die Arbeitslosigkeit sinkt von selbst, aufgrund der demografischen Entwicklung. Diese milde Form der Entlastung des Arbeitsmarkts durch die Bevölkerungsentwicklung wird aber in fünf Jahren vorbei sein. Dann werden jährlich schon 200 000 bis 300 000 neue Arbeitskräfte fehlen. In den Zwanzigerjahren dieses Jahrhunderts werden es dann innerhalb von fünf Jahren 3 Millionen sein: 3 Millionen Arbeitsplätze, für die es keinen Ersatz gibt – und das bei einem Arbeitsmarkt, der dann schon händeringend nach qualifizierten Mitarbeitern suchen wird. Noch einmal für die ganz Unbelehrbaren: Das ist keine Prognose, das sind die nackten Statistiken und Zahlen zur vorhandenen Bevölkerung. Für alle, die diese unaufhaltsame Entwicklung durch Einwanderung ändern wollen, schreibe ich ein eigenes Kapitel.

Obwohl die Quote von 1,3 bis 1,4 Kindern pro gebärfähiger Frau seit Jahren konstant geblieben ist, änderte sich die Zahl der Geburten um viele zehntausend pro Jahr. 1977 war ein Tiefpunkt mit 782 310 Geburten erreicht, im Jahr 1990 hatten wir dagegen wieder 905 875 Geburten. Das hat wenig mit erfolgreicher Familienpolitik, sondern fast ausschließlich mit der Zahl der Frauen im »gebärfähigen Alter« zu tun. Als die Babyboomer ins Heiratsalter kamen, stieg natürlich die Zahl der Kinder. Nicht weil die Frauen mehr Kinder bekamen, sondern weil es mehr Frauen gab, die Kinder bekommen konnten. Nehmen wir den geburtenstärksten Jahrgang 1964 als Beispiel. 659 258 Mädchen erblickten das Licht der Welt, und entsprechend viele konnten nach der Pubertät auch selbst wieder Mütter werden. Für die meisten von ihnen dürfte die biologische Uhr inzwischen abgelaufen sein. Jetzt sind die viel schwächeren Jahrgänge im »reproduction age«. Von den Frauen des Jahrgangs 1980, also den jetzt 30-Jährigen, gab es nur 421 641, fast ein Drittel weniger als 1964. Im Jahr 2009 sind folglich nur noch 323 877 Mädchen auf die Welt gekommen. So werden wir in Wellenbewegungen von Jahrzehnt zu Jahrzehnt circa 100 000 Menschen pro Jahrgang weniger.

Die mir immer wieder gestellte, einfältige Frage »Woher wollen Sie wissen, wie viele Kinder in 20 Jahren geboren werden?« beantwortet sich so von selbst: Die Frauen, die nicht geboren wurden, können logischerweise keine Kinder bekommen. Das sollten selbst unsere hartnäckigsten »Schöngucker« verstehen.

Aber dann haben sie noch einen Joker in der Hand. Sie unterstellen, es könnte doch möglich sein, dass unsere Frauen wieder mehr Kinder bekommen. Ja, diese theoretische Möglichkeit gibt es. Wenn alle Frauen ab sofort wieder fünf und mehr Kinder bekommen, dann könnte der Bevölkerungsrückgang gestoppt werden. Theoretisch! Dafür müsste die Politik die Rahmenbedingungen schaffen! Praktisch ist das wohl eher eine Illusion. Wie sollen die Rahmenbedingungen auch aussehen: Nach 40 Jahren wirkungsloser Familienpolitik und vielen Milliarden Euro Kindergeld hat sich an der Geburtenquote nichts geändert.

Die wichtigste Aufgabe für die Parteien lautet, endlich die Realität zu begreifen und nicht noch mehr Geld auf Pump auszugeben, das dann die kleine Zahl der Übriggebliebenen in der nächsten Generation aufbringen muss. Also: Finger weg von neuen Ausgabenprogrammen. Sie helfen nicht, sondern belasten massiv diejenigen, für die die Politik vorgibt, etwas zu tun.

Wer die aktuelle Bevölkerungspyramide betrachtet, sieht, dass sie zunehmend wie ein auf den Kopf gestellter Brummkreisel aussieht. Der dicke Bauch sind die Babyboomer der Sechzigerjahre. Nach unten wird er immer spitzer. Das sind die Geburten des letzten Jahrzehntes. Rund 340 000 männliche und rund 330 000 weibliche Neugeborene sind dargestellt, davon jeweils ein Drittel Kinder mit Migrationshintergrund. Macht zusammen knapp 670 000. Seit 1971 aber sterben mehr Menschen in der Bundesrepublik als geboren werden. Waren es vor zehn Jahren noch rund 70 000 bis 100 000, so sind wir jetzt schon bei 160 000 mehr Toten als Neugeborenen angekommen. Die Kluft wird sich noch erhöhen, wenn auch die letzten der im Krieg schon dezimierten Jahrgänge eines natürlichen Todes gestorben sind.

Dennoch hat sich bis vor Kurzem die Bevölkerungszahl in Deutschland nicht verringert. Millionen Spätaussiedler, Familienzusammenführungen der »Gastarbeiter«, Kriegsflüchtlinge und Asylanten füllten nicht nur die Lücken auf, sondern erhöhten sogar die Einwohnerzahl. 2008 allerdings meldete das Statistische Bundesamt, dass die Bevölkerungszahl das erste Mal unter 82 Millionen gesunken sei. Was sich vorher schon angedeutet hatte, schlägt sich mittlerweile auch in der Statistik nieder. Deutschland ist ein Auswanderungsland geworden: Mehr Menschen haben Deutschland verlassen als eingewandert sind. Zusammen mit der Differenz zwischen Geburten und Todesfällen musste die offizielle Bevölkerungszahl nach unten korrigiert werden.

Wer jedoch die offiziellen Prognosen des Statistischen Bundesamts für 2030 betrachtet, wird zwar mit einem Sinken der Bevölkerung auf 77,35 bis 79,025 Millionen konfrontiert, aber er muss schon genau nachsehen, wie diese Zahlen entstehen. Die Zahlen für 2050 nennen 66,994 bis 73,608 Millionen. Die erste, niedrigere Zahl geht davon aus, dass wir einen jährlichen Einwanderungsgewinn von 100 000 Einwanderern ab 2014 haben werden. Die zweite Zahl rechnet sogar mit 200 000 Neubürgern dank eines positiven Wanderungssaldos. In beiden Fällen beträgt die Geburtenrate pro Frau 1,4 Kinder, ein absoluter Spitzenwert seit 1971. Auch diese Zahlen sind politisch bewusst geschönt. Statt Einwanderung haben wir jetzt schon eine Auswanderung. Eine Berechnung auf Basis der realen Werte ab 2010 gibt es nicht!

Ziehen wir die 1,3 Millionen Menschen ab, die wir schon nicht mehr haben und zusätzlich die 150 000 Auswanderer jährlich, dann werden wir 2030 wohl eher bei 70 als bei 77 Millionen Einwohnern liegen und im Jahre 2050 um die 55 Millionen sein.

Dabei sind diese Berechnungen wichtig, weil sie die Grundlage der Planungen für die sozialen Sicherungssysteme, für die regionale Entwicklung und den Ausbau der Verkehrswege darstellen. Der Rückgang der Einwohnerzahlen in Deutschland ist eine Herausforderung, wäre aber eher zu bewältigen, wenn die Fakten in ihrem ganzen Ausmaß offen angesprochen würden. Das größte Problem sind die geschönten Hochrechnungen, deren reeller Bezug von Jahr zu Jahr absurder wird. Egal mit welcher Behörde Sie es zu tun haben: Alle rechnen in ihre Bevölkerungsstatistiken Zuwanderungen ein. Es gibt Szenarien mit 100 000 Einwanderern pro Jahr, mit 150 000, mit 250 000. Die kommen also Jahr für Jahr nach Deutschland, bekommen Kinder, zahlen in die sozialen Sicherungssysteme und mehren mit ihrer Arbeit unseren Wohlstand. Die Rentenversicherungsreform von 2001 basiert zum Beispiel auf einer Einwanderung von 150 000 Arbeitnehmern, die alle in einem sozialversicherungspflichtigen Beschäftigungsverhältnis unterkommen – und das 30 Jahre lang. Macht also 4,5 Millionen Menschen mehr in unserem Land. Dumm nur: Das ist alles Wunschdenken. Schon jetzt, nach nur neun Jahren, erweist sich dieser Rechentrick als falsch. Kein Wunder also, dass die Rentenformel geändert werden muss.

Ich weiß immer noch nicht, was ich mehr bewundern soll: die Chuzpe, mit der die Regierung durch solche Statistiken sich selbst und die Öffentlichkeit belügt, oder die Dummheit, mit der sich die Opposition, die Presse und damit die Öffentlichkeit mit solchen simplen Tricks veräppeln lässt.

Der Bevölkerungswissenschaftler Herwig Birg hat die Zahlen errechnet, die von den Bundesbehörden nicht zu bekommen sind. Ohne Zuwanderung leben in Deutschland 2050 noch 55 Millionen Menschen. (Erinnern Sie sich? Die Prognose des Statistischen Bundesamts lautet 75 Millionen). Bis zum Ende des 21. Jahrhunderts werden es dann nur noch 25 Millionen Einwohner sein, bei einer etwas höheren Geburtenrate vielleicht noch 32 Millionen. Sie müsste dann aber deutlich über dem heutigen Durchschnitt aller EU-Länder liegen.

Wie auch immer, ob wir ohne Einwanderung diesen Bevölkerungszusammenbruch erleben oder ob wir mit Einwanderung, wie sie das Statistische Bundesamt veröffentlicht, noch ein paar Millionen Menschen in Mitteleuropa sind: Die Birg'schen Zahlen machen deutlich, dass die deutsche »Urbevölkerung« zu einer Minderheit in ihrem eigenen Land schrumpft. Auf die Konsequenzen werde ich noch ausführlich eingehen.

Es bleibt festzuhalten: Die Brutalität, mit der die sinkende Bevölkerungszahl unser Land verändert, wird vom politisch korrekten Mainstream weitgehend verdrängt. Die realen Zahlen werden nicht zur Kenntnis genommen, ja, sie werden noch nicht einmal vollständig ermittelt. Die Zukunft wird immer noch schöngerechnet und über die Bedürfnisse der Menschen, die in Deutschland leben, wird eine Multikulti-Soße geschüttet. Die verzerrte und aufgeregte Debatte, die zum Beispiel das Buch von Thilo Sarrazin *Deutschland schafft sich ab* ausgelöst hat, ist viel zu kurz gegriffen. Die Frage ist doch eher: Wie managen wir die Entleerung und wie leben die Rest-deutschen in einem absterbenden Europa? In Blindow, zehn Kilometer nordöstlich von Prenzlau in der uckermärkischen Heimat der Kanzlerin kann man die Entwicklung beobachten. 2001 lebten in dem Ort noch 181 Menschen, ein Drittel davon war über 65 Jahre alt. Es gab nur noch acht Frauen im »reproduction age« und ein einziges sechsjähriges Kind. Neun Jahre später hat Blindow nur noch 162 Einwohner. Die letzte Kneipe ist zu, die Kirche in ein Dorfgemeinschaftshaus verwandelt. 2010 sind schon 80 Personen im Rentenalter, also die Hälfte der Bevölkerung. Nur die Zahl der Kinder hat sich auf acht erhöht, weil drei junge Familien die sehr preiswerten Häuser gekauft haben. Blindow ist jetzt Ortsteil von Prenzlau. Als eigenständige Gemeinde hat es aufgehört zu existieren. Auch im Westen schlägt der Bevölkerungsrückgang schon gnadenlos zu – trotz Zuwanderung aus dem Osten, trotz jahrelanger Einwanderung aus Südeuropa und der Millionen Spätaussiedler. Nur vier Kilometer vom UNESCO-Weltkulturerbe Mittelrhein entfernt liegt in einem Seitental das Weindorf Manubach. 360 Einwohner hat der Ort. Aber acht Häuser stehen leer, und in elf weiteren leben nur noch Über-80-Jährige. In seiner Not verfiel Bürgermeister Karl-Richard Mades auf die Idee, jedem Neubürger, der ein Haus kauft, einen Bauantrag stellt und mindestens fünf Jahre bleibt, 5000 Euro anzubieten. Hilflose Reaktionen auf eine Entwicklung, die in ihrem ganzen Ausmaß nicht begriffen wird. Es ist nämlich nicht so, dass Manubach Geld zu verschenken hätte. Die Miete für die Leichenhalle wird von 50 auf 70 Euro heraufgesetzt und die vielen nicht mehr bewirtschafteten steilen Weinberge sollen von Ziegen abgeweidet werden. Aber das kostet 8000 Euro, und dafür wird ein Zuschuss von der UNESCO erbeten.

Kaum jemand wagt es, den Einwohnern von Blindow und Manubach und den anderen Zigtausend Minigemeinden zu sagen: Eure Zeit ist abgelaufen. Ihr werdet Teil einer anderen Kommune, denn so wie bisher könnt ihr nicht weitermachen. Die Subventionsorgien im ländlichen Raum sind unbezahlbar und vor allem sinnlos. Wenn ihr Ziegen wollt, müsst ihr sie selbst bezahlen und vielleicht lässt es die Bürokratie zu, dass daraus sogar ein Geschäft wird.

In den Programmen aller Parteien steht aber etwas ganz anderes. Da wird in vielen Variationen das Thema behandelt: die Herausforderung des demografischen Wandels annehmen, den ländlichen Raum stärken – und schon wird Staatsknete versprochen. Die Dörfer und kleinen Städte sollen attraktive Förderungen für neue Industrieansiedlungen erhalten. Das lokale Handwerk wird unterstützt. Das kulturelle Angebot verbessert, die Schulen erhalten, die Landwirtschaft unterstützt und natürlich: neue Chancen durch erneuerbare Energien. Hurra und blablabla.

Nichts davon wird die Dörfer retten. Wenn es keine Menschen mehr gibt, kann sie auch kein Versprechen mehr auf dem Land halten. Da sind wir wieder bei der simplen Logik: Frauen, die nicht geboren wurden, können keine Kinder kriegen. Und die Kinder, die sie nicht bekommen haben, können auch nicht ins Dorf ziehen. Das ist weder Polemik noch Zynismus – das ist die Realität, die aus den abgelegenen Winkeln langsam alle Regionen erfasst.

13. WIR WISSEN NICHT, WAS WIR WOLLEN

Auch wenn die Deutschen, die schon viele Generationen in diesem Land leben, langsam aber sicher wegschrumpfen, so ist es doch schwer vorstellbar, dass mitten in Europa ein Bevölkerungsvakuum entsteht. Ohne Einwanderung tummeln sich dann in unseren Städten mit ihrer hervorragenden Infrastruktur, in unseren romantischen Landstrichen mit dichtem Autobahn- und Eisenbahnnetz gerade mal 30 Millionen Einwohner. Und weil dies außerhalb jeglicher Vorstellungskraft liegt, wird über die Konsequenzen gar nicht erst nachgedacht.

Der eher konservative Teil unserer Mitmenschen hofft immer noch, durch alle möglichen Anreize die Geburtenquote der Restdeutschen wieder anzukurbeln. Die meist kinderlose Intellektuellentruppe freut sich dagegen regelrecht, dass sich zwischen Rhein und Oder eine bunte Multikultigesellschaft ausbreitet. Für beide wird es ein böses Erwachen geben. Vielleicht gibt es deshalb keine Hochrechnung des »urdeutschen« Anteils an den Bewohnern in den Grenzen des heutigen Deutschlands für 2050 oder das Ende des Jahrhunderts. Mehr als 20 Millionen dürften es schließlich kaum mehr sein, egal wie viele Bewohner der Staat noch hat. Wie werden sie sich dann bezeichnen? »Altdeutsche«? »Urdeutsche«? »Volksdeutsche«? Es fällt jetzt schon schwer, sie zu kategorisieren, wenn sie zum Unterschied zu den neu eingebürgerten Deutschen abgegrenzt werden sollen.

Wer sich an leere Städte gewöhnen will, kann ja schon mal nach Halle fahren. Westlich der Saale hatten die Kommunisten eine Stadt der Werktätigen gebaut. 110 000 Ostdeutsche durften dort in Platten die sozialistische Zukunft erfahren. Die kaum bombardierte Altstadt zerfiel derweil. Ganze Straßenzüge waren zur Wende 1989 schon unbewohnbar. Auch heute noch bietet Halle Stadtviertel, die so aussehen, als ob der Zweite Weltkrieg gerade erst zu Ende gegangen wäre. Von 310 000 Einwohnern zur Wende hat Halle 70 000 verloren. Allein 30 Schulen wurden geschlossen, entsprechend viele Kindergärten. Abends starren die dunklen Fensterhöhlen der Plattenbausiedlung auf die sterbende Neustadt, und in der Altstadt bleiben ganze Straßenzüge dunkel, weil dort niemand mehr wohnt. Den Mut aber, die Platten konsequent zugunsten der historischen Stadt aufzugeben, haben die Verantwortlichen nicht – aus Angst vor den Ostalgikern der Linken.

Doch auch im Westen gibt es Städte, die Beklemmung auslösen. Wuppertal zum Beispiel: Kaufhäuser sind geschlossen. In der Betonlandschaft der Innenstadt reihenweise Geschäftsaufgaben oder leere Läden, die zu vermieten sind, mit Packpapier zugehängte Schaufensterscheiben – Ausdruck der 40 000 Einwohner, die Wuppertal in den letzten 15 Jahren verloren hat.

Einen großen Unterschied aber gibt es zwischen ost- und

westdeutschen Städten: Während die Abwanderung von Ost nach West und der Geburtenknick direkt auf die Einwohnerzahl im Osten durchschlägt, werden die massive Abwanderung und der Geburtenknick in westdeutschen Städten durch die zeitgleiche Zuwanderung von Ausländern zum Teil ausgeglichen. Einige Stadtteile im Westen stehen deshalb nicht leer, sondern haben sich in Ghettos verwandelt, in denen Türkisch oder Arabisch die Umgangssprache ist. Der Bau von Stadtbild prägenden Moscheen wie in Duisburg ist nur die logische Konsequenz dieser Entwicklung. Wer soll auch dagegen protestieren? Die Mehrheit der Menschen des unmittelbar betroffenen Stadtteils Maxlohe hat islamische Wurzeln. In spätestens einer Generation wird dies auf 46 Prozent der Duisburger zutreffen. Leerstand oder Einwanderung – eine andere Alternative gibt es kaum noch für Deutschland. Für viele leistungswillige und leistungsfähige Deutsche gibt es allerdings die Auswanderung. Sie wird noch eine besondere Rolle in diesem Buch spielen.

Ab 1970, also vor mehr als 40 Jahren, habe ich mich schon mit der deutschen Ausländerpolitik journalistisch beschäftigt. In diesem Jahr war ich das erste Mal in der Türkei und berichtete unter anderem über das Deutsche Arbeitsamt in Istanbul. In meinem letzten Buch *Die Sehnsucht nach einer verlogenen Welt* habe ich darüber bereits ausführlich berichtet. Schon 1970 zeigte eindringlich, dass Politik, Arbeitgeber und Gewerkschaften unverantwortlich, egoistisch und naiv mit der Einfuhr von Menschen umgingen, so als wären sie eine Gebrauchsware.

Nie werde ich die Szenen vergessen, die sich in und um das Deutsche Arbeitsamt in Istanbul abspielten. Da standen die Türken, die nach »Almanya« wollten, zitternd in Unterhosen und wurden wie auf dem Sklavenmarkt von Alabama nach Kaufähigkeit, Muskulatur und Fettpolster ausgesucht. Rund um das Arbeitsamt wimmelte es von Tausenden Menschen, die an dem Transfer verdienen wollten. Den größten Gewinn erzielten dabei Händler mit »garantiert« gesundem Urin. Im Arbeitsamt gab es eine Vitrine, in der all die Utensilien ausgestellt waren, die die Ärzte bei den armen Schluckern erwischt hatten, um den gekauften Urin in die zum Pinkeln vorbereiteten Gläser zu bugsieren. Hei, was war das für das deutsche Personal ein Spaß, wenn sie wieder einen erwischt hatten.

Mit meinem Team machte ich Reportagen über Bergwerke, die stillgelegt werden mussten, weil die Ruhrkohle alle Facharbeiter abgeworben hatte, um bei uns die hoch subventionierte Kohle zu fördern. Wir besuchten Textilfabriken bei Adana, die stillstanden, weil die deutschen Textilunternehmer ganze Belegschaften mit ins goldene Almanya geschleppt hatten. Jede noch so marode Branche in Deutschland sicherte sich mit den billigen und arbeitswilligen Gastarbeitern noch ein paar Jahre, bevor sie vom Weltmarkt endgültig weggefegt wurde. Die Ruhrkohle wiederum überlebte dank des Arbeiterimports durch immer höhere Subventionen zulasten des Lebensstandards der Allgemeinheit. Ohne Gastarbeiter wäre sie in den Siebzigerjahren weitgehend eingegangen.

Ich erhielt damals Anfeindungen fast aller sogenannten gesellschaftlichen Kräfte, die im ZDF-Fernsehrat vertreten waren, keinerlei zustimmendes Echo in der Öffentlichkeit. Gott sei Dank schielten sie damals noch nicht auf die Einschaltquote. Mangels öffentlichen Interesses wären meine Berichte sicher aus dem Programm genommen worden. Der Konsens der deutschen Gesellschaft über die Notwendigkeit, Arbeitskräfte zu importieren, war in meinen Augen nicht nur egoistisch, er war menschenverachtend. Der Schweizer Schriftsteller Max Frisch prägte die seither moralisch allgemeingültige Formel: »Wir holten Arbeitskräfte, und es kamen Menschen.«

Der Gastarbeiterimport war jedoch ökonomisch ein schwerer Fehler. Er passte in die kurzfristigen Renditeüberlegungen der Unternehmen und zu der jeweils willfährigen, naiven Reaktion der Politiker. Alle Regeln des Marktes wurden dabei missachtet. Eines dieser Grundgesetze lautet: Knappheit verteuert das Produkt. Ist das Angebot an Arbeit höher als die vorhandene Arbeiterschaft, steigt der Lohn. Wenn also das Angebot an Arbeitskraft unendlich ausgeweitet wird, sinkt der Lohn. Mit dem Import der Gastarbeiter wurden so die Löhne gedrückt.

Die Alternative für die Unternehmen wäre gewesen, Arbeit zu exportieren und sie dort ausführen zu lassen, wo es qualifizierte Arbeitnehmer gab. Vor allem Fließbandarbeit und einfachste Massenfertigung wären damals verlagert worden. Die hoch subventionierte Ruhrkohle hingegen hätte Zechen aus Mangel an Bergarbeitern schließen müssen. Das wollten die Gewerkschaften nicht. Also machten sie den Arbeiterimport mit – und profitierten davon: Keine Beschäftigtengruppe hat so einen hohen Organisationsgrad wie die Gastarbeiter. Der Mitgliedsausweis war praktisch Bestandteil des Arbeitsvertrags.

Über die Integration oder Qualifizierung der neuen Mitbürger wurde damals noch nicht einmal nachgedacht. 1973 aber, als die erste Ölkrise dem künstlichen Beschäftigungsboom ein jähes Ende bereitete, wurden nicht nur die deutschen Arbeitsämter im Ausland geschlossen, sondern zunehmend wurden aus den Gastarbeitern ausländische Arbeitslose mit Ansprüchen auf die sozialen Leistungen, die jedem deutschen Arbeiter zustehen. Kein verantwortlicher Sozial- oder Arbeitsmarktpolitiker hatte sich viel dabei gedacht, dass die Gastarbeiter natürlich auch alle deutschen Sozialbeiträge bezahlen mussten wie Renten-, Kranken- und Arbeitslosenversicherung. Das waren schöne Zusatzeinnahmen für die ewig klammen Kassen, die später, so das Kalkül der vereinten Ausländerausbeuter, ja nicht in Anspruch genommen würden, weil die Gastarbeiter längst wieder in ihre andalusische und anatolische Heimat abgereist wären.

1976 war ich wieder für das ZDF in Anatolien. Dieses Mal besuchten wir Unternehmen, die von ehemaligen deutschen Gastarbeitern in ihrer Heimat gegründet worden waren. Dafür hatte die Regierung viele Millionen Mark bereitgestellt, um die Gastarbeiter zur Rückkehr zu bewegen. Jeder Türke aus Baden-Württemberg, der zurück in sein Heimatland wollte, bekam von der Stuttgarter Regierung eine Prämie von 8000 Mark, ein Programm, das sich sehen lassen konnte und das in der Türkei einen Boom von Firmengründungen auslöste. Wir trafen ein erfolgreiches Wohnungsbauunternehmen in Istanbul, das ganze Hochhaussiedlungen mit Eigentumswohnungen errichtete, ein Zementwerk in Yozgat, eine Chemiefabrik in Sereflikoch-isar und so weiter. Es waren die Türken, die wir aus ihren Facharbeiterpositionen abgeworben hatten, die zurückkehrten. Fähige Unternehmer, für die der Aufenthalt in Deutschland wie ein Katalysator gewirkt hatte und die nun mit dem deutschen Kapital zur Entwicklung der Türkei beitrugen.

Aber Hunderttausende Türken blieben, weil sie keine Perspektive in Anatolien sahen. Sie kamen als Analphabeten, als Halbalphabeten, sie kamen aus den abgelegenen Dörfern Ostanatoliens und Kurdistans. Sie hatten bei ihrer Auswahl Fettpolster, gute Zähne und feste Muskeln. Aber oft waren sie ungebildet. Doch das hatten sie in Almanya begriffen: Arbeitslos in Deutschland war für sie immer noch die bessere Alternative als arbeitslos in Anatolien. Und so blieben sie, holten ihre Frauen nach, zeugten Kinder, und die haben als Erwachsene Partner nachgeholt und wieder Kinder gezeugt, und so sind sie die Stammväter unserer Ghettos geworden.

Im Frühjahr 2010 war ich erneut in der Türkei. Mit der Planwirtschaft der frühen Siebzigerjahre hat der Staat nach den marktwirtschaftlichen Reformen des Premiers Turgut Özal inzwischen gebrochen. Aus dem siechen Chaos am Bosporus hat sich eine dynamische Volkswirtschaft entwickelt. Ein reales Wachstum um 5 Prozent ist normal, 2010 waren es sogar 10 Prozent. Das bedeutet: Das Land braucht qualifizierte Arbeitnehmer, gut ausgebildete Führungskräfte. Diese haben in der Türkei ungeahnte Aufstiegsmöglichkeiten. Einige Vertreter dieser neuen Elite sind mir begegnet. Sie sprechen neben ihrer Muttersprache selbstverständlich Englisch, Deutsch und oft auch Arabisch oder eine weitere Fremdsprache. Sie verdienen so gut, dass sie sich in der Türkei ein Mittelklasseauto, ein eigenes Haus, eine Ferienwohnung oder wenigstens einen ausgiebigen Urlaub am Mittelmeer leisten können. Ich habe sie an der Südküste im Touristenzentrum Antalya getroffen, in Mittelanatolien in Ürgüp und natürlich in der 15 Millionen Einwohner zählenden Metropole Istanbul. Sie alle haben ihre Ausbildung in Deutschland genutzt und sind in die Heimat ihrer Eltern zurückgekehrt. Einige waren mit türkischen Frauen verheiratet, die wie sie in Deutschland geboren und aufgewachsen waren. Sie berichteten von anfänglichen Schwierigkeiten im Land ihrer ethnischen Herkunft, in dem sie zwar nicht zu Hause waren, das ihnen aber hervorragende wirtschaftliche Perspektiven bot. Ihre einzige Befürchtung war, dass sich die Türkei zunehmend islamisiert.

Was ich im Frühjahr 2010 noch als meine Beobachtung zufälliger Begegnungen einstufte, fand ich einige Monate später statistisch in einem Bericht im Spiegel belegt: Im Jahre 2009 sind 40 000 fachlich qualifizierte Türken von Deutschland in die Türkei ausgewandert und 30 000 nicht ausgebildete Türken eingewandert. Mehr zu der Logik, die hinter diesen Zahlen steckt, werde ich in Kapitel 25 schreiben.

Noch 2002 beruhigte mich die damalige Staatssekretärin im Sozialministerium Ulrike Mascher, SPD, dass die Bevölkerungsentwicklung für Deutschland überhaupt kein Problem sei. Sie komme aus München, und da lebten Südeuropäer, Türken und Deutsche wunderbar zusammen. Und wenn es nötig sei, holen wir eben noch mehr Italiener, Griechen und Spanier, eben aus den Ländern, aus denen bisher auch schon unsere neuen Mitbürger gekommen sind. Mit ihrer Meinung drückt sie aus, was die Mehrheit der Deutschen bis heute glaubt: Wenn wir nur unser Land öffnen und den Zuzug erlauben, dann werden viele Millionen kommen, weil es bei uns ja Arbeit gibt.

Deutschland betrachtet sich selbst immer noch als ein Traumland im Vergleich zu anderen Staaten. Ein Land, das sich vor Einwanderung schützen muss, weil es so toll ist. Irgendwie höre ich immer wieder heraus: Deutschland ist immer noch die Nummer eins in Europa und das Maß aller Dinge, auch wenn es aus »politischer Correctness« so plump nicht ausgedrückt wird.

Vielleicht habe ich mich zu oft und zu lange im Ausland aufgehalten, vielleicht habe ich mit zu vielen Kollegen aus den USA, Großbritannien, Tschechien, Japan, Korea oder den Philippinen jahrelang eng zusammengearbeitet, als dass ich Deutschland verklären könnte. Die Mutter meiner Söhne war überzeugte Amerikanerin, zwei meiner Enkelkinder haben eine Japanerin als Mutter, mein engster Familienkreis ist also ein Multikulti-Produkt – kein Hort für Deutschtümelei. Vielleicht aber bin ich gerade deshalb gegen eine naive Einwanderungs- und Ausländerpolitik.

Vermutlich hat es sich inzwischen bis zur ehemaligen Staatssekretärin herumgesprochen, dass wir aus Südeuropa keinen Nachschub mehr erwarten können. Die klassischen Gastarbeiterländer Italien, Griechenland, Spanien und Portugal leiden unter dem gleichen Nachwuchsmangel wie Deutschland. Die Geburtenquote ist dort noch niedriger als bei uns. In Nordspanien und Teilen Italiens liegt sie sogar bei 0,8 Prozent. Das ist ein Wert, bei dem die UN vor einem drohenden Bevölkerungszusammenbruch warnt. Jeder dieser Staaten ist selbst zu einem Einwanderungsland geworden, das mehr oder weniger intelligent mit dieser Herausforderung umgeht.

Dazu zwei Beispiele, die zeigen, dass wir aus Südeuropa eher Probleme als Lösungen für die Bevölkerungsentwicklung in Europa erwarten können. In Spanien gelten noch weitgehend die alten faschistischen Arbeitsgesetze der Franco-Ära, die Kündigungen praktisch ausschließen und sehr großzügige Arbeitslosenunterstützung gewähren. Der Arbeitsmarkt ist noch inflexibler als der deutsche – und das ist wahrlich eine Leistung. Das Ergebnis: Millionen von Marokkanern und Ecuadorianern bearbeiten die von der EU subventionierten Riesenplantagen für Obst und Gemüse in Andalusien, während die Spanier Arbeitslosenunterstützung kassieren und schwarzarbeiten. Der Zusammenbruch der Immobilienblase 2009 legte brutal die Strukturprobleme offen. Der Arbeitslosenanteil schnellte in wenigen Monaten auf rund 20 Prozent. Hunderttausende Ausländer belasten jetzt die Sozialkassen, ohne Aussicht, jemals wieder legale Beschäftigung in Spanien zu finden.

In Griechenland halfen die üppigen EU-Subventionen dabei, aus einem armen Land ein bankrottes Land zu machen. Im Sommer 2007, vor dem großen Finanzcrash: Ankunft in Kreta. Der junge Mann, der die Leihwagen übergibt, stammt aus Moldawien. Die junge Frau, die den Kiosk am Strand bedient, ist eine Aussteigerin aus England. Die Landarbeiter in den Olivenhainen stammen aus Georgien. Bei der Rundreise erfahre ich dann noch, dass im Nordwesten nichts mehr ohne Albaner und in Thrazien nichts ohne Bulgaren geht. Die Drecksarbeiten des Molochs Athen sind wiederum fest in albanischer Hand. Und die Griechen? Sie betreiben die Hotels und Gaststätten, vermieten teure Ferienwohnungen und lassen sich in den Bergen mit EU-Mitteln die halbverfallenen Dörfer wiederaufbauen, die sie, zumindest bis 2010, zu völlig überhöhten Preisen an Immobilienspekulanten verkauft hatten. Der Zusammenbruch der griechischen Staatsfinanzen 2009 machte deutlich: Das ist kein nachhaltiges Modell. Sich von Subventionen blenden zu lassen und die Arbeit an billige Ausländer zu delegieren, das nimmt kein gutes Ende. Leider ist diese Spielart des Wirtschaftens nicht auf Griechenland beschränkt.

Lediglich aus dem ehemaligen Jugoslawien kann Deutschland mit Einwanderern rechnen, vor allem aus den NATO-Protektoraten Bosnien-Herzegowina, dem Kosovo und Mazedonien.

Diese Kunstgebilde haben keine Perspektive, je eine selbsttragende, konkurrenzfähige Wirtschaft aufzubauen. Diese Gebilde wurden aus politischen Gründen geschaffen und sind von den Almosen der NATO-Staaten abhängig. Zwar hatten der Kosovo und Albanien über Jahrzehnte die höchsten Geburtenquoten in Europa von bis zu sechs Kindern pro gebärfähige Frau, mehr als der gebirgige Landstrich ernähren kann. Aber auch das ist vorbei: Die Albaner liegen derzeit bei 1,47 Kindern, die Serben bei 1,38 und in Bosnien-Herzegowina gibt es nur 1,25 Geburten pro gebärfähige Frau – insgesamt zu wenig, um den Bevölkerungsstand zu halten.

Vielleicht gibt es auf dem Balkan noch circa 500 000 potenzielle Auswanderer, die nach Nord- und Mitteleuropa wollen. Da bleibt nicht viel für Deutschland übrig. Während sich die Kroaten und Serben aus Bosnien-Herzegowina schnell und erfolgreich in die europäischen Länder integrieren, gelten die schlecht ausgebildeten Kosovaren als Problemfälle. In den Kriminalstatistiken der Polizei sind sie jedenfalls überdurchschnittlich repräsentiert. Dazu kommt unsere eigene, verwirrende Ausländerpolitik, die das Problem der Aufnahme von Menschen aus dem ehemaligen Jugoslawien bis ins Groteske verzerrt.

Szenen, wie sie sich in Deutschland seit Jahren abspielen. Mitternacht auf dem Autobahnparkplatz Soester Börde an der A44. Polizeiwagen rollen an, manchmal auch Kleinbusse. Heraus kommen Familien mit kleinen Kindern, Jugendliche, Omas und Opas. Ihr Gepäck wird ausgeladen und gewogen. Wer mehr als 20 Kilo pro Person hat, darf noch umpacken, sonst muss er sein Hab und Gut auf dem Parkplatz zurücklassen. Es wird dann weggeschmissen. Egal ob Spielzeug für die Kleinen, Küchengeräte, Kleidung für den Winter – es gibt keine Gnade. Gegen drei Uhr kommt ein leerer Bus, sammelt die Familien ein und bringt sie zum Flugplatz Münster-Osnabrück. Gegen Morgen landet die Maschine in Priština im Kosovo. Noch am Abend zuvor lebten sie in ihren Wohnungen im Regierungsbezirk Arnsberg, hatten keine Ahnung, was in der Nacht mit ihnen passieren würde. Die Ausländerbehörden in Nordrhein-Westfalen vermelden: Wieder wurden erfolgreich Kosovo-Kriegsflüchtlinge abgeschoben. Vergleiche mit dem Vorgehen deutscher Behörden mit zum Abtransport vorgesehener Mitbürger aus früheren Jahrzehnten sind nicht politisch korrekt und werden deshalb auch hier nicht expressis verbis vorgenommen.

Vom Arnsberger Bürgermeister Hans-Josef Vogel, CDU, auf diese Zustände aufmerksam gemacht, habe ich in den Städten und Dörfern des Sauerlandes nachgeforscht, wer da von Abschiebung bedroht wird und wie es zu diesen skandalösen Zuständen kommen konnte. Im Ausländeramt von Arnsberg treffen wir auf den Leiter der Behörde, Lorenz Meier, und seinen guten Bekannten Agim Bittiq. Der Kosovare ist seit acht Jahren in Deutschland, war nicht einen Tag arbeitslos. Seit zwei Jahren ist er Hausmeister im Rathaus. Trotzdem muss er monatlich ins Ausländeramt, um seine Duldung zum Aufenthalt in Deutschland mit seiner Familie bestätigen zu lassen – gegen Gebühr natürlich. Agim Bittiq lebt auf Abruf. Seine Aufenthaltserlaubnis: ein Dokument der Schande für einen Staat, der händeringend Einwanderer braucht. »Aussetzung der Abschiebung« heißt das bürokratische Meisterwerk. Die Termine zur endgültigen Abschiebung setzt die Innenministerkonferenz fest, dagegen können noch nicht einmal sein Freund Lorenz Meier oder der Bürgermeister etwas unternehmen.

Karl Schiebler ist ein typischer Sauerländer, Unternehmer und stinksauer auf sein Deutschland. An der hochwertigen CNC-Maschine in seinem Betrieb steht Fadil Bidic – seit zehn Jahren einer seiner besten Mitarbeiter. Schiebler ist nicht nur wütend, weil ihm ein Facharbeiter weggenommen wird, er schämt sich auch für sein Land, denn was Fadil Bidic durchmachen muss, ist für ihn menschenverachtend.

In der Schule, wo Bidic' siebenjähriger Sohn Fatbardh in die zweite Klasse geht, ist das Drama zu spüren. Er kann schon fließend lesen, gehört zu den Besten. Die Lehrerin teilt die Klasse in zwei Gruppen auf: eine in Kinder mit deutschen, eine mit ausländischen Eltern. Beide Gruppen sind etwa gleich groß. Aber dann passiert etwas völlig Unerwartetes: Die Kinder fragen, warum sie zu der einen oder anderen Gruppe gehören. Sie waren sich ihrer unterschiedlichen Herkunft überhaupt nicht bewusst. Als die Lehrerin Bergit May den Kindern erzählt, dass Fatbardh bald wegmüsse und dass das auch noch anderen Kindern in der Klasse drohe, macht sich Unruhe breit. Das erste Mal wird dem Siebenjährigen klar, dass es zwei Sorten von Menschen gibt – und dass die einen mehr Rechte haben.

Es sind diese Erlebnisse, die bei mir die feste Überzeugung haben wachsen lassen: Wir werden das Bevölkerungsproblem nicht lösen. So nicht und anders auch nicht. Die Politik klopft große Sprüche, von denen sie glaubt, dass das Volk sie hören will, und das Volk weiß nicht, was es will. Ein Staat, der integrierte Ausländer abschiebt, dafür aber die Albaner-Gang im Hamburger Rotlichtviertel aus gesetzlichen Gründen nicht loswird, sollte sich dringend hinterfragen.

14. DER TRAUM VOM EINWANDERUNGSLAND

Europa ist der einzige Kontinent, dessen Bevölkerung abnimmt. Gleichzeitig wächst die Menschheit in den nächsten gut hundert Jahren von fast 7 auf über 10 Milliarden an, was zu gewaltigen Bevölkerungsverschiebungen führen wird. Statt sich unentschlossen durch diese Veränderungen treiben zu lassen, sollten wir eine nüchterne Bilanz ziehen, wer nach Deutschland kommen sollte und wer wirklich kommt. Deutschland ist für Einwanderer ein sehr attraktives Land – für sehr viele Menschen aus Staaten, in denen Unterentwicklung, Unterdrückung, Massenarmut und Überbevölkerung herrschen. Davon sind, vorsichtig geschätzt, drei der sieben Milliarden Menschen auf der

Erde betroffen. Einige Hundert Millionen davon sind bereits unterwegs, und viele Millionen würden sofort nach Europa kommen, wenn wir sie denn ließen. Es sind aber die, die niemand will. Sie bringen keine oder nur sehr rudimentäre Schulkenntnisse mit. Sie sind selbst für die Jobs, die wir nicht mehr besetzen können, ungeeignet.

Wie für alles in der Welt gibt es ein konkretes Anschauungsbeispiel, wo schon Realität ist, wie sich die Völkerwanderung auswirkt und wie sie von einigen Regionen hemmungslos genutzt wird. Die Ölstaaten des Nahen Ostens haben ein System entwickelt, in dem sie alle Ressourcen der globalen Welt zusammenfügen und damit Macht und Einfluss ausbauen. Daran ändert auch die Milliardenpleite des Dubai-Fonds 2010 nichts, die hierzulande Schadenfreude auslöste. Scheich Khalifa bin Zayed al Nahyan aus Abu Dhabi beglich die 50 Milliarden jedoch einfach aus der Tageskasse. Die Vereinigten Arabischen Emirate, zu denen Dubai und Abu Dhabi gehören, werden zurzeit von circa 3,5 Millionen Menschen bewohnt. Aber es gibt nur 200 000 Einheimische, die tatsächlich einen Pass des Staates haben. Sie sind eindeutig Menschen erster Klasse: Sie nehmen kostenlose Krankenbehandlungen in Anspruch, dürfen reisen, wann und wohin sie wollen, besitzen Land und halten sich Hunderttausende Ausländer für jene Arbeiten, die sie nicht selbst verrichten wollen. Vor allem sind sie Geschäftsleute, denn in den Emiraten ist so ziemlich alles erlaubt, was Geld macht. Aber: An jeder Firma muss ein Emirati mit 51 Prozent beteiligt sein. Er ist dann auch der Sponsor für den ausländischen Mitarbeiter und bestimmt damit über dessen Schicksal. Der Sponsor ist in der Regel im Besitz des Passes des Ausländers und hat damit eine gewisse Verfügungsgewalt über die ihm unterstellten Menschen.

Die Ausländer teilen sich in vier Kategorien. Da sind die hoch qualifizierten Manager, die Bauprojekte wie die berühmte Palmeninsel gestalten oder das höchste Hochhaus der Welt, den über 800 Meter hohen Burj Dubai, hochziehen. Da sind die mit allen Wassern gewaschenen Finanzexperten, die die Emirate zu einem Finanzzentrum ohne viele Kontrollen beraten, die besten Hotelmanager und Spitzenköche, die 7-Sterne-Hotels managen. Sie werden natürlich gut behandelt, dürfen mittlerweile auch oft ihre Pässe behalten. Sie bekommen Spitzengehälter, mehr als in Europa oder den USA – und das natürlich steuerfrei, bar auf die Hand. Solche Positionen werden meist von Bürgern der westlichen Industriestaaten besetzt, die dafür auf ihre Freiheitsrechte, die sie in ihren Heimatländern genießen, pfeifen.

Dann kommen mehrere Hunderttausend »professionals«, wie die englische Sprache all diejenigen nennt, die einen Beruf gelernt haben oder sonstige Talente mitbringen. Lehrer, Manager kleiner Betriebe und Dienstleistungsunternehmen, Sekretärinnen, Facharbeiter und viele mehr. Sie stammen oft aus arabischen Staaten wie Ägypten, Palästina, Syrien und vor allem aus dem subindischen Kontinent. Ihr Einkommen beträgt 1000 bis 10 000 Dollar pro Monat, natürlich wieder steuerfrei. Allerdings müssen sie für ihre Krankenversicherung selbst sorgen. Ein Wechsel aus ihrer Heimat in die Golfstaaten vervielfacht ihr Einkommen. Viele sind schon so in das Leben der Emirate eingebunden, dass sie samt Familie nicht mehr weggehen werden, auch wenn sie Bürger zweiter Klasse bleiben. Das sind sie von zu Hause auch nicht anders gewöhnt.

Die dritte Kategorie bilden die Millionen Bauarbeiter, Fahrer, Hilfskräfte, also die Ungelernten. Ein buntes Völkergemisch aus Pakistan, Bangladesch, Indien, Nepal, Sri Lanka, Jemen und Ostafrika. Sie machen all die fantastischen Wunderwerke möglich, mit denen die Emirate die Welt beeindrucken. Ihr Marktwert: circa 400 Dollar im Monat. 100 Dollar davon gehen für ein Bett in einer Schlafstelle drauf. 100 Dollar bleiben im Monat übrig, die sie nach Hause schicken. Und das ist mehr als doppelt so viel wie ihnen in ihrer Heimat bleiben würde, wenn sie denn überhaupt eine Einkommensmöglichkeit gegen Geld ergattern könnten.

Ein 34-jähriger pakistanischer Taxifahrer aus Lahore erklärt mir stolz, dass er jetzt über 2800 Dirham verdient, also 700 Euro. Das ist das Mindestgehalt, das ihm erlaubt, eine Frau mitzubringen. Die will er sich jetzt in seiner Heimat suchen. Den noch ärmeren Schluckern in den Golfstaaten ist es noch nicht einmal erlaubt zu heiraten. Reiche Muslime hingegen dürfen sich bis zu vier Frauen nehmen. Da haben die europäischen »Gleichmachungsbeglücker« noch viel Arbeit vor sich. Das Schlimmste daran ist: Keiner hört ihnen zu, denn die Golfstaaten sind nicht von uns abhängig, sondern wir zunehmend von ihnen. Wie in Kapitel 8 beschrieben, ist die Summe nicht bekannt, die wir aus den Ölstaaten Arabiens geliehen haben, um unseren Lebensstandard aufrechtzuerhalten. Auch freuen sich unsere Konzerne wie VW, Daimler und Hochtief, wenn die Scheichs ihre Aktien kaufen. Da fragt niemand kritisch nach, wie die Golfstaaten mit ihren Einwanderern umgehen.

Schließlich gibt es noch einige Hunderttausend Menschen auf der arabischen Halbinsel, die weitgehend rechtlos sind: die Hausangestellten. Geld bekommen sie oft gar nicht. Sie müssen froh sein, wenn sie von den Patriarchen einigermaßen gut behandelt werden. Ihr Dasein unterscheidet sich kaum von dem in einer Sklavenhalterfamilie aus dem vorletzten Jahrhundert. Die Hausangestellten kommen von den Philippinen, aus Somalia, Eritrea oder Äthiopien. Erst wenn wieder einmal ein besonders extremer Fall bekannt wird, schreibt die Weltpresse über das Schicksal dieser Frauen. Zum Beispiel als eine Philippinerin in den Emiraten zum Tode verurteilt wurde, weil sie ihren Herrn, der sie vergewaltigt und verprügelt hatte, in Notwehr erstach.

Einen solchen Fall können wir uns in Europa oder gar Deutschland nicht vorstellen. Doch je geringer die Bildung, desto eher besteht auch in Europa und Deutschland die Gefahr, ausgebeutet zu werden. Vor allem Parallelen mit den Rechtlosen der beschriebenen vierten Kategorie sind vorhanden. Der deutsche Staat und mit ihm das gesamte hochmütige Europa sind nicht in der Lage, osteuropäische Frauen aus den Klauen von Menschenhändlern zu befreien. Unser Rechtssystem schafft es nicht, die Opfer zu schützen und die Täter aus dem Verkehr zu ziehen. Ich sehe keinen großen Unterschied zwischen der Philippinerin, die statt als Hausmädchen in Arabien zu arbeiten von ihrem Gebieter missbraucht wird, und der Zwangsprostituierten aus der Ukraine, der die Menschenhändler einen Job als Kellnerin versprochen hatten. Für beide bedeutet das seelischen Mord auf Raten. Wir entrüsten uns über die sklavenähnlichen Zustände in der Golfregion, verweigern aber den missbrauchten Frauen hier ein Bleiberecht, das ihnen ermöglicht, sich von den Zuhältern zu befreien und sich in unsere Gesellschaft zu integrieren. Wie bereits geschrieben: Wir haben keinerlei Konzept, wie wir mit der anschwellenden Völkerwanderung umgehen sollen.

Ob es uns passt oder nicht: In vielen Bereichen setzen die Golfstaaten Maßstäbe. Zum Beispiel: 400 Dollar im Monat auf die Hand, das ist zurzeit der begehrte Tarif für ungelernte Arbeitnehmer in der Welt – der Marktpreis. Dafür sind sie bereit, unvorstellbare Arbeitsbedingungen zu akzeptieren, und sie zählen sich dabei noch zu den Glücklichen. Für Deutschland und die EU-Staaten heißt das: Unsere ungelernten Arbeiter sind im internationalen Vergleich hoffnungslos überbezahlt. Ihre Konkurrenten in aller Welt nehmen ihnen ihre Arbeitsplätze weg. Das bedeutet aber auch: Wenn wir für ungelernte Arbeiter die Grenzen öffnen, haben wir sofort Millionen Arbeiter und einen Lohnsturz ins Bodenlose. Das wiederum treibt unsere Sozialleistungen in unbezahlbare Höhen und macht die Einwanderung für Menschen aus der Dritten und Vierten Welt sehr attraktiv, die nicht in erster Linie nach Deutschland, sondern in unsere Sozialversicherungssysteme einwandern.

Im Moment erwehren wir uns dieser Entwicklung durch eine Abschottung von osteuropäischen EU-Mitgliedsstaaten, die im

Frühjahr 2011 vertragsgemäß ausläuft. Mit Mindestlöhnen und Entsendegesetzen versuchen wir, die dadurch drohenden Lohnabstürze zu verhindern. Aber die Abwanderung von Arbeitsplätzen können wir nicht stoppen. Vielleicht aber kommen einige Tausend Facharbeiter als Pendler nach Deutschland, nehmen die Arbeitsplätze ein, die mit Einheimischen nicht mehr besetzt werden können. So wie jetzt schon das Handwerk in Ostdeutschland spezielle Anwerbungsprogramme für junge Tschechen und Polen organisiert, weil sie einfach nicht mehr genug Auszubildende finden, die den Anforderungen einer normalen Handwerkslehre entsprechen.

Das zweite Instrument, sich gegen den Weltmarktpreis für ungelernte Arbeiter zu wehren, wird von den national orientierten Sozialisten in allen Ländern gefordert: ein Mindestlohn. Das wäre aber nur ein Mittel, um sich von den Asiaten und Südamerikanern abzuschotten, wenn wir gleichzeitig die Einfuhren aus diesen Ländern verbieten. Die Realität ist sehr schlicht und ohne ideologische Scheuklappen einfach nachvollziehbar: Kann ich mein Produkt in Deutschland nur zu einem Mindestlohn herstellen und es dann nicht mehr verkaufen, weil ein Konkurrenzprodukt aus Bangladesch nur die Hälfte kostet, werde ich meine Mindestlöhner entlassen und auch nach Bangladesch oder in ein noch billigeres Land ziehen. Es gibt sie halt, die Millionen ungelernter, arbeitswilliger Menschen auf der Welt.

Die Chance der Industriestaaten besteht darin, ihre Erziehungssysteme so zu organisieren, dass es möglichst keine Ungebildeten gibt und die wenigen Ungelernten in nicht exportierbaren Dienstleistungsunternehmen arbeiten, die durch Mindestlöhne geschützt werden können. Voraussetzung dafür ist: totaler Einwanderungsstopp für nicht qualifizierte Ausländer. Diese Politik müsste auf Grundlage der EU-Verträge auf europäischer Ebene durchgesetzt werden. Das war noch vor wenigen Jahren unvorstellbar. Doch die Wahlerfolge der ausländerfeindlichen Parteien in unseren Nachbarstaaten führen dazu, dass Europa eher bereit ist, seine Grenzen zu einer Festung auszubauen als sie weiter zu öffnen. Wir Deutsche werden bei der Frage, ob sich Europa öffnet oder abschottet, keine große Rolle spielen, weil wir politisch blockiert und nicht in der Lage sind, unsere Interessen zu formulieren, geschweige denn sie durchzusetzen.

Wie aber ist es um die Anwerbung qualifizierter Einwanderer bestellt? Diese Frage wird bei uns mit Hochmut diskutiert. Da wird unterstellt, dass sich sofort genügend hoch qualifizierte Einwanderer finden würden, wenn wir ihnen nur die Arbeitserlaubnis erteilen. Im Hinterkopf wirkt da ein unausrottbares Überlegenheitsgefühl der Deutschen mit, das ich dank meiner vielen Auslandsaufenthalte nicht nachvollziehen kann. So attraktiv Deutschland für ungelernte Sozialtransfer-Empfänger ist, so unattraktiv ist es für dynamische Wissenschaftler und Unternehmensgründer.

Im Jahr 2000 bekam der Indonesier Harianto Wijaya als erster Asiate eine Greencard, also eine begrenzte Arbeitserlaubnis, für Deutschland. Der IT-Spezialist ist längst in seine Heimat zurückgekehrt, wo er mittlerweile zwei Unternehmen besitzt. Einige deutsche Zeitungen haben ihn nach seinen Erfahrungen gefragt. Wijaya ist immer noch glücklich und dankbar dafür, dass er in Deutschland studieren und arbeiten konnte. Gern denkt er an die Zeit an der Technischen Universität in Aachen zurück, wo er sein Diplom mit der Traumnote 1,0 abgelegt hat. Aber bei allen höflichen Dankbarkeitsbekundungen lässt er dann doch durchblicken, dass ihn die deutsche Bürokratie, das ewige Warten auf ein Visum und die Beschäftigung in einem Angestelltenverhältnis dazu gebracht haben, nach Indonesien zurückzukehren. »In Deutschland bin ich mit dem Bus und der Bahn gefahren, hier kutschiert mich ein Chauffeur. In Deutschland hatte ich Vorgesetzte, jetzt bin ich mein eigener Chef«, beschreibt er, warum er sich so wohlfühlt. Und es gibt noch einen handfesten wirtschaftlichen Grund: In Deutschland gab es eine Finanzkrise, in Indonesien hingegen ein Wachstum von fast 10 Prozent.

Seine erste Firmengründung in Indonesien war unkompliziert, die zweite noch leichter. Er entwickelt ein Breitbandinternet für Indonesien, hat gerade einen Auftrag für über eine Million Dollar an Land gezogen und plant eine Niederlassung in Europa, wahrscheinlich in Deutschland. Der erfolgreiche Unternehmer ist erst 35 Jahre alt.

Das Beispiel von Harianto Wijaya macht sehr deutlich, dass uns alle Investitionen in Bildung nichts nutzen, wenn wir uns eine Wirtschaftsordnung leisten, in der Arbeiten unattraktiv ist. Wir bilden sonst Deutsche und Ausländer aus, damit sie in den expandierenden Schwellenländern eine glänzende Karriere antreten können.

Ein intensiver Aufenthalt in Bangalore, der indischen Metropole für die IT-Ausbildung, hat mir die Realität auf dem Weltmarkt verdeutlicht. Bangalore bildet jedes Jahr etwa 50 000 IT-Spezialisten aus. Die Stadt zeigt ein atemberaubendes Wachstum. In nur 20 Jahren ist die Bevölkerungszahl von drei auf sechs Millionen Einwohner gestiegen. Bleibt das Straßennetz auch eine Herausforderung für die Nerven, so zeugen riesige Antennen und Parabolspiegel auf den Hochhäusern und Elektronikparks davon, dass Bangalore zu den Kreuzungen der Hochleistungsdatenautobahnen der Welt gehört.

Verschwiegenheit ist ein weiteres Kennzeichen dieser Stadt. Kaum eines der weltweiten Unternehmen will bekanntgeben, dass seine neuesten Computerprogramme in Bangalore entstanden sind, dass hier in Entwicklungsbüros Autos und Flugzeuge kreiert werden und Zehntausende Softwareentwickler auch für die Spitzen der deutschen Industrie arbeiten. Daimler, Siemens, Lufthansa sind nur drei Namen, die in Bangalore sehr präsent sind. Warum auch nicht? Die Elektronikparks haben die Macht, an allen indischen Behörden vorbei für fünf Jahre Steuerfreiheit und freien Kapitaltransfer zu genehmigen. Das sind unschlagbare Argumente.

Bangalore entwickelte sich zum IT-Zentrum, weil hier das Indian Science Institute gegründet wurde. Es war eine Folgeeinrichtung, da auch die indische Weltraumbehörde, die Atombehörde und viele Militärforschungszentren hier ihren Sitz haben. Professor Narayanaswamy Balakrishnan hat als Institutsleiter die Supercomputeranlagen mit aufgebaut. Er zählt sein Institut zu den 20 bis 30 besten in der Welt. Selbstverständlich wird es jeweils auf dem international leistungsfähigsten Stand gehalten. 1200 Diplomanden verlassen jedes Jahr das Indian Science Institute. Selbstverständlich haben die Studenten 24 Stunden am Tag Zugang zu den Laboren, und sie alle wollen eine Führungsaufgabe in der Computerindustrie übernehmen. Am liebsten in Indien, zur Not auch im Ausland. Bleiben sie in ihrer Heimat, so stehen ihnen schnelle Aufstiegsmöglichkeiten in die Mittelklasse offen. Das heißt: ein indisches Auto, ein Eigenheim und eine Familie. Bezahlung: Basisgehalt circa 500 Dollar im Monat, aber 18-mal im Jahr – plus Gewinnbeteiligung in Form von Aktien.

Infosys ist eine indische Vorzeigefirma aus Bangalore. Im Gründungsjahr 1981 hatte sie ein Aktienkapital von 300 Dollar. 1998 zeigte mir einer der Gründer, Narayana Murthy, das IT-Unternehmen. Natürlich war er stolz auf das mittlerweile Geleistete, verwies aber darauf, dass dies nur dank der Mitarbeiter zu erreichen gewesen sei. Viele von ihnen saßen während unserer Unterhaltung in Gruppen in einem wunderschönen Garten mit Springbrunnen und Cafeterias, wo sie ihre Besprechungen abhielten. Infosys war damals schon 150 Millionen Dollar wert und dank der Aktienausschüttungen als Gewinnbeteiligung waren schon 30 Prozent der Belegschaft zu Rupien-Millionären geworden. 50 Prozent Wachstum pro Jahr – dieses Ziel wurde fast immer erreicht.

Heute ist Infosys ein IT-Gigant. Die Firma beschäftigt 114 822 Mitarbeiter in 33 Ländern. Bei einem Umsatz von 4,76 Milliarden Dollar wies Infosys 2009 1,31 Milliarden Dollar Gewinn aus. Das IT-Unternehmen wurde mehrfach als bester Arbeitgeber Indiens ausgezeichnet und von der renommierten Wharton School in den USA für seine Forschungsergebnisse prämiert. Es besitzt zudem das größte firmeneigene Ausbildungszentrum der Welt mit 14 000 Studenten. Statt Springbrunnen stehen den Beschäftigten heute sogar Schwimmbäder in den Betriebs- und Ausbildungszentren zu Verfügung.

Der Antrieb für den Erfolg in Schwellenländern ist die Kraft der Eigenverantwortung. Infosys fordert nicht den Staat auf, mehr in die Bildung zu investieren: Das macht das Unternehmen selbst. Es bindet seine Arbeitnehmer in Erfolgsmodelle ein, weil es weiß, dass es nur mit den Besten weltweit konkurrenzfähig sein kann. Es praktiziert also das Gegenteil von »hire and fire«. All das, was deutsche Unternehmen nie begonnen oder sich wieder abgewöhnt haben. Die erste Wahl der indischen Computerfachleute ist deshalb aus menschlichen und wirtschaftlichen Gründen ihr Heimatland.

Auf dem Weg zum Flughafen passieren wir ein riesiges Industriegebiet, das vom Stadtstaat Singapur entwickelt wurde und in dem hauptsächlich singapurische Unternehmen und Banken sitzen. Von Singapur nach Bangalore sind es nur zweieinhalb Flugstunden, so viel wie in die indische Hauptstadt Neu-Delhi.

Dem Boomstaat Singapur mangelt es, nicht zuletzt aufgrund seiner niedrigen Geburtenrate, ebenfalls an gut ausgebildeten Fachleuten. Er gehörte zu den Ersten, die versuchten, indische Software-Spezialisten anzuwerben, und baute als Alternative seinen eigenen Industriepark in Bangalore. Diese Abwerbeversuche Singapurs verdeutlichen mir, welchen Stellenwert Deutschland im Kampf um die besten Köpfe der Welt überhaupt noch hat.

Ein vereinfachter Vergleich für einen indischen Spezialisten mit Fähigkeiten, die international mit einem Jahreseinkommen von mindestens 100 000 US-Dollar bezahlt werden:

- Singapur: umgerechnet 120 000 US-Dollar. Fünfjahresvertrag ohne Option auf Verlängerung. 15 Prozent Abzüge (Steuern usw.). Umgebung: englische Sprache, indische Gemeinde, gleiches Klima, kurzer Heimweg.

- Australien: umgerechnet 100 000 US-Dollar. Aufenthaltserlaubnis kann immer wieder verlängert werden. Bei entsprechender Führung und Qualifizierung Einwanderung möglich. 25 bis 30 Prozent Abzüge. Umgebung: englische Sprache, indische Gemeinde, angenehmes Klima. Heimflug: 10 Stunden.

- Japan: umgerechnet 150 000 US-Dollar. Fünfjahresvertrag ohne Option auf Verlängerung. 15 Prozent Abzüge. Umgebung: fremde Sprache, sehr fremde Kultur, akzeptables Klima. Heimflug: 10 Stunden.

- USA: 100 000 US-Dollar. Aufenthaltserlaubnis kann verlängert werden. Bei entsprechender Qualifikation Greencard und Einwanderung möglich. 25 Prozent Abzüge. Umgebung: englische Sprache, allein im Silicon Valley leben 600 000 Inder, gutes Klima. Heimflug: 18 Stunden.

- Großbritannien: umgerechnet 100 000 US-Dollar. Aufenthaltserlaubnis kann verlängert werden. 40 Prozent Abzüge. Umgebung: englische Sprache, indische Gemeinde, mieses Klima. Heimflug: 11 Stunden.

- Und dann kam Deutschland 2000 auf die Idee, großzügig auch zehntausend indischen Softwarespezialisten eine Greencard zu erteilen. Die Bedingungen:

- Ein Einkommen von 100 000 US-Dollar, also circa 80 000 Euro. Streng begrenzte, 5-jährige Aufenthaltserlaubnis. 50 Prozent Abzüge. Umgebung: fremde Sprache, fremde Kultur mit für Inder grauenvollem Essen, mieses Klima. Heimflug: 10 Stunden.

Warum um Himmels willen sollte ein Inder aus Bangalore nach Deutschland kommen? Im Gegenteil: Wir sollten misstrauisch nachfragen, warum bei diesen attraktiven Angeboten auf dem

Weltmarkt jemand nach Deutschland kommt. Welche Macken hat der denn und wie verzweifelt muss er sein, damit er unsere Bedingungen akzeptiert?

Aber wir brauchen keine neue Behörde zur Überwachung der Greencard-Inder. Es sind nämlich keine gekommen. Dieses angeblich so großzügige Angebot, die ach so wunderbaren Bedingungen in Deutschland, haben die Inder als das erkannt, was es war: eine grandiose Fehleinschätzung überheblicher, aufgeblasener Politiker mit einem Fernblick bis zum Tellerrand. Die Inder sind zu Hause geblieben oder fanden die anderen Angebote attraktiver. Was haben wir aus diesem Fehlschlag gelernt? Nichts! Und deshalb machen wir weiter mit einer Bevölkerungspolitik, die zwischen deutschtümelnder Überheblichkeit und einem verklärten Multikulti-Wahn jeglichen pragmatischen Realismus vermissen lässt.

15. DEUTSCHLAND OHNE DEUTSCHE

Wie wird Deutschland 2050 aussehen? Ein mögliches Szenario:

In den neuen Bundesländern verlaufen sich höchstens noch 8 Millionen Einwohner, die meisten davon sind deutscher Abstammung. Schon seit dem Jahr 2020 hat sich das Problem der Arbeitslosigkeit erledigt. Weite Teile des Landes sind in großzügige Naturparks umgewandelt, vor allem in der Uckermark und dem angrenzenden Vorpommern, im Harz und dem Harzvorland, der Altmark, Nordthüringen, Nordhessen, dem Saarland, der Westpfalz und dem sächsischen Erzgebirge. Noch immer besteht das Wohlstandsgefälle zwischen der ehemaligen Bundesrepublik und der Ex-DDR. Hauptursache: Die Ausländerfeindlichkeit hat im Osten nicht ab-, sondern zugenommen. Die Abwanderung und die massiv sinkenden Geburtenzahlen können deshalb nicht durch Einwanderung ersetzt werden. Vor allem Asiaten und Schwarze sind nicht sicher.

Lange haben die Politiker darauf vertraut, dass wenigstens Osteuropäer einwandern würden. Doch dabei haben sie übersehen, dass die Geburtenquoten in Osteuropa schon seit dem Zusammenbruch des Kommunismus 1989 genauso niedrig oder noch niedriger waren als in Deutschland. Polen, Tschechien, die Slowakei, Ungarn, Rumänien und Bulgarien leiden an einer stark abnehmenden Bevölkerungszahl und erschreckender Überalterung. Die wenigen Jugendlichen haben in ihrer Heimat alle Chancen, sie müssen nicht mehr auswandern. Noch schlimmer als in den osteuropäischen EU-Staaten ist die Bevölkerungsentwicklung in der Ukraine und Russland. Schon seit der Jahrhundertwende nimmt Russland jährlich um 800 000 Einwohner ab. Die Lebenserwartung der Männer ist so niedrig wie in Schwarzafrika. Das hat in dem Riesenreich zu einer Bevölkerungsverschiebung geführt. Vor allem die Städte und abgelegenen Regionen Sibiriens haben sich erst entleert und danach mit eingewanderten Chinesen und asiatischen Völkern islamischen Glaubens wieder gefüllt. Die Ukraine ist freiwillig wieder in eine bundesstaatliche Zusammenarbeit mit Russland zurückgekehrt. Die Geburtenquote von nur 1 Prozent seit dem Jahr 2000 hat das Land wirtschaftlich in die Knie gezwungen.

In den westdeutschen Ländern leben rund 40 Millionen Menschen. Berlin konnte sich mit 3 Millionen Einwohnern einigermaßen halten. In den meisten westdeutschen Großstädten stammt die Mehrheit der Bewohner von Migrationsfamilien ab. Die Zahl der Moscheen hat dort mit der Zahl der Kirchen gleichgezogen. Dabei ist auffällig, dass die Moscheen zum Freitagsgebet voll sind, die Kirchen aber sonntags immer leerer werden – sowohl die evangelischen als auch die katholischen. Das führt zu heftigen Diskussionen, ob der Freitag nicht dem Sonntag gleichgestellt werden müsse.

Deutschland ist 2050 längst nicht mehr das einwohnerstärkste Land der EU, bereits 2020 wurde es von Frankreich und Großbritannien überholt. Frankreich hat konstant eine Geburtenquote von rund 2 Prozent und erfreut sich dank seiner attraktiven Küstenregionen immer noch der Einwanderung betuchter Europäer. Auch Großbritannien hat mit 1,8 Prozent eine Geburtenquote, die zumindest einen massiven Bevölkerungsrückgang verhindert. Dazu kommen Einwanderer aus Asien, die sich dank des Commonwealth immer noch die Insel als zweite Heimat vorstellen können.

Das ist keine Horrorvision, das ist alles schon sehr nah an der Realität, weil es nichts anderes ist als die Fortschreibung der aktuell praktizierten Politik. Es ist an der Zeit, mit dem Träumen und der Propaganda aufzuhören, dass eine möglichst offene Einwanderung unser Bevölkerungsproblem löst. Nein, es ist nicht schlimm, wenn es statt 80 Millionen nur noch 60 oder 50 Millionen Deutsche gibt. Schlimm ist, dass von diesen 50 Millionen dann über 40 Prozent über 65 Jahre alt sein werden. Sie können dann nur hoffen, dass die Einwanderer bereit sein werden, für sie aufzukommen und gleichzeitig die von ihnen angehäuften Staatsschulden abzuzahlen. Es ist aber unwahrscheinlich, dass sich so viele Deppen auf der Welt finden, die das machen werden. Wie mein Beispiel der internationalen Jobangebote für indische IT-Spezialisten zeigt, muss jemand schon große Macken haben, um mit den horrend hohen Abgaben unser Finanzdesaster zu finanzieren.

Schon heute, da die Weichen neu gestellt werden müssten, betrachten wir wie Außenstehende, was gerade passiert, und machen weiter, als ob uns das alles nichts anginge. Ich meine damit nicht nur die Politiker, sondern wirklich uns alle. Wir nehmen Daten und Fakten wie im Traum wahr, so als ob sie aus einer anderen Welt kämen.

2004 zum Beispiel veröffentliche die OECD eine Untersuchung über die Qualität der Einwanderung in ihre Mitgliedsstaaten. Daraus ging hervor, dass in Kanada 46,1 Prozent der im Ausland geborenen Bevölkerung hoch qualifiziert waren, aber nur 38,8 Prozent der in Kanada Geborenen diesen Standard erfüllten. Das heißt: Kanada profitiert von seinen Neubürgern. Die Vergleichszahlen für Irland: 45,4 Prozent der Einwanderer sind hoch qualifiziert, aber nur 25,5 Prozent der Iren. Australien: 35,7 Prozent zu 26,2 Prozent. Und selbst Schweden zieht noch Intelligenz an: 29,5 Prozent zu 27,3 Prozent.

Für Deutschland ergibt sich ein trostloses Bild: Unsere Einwanderer gehören nur mit 18,9 Prozent zu den hoch qualifizierten gegenüber 25,5 Prozent der in Deutschland Geborenen. Aber 37,4 Prozent der Einwanderer sind gering qualifiziert, im Vergleich zu nur 12,3 Prozent der in Deutschland Geborenen. Wir lassen also weiter eine Zuwanderung Ungebildeter zu, obwohl wir schon für die jetzt hier ansässigen Migranten kein Modell finden können, um sie auf einen mittleren deutschen Bildungsstand zu heben.

Es kommt noch schlimmer: Das Statistische Bundesamt veröffentlicht seit Jahren, dass Jahr für Jahr circa 150 000 Deutsche auswandern und diese, bis auf wenige Ausnahmen, hoch qualifiziert sind. Auch mehr Bürger der alten EU-Staaten verlassen Deutschland als wieder einwandern. Wie schon geschrieben, verlassen auch qualifizierte Türken das Land wieder. Viele der neuen Einwanderer sind hingegen, wie die Statistiken belegen, unqualifiziert für einen Job in unserer hoch entwickelten Wirtschaft.

Wenige Tage später ein Alarmruf der Städte. Masseneinwanderung der Ärmsten aus Bulgarien, Rumänien und Mazedonien lassen die Sozialkosten in die Höhe schnellen. Die Realität: Bis Ende 2012 waren 6900 Griechen, 5800 Spanier und 4000 Inder mit Bluecard gekommen – alles Zahlen, die das Geburtenminus von 190 000 im Jahr 2012 nicht annähernd ausgleichen können. Aber aus dem Balkan hatten sich knapp 150 000 Armutseinwanderer nach Deutschland geflüchtet, die weder eine Qualifikation auswiesen, sich dafür aber in einem bedauernswerten Gesundheitszustand befanden. Wie viele davon Romas und Sintis waren, wurde gar nicht erst festgestellt. Diese Momentaufnahme

Anfang 2013 zeigt aber, wie dringend wir eine geregelte Einwanderungspolitik brauchen und dass das Armuts- und Minderheitenproblem in Südosteuropa von der EU übernommen und gelöst werden muss. Wir Deutsche aber müssen dringend damit aufhören, die Zahl der Menschen, die hierher flüchten, schon als Erfolg zu sehen oder gar als Lösung unseres Geburtendefizits.

Alles, was ich hier beschreibe, stammt nicht aus Geheimdossiers. Alle Zahlen sind der Öffentlichkeit und den Politikern zugänglich, wenn sie sie nur zur Kenntnis nehmen würden – und wenn sie das wirklich einmal tun, haben sie gleich Dutzende von Ausflüchten parat, warum das alles doch auch noch anders kommen könnte. Es kommt aber nicht anders. Das sind nur Teilaspekte einer Einwanderungspolitik, die die Bevölkerungsabnahme relativieren, aber keinesfalls die damit verbundenen Probleme lösen.

Weil die Nationalsozialisten eine »Bevölkerungspolitik« betrieben und sie missbrauchten – wie alles, was sie angefasst haben –, war diese Forschungsdisziplin in Deutschland lange tabu. Suchten die Nazis für das angeblich übervölkerte Deutschland noch »Land für das Volk«, so sehen wir in der Zukunft in der Mitte Europas eher ein »Land ohne Volk«.

Herwig Birg, mittlerweile emeritierter Professor der Universität Bielefeld, hat sich mit bescheidenen Mitteln um die Bevölkerungsforschung in Deutschland verdient gemacht. Die Fraktionen im Deutschen Bundestag haben ihn auch zu internen Sitzungen geladen und sich seine Ergebnisse angehört. Die Wirkung war wie beim Zahnarzt. Die Zahnschmerzen waren heftig, die Betäubungsspritze tat furchtbar weh, danach eine kurze Behandlung, und dann war alles wieder gut. Die furchtbar schmerzhafte Spritze, die Professor Birg verpasst, lautet: Um das Durchschnittsalter der deutschen Bevölkerung im heute bestehenden Gleichgewicht zu halten, brauchen wir bis zum Jahr

2050 188 Millionen Einwanderer. Das wären 3,5 Millionen Neubürger pro Jahr. Das tut weh! Vor allem den Multikultis. 188 Millionen Einwanderer. Dabei ist das auch wieder ganz logisch, wenn nur darüber nachgedacht würde. Aber die politisch Korrekten bestimmen die Diskussion und bieten mit der Einwanderungslüge eine simple Lösung an.

Die mathematische Realität aber besagt: Einwanderer sind zum überwiegenden Teil über 20 Jahre alt. Es fehlen die den Altersdurchschnitt senkenden Altersstufen von 1 bis 20. Wenn die Einwanderer in Rente gehen, erhöhen sie überproportional schnell den Prozentsatz der älteren Mitbürger. Und das bedeutet: Wir brauchen noch mehr jüngere Einwanderer, um den Durchschnitt wieder herzustellen. Und das geht dann wie ein Schneeballsystem weiter, bis wir auf die 188 Millionen kommen. Aber selbst wenn wir bereit wären, die Erhöhung des Durchschnittsalters in Kauf zu nehmen, und nur für eine stabile Bevölkerungszahl sorgen wollten, dann müsste auch die Zahl der Zuwanderung von Jahr zu Jahr steigen. 2040 zum Beispiel müssten es dann schon 750 000 neue Mitbewohner pro Jahr sein. Die Brutalität der Birg'schen Zahlen hat aber bisher noch nicht den geringsten Einfluss auf die verträumte politische Führungsschicht. Der Doyen der europäischen Bevölkerungsforscher, Professor Jean Claude Chesnais aus Paris, zeigte mir eine ganz einfache Lösung: Ihr Deutsche dürfte nur Babys einwandern lassen. Das Problem: Diese einfache Lösung gibt es nicht. Und da sind wir wieder bei den Zahlen von Professor Birg.

Die Weltbank hat noch eine andere Rechnung aufgemacht. Sie hat den Bevölkerungsrückgang von ganz Europa addiert und kam als Ausgleich für die fehlenden Geburten auf 705 Millionen notwendige Einwanderer. Das wäre wohl das Ende des Europas, wie wir es kennen und erleben durften.

Die Sonnenseite Europas sind die Küsten des Mittelmeers. »Das Land, in dem die Zitronen blühen.« Millionen zieht es jährlich an die Strände von Portugal bis Griechenland. Die

Sehnsucht nach Sonne, Wärme, Wein und »dolce far niente« hat ganz Europa ergriffen und verwandelt. Aber die Küsten des Mittelmeers sind auch die offenen Flanken des christlichen Abendlands, so wie wir es aus der Geschichte kennen. Die nördliche Ostküste des Mittelmeers gehört zur Türkei, und wohin die gehört, weiß noch nicht einmal die Türkei selbst. Die Südküste jedoch, von Syrien bis Marokko, gehört Arabern muslimischen Glaubens. Und während Europa unter rapidem Bevölkerungsverlust leidet, nehmen diese Staaten in den nächsten 50 Jahren um 200 Millionen Menschen zu. Da entsteht ein natürlicher Druck. Es ist wie auf einer schiefen Bahn, die mit Seifenlauge eingeschmiert ist. Die Menschen kommen einfach über das Meer angeschwappt. Und mit ihnen weitere Millionen, die aus den noch ärmeren, noch schneller wachsenden Staaten Schwarzafrikas irgendeine Chance auf diesem Globus suchen. Ihre Lage ist so verzweifelt, dass sie dafür nicht nur ihre letzten Ressourcen, sondern auch ihr Leben riskieren.

Östlich und südlich der Türkei liegt die wahrscheinlich zurzeit lebensfeindlichste Zone der Welt: Sie beginnt mit Palästina, geht über den Irak, Iran, Afghanistan bis nach Pakistan und reicht auch in den Kaukasus und bis nach Mittelasien. Alles Staaten mit extremen Bedrohungen und Verletzungen der Menschenrechte. Alles Staaten mit meist muslimischer Bevölkerung und alles Staaten, bei denen mindestens auf die Hälfte der Einwohner das Asylrecht greift oder die Vertreibung als Kriegsflüchtling droht. Sie alle drängen nach Europa, landen halb tot in Griechenland, Italien oder Spanien. Heute sind es Tausende, morgen vielleicht Millionen. Und wir alle, damit meine ich auch die anderen europäischen Staaten, taumeln hin- und hergerissen zwischen der Versuchung, humanitäre Hilfe zu leisten, und der Angst vor einer Masseneinwanderung einer uns fremden Kultur.

Längst hat in Europa eine Gegenbewegung eingesetzt, die sich vor allem gegen die muslimische Einwanderung und den damit verbundenen Konsequenzen wehrt. Das Ergebnis der Volksabstimmung gegen Minarette in der Schweiz ist ebenso ein Signal wie das Burka-Verbot in Belgien und Frankreich oder das Erstarken national orientierter Parteien in den ach so liberalen Niederlanden und in Großbritannien. In Dänemark hat die rechtskonservative Partei von Pia Kjaersgaard die für Ausländer restriktivsten Gesetze Europas durchgesetzt. In Österreich werden die Nationalen auch ohne Jörg Haider stärker. Und selbst im toleranten Musterland Schweden haben Rechtspopulisten bei den Reichstagswahlen 2010 5,7 Prozent der Stimmen und 20 Sitze im Parlament erobert. Was uns in Europa fehlt, ist eine realistische Perspektive, wie wir es mit der Einwanderung von Muslimen und unserer Vorstellung von Glaubensfreiheit halten wollen. Natürlich wollen wir unser Recht auf Glaubensfreiheit nicht aufgeben – zu lange und zu blutig war der Weg dahin. Er war aber auch damit verbunden, die Kirchen weitgehend aus den Staatsgeschäften herauszudrängen, ihre Macht zu beschneiden. Die Französische Revolution, die Enteignung der Kirche durch Napoleon und der Kulturkampf von Bismarck sind nur einige Beispiele dafür, wie brutal und umwälzend dieser Prozess war. In Irland und Polen redet die katholische Kirche immer noch mit, wenn es um die Frage der Abtreibung geht. Moralisch gestehe ich ihr dies als bekennender Abtreibungsgegner zu. Aber ein politisches Veto darf sie nie haben.

Als Christian Wulff als niedersächsischer Ministerpräsident Aygül Özkan zur Sozial- und Familienministerin ernannte, wurde er für seinen Mut gelobt. Warum eigentlich? Jedem fähigen Bürger mit deutschem Pass und einem Bekenntnis zu unserem Grundgesetz sollte und muss jedes Amt offenstehen, egal, wie deutsch oder türkisch oder vietnamesisch sein Name klingt, oder ob sein Teint eine fremde Herkunft vermuten lässt. Bemerkenswert fand ich die Aussage von Aygül Özkan, dass in den Schulen weder Kopftücher noch christliche Symbole einen Platz haben sollten – und damit hatte sie recht. Trotz des heuchlerischen Aufschreis in der Öffentlichkeit wird sich ihre Ansicht auf Dauer durchsetzen, bis in die letzten Winkel der Republik. Die niedersächsische Ministerin hat als Deutsche türkischer Abstammung mit ihrer Aussage klar eine Position bezogen, die die meisten Vertreter der islamischen Vereine in Deutschland nicht nachvollziehen konnten und auch nie nachvollziehen werden.

Im Koran ist die Einheit von islamischem Glauben und islamischen Gesetzen untrennbar. Der Staat ist verpflichtet, die Scharia, also die islamischen Gesetze, zu vollstrecken – und der Gläubige muss sich ihr unterwerfen. Das Gottesgesetz steht im Islam wie auch im Christentum über den Gesetzen der Menschen. Nur: In den entwickelten christlichen Staaten ist die Kirche zurückgedrängt, kann nicht mehr selbst Urteile fällen, durch Gesetze Andersgläubige herabwürdigen und verfolgen. Der Islam dagegen beansprucht zunehmend die direkte Ableitung der staatlichen Gesetze aus dem Koran. Weltweit erleben wir die Durchsetzung der Scharia auch in Staaten mit unterschiedlichen Religionen. Ein Kompromiss, um Bürgerkriege zu verhindern, lautet dann oft: Die Scharia gilt nur für die muslimische Bevölkerung, so zum Beispiel in Malaysia, Nigeria und dem Sudan. Die Masse der islamischen Staaten aber setzt die Scharia kompromisslos gegen alle Menschen durch, die sich in ihrem Land aufhalten. Am konsequentesten ist sicher Saudi-Arabien, wo schon das Tragen eines Kreuzes zur Auspeitschung führt.

Angesichts der Fälle sexuellen Missbrauchs in der katholischen Kirche wurde wieder einmal deutlich, dass auch diese Weltkirche ihre Probleme hat, das Primat des Staates bei der Verbrechensbekämpfung anzuerkennen, wenn es um ihre eigenen Würdenträger geht. Es bedurfte mehrerer Klarstellungen und des Mutes einiger vorbildlicher Kardinäle und Bischöfe, damit die Kirche von nun an sämtliche Fälle der Staatsanwaltschaft übergibt und darauf verzichtet, diese innerhalb ihrer Gemeinschaft mit dem Kirchenrecht zu regeln.

Wie aber ist das Verhältnis der Muslime zum Staat in Deutschland, in Europa? Ich will mich an dieser Stelle auf Deutschland beschränken. Vorausschicken möchte ich noch, dass ich hier viel aus eigener Erfahrung im Umgang mit dem Islam berichten könnte. In den Siebziger- und Achtzigerjahren machte ich ausgedehnte Reportagen in Saudi-Arabien, die mir auch den Zutritt zur königlichen Familie erlaubten. 1979 flog ich als erster TV-Reporter nach Peter Scholl-Latours Abreise aus Teheran in den revolutionären Iran und berichtete von dort vier Jahre lang, bis ich Einreiseverbot erhielt. Auf den Philippinen besuchte ich mehrere Male unter extrem schwierigen Sicherheitsbedingungen die muslimischen Rebellen im Süden, die sich, je näher ich sie kennenlernte, schlicht als Sklavenhändler und Piratenbanden entpuppten. In Indonesien produzierte ich Filme über die Christenverfolgung, die bei uns niemand sehen will. Erst 2010 wurden in der Nähe von Jakarta wieder Kirchen niedergebrannt und die Gemeinden vertrieben. Das ist aber keinem Sender auch nur eine Minute wert, kaum einer deutschen Zeitung eine Zeile, keiner Botschaft ein Bericht. Meine Türkei-Reisen habe ich ja schon ausführlich beschrieben.

All diejenigen, die sich für die Gleichbehandlung des Islams mit den anderen religiösen Glaubensgemeinschaften in unserem Land einsetzen, müssen diese Frage beantworten: Haben die in Deutschland praktizierenden muslimischen Gemeinden klar ausgesprochen, dass sie sich von der Scharia getrennt haben? Treten sie für die absolute Gleichberechtigung von Mann und Frau ein? Erlauben sie den Übertritt in eine andere Glaubensgemeinschaft? Erkennen sie das Primat einer westlichen Demokratie über ihre Glaubensgemeinschaft an? Sind die islamischen Gemeinden in Deutschland bereit, sich klar gegen eine Fatwa, ein Gottesgericht, zu stellen, das zum Beispiel den dänischen Karikaturisten Kurt Westergaard mit dem Tod bedroht? Eine Fatwa, die alles infrage stellt, was Europa in den letzten Jahrhunderten die Freiheit beschert hat, derer wir uns heute erfreuen. Können die muslimischen Gemeinden akzeptieren, dass sie in einer laizistischen Gesellschaft leben, in denen Bibel und Koran nicht heilig, sondern auch Objekte von Spott und Satire sein dürfen? Ich bin mir nicht sicher, ob diese Fragen mit einem klaren Ja beantwortet werden können – eigentlich bin ich sogar vom Gegenteil überzeugt. Die Toleranz, die wir von den christlichen Kirchen erzwingen, erwarten wir mit viel Verständnis von den Muslimen weder in unserem Land noch in ganz Europa. Und das wird noch zu heftigen Konflikten führen.

Was unsere immerwährenden Kulturversteher übersehen, ist die spirituelle Ausstrahlung des Islam auf seine Anhänger. Wer fünfmal am Tag betet, wer die Fastenregel des Ramadan und die Gebote Allahs befolgt, so wie sie Mohammed im Koran aufgeschrieben hat, wer mit den Suren als Kind indoktriniert wurde, für den kann es keinen Kompromiss mit der westlichen, freizügigen Lebensart geben. Er hält sie vielleicht in seiner Umgebung aus, aber er verachtet sie.

Die Aufpasser des iranischen Ministeriums für islamische Führung, die mich im Iran begleiteten, gaben mir zwar jeden Morgen zur Begrüßung die Hand, aber nur um sie danach sofort mit einem Ausdruck des Widerwillens zu waschen. Wer gläubig ist, der lebt nach Allahs Gesetzen, nicht nach den Gesetzen Deutschlands. Solange diese übereinstimmen, geht alles gut. Du sollst nicht töten. Du sollst nicht stehlen und betrügen. Du sollst den Armen helfen und vieles mehr. Das steht im Koran, das steht in der Bibel. Aber machen wir uns nichts vor: Islam ohne Verschleierung, ohne Vielehe, ohne Scharia, das wäre Folklore. Wir werden unsere Forderungen an alle Weltreligionen klar stellen müssen, wenn wir in einer multikulturellen Gesellschaft miteinander leben wollen. Und die orientieren sich an der Amerikanischen und Französischen Revolution und nicht an der Scharia und dem römischen Kirchenrecht.

Dieses Kapitel hatte ich schon geschrieben, als Thilo Sarrazin sein Buch *Deutschland schafft sich ab* veröffentlichte. Viele seiner Lösungsansätze gegen die »Überfremdung« Deutschlands haben schon in anderen Staaten nicht funktioniert. Zum Beispiel seine Idee einer Prämie für gebildete Frauen, die ein Kind gebären, hat so ähnlich schon Lee Kwan Yew, der Gründer Singapurs, mit Zuckerbrot und Peitsche versucht. Nachdem er erfolgreich die Geburtenrate im übervölkerten Stadtstaat gesenkt hatte, stellte er fest, dass es jetzt zu wenig einheimische Kinder gab. Vor allem die gut ausgebildeten Frauen machten lieber Karriere als Kinder zu wickeln. Er verhängte ein Beförderungsverbot für kinderlose Akademikerinnen in Staatsdiensten. Das Ergebnis: Die Frauen wanderten aus.

In der ganzen Bevölkerungs- und Einwanderungsdiskussion müssen wir zur Kenntnis nehmen, dass Geld keine Kinder macht. Im Gegenteil: Je ärmer und ungebildeter ein Volk ist, umso höher ist die Geburtenrate, je wohlhabender und gebildeter, umso niedriger. Die Versuche, mit Geld eine grundsätzliche Umkehrung der Geburtenhäufigkeit zu erzielen, sind bisher immer gescheitert. Wir wollen es nur nicht wahrhaben.

Was mich an der Sarrazin-Debatte so fasziniert, ist die moralische Entrüstungswelle, die sofort losbrach und verhinderte, dass für die tatsächlichen Probleme eine Lösung gesucht wurde. Da wurde die These diskutiert, ob es Dummheits- oder Intelligenzgene gibt, die ein Volk oder eine Religionszugehörigkeit ausmachen. Selbst wenn diese Frage beantwortet werden könnte, hilft uns das überhaupt nichts. Über das Kernanliegen aber, das Sarrazin ansprach und für das er bei der Bevölkerung große Zustimmung fand, diskutierte die politisch-publizistische Klasse mit ihren abgedroschenen Phrasen. Da saß in jeder Talkshow eine sehr gut integrierte Türkin als Beispiel dafür, dass Sarrazin unrecht hat. So nach dem Motto: »Sieh her, es gibt auch intelligente, Deutsch sprechende Türken.« Wie peinlich. Davon gibt es zum Glück mehrere Millionen. Was soll dann diese positive Diskriminierung? Wir haben in Deutschland doch kein Problem mit den Mitbürgern, die sich trotz einer fehlenden Einwanderungspolitik integriert haben. Das Problem haben wir mit jenen, die unseren Staat ablehnen und trotzdem hier leben wollen. Die Unruhe in unserem Land entsteht doch nicht, weil Muslime friedlich in ihrer Moschee zu Allah beten und nicht zum Christentum übertreten – oder Atheisten werden, wie es die meisten Deutschen schon sind. Die Unruhe entsteht, weil die Politik keine Antwort darauf gefunden hat, wie wir mit Ausländern umgehen sollen, die – wie es die verstorbene Richterin Kirsten Heisig in ihrem Buch beschrieben hat – es als Familienclan auf über hundert Straftaten bringen. Dabei ist mir völlig egal, welche Religion diese Asozialen haben.

Die Frage ist doch, wie wir mit Ausländern umgehen, die sich auf den Islam berufen, um damit ihre Frauen zu unterdrücken und unsere Kultur zu verachten. Die Frage ist doch, ob wir es zulassen, dass unqualifizierte Menschen in unser Sozialsystem einwandern, um es auszunutzen. Darauf geben die Berufstalker keine Antworten, egal ob sie als Politiker oder Sachverständige auftreten. Und die Moderatoren halten sich brav an die politisch korrekten Spielregeln.

Die erstaunliche Toleranz der christlichen Kirchen gegenüber den gewaltigen Moscheebauten in Deutschland und einigen Staaten Europas ist vielleicht damit zu begründen, dass sie eine neue Generaldebatte über die Machtverteilung zwischen Kirche und Staat herbeiwünschen. Es wird nicht lange dauern, bis die Frage grundsätzlich beantwortet werden muss, ob auch die muslimischen Gemeinden das Recht erhalten, Steuern einzufordern, wie dies den Christen und Juden schon zugestanden wird. Die Tendenz ist eindeutig: Bevor Christen und Juden auf dieses einmalige Privileg in Deutschland verzichten, werden sie es lieber auch den Muslimen zugestehen. Da halte ich es doch lieber mit der niedersächsischen Ministerin Aygül Özkan: Religiöse Symbole haben in Amtsräumen nichts zu suchen. Und ich möchte ergänzen: Die Mitglieder der Kirchen sollen sich zur selbstverpflichtenden Kirchensteuer bekennen, so wie dies fast überall in der Welt üblich ist. Es kann nicht die Aufgabe des Staates sein, für die Kirchen das Geld einzutreiben. Wenn es sich dann auch noch um einen Staat handelt, der mehrheitlich von Atheisten und Muslimen bewohnt wird, führt das unweigerlich zu kaum zu kontrollierenden Spannungen.

In diesem Zusammenhang spielt die doppelte Staatsangehörigkeit eine entscheidende Rolle. Sie wird nur von wenigen Staaten geduldet und dann auch nur nach sehr opportunistischen Gesichtspunkten. Als meine frühere amerikanische Frau bei der Hochzeit 1965 ohne weitere Formalitäten mit der Eheschließung auch die deutsche Staatsangehörigkeit erhielt, zog das US-Konsulat in Stuttgart ihren Pass bei der nächstbesten Gelegenheit einfach ein, und damit war sie ausgebürgert. Israelische Staatsbürger dagegen dürfen ihren US-Pass behalten. Auch wenn es die Staaten nicht wissen, bleiben Doppelstaatsangehörigkeiten oft jahrelang bestehen, obwohl es illegal ist. Wie auch immer: Eine doppelte Staatsangehörigkeit ist eine legale oder auch illegale Privilegierung der Betroffenen. Sie ist deshalb abzulehnen, weil sie gegen den Gleichheitsgrundsatz verstößt. Darüber hinaus führt sie zu massiven Interessen- und Loyalitätskonflikten.

Wenn wir nur wüssten, was wir wollen: Mehrfach in der Geschichte wurde Deutschland durch Masseneinwanderungen verändert. Im Preußen Friedrichs des Großen sprach ein Drittel der Bevölkerung nur Französisch. Er öffnete sein durch den Siebenjährigen Krieg entleertes Land und lud die religiös Verfolgten aus halb Europa in sein sandiges Königreich ein. Sie erhielten Land und Steuerfreiheit. Aber sie mussten dann bleiben und nach seinen Vorgaben leben. Wer als Siedler aufgab oder floh, wurde in den Kerker geworfen oder sogar hingerichtet. Das alles wird übersehen, wenn wir heute die Einwanderungspolitik Friedrichs des Großen als vorbildlich beschreiben. Und heute sind die Nachkommen dieser Franzosen, Salzburger und Flamen in Brandenburg besonders anfällig für Parolen von einer drohenden »Überfremdung«. Auch die Schlesier, Masuren, Kaschuben und andere Westpolen, die in den Bergbau im Ruhrgebiet gelockt wurden, mussten sich den deutschen Vorgaben unterwerfen. Polnische Vereine und polnische Schulen waren verboten. Innerhalb nur einer Generation wurden sie Deutsche mit polnischen Namen.

Was aber sind die Türken in der dritten Generation? Die meisten sind jetzt Deutsche mit türkischem Namen wie die Exministerin Aygül Özkan oder der Grünen-Vorsitzende Cem Özdemir. Sie sind loyale, aktive Staatsbürger und wir können dankbar sein, dass sie hier leben und für ihr Land arbeiten. Das sollte die Normalität sein. Aber ist es nicht auffällig und für die Deutschtürken fast schon wieder diskriminierend, wenn wir dankbar und wohlwollend feststellen, dass wir schon eine Ministerin und einen Parteivorsitzenden mit türkischen Wurzeln haben, während der in Vietnam geborene FDP-Vorsitzende Philipp Rösler ganz selbstverständlich angenommen wird? Die an Debilität grenzende Bemerkung des hessischen FDP-Chefs Uwe Hahn ausgenommen, der Bedenken äußerte, ob Deutschland schon für einen asiatisch aussehenden Vizekanzler reif wäre. Offensichtlich hat er schon lange nicht mehr in den Spiegel geschaut.

Deutsche Behörden müssten Ghettobildungen zur Not auch durch Zuzugsregeln verhindern, um Integration zu fördern. Es kann keine Diskussion darüber geben, dass spätestens im Kindergarten die deutsche Sprache gefördert wird. In der Schule kann es keine Ausnahmen geben für Mädchen, die nicht am Schwimmunterricht teilnehmen dürfen, oder Halbwüchsige, die von Klassenfahrten ausgeschlossen bleiben. Vor allen Dingen kann es keine Toleranz für junge Türken oder Araber geben, die sich auf dem Schulhof gegenüber Mädchen als Herrscher aufführen, die deutsche Jugendliche verprügeln, um zu zeigen, wer die Straße regiert.

Es gibt die anderen Migranten, für die die Özdemirs und Özkans Verräter sind. Sie leben zum Teil auch schon in der dritten Generation in Deutschland, aber noch häufiger sind sie nachgezogen, die Familienzusammenführung macht das möglich. Es sind die Türken, die als Pascha zu Hause regieren, ihren Frauen verbieten, das Haus ohne ihre Begleitung zu verlassen, ihre Kinder tyrannisieren und verheiraten, die alles ablehnen, was das freie Leben in Deutschland ausmacht. Sie haben wir in der Vergangenheit in Ruhe gelassen. Toleranz nannten wir das. Wegschauen vor den gravierenden Verletzungen unserer Gesetze.

Erschreckend: Diese Gruppe nimmt zu. Zufall oder nicht, sie gehören oft radikalen türkischen oder kurdischen Vereinen an, die ihre Mitglieder nach Deutschland lancieren, weil sie diese hier auch als Einnahmequelle nutzen können. Ihre Treffpunkte sind Vereinshäuser, oft in Verbindung mit einer Moschee und einem Imam, der die Kontrolle über diese Menschen ausübt. Was da freitags gepredigt wird, erfährt höchstens der Verfassungsschutz, wenn er eine Gruppe besonders überwacht. Aber der alltägliche Gesinnungsterror bleibt der deutschen Außenwelt verborgen. Nur wenn wieder einmal ein »Ehrenmord« in der Boulevardzeitung Schlagzeilen macht, kommt diese abgeschirmte Gesellschaftsschicht in die Schlagzeilen. Danach gehen wir wieder zu einer gefährlichen Tagesordnung über.

Wir haben nie begriffen, dass wir mit den Einwanderern auch eine internationale Verantwortung übernommen haben. Da kamen Menschen aus der Türkei, die hier arbeiteten, mehr wussten wir nicht. Die Türkei interessierte uns auch nicht. Es dauerte Jahr zehnte, bis die Fernsehanstalten Korrespondenten für die Türkei ernannten. Der Kollege vom ZDF saß sinnigerweise in Athen, von wo aus damals noch nicht einmal Flugverbindungen nach Istanbul und Ankara bestanden. So haben wir uns einfach nicht darum gekümmert, dass die rechtsradikalen türkischen Wölfe ihre Landsleute in Deutschland mit Zwangsspenden erpressten. Berlin, München, Stuttgart und das Ruhrgebiet waren die Ruheräume dieser Extremisten. Später baute die linksradikale kurdische Arbeiterpartei, die PKK, Deutschland zu einem Stützpunkt aus. Und wieder dauerte es Jahre, bis unsere Politiker eingriffen.

Die Spannungen zwischen Kurden und Türken, zwischen Schiiten und Sunniten in Arabien, zwischen Iranern und Arabern, zwischen Pakistanis und Indern im Kaschmir, die aufständischen Tamil Eelam-Tiger in Sri-Lanka – sie alle arbeiten oder haben in Deutschland gearbeitet, ihre Spendenorganisationen aufgezogen und Terror ausgeübt. Es kann keine Toleranz gegenüber diesen Gruppen geben, sonst werden wir Teil dieser Konflikte, wenn wir es nicht schon sind. Die Taliban mit deutschem Pass in Afghanistan beweisen, dass wir oft blauäugig sind, wenn wir Menschen einbürgern, die aus diesen Regionen stammen.

Im Februar 2008 hat niemand anders als der türkische Ministerpräsident Recep Tayyip Erdogan in Köln vor 20 000 Türken deutlich gemacht, wie er die Türken im Ausland sieht und was er in der Zukunft von diesen Millionen in Deutschland, den Niederlanden, Belgien, Österreich und der Schweiz erwartet. Anpassung ja, hat er gesagt, aber Assimilation sei Völkermord. In anderen Worten: Die Türken, die bei uns leben, sollen Türken bleiben, mit allem, was das Türkentum ausmacht. Bitte nicht vergessen – die Beleidigung des Türkentums ist in der Türkei ein Verbrechen, das mit schweren Strafen belegt ist. Ausgerechnet Erdogan, der einen tödlichen Kampf gegen die kulturelle Selbstbestimmung der Kurden führt, redet von Völkermord, wenn sich Türken in Europa anpassen, in dem Europa, in das er doch angeblich so dringend aufgenommen werden will.

Erdogan hat klargemacht, was er will und wie er seine Türken sieht. Sie behalten ihre Staatsangehörigkeit, sie bilden große, abgeschirmte Gemeinschaften in europäischen Staaten und verlangen zunehmend als große Minderheit die Anerkennung ihrer Kultur und Tradition in ihren Gaststaaten. Für die national gesinnte Erdogan-Regierung sind sie praktisch eine Vorhut türkischer Machtansprüche und Interessen. Wenn ihnen dann auch noch die doppelte Staatsangehörigkeit angeboten wird, umso besser. Sie können dann direkten Druck auf die Regierungen in Berlin, Brüssel, Wien und Den Haag ausüben. Die Forderungen vieler Moschee-Vereine zielen schon heute darauf ab.

Seit Ayatollah Khomeinis Machtübernahme 1979 im Iran erleben wir weltweit eine Renaissance des Islam. Auch wenn sich die verschiedenen Sektenrichtungen, vor allem die Sunniten und Schiiten, tödliche Auseinandersetzungen liefern, so setzen sich in der islamischen Welt immer mehr die Gläubigen durch und zwingen eine Regierung nach der anderen, die Scharia oder Teile der Scharia zu übernehmen. Und die Türkei macht dabei keine Ausnahme.

Die zentrale Figur für die zunehmende Islamisierung der Türkei ist Ministerpräsident Erdogan. Zäh, aber beharrlich weicht er die laizistische Verfassung auf, die der Republik von ihrem Gründer Kemal Mustafa Atatürk verordnet worden war. Der Hüter dieser strikten Trennung von Staat und Religion war das Militär. Die Generäle waren die eigentlichen Herrscher und setzten Politiker, die ihrer Ansicht nach zu islamisch waren, kurzerhand ab. So verbannten sie den islamischen Ministerpräsidenten, den in Deutschland ausgebildeten Necmettin Erbakan, aus der Politik, und auch Erdogans frühere Partei wurde verboten. Er selbst musste schon einmal sein Amt als Ministerpräsident abgeben. Dies entspricht sicher nicht unseren Vorstellungen einer westlichen Demokratie. Aber die Türkei blieb ein strikt laizistischer Staat, der sich vom Orient weg zum Westen hin entwickelte.

Erdogan gab sich geläutert und gründete eine neue, gemäßigte Partei, die AKP. Zusammen mit dem mittlerweile zum Staatspräsidenten gewählten, aus einer streng islamischen Familie stammenden Abdullah Gül, führte er erfolgreiche Wirtschaftsreformen durch, die ein solides Wachstum und damit die Schaffung von Millionen Arbeitsplätzen ermöglichten. Gleichzeitig verhandelte er intensiv über den Beitritt in die Europäische Union und versprach, alle Forderungen umzusetzen, darunter die Pressefreiheit, den Schutz von Minderheiten, Religionsfreiheit und Rechtsstaatlichkeit. Und all dies bedeutete auch, dass das Militär seine Einspruchsmöglichkeiten verlor, denn das Vetorecht von Generälen passt nicht in einen EU-Staat.

Meines Erachtens ist die EU da in eine Falle getappt. Erdogan hat weder die Religionsfreiheit noch die Meinungsfreiheit gefördert. Die Unterdrückung der Kurden geht weiter. Aber die Macht des Militärs ist gebrochen. Mit dem Hinweis auf die EU-Mitgliedschaft hat er seine größte Bedrohung im Lande beseitigt. Die Versuche des Militärs, Erdogan noch einmal zu stoppen, können wir als gescheitert betrachten. Was wie mehr Demokratie aussieht, ist in Wirklichkeit die Beseitigung der Barriere gegen eine Re-Islamisierung der Türkei. Die ehemalige Vetomacht sitzt ohnmächtig in den Kasernen. Hat sich dieser Zustand gefestigt, wird Erdogan auch seine Bemühungen einstellen, der EU zu gefallen. Er braucht sie dann nicht mehr.

Der Pauschaltourist, der an die türkische Ägäisküste fliegt, bekommt von dem, was ich hier beschreibe, nichts mit. In den Touristenzentren präsentiert sich die Türkei weltoffen. Dieser schmale Küstenstreifen bringt Devisen, gehört zu den Wachstumsregionen der Türkei und ist durch seine Bewohner stark von Europa beeinflusst. Izmir ist die fortschrittlichste Stadt der Türkei und hat sich Erdogan bisher weitgehend entzogen.

Aber seit den 40 Jahren, in denen ich das Land besuche, verändert es sich systematisch hin zu weniger Liberalität. In den meisten anatolischen Städten gibt es selbst in den großen Hotels keinen Wein oder kein Bier mehr – Produkte, die in der Türkei hergestellt werden. In den letzten Jahren ist geradezu ein Bauboom von Moscheen zu beobachten. Dafür, dass religiöse Gemeinschaften laut Verfassung in der Türkei kein Grundstück und kein Konto besitzen dürfen, eine erstaunliche Tatsache. Am deutlichsten aber ist das demonstrative Auftreten der Frauen von Ministerpräsident Erdogan und Staatspräsident Gül mit Kopftuch, selbst bei offiziellen Anlässen. Dies galt seit Atatürks Zeiten als absolutes Tabu. Es muss die Generalität zur Weißglut bringen, dass sie dies nicht mehr verhindern kann. Und während wir noch darüber streiten, ob eine muslimische Lehrerin in Deutschland ein Kopftuch tragen darf, weil das zu ihrer persönlichen Freiheit gehört, wissen die türkischen Militärs, dass Kopftücher bei offiziellen Anlässen eine herausfordernde Demonstration einer intoleranten Religion sind.

Wir Europäer hatten die Wahl zwischen einer streng laizistischen, nicht so demokratischen Türkei mit einem mächtigen, antiislamischen Militär und einer zunehmend islamischen, nicht so demokratischen Türkei unter einer Führung, die das Land zu einer islamischen Führungsmacht umgestalten will. Wir haben uns gegen das Militär entschieden und damit für die sich islamisierende Türkei. Für mich ist das ein schwerer Fehler, der uns noch viele Probleme bereiten wird.

Umso wichtiger war es, dass sich der frühere hessische Ministerpräsident Roland Koch klar gegen eine doppelte Staatsangehörigkeit eingesetzt hat. Mag das Geschrei der politisch Korrekten noch so laut sein. Er hatte und hat Recht. Ob er damit wirklich die Wahl gewonnen hat, vermag ich nicht nachzuvollziehen. Der Versuch aber, seinen deutlichen Sieg auf dieses eine Thema zu reduzieren, zeigt, wie verwirrt die Parteien und Gruppierungen sind, die eine doppelte Staatsangehörigkeit verlangen. Wenn sie nämlich überzeugt sind, dass Koch allein damit im bis dahin nicht unbedingt CDU-nahen Hessen die

Wahl gewinnen konnte, dann müssen sie auch akzeptieren, dass die Bevölkerung eine unübersichtliche Multikulti-Welt ablehnt.

Gerade weil wir ein Einwanderungsland sind, gerade weil wir weitere Einwanderer haben werden, müssen wir wissen, was wir wollen. Ich bin davon überzeugt: Es ist möglich, dass Menschen aus verschiedener ethnischer Herkunft glücklich und befruchtend miteinander leben können, wenn sie entsprechend unserem Grundgesetz eine weltoffene, liberale Demokratie als erstrebenswert und liebenswert empfinden. Aber ich bin auch davon überzeugt, dass unser Land von Spannungen zerrissen werden wird, wenn wir erlauben, dass sich religiöse, rassische oder nationalistische Minderheiten bilden, die in Ghettos leben und Rechte verlangen, die mit unserer laizistischen, mitteleuropäischen Lebenskultur nicht übereinstimmen. Es bleibt dann nicht aus, dass ein Erdogan oder ein anderer Staatspräsident beginnt, uns Vorschriften zu machen, wie wir seine Staatsbürger in unserem Land zu behandeln haben.

Erleben wir Vergleichbares etwa nicht ständig? Russland hat im Georgienkrieg nur seine Bürger in Ossetien und Abchasien geschützt. Es drohte Estland und Lettland, dass es immer und überall Russen verteidigen werde. Der ganze Balkankrieg war propagandistisch eine einzige Verteidigung der eigenen ethnischen oder religiösen Gruppe vor den Mördern der anderen Seite. Ich könnte jetzt seitenweise die Ausreden für Kriege und Gewalt aufführen, die sich immer darauf beriefen, das eigene Volk zu schützen. In den meisten Fällen sind diese Konflikte entstanden, weil Grenzen quer durch Stammesgebiete und religiös geschlossene Siedlungsräume gezogen wurden. In Deutschland aber würden wir uns das Problem im wahrsten Sinne des Wortes erst importieren. Das wäre einfach idiotisch.

TEIL 4

DER DEUTSCHE UNTERTAN UND SEINE STAATSPLEITEN

16. PREUSSEN – EINHEIT STATT FREIHEIT

»Mein Gedanke war, die arbeitenden Klassen zu gewinnen, oder soll ich sagen, zu bestechen, den Staat als soziale Einrichtung anzuschauen, die ihretwegen besteht und für ihr Wohl sorgen möchte.« Bekenntnisse eines Zynikers, eines gnadenlosen, dem Obrigkeitsstaat dienenden Machtpolitikers, der vor keiner Lüge, keinem Diebstahl, keiner Bestechung zurückschreckte, um seine Ziele zu erreichen. Deutschland aber feiert ihn immer noch als den weitsichtigen Politiker, der den Wohlfahrtsstaat begründete und damit seiner Zeit weit voraus war. So lernen wir es auch noch in der Schule, wenn Otto von Bismarck im Geschichtsunterricht durchgenommen wird. Dem Eisernen Kanzler widmen wir Straßen und Denkmäler. Er gilt als Lichtgestalt der deutschen Geschichte. Doch Otto von Bismarck ist mehr als die einfältige Kaiserfamilie der Hohenzollern dafür verantwortlich, dass die Geschichte unseres Volkes nach seinem Machtantritt 1862 als Ministerpräsident von Preußen und 1871 als Deutscher Reichskanzler geprägt wurde von Gewalt, Krieg und Unterdrückung.

Nach den Reformen von Freiherr vom Stein und Karl August von Hardenberg, die unter anderem die Macht der Zünfte gebrochen und die Macht der Städte gegen die Feudalregenten gestärkt hatten, war Preußen einer der liberalsten Staaten seiner Zeit. Der gleichzeitig gegründete deutsche Zollverein war die wichtigste Freihandelszone der Welt und sorgte dafür, dass keines seiner Mitglieder hohe Steuern einführen und den freien Warenverkehr einschränken konnte. Die Leibeigenschaft war in den deutschen Ländern abgeschafft. Dies alles waren Ursachen für das schnelle Wachstum Preußens, das bis heute noch zu der Vorstellung einiger sehr nationalgeprägter Geister führt, Deutschland sei etwas Besonderes, zu herausragenden Leistungen geradezu prädestiniert. Dazu zählen sie auch die Bismarck'schen Sozialgesetze, die 1883 mit der Krankenversicherung, 1884 mit der Unfallversicherung und schließlich 1889 mit der Invaliditäts- und Altersversicherung in Kraft traten.

Seit seinem Amtsantritt als preußischer Ministerpräsident sah Otto von Bismarck seinen autoritären Obrigkeitsstaat von zwei Gruppen bedroht: den Liberalen, die gegen die Steuererhöhung zur Aufstockung der Reichswehr gekämpft hatten, und den immer stärker werdenden Arbeitervereinen. Alles, was er tat, hatte nur den Zweck, die Idee der Staatsherrschaft zu sichern. Nach außen hin führte er Kriege, um eine konstante militaristische Stimmung zugunsten eines blinden Hurra-Patriotismus aufzupeitschen, nach innen förderte er die Vorstellung eines fürsorglichen Staates.

Mit den Wohlfahrtsgesetzen trickste er Liberale und Sozialisten aus. Die Industriellen erkannten zunehmend die Gefahr, die für sie von dem erstarkenden Proletariat ausging. Zunächst hatte es Bismarck mit den Sozialistengesetzen versucht, indem er alle Aktivitäten von Gewerkschaften oder den Arbeiterverbänden verbot und sie auch verfolgte. Dies brachte nicht den gewünschten Erfolg. So versuchte er es nach den repressiven Sozialistengesetzen mit den Sozialgesetzen. Statt Peitsche jetzt Zuckerbrot. Der Wirtschaft signalisierte er damit, dass sie sich auf die Herrschenden verlassen konnte und nicht auf die Liberalen im Parlament.

Bis zum heutigen Tag hält sich die Fiktion, die Beiträge für die Sozialkassen würden von Arbeitgebern und Arbeitnehmern gleichwertig aufgebracht. Das ist einfach lächerlich: Bismarck ließ keinen Zweifel daran, dass die »Arbeitgeberanteile« ein Teil des Lohnes, der Entgeltzahlungen, sind, und deswegen voll vom Arbeiter bezahlt werden. Die Kosten für die Einbehaltung und Abführung des »Arbeitgeberanteils« und des Arbeitnehmeranteils an die zuständigen Kassen können die Arbeitgeber vom ersten Tag ihrer Einführung an von den Gewinnen absetzen, werden also im Endeffekt auch von den Arbeitnehmern und Verbrauchern bezahlt. Die Industriellen im Kaiserreich waren deshalb mit großer Mehrheit für diese »Sozialgesetze«, erweckten sie doch den Eindruck, dass das Proletariat kleingehalten wird. Und Bismarck, der »Sozialreformer«, hatte seine Staatsdoktrin gefestigt: Der Befehlende ist für seine Untergebenen und deren Wohlergehen verantwortlich. Damit wurde die Durchsetzung des staatlichen Machtanspruchs für den Kaiser gesichert. Die Sozialversicherung förderte die Herrenstellung der Mächtigen. Das Element des patriarchalischen Feudalismus auf industrieller Ebene konnte weitergeführt werden.

Noch eine andere Entwicklung hatte in der Verfassung des Bismarck-Reichs seinen Ursprung: das Bedürfnis der Industriellen, sich vor Wettbewerb zu schützen und staatliche Unterstützung für ihre Unternehmungen zu fordern. Der Centralverband Deutscher Industrieller ist nach der Aussage seines ersten Generalsekretärs Henry Axel Bueck vor allem zum Zweck der Einschränkung der internationalen Handelsfreiheit gegründet worden. Einen solchen Protektionismus fordert die Nachfolgeorganisation BDI heute natürlich nicht mehr. Wohl aber ist sie traditionell gegen ein verschärftes Kartellrecht und für alle möglichen Subventionen und Steuerprivilegien.

Für eine Einschränkung der internationalen Handelsfreiheit ist heute zum Beispiel Attac. Wenn die Linken so vehement gegen den Markt kämpfen und dabei den Liberalismus beschimpfen, setzen sie diese Begriffe mit »der Wirtschaft« gleich. Sie übersehen dabei, dass Marktliberalismus und Unternehmens-interessen eher in Gegnerschaft denn im Einklang miteinander stehen. Die Abschottung der eigenen Märkte vor ausländischen Erzeugnissen war eine der Ursachen für die Kriege des 19. Jahrhunderts, die dann in die Weltkatastrophe von 1914 bis 1918 führten. Der Nationalismus diente dabei als Vorwand, den eigenen Vorteil und damit ungerechtfertigten Gewinn zu sichern.

»Industriekartelle sind unter der Voraussetzung einer gesunden und verantwortlichen Kartelltätigkeit mit dem Ziel, für Ordnung in Erzeugung und Absatz zu sorgen und die Produktivität zu fördern, unentbehrlich.« Ein Zitat des Reichsverbandes der Deutschen Industrie 1925. Das klingt noch genauso wie bei der Gründung des Industrieverbandes unter Bismarck, hat sich bei der Bekämpfung des Kartellrechts, das Ludwig Erhard nach dem Zweiten Weltkrieg wollte, fortgesetzt und passt wieder sinngemäß auf die Zustände im Energiemarkt 2010.

So wie Bismarck das liberale Preußen ausgerottet hat, so hat er das von »Blut und Eisen« geprägte Kaiserreich geschaffen, mit all den Begriffen, mit denen wir Deutsche uns heute schwertun: Fleiß, Ordnung, Sauberkeit, Heimatliebe, Treue, Ehrlichkeit – alles Begriffe, die positiv sein sollten, die aber durch die Zuordnung zu einem freiheitsfeindlichen, autoritären Staat verheerend wirken können. Auf den Schlachtfeldern von Verdun bis Ypern liegen die Opfer dieser autoritären Machtausübung millionenfach begraben. »Gestorben für das Vaterland« steht auf den Denkmälern ihrer Heimatorte, fast in jeder deutschen Stadt und in jedem Dorf. Was für eine furchtbare Verdummung. Diese Denkmäler machen mich jedes Mal wütend. »Verheizt von machtgierigen, unfähigen Adelscliquen und Monopolkapitalisten« wäre die wahrheitsgemäße Inschrift. Aber wer will dafür schon gestorben sein? Welche Gesellschaft will schon zugeben, dass sie versagt hat, und diesen Wahnsinn mit Hurra-Patriotismus sogar gewollt und unterstützt hat.

Erich Maria Remarque hat in seinem Roman *Im Westen nichts Neues* nicht nur die Verrohung einer Generation geschildert, sondern auch das dumpfe Bürgertum der Heimatfront. Bis heute tut sich die »gebildete« Oberschicht schwer, sich mit ihrer Vergangenheit auseinanderzusetzen. Ihre Vorfahren haben auf den wilhelminischen Gymnasien Abitur gemacht, haben an den ach so berühmten deutschen Universitäten studiert, und haben doch die Barbarei gutgeheißen oder wenigstens toleriert. Mit dem Lesen in der Volksschule fing es an: »Der Kaiser ist ein guter Mann, er wohnt in Berlin, und wär es nicht so weit von hier, so führ ich heut noch hin.« Mit der spartanischen Lehre »Süß und ehrenvoll ist es, für das Vaterland zu sterben« hörte es auf. Kein Trost, aber eine Erklärung für diese optimistische, zum Größenwahn neigende Gesellschaft ist, dass sich die »Eliten« aller europäischen Großmächte ähnlich irrational verhielten. Nur ihre Parolen und Sprüche lauteten anders.

Noch bis ins Jahr 1914 hinein tanzten Adel und Bürgertum sorglos durch das Zeitalter des technischen Fortschritts. Sie trafen sich im Winter in Davos zum Skifahren, nächtigten in angesagten Hotels in London, Paris, Karlsbad und Stockholm. Die Reisebüros boten einmalige Gelegenheiten an: Mit dem Luxusdampfer von Europa nach Kanada, mit der Trans-Canadian-Pacific-Eisenbahn nach Vancouver und von dort aus weiter mit einem Luxusdampfer nach Hongkong. Die Herrschaftshäuser feierten Hochzeiten, wobei ein deutsches Fürstenhaus immer eine Braut oder einen Bräutigam beisteuerte. Ein Blättern in der führenden *Illustrirten Zeitung* aus diesen Jahren unterscheidet sich allerdings von den heutigen Klatschblättern in einem Punkt: Jede neue Eisenbahnlinie, jeder Tunnel durch die Alpen, jede Einweihung eines Strom erzeugenden Kraftwerks irgendwo auf der Welt wurde enthusiastisch gefeiert. Der Glaube an Technik und Fortschritt war ungebrochen. Nichts aber deutete darauf hin, dass in nur wenigen Monaten das Gemetzel des Stellungskriegs beginnen würde und all die Herrschaften, die vorher miteinander in den Grandhotels dinierten, sich jetzt pikiert über die Generalmobilmachung der Verwandtschaft äußern würden.

Alles Mögliche war wichtig damals, in der Blütezeit der europäischen Weltherrschaft – nur das Recht der Menschen auf die persönliche Entfaltung, das Recht auf Freiheit waren abgeschafft und durch die Allmacht des Staates ersetzt worden. Vor allem: Im Deutschen Reich spielte der politische Liberalismus keine Rolle mehr, wurde gerade noch von einer Randgruppe hochgehalten. Der große Bismarck hatte dafür gesorgt. Ludwig Bamberger, an den immerhin noch ein Straßenname in seiner Geburtsstadt Mainz erinnert, war ein Revolutionär für die Sache der ersten deutschen demokratischen Bewegung 1848/49 und Chefredakteur der *Mainzer Zeitung,* bevor er ins Exil geflohen war und in seiner Heimat zum Tode verurteilt wurde. Ludwig Bambergers Leben und Werk hatte leider keinen Einfluss auf das deutsche Volk.

Die freiwillige Unterwerfung der Bourgeoisie, um den marxistischen Begriff zu benutzen, unter die Knute des Staates prägt Deutschland bis heute. Diese Klasse arrangiert sich mit den jeweils Herrschenden und dient ihnen – egal, wer sie sind.

In der Berliner Straße Unter den Linden, vor der Hausnummer 72/73, hing nach der Wende einige Jahre eine Tafel zur Geschichte Berlins. Sie ist ein Dokument des Gebens und Nehmens zwischen Staat und Machtelite. Seit 1873 befand sich auf dem besagten Grundstück das Preußische Ministerium des Innern, also das Verwaltungs-, Beamten-, und Polizeiministerium. Es war eine Zentrale der systematischen Gleichschaltung und Unterdrückung der Freiheitsbewegungen in Deutschland. Ihr unterstanden die Regierungspräsidenten und Landräte. Die Rekrutierung der Beamtenschaft sorgte dafür, dass kein Liberaler oder Linker aufgenommen wurde. Bis 1918, also bis zum Ende der Monarchie, musste nach dem Jurastudium ein vierjähriges, unbezahltes Referendariat abgeleistet werden. Damit war sichergestellt, dass sich nur der Adel und sehr vermögende Bürgerschichten eine Karriere im Innenministerium leisten konnten. Dort hatten sie dann die Macht über die Polizei und die Verwaltung der Monarchie. Die für die Annahme der Assessoren zuständigen Regierungspräsidenten konnten nach einer politischen Überprüfung den Bewerber ohne Begründung ablehnen. Diese monarchistische Beamtenschaft war nach 1918 nicht daran interessiert, die junge Demokratie zu unterstützen. 1930 waren erst die Hälfte der Polizeioffiziere, Landräte und Beamten ausgetauscht.

Als 1932 die preußische Regierung durch die Reichsregierung abgesetzt wurde, nutzte Franz von Papen die Gunst der Stunde und machte die »Demokratisierung der Verwaltung« wieder rückgängig, indem er die Monarchisten und Nationalisten aus dem Ruhestand holte und sie in ihre alten Ämter einsetzte. Ein Jahr später übernahm dann der Nationalsozialist Hermann Göring eine willige Beamtenschar.

In diese unheilige Tradition der Unfreiheit ist das deutsche Bildungsbürgertum tief verwurzelt. Als Untertanen haben sie gedient und dafür im Gegenzug ihre Privilegien nicht mit dem Volk teilen müssen. Leider wurde diese historische Erinnerung vor dem Haus Unter den Linden ausgetauscht und durch eine Beschreibung des Machtapparats unter den Nazis ersetzt. Aber die Tradition der Unfreiheit in Deutschland hat nicht erst mit den Nazis angefangen und hat auch nicht mit ihrem Untergang geendet.

»Einheit vor Freiheit, Machtstaat statt Demokratie, Nationalismus statt universeller Menschenrechte – nun zeigen sich die Spätfolgen jener Weichenstellung der deutschen Geschichte ...« schrieb *Der Spiegel* in einer Geschichte über eine der großen deutschen Bildungsbürger-Familien: die von Weizsäckers. Über sie gibt es genug Literatur. Eine Aufzählung ihres Wirkens in der deutschen Geschichte macht die Wechselwirkung zwischen einer verpfuschten Historie und deren Folgen für eine mit vielen Fähigkeiten gesegnete Familie deutlich.

Beginnen wir mit der großen Chance für Deutschland, dem ersten deutschen Parlament 1848/49 in der Frankfurter Paulskirche. Der Student Julius Weizsäcker ist Feuer und Flamme für einen Nationalstaat und gegen die Fürstenhäuser. Er und sein Bruder Carl Heinrich plädieren in Tübingen für ein starkes Preußen gegen Österreich, weil sie darin eine Möglichkeit sehen, einen deutschen Nationalstaat zu errichten. Mittlerweile zu Professoren ernannt, unterstützen sie dann Bismarck in seinen Kriegsabsichten und »Blut und Eisen«-Parolen. Das liberale und demokratische Deutschland haben sie aufgegeben. Nach dem Sieg gegen Frankreich 1870/71 machen die beiden Weizsäckers Karriere als Professoren im großen deutschen Kaiserreich.

Carl Heinrichs Sohn Karl Hugo wird erst Kultusminister und dann Ministerpräsident im Königreich Stuttgart. Die Weizsäckers gehören nun zu den 300 000 Bildungsbürger-Familien im Reich. Im mörderischen Weltkrieg machen sie heldenhaft mit. Drei Söhne des Ministerpräsidenten dienen im Krieg, einer fällt.

1916 wird die Familie dank ihres Dienstes für den größenwahnsinnigen Wilhelm II. in den Adelsstand erhoben. Jetzt dürfen sie sich »von Weizsäcker« nennen. In allen Biografien wird der Ministerpräsident als ein Monarchist beschrieben, der die Schulbücher umschreiben lässt, damit Vaterlandsliebe und Staatsgesinnung der Jugend nähergebracht werden. Die Folgen solcher Indoktrination sind dann im flandrischen Langenmark mit mörderischer Konsequenz zu Ende exerziert worden, wo ganze Studentenkompanien direkt in den Tod gejagt wurden. Als die Monarchie 1918 stürzt, klagt Karl Hugo, seine Lebensarbeit sei vernichtet.

Der zweifelhafteste Staatsdiener der Familie ist Ernst von Weizsäcker, der Sohn von Karl Hugo und der Vater des späteren Bundespräsidenten Richard von Weizsäcker. Durch Beziehungen bekommt er schon bald nach Kriegsende eine Stelle im Auswärtigen Amt. Die Weimarer Republik wird von den Nationalsozialisten übernommen, aber Ernst von Weizsäcker macht weiter Karriere. Er wird sogar Staatssekretär und trägt von 1933 bis 1945 das Naziregime mit. Er dient halt – und sichert seine Position und den Lebensstandard der Familie. Er macht bei der Judenverfolgung mit. Einer seiner Söhne fällt an der Front, sein anderer Sohn Richard sympathisiert mit den Attentätern gegen Hitler. Der Staatsdiener Hitlers Ernst von Weizsäcker wird von den Alliierten angeklagt und von seinem Sohn Richard verteidigt. Bis 1950 muss er ins Gefängnis.

Richard von Weizsäcker wird CDU-Politiker und schließlich Bundespräsident. In einer viel beachteten Rede 1985 zum 8. Mai, der Kapitulation des Nazireichs, zieht er einen klaren Trennstrich zwischen der verbrecherischen Vergangenheit und der deutschen Gegenwart. Deutschland wurde 1945 befreit, bescheinigt er den Siegern zu Recht. Er rehabilitiert die Nation und erweist ihr damit einen großen Dienst.

Aber das ist noch lange nicht alles über die von Weizsäckers.

Ein Bruder des ehemaligen Bundespräsidenten studiert Physik: Carl Friedrich von Weizsäcker gehört zu den Forschern um Werner Heisenberg, die für Hitler die Atombombe bauen sollten. Nach 1945 wechselt Carl Friedrich zu den glühenden Gegnern der Rüstungsindustrie. Die neuen Themen sehen ihn an vorderster Front: Friedensapostel, eine bessere Welternährung und schließlich die Sonnenenergie avancieren zu seinen Anliegen. Seine beiden Söhne komplettieren die Bandbreite der von Weizsäckers. Carl Christian ist FDP-Mitglied und Leiter der Monopolkommission. Er ist Direktor des Energiewirtschaftlichen Instituts an der Universität Köln und Mitglied des Beirats der RWE-Energie.

Ernst-Ulrich von Weizsäcker sitzt sogar für die SPD im Bundestag. Er engagiert sich für eine grüne Umweltpolitik. Dazu gehören seine Mitgliedschaft im Club of Rome und seine Präsidentschaft im Wuppertaler Institut für Klima, Umwelt, Energie. Im Parlament ist er Ausschussvorsitzender für Umwelt, Naturschutz und Reaktorsicherheit und hilft jetzt noch im Förderverein Ökologische Steuerreform. Carl Christian von Weizsäcker entdeckt auf seine alten Tage das Thema Staat wieder für sich. Statt Vorschläge zu machen, wie der überschuldete Staat daran gehindert werden kann, die Bürger zu bevormunden, plädiert er für noch mehr Schulden, was in einer weiteren Katastrophe für Deutschland enden würde.

So hatten wir einen von Weizsäcker immer dabei: als Diener des Staates, als Diener seiner Familie, egal wer oder was uns regierte. Diese Familie ist ein Spiegelbild der verwirrten deutschen Geschichte – und die trifft im Großen wie im Kleinen auf Millionen deutscher Familien zu.

Wie unentrinnbar die jüngere deutsche Geschichte aus Untertanengeist und Unterdrückung die Familien und die Politik durchzieht, wird an den Verstrickungen der Familie de Maizière deutlich. Als Hugenotten kommen sie im 17. Jahrhundert ins religiös tolerante Kurfürstentum Brandenburg. Von den ersten Jahrzehnten ist wenig bekannt, aber im Laufe der Zeit werden sie, wie alle gebildeten Bürger des Kaiserreichs, von der Staatsräson des dröhnenden Deutschtums erfasst. Sie zeichnen sich als hervorragende Juristen aus.

Ernst de Maizière arbeitet im vorletzten Jahrhundert als Landgerichtspräsident in Neuruppin und zählt zu den Verfassern des Bürgerlichen Gesetzbuchs. Sohn Walter de Maizière ist Rechtsanwalt. Über ihn ist wenig bekannt. Bedeutend aus der nächsten Generation ist Clement de Maizière, der Polizeipräsident in Hannover wurde, dann aber schon bald im Ersten Weltkrieg fiel.

Seine beiden Söhne Clement und Ulrich verkörpern die Begabungen der Familie und werden Musiker und Soldat. Der jüngere Ulrich de Maizière schafft es als Major bis in den Generalstab. Seine vorgesetzten Offiziere und Generäle, die das Hitlerattentat am 20. Juli planen, weihen ihn nicht in ihr Vorhaben ein. Im Internationalen Forschungsnetz Global Challenges Research wird Ulrich de Maizière 2002 auf die Frage zitiert, wie er über die Rolle der Soldaten im Dritten Reich denkt: »Sie waren Soldaten, die Deutschland dienten. Das waren aber absolut andere Zeiten.« Nach dem Krieg gehört er zu den Bundeswehrgenerälen, die das neue Leitbild entwickelten: Bürger in Uniform. Ulrich de Maizière gilt als einer der Väter der Inneren Führung, mehr Hochachtung kann ihm kaum zuteilwerden. Als vierter Generalinspekteur des Heeres erreicht er das höchste Amt, das die Bundeswehr zu vergeben hat. Ulrich de Maizière dient tadellos der demokratischen Bundesrepublik Deutschland.

Sein zwei Jahre älterer Bruder Clement bleibt in der sowjetischen Besatzungszone. Er wird Jurist, tritt der Ost-CDU bei und dient der DDR. Als Synodaler der Berlin-Brandenburgischen Kirche ist er aktiv an der Spaltung der Evangelischen Kirche Deutschlands beteiligt. Dies erledigt er so erfolgreich, dass ihm Stasi-Chef Mielke die Verdienstmedaille der Nationalen Volksarmee in Bronze verleiht. Aus elf Aktenbänden der Gauck-Behörde geht hervor, dass de Maizière unter den Decknamen »Clemens«, »Pfühl« und »Anwalt« spioniert hat. Bei der Spaltung der evangelischen Kirche wird er vom sogenannten roten Pfarrer Horst Kasner unterstützt, Angela Merkels Vater. Auch nutzt Clement de Maizière die engen Familienbande de Maizière, um seinen Bruder, den hohen BRD-Militär, direkt auszuspionieren – mit Erfolg, wie die Akten nach der Wende zeigen.

Stasi-Mitarbeiter Clement hat unter anderem einen Sohn namens Lothar, der auch in der Ost-CDU Mitglied wird. Dieser will zunächst Musiker werden, sattelt dann aber aus gesundheitlichen Gründen auf die Juristerei um.

Für Clement de Maizière und Horst Kasner ist der Verhandlungspartner noch der damalige Staatssekretär für Kirchenfragen, Klaus Gysi – Vater des heutigen Bundestagsabgeordneten der Linken Gregor Gysi. Die Söhne von de Maizière und Gysi arbeiten auch wieder zusammen. Lothar de Maizière ist stell-

vertretender Vorsitzender des Kollegiums der Berliner Rechtsanwälte, sein Vorsitzender ist Gregor Gysi. Alle diese Verbin-
dungen deckt Gerd Langguth in seiner Biografie über Angela
Merkel auf.

Lothars Karriere verläuft erst nach der Wiedervereinigung
steil nach oben. Er übernimmt die Ost-CDU, gewinnt die erste
freie Wahl in der DDR, wird dann erster und einziger Ministerpräsident der Nachwende-DDR. Wie es der Zufall so will,
bietet sich damals als Mitarbeiterin die Tochter des mit seinem
Vater bekannten Pfarrers Kasner an, die durch Heirat den Namen Merkel angenommen hat. Sie hat sich vorher beim »Demokratischen Aufbruch«, einer kurzlebigen Oppositionsgrup-
pe, als stellvertretende Pressesprecherin hervorgetan. Da passt
es gut, dass Lothar de Maizière als Ministerpräsident auch eine
Pressesprecherin benötigt. Nach der Wiedervereinigung wird
Lothar de Maizière stellvertretender Regierungschef der Bundesrepublik. Sein Aufstieg nimmt ein jähes Ende, als ihm vorgeworfen wird, dass auch er für das Ministerium für Staatssi-
cherheit unter dem Decknamen »Czerni« gearbeitet habe. Er
dementiert diese Vorwürfe bis heute. Konkrete Fälle können
ihm nicht nachgewiesen werden.

Lothar de Maizière will uns nach wie vor einreden, die DDR
sei kein Unrechtsstaat gewesen. Mit juristischer Feinspitzigkeit
sortiert er die Zustände in der DDR und postuliert: Mord in
der DDR sei auch Mord in der BRD gewesen, und deshalb würden die Urteile Bestand haben. Also handle es sich nicht um
einen Unrechtsstaat. Was aber sind dann die Morde an politischen Gegnern in den frühen Jahren der DDR, bis zuletzt die
Mauermorde, die menschlichen Vernichtungszüge gegen Dis-
sidenten? Kein schreiendes Unrecht? Und was für ein Staat war
das überhaupt, der völlig von Moskaus Gnaden abhängig war?
Wie lange hätte er überhaupt ohne die schützenden Panzer der
Sowjetunion überlebt?

Angela Merkels Aufstieg aber führt sie von de Maizière bis

an die Spitze der Republik, als erste Bundeskanzlerin Deutschlands. Wie gut, dass sie da einen de Maizière um sich herum hat, dem sie vertrauen kann, dessen Loyalität sie sich sicher ist. Thomas, der Sohn des Generalinspekteurs und Cousin des Ex-DDR-Ministerpräsidenten, Neffe des Stasi-Spitzels, wird erst ihr Kanzleramtsminister, dann ihr Innenminister und 2011 ihr Verteidigungsminister. Er ist sehr beliebt, weil er umgänglicher ist und sich liberaler gibt als seine harten Vorgänger Wolfgang Schäuble und Otto Schily. Thomas de Maizière ist ein Beispiel für die deutschen Bildungsfamilien. Sie dienen da, wo ihre Aufgabe sie hinführt, und dann dienen sie ergeben, effektiv und aufopferungsvoll.

Leider hat die deutsche Geschichte der letzten 150 Jahre viele Posten angeboten, in denen Dienen bedeutete, sich der Unmenschlichkeit zu unterwerfen. Der Großteil des deutschen Bildungsbürgertums hat bei allen Regimen mitgemacht.

Wer also trägt die Verantwortung für die unselige deutsche Geschichte seit dem Aufstieg Preußens zu einer Großmacht und den darauf folgenden Katastrophen? Die Kaiser, die Nazis, die Liebediener der Sowjetunion in der DDR?

Ein weiterer Vorwurf, den ich der jeweiligen Funktionselite mache, ist, dass sie die finanziellen Konsequenzen dieser unverantwortlichen Politik für das Volk nie interessiert haben. Sie hat immer nur in Machtkategorien und an die Erhaltung ihrer Privilegien gedacht.

Damit wird auch deutlich, warum die Weimarer Republik keine Chance hatte. Die Ursachen für das Scheitern dieses Demokratie-Experiments hat das Kaiserreich zu verantworten. Es hat mit seinen falschen Idealen die Hirne der deutschen Elite vergiftet. Weimar, das dieser Epoche seinen Namen gab, ist dafür ein bezeichnendes Beispiel. Jens Schley beschreibt in seiner Analyse über Weimar und Buchenwald: »Der Zuzug von wohlhabenden Rentnern war bereits seit den Zwanzigerjahren so stark angestiegen, dass von einer Rentnerstadt Weimar gesprochen wurde. 1937, der Gründung des KZs Buchenwald, arbeiteten inzwischen 40 Prozent der Erwerbstätigen im Staatsdienst. Die Trias aus wohlhabenden Pensionären, Staatsbediensteten und einem Mittelstand aus Handel und Handwerkern einte eine gemeinsame konservative, nationale und streng protestantische Weltanschauung. Eine Trias, die offen zur Unterstützung Hitlers aufrief und einen öffentlichen Antisemitismus betrieb.«

Weimar, die Stadt der deutschen Klassik, wählte sehr früh die NSDAP und wurde Hauptstadt des Trutzgaus Thüringen, in dem die Nazis das Sagen hatten, lange bevor andere deutsche Regionen der braunen Pest erlagen. Die Kulturelite Weimars, in der die wichtigsten Gralshüter der Klassischen Stätte saßen, protestierte nur einmal gegen die Errichtung des KZs. Sie wollten nicht, dass es K. L. Ettersberg hieß, »weil Ettersberg mit dem Leben des Dichters Goethe im Zusammenhang steht«. So wurde es zur allgemeinen Zufriedenheit K. L. Buchenwald genannt. Schließlich profitierte die Stadtkasse Weimars von dem KZ. Pro Leiche erhielt Weimar von Buchenwald 20 Reichsmark für das Einäschern und die Versendung der Urnen an die Angehörigen. Wo war da unsere bürgerliche Elite?

Sie hat auch versagt, als die Weimarer Demokratie für die Schulden des Kaiserreichs aufkommen musste. Um den Krieg finanzieren zu können, hatte die Reichsregierung unter Kaiser Wilhelm II. eine Doppelstrategie verfolgt. Erst wurde ein Preisstopp verordnet und dann wurden die Güter verknappt. Es gab zwar keine Inflation, aber es gab auch nichts zu kaufen. Die Menschen sparten. Die Ersparnisse wurden in Kriegsanleihen angelegt, mit denen das Militär Waffen anschaffen und die Soldaten ernähren konnte. Die Anleihen sollten nach dem Krieg mit den Reparationen aus den besiegten Ländern zurückgezahlt werden. Doch Deutschland verlor den Krieg, das Geld war futsch und Pleite-Deutschland musste seinerseits Reparationen zahlen. Eine massive Steuererhöhung war die Folge. Betrug der

Spitzensteuersatz vor dem Krieg 10 Prozent, raste er danach auf 60 Prozent hoch. Das Ganze gipfelte, wie Sie vielleicht in der Schule gelernt haben, in einer Hyperinflation. Und die wiederum endete in einer totalen Entwertung der Reichsmark.

Dies war nur zu einem geringen Teil eine Folge der Reparationen, wie dies die Selbstentschuldigungslegende gerne bis heute erzählt. Damit kann das Versagen aufs Ausland abgeschoben werden. Die Inflation war aber die Folge eines Krieges, der die finanziellen und moralischen Grundfesten Deutschlands zerstört hatte – und die waren auf Obrigkeit und Unfreiheit gegründet.

Staatspleiten als Folge totalitärer Regime – das steht in diesem Zusammenhang so nicht in unseren Geschichtsbüchern. Vom Kaiserreich über die Nationalsozialisten bis zur DDR, eines hatten diese sehr unterschiedlichen Gebilde gemeinsam: Sie missachteten die Freiheit und endeten im Bankrott. All diese Regime konnten nur existieren, weil die jeweilige Elite dem Staat diente und nicht dem Volk. Und wem dienen sie heute? Ihrer Partei? Ihrer Klasse? Ihrer Familie? Oder gar nur sich selbst?

17. DIE NATIONALSOZIALISTEN – MACHTGIER STATT FREIHEIT

»Der Adolf hat es geschafft, in kurzer Zeit die Arbeitslosigkeit zu beseitigen.« Wie oft musste ich diesen Satz hören. Die große Entschuldigung für das eigene passive Verhalten in den ersten Jahren nach der Machtübernahme wurde mir immer und immer wieder bis in die jüngste Zeit vorgehalten. Jemand, der das Elend von Inflation, Arbeitslosigkeit, Hunger und Hoffnungslosigkeit vor 1933 nicht erlebt hat, habe kein Recht, auf die Menschen herabzuschauen, die damals für die Nationalsozialistische Deutsche Arbeiterpartei gestimmt haben. Dazu kamen die Demütigungen durch die alliierten Sieger, die mit maßlosen Reparationen Deutschland ausbeuteten. Ein weiterer Satz fällt oft in dieser Rechtfertigungslogik: »Es war nicht alles schlecht beim Adolf.« Und wer eine gewisse Distanz zu diesem verbrecherischen Regime entwickelt hat, ergänzt dann noch: »Das mit den Juden, das war nicht recht. Die hätte er in Ruhe lassen sollen.«

Was war denn recht in diesen schwärzesten Jahren der deutschen Geschichte? Was hat ein ganzes Volk dazu gebracht, einer Verbrecherbande ihr Land zu überlassen? Ich werde hier keine weitere Interpretation der historischen Abläufe und Gegebenheiten liefern, die das Naziregime erst ermöglichten und es zu einem unvorstellbaren Monster mutieren ließen. Mir geht es darum, die »Errungenschaften« und die Vorstellungswelt aufzuzeigen, die in der Nazizeit geboren wurden und die heute noch unsere Gesetze und Vorstellungen von einem Gerechtigkeitsstaat prägen.

Unausrottbar ist die Überzeugung, Hitler habe durch den Bau der Autobahnen die Arbeitslosigkeit bekämpft. Daran ist alles falsch. Die Idee eines kreuzungsfreien Straßennetzes war in der Weimarer Republik schon weit gediehen. 1926 wurde der HaFraBa e.V. gegründet, der Verein zur Vorbereitung der Autostraße Hansestädte-Frankfurt-Basel. Da die Reichsregierung sich für das Projekt wenig interessierte, sollte es eine gebührenpflichtige, vierspurige, kreuzungsfreie Straße werden. Das notwendige Kapital wäre aus dem Ausland gekommen. Selbst die Idee für ein solches Projekt ist nicht deutscher Genialität entsprungen. Die Organisatoren der HaFraBa fuhren nach Italien zum Ingenieur Piero Puricelli, der die erste Autobahn zwischen Mailand, Como und Varese als private Straße entworfen, gebaut und betrieben hatte. Noch lange vor der Machtübernahme durch die Nazis entstanden die Ideen für die »LeHa« und »Mü-Lei-Berl«, so die Abkürzungen für die Autobahn Leipzig-Halle und München-Leipzig-Berlin.

Die Nationalsozialisten hielten überhaupt nichts von einer privat finanzierten Straße. Der HaFraBa e.V. und die anderen

Vereine wurden verboten. Der Autonarr, Naturliebhaber, geniale Straßenbauer und fanatische Nazi Fritz Todt überzeugte Hitler von den Vorteilen einer Autobahn, auf der dann die »Kraft durch Freude«-Volkswagen der Deutschen durch ihre wunderschöne Heimat fahren könnten. Von einer militärischen Nutzung war nie die Rede. Dagegen spricht auch, dass das Reichsheer noch nicht einmal zu 10 Prozent motorisiert war und die Linienführung entgegen allen strategischen Nützlichkeitserwägungen gezogen wurde. Wer einmal die heutige A7 durch das hessische Bergland gefahren ist, weiß, dass die Steigungen und Kurven selbst modernen Lastkraftwagen noch Probleme bereiten. Diese Strecke wurde von Todt gewählt, weil damit die Schönheit der Mittelgebirge erlebt werden konnte und keine Konkurrenz zum Güterverkehr der Reichsbahn entstand.

Wirtschaftlich war der Bau der Reichsautobahnen damals völlig sinnlos. Auf hundert Einwohner kam ein Auto. Ein Beschäftigungseffekt war nur in den ersten Jahren ab 1934 messbar. Schon bald wurde der Ausbau gebremst, weil die Arbeitskräfte in der Rüstungsindustrie und der Wehrmacht gebraucht wurden. So blieb die Fertigstellung weit hinter den Planungen zurück. Wer heute noch die Autobahn als ein Relikt der Nazizeit beschreibt, sitzt nach wie vor der Goebbels'schen Propaganda auf, die mit eindrucksvollen Bildern von Hunderten von Männern mit Schaufeln, die Straßen bauten, die Beschäftigungspolitik des Führers feierte. In den Kriegsjahren betonte Goebbels deshalb auch immer wieder die Bedeutung der Autobahnen für den »Endsieg«. Damit sind deutsche Hirne vernebelt. Die Ideologie der Verkehrspolitik der Nazis hat es bis heute verhindert, dass in Deutschland private, gebührenpflichtige Autobahnen wie in fast allen anderen Staaten dieser Welt durchsetzbar sind. Genauso hat die Verkehrspolitik der Nazis für die Reichsbahn Monopole geschaffen, die wir bis heute zäh verteidigen.

Zugegeben, ein Sündenfall geht noch zulasten der Weimarer Republik: Weil die Reichsbahn mit Reparationszahlungen an die Alliierten belastet wurde, erhielt sie ein Monopol zur Beförderung im Fernverkehr. Das bedeutete, dass keine Spedition Fracht weiter als 50 Kilometer transportieren durfte und dass Buslinien für den Fernverkehr über 50 Kilometer verboten wurden. Diese Bestimmung war bis 2010 in Kraft – ja, Sie lesen richtig: bis 2010. Nach wie vor kämpft die Deutsche Bahn AG mit allen Mitteln gegen die Lizenzierung von Reisebuslinien innerhalb Deutschlands. Sie will damit eine unschlagbar billigere Konkurrenz verhindern.

1934 bestimmten dann die Nationalsozialisten, dass der immer wichtiger werdende Lastwagenverkehr unabhängig von seinen Kosten der Reichsbahn keine Konkurrenz machen durfte und die Speditionen die gleichen Frachtkosten berechnen mussten wie die Reichsbahn. Voll ins Naziregime eingegliedert wurde die Reichsbahn gleichzeitig verpflichtet, 800 Millionen Reichsmark für Arbeitsbeschaffungsmaßnahmen bereitzustellen, ein Vielfaches dessen, was für die Autobahnen ausgegeben wurde.

Die völlige Beseitigung vom Markt im Verkehrswesen, das Verbot privater Investitionen in Straßenprojekte, die Monopolisierung der Tarife, alles zum Schutz vor Wettbewerb für die Reichsbahn, das kommt mir irgendwie bekannt vor, erinnert an die Diskussionen in der Bundesrepublik Deutschland anno 2010. Immer noch ist die Verkehrspolitik fest im Griff der Bürokratie und dient allen möglichen ideologischen Interessen, nur nicht den Kunden. Davon mehr in Kapitel 27.

Den Aufschwung, den die deutsche Bevölkerung 1933 erlebte und der sie zum Mitläufer bei den Verbrechen machte, wurde in Wirklichkeit auf Pump finanziert. Der Historiker Götz Aly hat dies in seinem Buch *Hitlers Volksstaat. Raub, Rassenkrieg und nationaler Sozialismus* ausführlich analysiert. Geschickt schafften es Hitlers Finanzjongleure, beim einfachen Volk den Eindruck zu erwecken, dass seine Politik allen Deutschen diene, vor allem aber dem deutschen Arbeiter.

Hitler erhöhte die kurzfristige Staatsverschuldung, um die Binnenkaufkraft zu stärken – ein Modell, das auch 2010 von den Linken wieder gefordert wird –, mit großer Unterstützung einiger wirtschaftlich eher ahnungsloser Feuilletonisten. Er erhöhte die Körperschaftssteuer drastisch von 20 auf 40 Prozent, womit er die Kapitalgesellschaften belastete, was beim Volk gut ankam. Götz Aly verweist aber auch darauf, dass die Nazis die Zusatzeinnahmen auf der Ausgabenseite gleich wieder um 300 Prozent überschritten. Goebbels feierte dies als »die Formel des deutschen Finanzwunders«.

Bevor ich die nationalsozialistischen »Errungenschaften« beschreibe, die uns heute noch so lieb und teuer sind, ist es notwendig, einige Grundlagen der Nationalsozialistischen Deutschen Arbeiterpartei in Erinnerung zu rufen. Offensichtlich gehörte ich in meiner Generation zu den wenigen Schülern, die sich schon vor dem Abitur ausführlich mit der braunen Horde beschäftigt hatten. Die Verbrechen des Krieges, die Vernichtungslager der SS, der Massenmord an den Juden, die Gleichschaltung des Volkes, darüber haben wir im hessischen Fulda bereits um 1960 im Unterricht gehört und diskutiert. Einen Nazi hatten wir immer in der Klasse, der sich selbst von noch so schrecklichen Details aus Auschwitz nicht von seiner Überzeugung abbringen ließ, dass wir Deutsche ein ausgewähltes Herrenvolk seien. Damals haben wir sie einfach ignoriert. Heute frage ich mich: Sind das Irre? Wollen sie nur die Lehrer provozieren? Oder gibt es Menschen, die einfach von der Gewalt, vom Bösen angezogen werden? Von daher rührt auch meine Überzeugung, dass Berichte über die Nazizeit nicht unbedingt abschreckend wirken, egal wie viele es sind. Labile Gestalten entwickeln bei solchen Horrorgeschichten wohl eher eigene Machtfantasien.

Ich habe das Glück erfahren, in einer streng katholischen Familie groß zu werden. Die Haltung meiner Mutter war die Grundlage der ganzen Verwandtschaft: »Der Adolf geht gegen den Herrgott!« – damit war die braune Pest für uns eingeordnet. »Mit so was hat ein Christ nichts zu tun.« Obwohl wir weder vertrieben noch ausgebombt wurden, mein Vater kein Soldat, sondern als unabkömmlich für die Aufrechterhaltung der Elektrizitätsversorgung in der Rhön eingestuft war, wir also einigermaßen ungeschoren durch den Krieg gekommen sind, habe ich zu Hause nie ein relativierendes, positives Wort über die Jahre 1933 bis 1945 gehört. Die Beschwichtigungen lernte ich erst später in Diskussionen mit Bekannten kennen, und sie bezogen sich immer auf die relativ gute Versorgung mit den Gütern des täglichen Bedarfs. Erst als der Krieg verloren war, sei es schlimm geworden: »Der Adolf hat bis zum Schluss für uns gesorgt.«

Bis zum heutigen Tag ist es verpönt, von den »nationalen Sozialisten« zu sprechen. Meine Versuche, die Verbrecherbande in meinen Filmtexten so zu titulieren, endeten immer damit, dass mich die Redaktionsleiter eindringlich baten, besser auf eine solche Polemik zu verzichten. Das sei doch missverständlich, Sozialisten und Nationalsozialisten seien doch Todfeinde gewesen. Damit der Zuschauer das nicht verwechselt, wurde dann vorgeschlagen, das Wort »Faschisten« zu verwenden. Das war nie direkte Zensur, aber eines war klar: Die Bezeichnung »nationale Sozialisten« wird nicht verwendet.

Das ist, wie ich mittlerweile weiß, eine besondere Form der Geschichtsfälschung. Damit sollen nicht die Verbrechen der Nazis relativiert werden, sondern es besteht ein innerer Widerwille, die antifreiheitliche Grundhaltung des vom Marxismus geprägten Sozialismus auch nur zur Kenntnis zu nehmen. Die Nazis sahen sich selbst durchaus als Sozialisten, und sie haben sich in ihrer Wirtschafts-, Gesellschafts- und Steuerpolitik auch so verhalten.

Eine demaskierende Rede hielt am 13. April 1935 der Staatssekretär im Reichsfinanzministerium Fritz Reinhardt zur Einführung des Präsidenten des Reichsfinanzhofs in München.

Reinhardt war ein glühender Nazi der ersten Stunde, einer jener »Intellektuellen«, die trotz ihrer klassischen Bildung skrupellose Kriminelle waren. Der damalige Reichsfinanzminister Johann Ludwig Graf Schwerin von Krosigk, der das Amt seit 1932 innehatte, entließ auf Druck der Nazis seinen jüdischen Staatssekretär Arthur Zarden und übernahm den Scharfmacher Fritz Reinhardt, der fortan für die Entscheidungen im Steuerwesen verantwortlich war. Seine Grundsatzrede im Auszug, veröffentlicht im Reichsteuerblatt:

»Wahrer Sozialismus ist nur gegeben in der Entschlossenheit der Volksgenossen aller Stände, in ihren Beziehungen zueinander unbedingte soziale Gerechtigkeit zu üben, im Verkehr untereinander sich nicht als Angehörige von Klassen, sondern als Volksgenossen zu fühlen, und in der Erkenntnis, dass die Nation der einzige Quell ist, aus dem heraus uns auf die Dauer auf natürliche Weise ein Wohlsein an den einzelnen Berufstand, an die einzelne Familie und an den einzelnen Volksgenossen kommen kann, und dass eine soziale Hebung aller schaffenden Volksgenossen eine unbedingte nationale Grundlage bedingt. Wie Nationalismus auf Sand gebaut ist, solange er nicht auf unbedingter sozialer Gerechtigkeit beruht, so ist Sozialismus auf Sand gebaut, solange er nicht auf nationalem Denken beruht. Es gibt keinen wahren Nationalismus ohne soziale Grundlage, und es gibt keinen wahren Sozialismus ohne nationale Grundlage. Nationalismus und Sozialismus sind in Wirklichkeit keine Gegensätze, sie schließen sich nicht aus, sondern sie bedingen einander und sind ein und dasselbe, sie beruhen auf einem gemeinsamen Nenner. Dieser heißt Volksgenossenschaftsgeist.«

Das waren keine leeren Worte. Die Nazis haben in ihrer Regierungszeit eine massive Umverteilung zugunsten der unteren Einkommensschichten vorgenommen. Sie erhöhten den Grundfreibetrag erheblich, bauten die Arbeitslosenhilfe so um, dass über den Einkommenssteuertarif die Besserverdienenden mehr zahlen mussten. Die Körperschaftssteuer wurde verdoppelt, und Familien erhielten massive Förderungen. Das führt heute noch bei einigen zu Missverständnissen, denn all das geschah nur, um die Deutschen zu motivieren, sich zu vermehren. Der Führer brauchte Soldaten und ein Volk zum Besiedeln der Ostgebiete. Das war den staatsgläubigen Deutschen aber nicht bewusst. Sie sahen nur die Vorteile. Sie bekamen ein Ehestandsdarlehen, Einrichtungszuschüsse, Ausbildungsbeihilfen und als ganz tolle neue Errungenschaft: Kindergeld.

Der Mutterdienst des Deutschen Frauenbundes half kranken oder mehrfachen Müttern mit einer kostenlosen Haushilfe. Schon 1937 konnten 77 189 Mütter mit Kindern in Heimen der NS-Frauenschaft einen Erholungsurlaub verbringen. Motorisierte Zahnstationen versorgten entlegene Dörfer, das Hilfswerk Bildende Kunst unterstützte arbeitslose Künstler (heute die Künstlersozialkasse). Witwen und Waisen mussten keine Rentenbeiträge mehr bezahlen. Die Studiengebühren wurden abgeschafft, um jedem den Besuch einer Universität zu ermöglichen. Der 1. Mai wurde gesetzlicher Feiertag. Die Steuerfreiheit für Nacht- und Wochenendarbeit eingeführt. Die Kriegssteuer betraf lediglich die oberen 4 Prozent der Einkommenssteuerpflichtigen. Und vieles andere mehr. Wer dies alles im Detail nachlesen will, dem empfehle ich noch einmal das Buch von Aly.

Geschickt nutzten die Nazis den deutschen Drang zur Gleichheit. Ab dem 1. Oktober 1933 gab es den ersten Eintopf-Sonntag, der sich dann jeden ersten Sonntag im Monat bis März 1939 wiederholte. Öffentlichkeitswirksam wurde an diesem Tag in jedem Haushalt, auch bei den reichen Industriellen und bei den mächtigen Parteibonzen, ein Eintopf gegessen. Dieser durfte nicht mehr als 50 Pfennig pro Person kosten. Die Gaststätten bekamen sogar genaue Rezepte zugewiesen. In großen Städten wurde die Suppe gemeinsam von Parteirepräsentanten, Industriellen und der ärmeren Bevölkerungsschicht auf großen Plätzen gelöffelt. Die solidarische Volksgemeinschaft zeigte hier ihren »Sozialismus der Tat« und demonstrierte die Gleichsetzung von »Volk und Führer«. Wer nicht mitmachte und erwischt wurde, landete als Volksschädling am öffentlichen Pranger. Er war ein »egoistisches Individuum«, das sich gegen die klassenlose nationalsozialistische Gesellschaft wehrte.

Dies alles verschlang Unsummen. Die Haushalte der Nazis waren hoffnungslos überschuldet – schon bevor sie mit den Kriegszügen 1939 anfingen. Die Zahlen von damals drücken wenig aus, weil eine Umrechnung auf die heutigen Relationen fehlt. 37,4 Milliarden 1939 waren mehr als das Dreifache der Reichseinnahmen desselben Haushaltjahres. Heute würden wir sagen: Die Staatsverschuldung belief sich auf 300 Prozent. 1941 hatten sich die Schulden allein durch Zins und Zinseszins in immer astronomischere Höhen geschraubt.

Was immer ich in der Schule gelernt und später in vielen Fernsehdokumentationen oder in Büchern über das Dritte Reich gesehen und gelesen habe – von der brutalen Verschuldung, von der massiven Umverteilung von oben nach unten und von den Beruhigungspillen für das Volk habe ich kaum etwas vernommen. So verhinderte mal Göring, mal Goebbels Steuererhöhungen, wenn sie die breite Masse betreffen sollten. Eine Zigarettensteuer wurde zurückgenommen, eine Lohnsteuererhöhung für untere Einkommen gar nicht erst eingeführt, Pfändungen bei Familien, die einen Soldaten an der Front hatten, untersagt.

Dafür entwickelten die nationalen Sozialisten immer perfidere Methoden, wie sie Geld auftreiben konnten. Als Erste waren die deutschen Juden dran. 1938 mussten sie ihr gesamtes Vermögen detailliert den Finanzämtern offenbaren. In mehreren Stufen bemächtigte sich dann das Dritte Reich des jüdischen Besitzes. Zuerst mit speziell konstruierten Gesetzen wie einem Zwangsumtausch in Staatspapiere, später dann mit brutaler Enteignung durch Vertreibung oder Ermordung. Nach dem Ausrauben der deutschen Juden dehnten die Nationalsozialisten ihre verbrecherische Geldbeschaffung auf die eroberten Staaten aus. Die Goldschätze und Devisen der Nationalbanken wurden ebenso abtransportiert wie alles andere, das sich zu Geld machen ließ. So gesehen war das Angebot an die USA, die Juden Ungarns zu verkaufen, sicher ernst gemeint. Das hätte, entsprechend ihrer menschenverachtenden Logik, mehr gebracht als sie später zu vergasen.

Mit dem RKK, dem Reichskreditkassenschein, entwickelten die braunen Finanzakrobaten eine Möglichkeit, die besetzten Länder auszuplündern. Die Wechselkurse waren für die Soldaten so günstig, dass sie Lebensmittel, Luxuswaren und Kunst spottbillig erwerben und diese Waren in den Heimaturlaub mitschleppen konnten. Die Zollverwaltung war dazu verdonnert, die »Frontsoldaten« nicht zu kontrollieren. Die Haushaltseinrichtung der deportierten Juden transportierten die Nazis in Güterzügen ins Reich und verteilten Schränke, Betten, Wohnzimmermöbel und alles, was irgendwie brauchbar war, kostenlos an ausgebombte Familien. Die nationalen Sozialisten machten ernst: Nationalismus ohne soziale Gerechtigkeit funktioniert nicht. Die so umsorgten Volksgenossen fühlten sich betreut und versorgt. Das klappte bis in die letzten Kriegstage.

Die bittere Wahrheit, dass die Nazis der wirtschaftlichen Notlage der Weimarer Republik mit »ihrem« Aufschwung einen Todesstoß versetzten, ist trotz aller Aufklärungsfilme über das Dritte Reich nicht bei uns angekommen. Die sozialen Leistungen, die Arbeitsbeschaffungsmaßnahmen und all die schönen »Errungenschaften« wurden mit Schulden bezahlt – und die Gläubiger ermordet. Auch den Nazis ist es nicht gelungen, auf Schulden einen sozialen Gleichheitsstaat, geschweige denn einen Rechtsstaat aufzubauen. Das hatten sie auch nie im Sinn. Immer noch verteidigen Deutsche viele der nationalsozialistischen Wohltaten: Die Illusion »Der Adolf hat die Arbeitslosigkeit beseitigt« lassen sie nicht sterben, weil sie es auch nicht besser wissen wollen.

Götz Aly zitiert am Ende seines Buchs die Eindrücke eines

deutschstämmigen, britischen Offiziers 1945 in Köln, der überrascht war, wie vergleichsweise gut die Deutschen angesichts der furchtbaren Zerstörung immer noch aussahen: »Ein ökonomisches System, das von Millionen fremder Hände und mit dem Raub des ganzen Erdteils bis zum Ende aufrechterhalten wurde, zeigt hier seine Ergebnisse.« Und Aly folgert: »Wer von den Vorteilen für Millionen einfacher Deutscher nicht reden will, der sollte vom Nationalsozialismus und vom Holocaust schweigen.« Die Reaktionen auf sein Buch waren für ihn sicher unerwartet. Er, der einst zu den profilierten 68ern gehörte, sah sich nun heftigen Angriffen ausgesetzt. Die ökonomische Auseinandersetzung, die zeigte, dass die Nazis nicht die Knechte der Großkapitalisten waren, sondern eine Umverteilung mit sozialistischem Grundverständnis von oben nach unten betrieben hatten, war den »intellektuellen« Linken zuwider. Sie diskutierten, ob die Judenvernichtung eine Folge der Staatsverschuldung war, um an Geld zu kommen, oder ob die Einnahmen durch die Judenvernichtung schon einkalkuliert waren. Die Vorstellung, dass es irgendeinen Zusammenhang zwischen der Sozialpolitik der Braunen und den sozialen Forderungen der Roten gebe, ist allein schon für viele Angehörige des sprachlichen Mainstreams ein unvorstellbarer Gedanke.

Diese Diskussion nach Alys Buch will ich hier nicht fortsetzen. Ich will nur die Fakten vergleichen und Gesetze beschreiben, die von den Nazis erlassen wurden und denen wir heute noch anhängen, ohne je über ihren Sinn und ihre Wirkung nachgedacht zu haben. Und ich stelle auch nüchtern fest, dass ein Staat, der sich so wie unter Hitler verschuldet, irgendwann zusammenbricht oder einen Krieg anfängt oder von einem Aufstand aus dem Inneren heraus weggefegt wird. Deutschland hat alle Varianten im letzten Jahrhundert durchlitten. Mit Blick auf die heutige Staatsverschuldung wird einem da angst und bange.

Eine besondere Rolle beim Weg ins Desaster spielten dabei die sogenannten Fachleute, die angeblich weisungsgebundenen

Bürokraten, wie beispielsweise der feige Reichsfinanzminister Johann Ludwig Graf Schwerin von Krosigk und sein geifernder Nazi-Staatssekretär Fritz Reinhardt. Letzterer war zum Präsidenten der Nationalsozialistischen Akademie für Deutsches Recht ernannt worden. Sein Geist wabert noch immer durch Deutschland.

Ein Urteil in diesem autoritären und undemokratischen Sinne, gefällt vom OLG Celle am 17. April 1986: »Demgegenüber handelt es sich bei der Steuerfestsetzung nicht um eine Tätigkeit, deren einziges Ziel die Verwirklichung des Rechts ist ... allerdings hat sich der Finanzbeamte dabei an das Recht zu halten, ohne dass dieses jedoch seine vordringliche Aufgabe ist«! In diesem Verfahren wurde auch festgestellt, dass ein Finanzbeamter, der im Einspruchsverfahren Steuern bewusst falsch festsetzt, keine Rechtsbeugung begeht.

Natürlich wurden die Reinhardt'schen Gesetze in der Bundesrepublik geändert. Bis 1945 lautete die Vorschrift zur Steuereintreibung noch: »Die Steuergesetze sind nach nationalsozialistischer Weltanschauung auszulegen.« Das steht heute nicht mehr im Gesetzesblatt. Nationalsozialistische Weltanschauung bedeutete: Die Reichsfinanzbeamten hatten dafür zu sorgen, dass die Judenenteignung konsequent umgesetzt wurde. Es gibt meines Wissens noch keine Arbeit, die untersucht, wie viele Hunderttausend Juden von den Finanzämtern zur Deportation eingewiesen wurden, damit endlich ihr Vermögen für den Schuldenstaat genutzt werden konnte.

Den meisten Unternehmen, denen der jüdische Besitz durch die Arisierung verkauft wurde, mussten durch immer neue Kriegssteuern ihre Gewinne wieder an die Nazi-Clique abführen. So mancher deutsche Unternehmer ist damals zum Verbrecher geworden, aber nicht reich. 1945 war in Deutschland alles zerstört: die Fabriken, die Integrität der Unternehmer, das Geld. Die Täter aus dem Reichsfinanzministerium aber kamen weitgehend ungeschoren davon.

Reichsfinanzminister Johann Ludwig Graf Schwerin von Krosigk wurde zwar 1949 als Kriegsverbrecher zu zehn Jahren Haft verurteilt, wegen der Plünderung des Eigentums deportierter Juden, aber schon 1951 kam er durch eine Amnestie frei und lebte unbehelligt in Essen als Schriftsteller und Publizist. Er gehört zu jenen typischen Deutschen, die trotz einer ausgezeichneten Bildung im elterlichen, großbürgerlichen Haus, einem Rechts- und Staatswissenschaftsstudium in Halle, Lausanne und Oxford alles gelernt haben – außer die Idee von Freiheit zu verinnerlichen.

Fritz Reinhardt, der spätestens 1926 der NSDAP beigetreten war, war ab 1945 in Gefangenschaft und wurde 1949 zu vier Jahren Arbeitslager verurteilt. 1950 wurde das Urteil zwar noch einmal bestätigt, Reinhardt aber sofort auf freien Fuß gesetzt, weil die Haftjahre angerechnet wurden. Danach arbeitete er in Bayern als Steuerberater. Da hatte er sicher viele Vorteile gegenüber Konkurrenten aufzuweisen, schließlich stammten die Gesetze, die er jetzt für seine Kunden anwenden musste, von ihm. Denn bis zum heutigen Tag ist die von ihm eingeführte Gliederung der Steuerklassen geltendes Recht.

Die Monstrosität der Naziverbrechen und die bedrückende Auseinandersetzung mit der Schuld, die damit eine Generation Deutscher auf sich geladen hat, ist möglicherweise ein Grund dafür, dass viele »Errungenschaften« des Dritten Reiches bis in unsere Zeit erhalten bleiben konnten, ohne dass über ihren Ursprung nachgedacht wird. Ich meine damit aber nicht die bereits erwähnten Arbeits- und Sozialgesetze. Die klassenlose, nationalsozialistische Gesellschaft bekämpfte den »egoistischen Individualismus«, den der angelsächsische Kapitalismus verkörperte, sie verachtete »anonyme ökonomische Nutzüberlegungen«. Fritz Reinhardt formulierte es so: »Es muss demgemäß im nationalsozialistischen Staat jedes Gesetz grundsätzlich der nationalsozialistischen Weltanschauung entsprechend und nach nationalsozialistischer Weltanschauung ausgelegt werden.« Dies war die Kampfansage gegen jede Form der individuellen Freiheit und damit auch gegen eine freie Marktwirtschaft. Damit bewegten sich die Nazis auf der Grundlage des internationalen Faschismus. Die Angst der Mittelklasse, vom übermächtigen, internationalen Kapital zerrieben zu werden, trieb viele Kleinunternehmer, Handwerksbetriebe und Selbstständige in die Arme der Faschisten – Franco in Spanien, Mussolini in Italien und eben Hitler in Deutschland. Statt Verstaatlichung der Unternehmen wie in den Staaten, die vom zentralistischen Marxismus-Leninismus beherrscht wurden, organisierten die Faschisten Syndikate, die wie in mittelalterlichen Zünften die Berufsgruppen vor Wettbewerb schützten.

In Deutschland war das die Geburtsstunde der Zwangsmitgliedschaften in den nach Berufen eingeteilten Kammern. Die Aufhebung der Zünfte 1808 in Preußen durch Freiherr vom Stein wurde rückgängig gemacht. Wer zum Beispiel ein Handwerk ausüben wollte, musste Mitglied der entsprechenden Handwerkskammer werden. Rechtsanwälte durften nur noch ihren Beruf ausüben, wenn sie Mitglied der Rechtsanwaltskammer waren. So wurden alle Berufe erfasst, alle Freiberufler in die wirtschaftliche Abhängigkeit des Naziregimes gepfercht. Denn die Kammern legten die Spielregeln fest, die den Beitritt zur Kammer ermöglichten. Im Handwerk beispielsweise durfte sich nur noch selbstständig machen, wer eine Meisterprüfung abgelegt hatte. Wie viele dann eine Meisterprüfung bestanden, entschied die Kammer und sorgte dafür, dass nie eine ernsthafte Konkurrenz entstand. Die Rechtsanwaltskammer erhielt ein Monopol auf die alleinige Beratung in fast allen Fragen des täglichen Lebens. Erfasst waren auch Ärzte, Architekten, Künstler, Journalisten und Schriftsteller (in der Reichsschrifttumskammer). Mitglied einer Kammer konnten nur Arier werden, damit waren die Juden als Konkurrenten ausgeschaltet, was ihren deutschen Kollegen nicht gerade missfiel, um es sehr höflich auszudrücken.

Präsident der Kammern war jeweils ein ausgewiesener Nazi, der auch die Macht hatte, kritische Geister aus der Kammer auszuschließen. Nur treue Volksgenossen durften Mitglied werden. Der Ausschluss aus einer Kammer bedeutete zugleich Berufsverbot. Damit war die Gleichschaltung der Bürger aller Stände in die Volksgemeinschaft gesichert.

Nach dem Krieg lösten die Amerikaner und Briten die Kammern auf und erlaubten wieder die freie Berufswahl. Je länger aber die Bundesrepublik bestand, umso mehr Berufsverbände schafften es in den Adenauer-Jahren, gegen den Widerstand von Ludwig Erhard, wieder die alten Strukturen – mit einigen Modifikationen – aufleben zu lassen. Der Satz, dass Juden keine Mitglieder werden können, wurde zum Beispiel gestrichen. Zumindest der Syndikalismus mit seinen wettbewerbsfeindlichen Auswirkungen hat die Nazizeit weitgehend überlebt. Die Handwerkskammern sind dafür ein besonders negatives Beispiel, über das ich ganze Kapitel in meinem letzten Buch geschrieben und Dutzende Filme in der ARD gemacht habe. Daher will ich dieses Thema hier nicht im Detail wiederholen.

Sehr aktiv sind nach wie vor die Steuerberaterkammern, die sich gegen die Konkurrenz durch Buchhalter mit Hunderten von Abmahnungen und Existenzvernichtungen pro Jahr wehren. Das extrem marktfeindliche Rechtsberatungsgesetz wurde erst 2008 gelockert. Bis dahin war jede Verbrauchersendung im Fernsehen, jeder Hinweis des Steuerberaters auf eine andere Rechtsform für die Firma seines Klienten, jede Unternehmensberatung schon ein Fall für die Gerichte. Einem Energieberater zum Beispiel, der Krankenhäuser auf günstigere Verträge durch die Stromkonzerne aufmerksam machte, wurde vom Landgericht in Potsdam angedroht, 500 000 Mark Ordnungsgeld zu zahlen (oder ersatzweise sechs Monate Ordnungshaft), wenn er noch einen Kunden annimmt. Er hatte gegen das Rechtsberatungsgesetz verstoßen. In den USA wäre der Mann erfolgreicher Unternehmer geworden – hier landete er in der Privatinsolvenz.

Für mich ist es immer spannend, wenn die Vertreter der »Wirtschaft« mir klarmachen wollen, warum Zwangsmitgliedschaften mit sozialer Marktwirtschaft kompatibel sind und warum zu viel Wettbewerb den Unternehmen schadet. Die kuschelige Wärmestube einer »Volksgenossenschaft« ist tief im deutschen Bewusstsein verankert. Wie klagte doch Reichsfinanzstaatssekretär Fritz Reinhardt: »... im Zeitalter des Liberalismus und des Parlamentarismus (...) standen Weltanschauung gegen Weltanschauung und Meinung gegen Meinung, und deshalb konnte von Rechtssicherheit nicht die Rede sein.« Auf Neudeutsch übersetzt, heißt das ungefähr: Liberalismus und Freiheit verhindern die soziale Gerechtigkeit und sind deshalb mit allen Mitteln zu bekämpfen.

18. DIE DASEINSVORSORGE – DAS VERHEIMLICHTE NAZI-ERBE

Gravierende Auswirkungen auf die aktuelle politische Diskussion hat noch ein Begriff, der nur von ganz wenigen Akteuren mit der Nazizeit in Verbindung gebracht wird: die Daseinsvorsorge. Wie weit sich dieser Begriff in die Köpfe aller Parteien eingefressen hat, zeigt eine Begebenheit im Schulungszentrum der CSU eigenen Hanns-Seidl-Stiftung in Wildbad Kreuth. Es ging um die Privatisierung der kommunalen Versorgungseinrichtungen. Meine Position dazu orientiert sich am größtmöglichen Nutzen für den Verbraucher. Wenn ein privates Unternehmen die Dienstleistung bei gleicher Leistung preiswerter vollbringen kann, dann soll dies auch eine private Firma übernehmen. Ein hochrangiges CSU-Mitglied schaute mich völlig entgeistert an und entrüstete sich mit bayerischem Akzent: »Sie meinen, wir sollen unser hervorragendes bayerisches Wasser den Kapitalisten zur Gewinnmaximierung vorwerfen?« – »Ja«, meinte ich, »wenn Sie jetzt einen sächsischen Akzent hätten, wüsste ich, woher Sie dieses Gedankengut haben, aber Sie sind eindeutig Bayer, von wem haben Sie diese Anschauung übernommen?« Wir sind keine Freunde geworden. Wahrscheinlich wäre das Verhältnis sogar in Feindschaft ausgeartet, wenn ich ihm noch erklärt hätte, dass er gerade die faschistische Wirtschaftsdenke übernommen hatte.

Es war 1938, als in Königsberg eine Ausarbeitung erschien mit dem Titel *Die Verwaltung als Leistungsträger*. Der Autor Ernst Forsthoff, ein überzeugter Volksgenosse, definierte darin den Begriff »Daseinsvorsorge«, den es vorher so nicht gab. Etwas kompliziert formulierte er, Daseinsvorsorge ist »diejenige Veranstaltung, die zur Befriedung des Appropriationsbedürfnisses getroffen wurde«. Um das zu verstehen, müssen wir uns ins Jahr 1938 zurückversetzen, in dem es keinerlei individuelle Freiheitsentfaltung gab.

Eine Verwaltung hätte damals auch kein Privatunternehmen mit der Müllabfuhr beauftragen können. Die private Autobahngesellschaft war ebenso verboten worden wie private Elektrizitätswerke oder eine private Bahngesellschaft. Daher konnte die Versorgung der Bevölkerung nur durch den Staat sichergestellt werden. Sie musste von den Trägern der politischen Gewalt, dem Staat und der damit identischen Partei übernommen werden. Forsthoff war in der Gedankenwelt seiner Zeit verfangen und gab mit der Daseinsvorsorge ein die Wirtschaft lenkendes und die individuelle Freiheit verneinendes Verwaltungsverständnis vor. So wird sinngemäß die Entstehung dieses sperrigen Begriffs in der *Deutschen Enzyklopädie* beschrieben.

Der Begriff machte in der DDR wie auch in der BRD Karriere. Für die Sozialisten in Ost-Berlin war es einfach: Für einen Staat, der für seine Bürger der große Vormund ist, ist der Begriff »Daseinsvorsorge« wie geschaffen. Er beinhaltete im Osten die gleiche Versorgung – oder Nichtversorgung – aller zu gleichen Preisen, die unüberprüfbar als soziale Leistungen festgelegt wurden. Bei der Wiedervereinigung waren die Versorgungseinrichtungen so verrottet und rudimentär, dass für ihre Instandsetzung die Milliarden aus dem Solidarzuschlag verwendet werden mussten. Die Menschen aber waren seit 1933 so daran gewöhnt, dass fast alle sich bis zum heutigen Tag nichts anderes vorstellen können, als mit den Leistungen der »Daseinsvorsorge« durch den Staat beglückt zu werden.

Aber nicht nur im Osten, auch im Westen hat die »Daseinsvorsorge« immer neue Bereiche erobert, sodass sie jetzt wie die Tentakel eines Kraken viele Gebiete unseres täglichen Lebens erreicht. Eine Aufzählung der wirtschaftlichen Aktivitäten, die unter dem Begriff subsumiert werden, ohne Anspruch auf Vollzähligkeit zu erheben: die Versorgung mit Gas, Elektrizität und Wasser, aber auch das Abwasser und die Müllabfuhr, die Bereitstellung von Friedhöfen, Krematorien, Krankenhäusern, Gesundheitszentren und öffentlichen Bädern, von Nah- und Fernverkehr mit Bahnen und Bussen, ja sogar von Theatern, Opernhäusern, Konzertsälen und selbstverständlich auch von Schulen. Allein diese Liste macht deutlich, dass all diese Bereiche in einer Hand eine Macht darstellen, welcher der einzelne Bürger mit einem beachtlichen Teil seines Einkommens ausgeliefert ist.

Der Idealfall war, wie ihn sich Forsthoff bei der Entwicklung seines Verwaltungsmodells 1938 noch vorstellen konnte, dass all diese Leistungen von einer selbstlosen nationalsozialistischen Regierung zu den besten nur denkbaren Bedingungen den Volksgenossen zur Verfügung gestellt wird. Kein individueller Kapitalist sollte daran auch nur einen Reichsgroschen verdienen. Das alles konnte die DDR im Grundprinzip übernehmen. Nur die Überschrift lautete anders: Volkseigentum in Volkeshand. Die Daseinsvorsorge der biederen Kommunisten umfasste deshalb auch noch den Wohnungsbau, das Ferienangebot und den Trabi.

In Westdeutschland entwickelte sich die kommunale Allmacht zu einer Quelle skurriler Skandale. Die Monopole der

Städte und Gemeinden mussten betrieben werden. Also gab es Posten für Aufsichtsräte, Verwaltungsräte und Geschäftsführer. Das brachte mal mehr, mal weniger Geld für zu versorgende Parteidiener. Ganz sicher waren all die Posten eine Chance zur Parteienfinanzierung. Spenden von Stadtwerken oder deren Direktoren flossen in die Kassen der Partei, die vor Ort die Macht hatte. Darüber ließen sich endlose Beispiele anführen. Das Schwarzbuch des Bundes der Steuerzahler und die wirkungslosen Berichte der Rechnungshöfe zählen Jahr für Jahr die Kapitalvernichtung auf, die die kommunale »Daseinsvorsorge« in Deutschland verschlingt.

Damit Sie sich konkret vorstellen können, wie aus der »Daseinsvorsorge« tausendfach »Politikerversorge« wird, ein klassisches Beispiel aus Krefeld, das sich vor ein paar Jahren abspielte. Dort wurde der SPD-Bundestagsabgeordnete Volkmar Kretkowski zum Personalvorstand der Stadtwerke berufen. Ein Posten, der mit 240 000 Mark dotiert war. Zusammen mit seinem Einkommen als MdB kam der ehemalige Lehrer damit auf 450 000 Mark, Ende der Neunzigerjahre des 20. Jahrhunderts eine stolze Summe. Den Krefelder Bürger Rudolf Brinks trieb dies auf die Barrikaden. Er klagte gegen die Beförderung vor dem Krefelder Landgericht. Kretkowski habe keine betrieblichen und juristischen Kenntnisse und sei deshalb nur dank des Krefelder Filzes zu seinem Amt gekommen. Diese parteipolitische Versorgung müsse er jetzt mit unnötig teuren Wassergebühren bezahlen. Außerdem stellten die Stadtwerke einem städtischen Beigeordneten einen Dienstwagen kostenlos zur Verfügung und würden einen Eishockeyspieler sponsern.

Rudolf Brinks bekam recht. Das Gericht errechnete seinen Anteil an den Filzausgaben und verurteilte die Stadtwerke, ihm 8,54 Mark zurückzuzahlen. So hoch war sein Anteil am Filz an den Wassergebühren. Das Urteil wurde sogar vom Oberlandesgericht bestätigt. Was aber zu meiner Überraschung ausblieb, war eine Klageflut in ganz Nordrhein-Westfalen von weiteren entrüsteten Bürgern. Das lag sicher daran, dass das Krefelder Urteil kaum publiziert wurde. Nicht auszudenken, wenn alle circa 300 000 Krefelder sich auch ihren Filzanteil erklagt hätten.

Demnächst können die Wolfsburger Bürger vielleicht auf die Rückzahlung des Filzanteils ihrer Rechnungen von den Stadtwerken klagen. In der Autostadt ermittelte im Herbst 2010 die Staatsanwaltschaft, unter anderem gegen den beurlaubten Stadtwerke-Chef Markus Karp. Sein ebenfalls beurlaubter Pressesprecher Maik Nahrstedt behauptet nämlich, dass er jahrelang während seiner Dienstzeit und unter Nutzung von Stadtwerke-Ressourcen Wahlkampf für die CDU gemacht habe. Auch für die Parteiarbeit in Wolfsburg und Hannover sei er freigestellt worden. Die Ausmaße des Skandals werden am Aufwand des Landeskriminalamts ersichtlich: An 16 Orten durchsuchten 40 Beamte Büroräume, Dienststellen und Wohnungen.

Wenn Mieter oder Hausbesitzer von ihren Stadtwerken Post bekommen, in denen wieder eine Erhöhung der Gebühren angekündigt wird, dann geht bei kommunalen Unternehmen daraus nie eindeutig hervor, ob sie damit jetzt den Strompreis bezahlen oder auch noch den Nahverkehr mit subventionieren. Jedenfalls sind diese auf der »Daseinsvorsorge« gegründeten kommunalen Unternehmen ein lukratives Geschäftsfeld. Deshalb stieg die Zahl der kommunalen Betriebe von 2000 bis 2007 auf knapp 13 000 Firmen mit einem Umsatz von 213 Milliarden Euro.

Niemand weiß, wie viele Milliarden Euro die Bürger für die »Daseinsvorsorge« bezahlen, für die fixe Idee, der Staat, die Städte und Gemeinden würden sie zuverlässiger und preiswerter versorgen und entsorgen als private Unternehmen. Fakt ist, dass wir in Deutschland mit die teuersten Wasserrechnungen von ganz Europa haben, und Fakt ist, dass auch in Deutschland das Wasser in den Städten preiswerter ist, in denen es von privaten Unternehmen geliefert wird. Außer der Filzgefahr ist die heute hauptsächlich praktizierte »Daseinsvorsorge« immer noch Ausdruck des mächtigen, fürsorglichen Staates. Der hat sich tief in das deutsche Bewusstsein gefressen. Ein in der Hauptstadt akkreditierter Kollege unterstützte voller Inbrunst auf einem Parteitag der CDU den damaligen nordrhein-westfälischen Arbeitsminister Karl-Josef Laumann: Er zahle gerne Steuern, wenn er dafür eine preiswerte S- und U-Bahn in Berlin nutzen könne. Laumann war richtig dankbar für diese staatstragende Haltung. Mein Einwurf, ob es nicht einfacher wäre, er zahle weniger Steuern und dafür einen höheren kostendeckenden Preis für den Nahverkehr – der soziale Ausgleich könne durch direkte Zahlungen an die Bedürftigen erfolgen –, brachte mir nur ein heftiges Kopfschütteln meines Kollegen ein. Das seien neoliberale, abartige Gedanken.

Es ist für mich nicht zu begreifen, warum der Staat die Leistungen der »Daseinsvorsorge« selbst erbringen soll. Wäre es nicht viel effizienter, er würde die Regeln für die Leistungserbringer klar definieren? Also: die Qualität des Wassers, die Zuverlässigkeit der Müllabfuhr, die Frequenz und Kapazität des Nah- und Fernverkehrs zum Beispiel festlegen und kontrollieren. Statt sich selbst ständig der Gefahr auszusetzen, die Qualität der Versorgung herabzusetzen, weil er selbst nicht in der Lage ist, die eigenen Anforderungen zu erfüllen. Handelt der Staat nicht selbst, sondern setzt und kontrolliert die Maßstäbe, bleibt er der neutrale und unbestechliche Anwalt der Bürger.

Weil wir auf den Staat setzen, haben wir in Deutschland wenig Erfahrung mit privaten Dienstleistern. Die Verträge sind zu ungenau, aus staatlichen Monopolversorgern werden private Monopole. Die Übernahme ausgedienter Politiker in die privaten Betriebe hilft diesen dabei, Aufträge zu ergattern. Die Korruption in diesem Bereich ist groß, weil es keine Transparenz gibt. Nirgends wird das so deutlich, wie bei der Energieversorgung und dem Verkehr. Über beide völlig »verpolitisierten« Wirtschaftszweige schreibe ich an anderer Stelle.

Die Bertelsmann Stiftung hat in einer Studie nach den am

besten verwalteten Städten der Welt gesucht. Dabei haben sich erstaunlich bürgernahe und effiziente Beispiele gefunden, die sich trotz unterschiedlicher kommunaler Gesetzgebung auch bei uns anwenden ließen. In der englischen Stadt Braintree zum Beispiel musste der private Müllentsorger eine Verpflichtung unterschreiben, dass er jede Mülltonne die übersehen wird, noch am selben Tag bis 14 Uhr abholt. Nach Anfangsproblemen klappte alles hervorragend. Es gab seit Jahren erstmals keine Beschwerde mehr wegen verspäteter oder unzuverlässiger Müllabfuhr. In Halmstad in Schweden erfuhr der Nahverkehr nach der Privatisierung einen vorher nie für möglich gehaltenen Aufschwung. Die Busfahrer wurden am Umsatz beteiligt, den sie zusätzlich erwirtschafteten. Daraufhin gingen die Angestellten des Unternehmens von Tür zu Tür ihres Distriktes, stellten die Busfahrer vor und fragten nach den Bedürfnissen ihrer potenziellen Kunden. Heraus kamen andere Haltestellen, andere Verkehrszeiten und andere Routen und vor allem vollere Busse.

Ein letztes Beispiel aus Brandenburg: Die Gemeinde Brieselang war zu DDR-Zeiten mehr eine Datschen-Siedlung von Parteifunktionären als eine lebendige Kommune. Über viele Kilometer standen die Häuser in sehr lockerer Bauweise an unbefestigten Straßen im märkischen Sand. Nach der Wende lösten die Nähe und die günstige Verkehrsanbindung einen Bauboom aus, die Einwohnerzahl stieg von 4000 auf 11 000 – und diese lebten an 42 Kilometer Holperstraßen, die sich bei Regenfällen in eine Seenplatte verwandelten. Gummistiefel waren die wichtigste Fußbekleidung. Da die Gemeinde kein Geld hatte, war davon auszugehen, dass es circa 30 Jahre dauern würde, bis Brieselang mitteleuropäischen Standard vorweisen konnte. Der aus dem Westen zugezogene Christian Achilles gründete daraufhin eine Bürgerinitiative, die sich zum Ziel setzte, die Straßen selbst zu bauen, ohne dass die Gemeinde einen Cent dazugeben musste. Per Gesetz hätte sie 10 Prozent aufbringen müssen.

Eigeninitiative in Deutschland, das sieht das Gesetz nicht vor. Die zuständigen Minister in Potsdam nickten zwar freundlich, die zuständigen Beamten aber blockierten, wo sie nur konnten. Da nützt es auch nichts, dass an der Fassade des Wirtschaftsministeriums steht: »Alle Staatsgewalt geht vom Volke aus.« Erst nachdem der Landtag das Kommunale Abgabengesetz des Landes Brandenburg geändert hatte, durften die Bürger sich selbst helfen. Zuvor aber war noch eine Kommunalwahl in Brieselang nötig, in der die Bürgerinitiative als eigene Wahlgruppe auftrat, weil die traditionellen Parteien an der üblichen »Daseinsvorsorge« festhalten wollten. Sie wurden dafür abgewählt.

Das Ergebnis: Die Hausbesitzer zahlten im Schnitt nur 4000 Euro. Dafür haben sie sich auf einen einfachen Standard geeinigt. Die Asphaltdecke ist nur 4 Meter breit, damit sichergestellt ist, dass die Wohnstraßen nur im Schritttempo befahren werden können. Auf Fußgänger- und Fahrradwege wurde verzichtet. Stattdessen wird die Fahrbahn rechts und links mit Rasen begrenzt. Die 42 Kilometer Straßen werden 2015 fertig sein. Statt auf den Staat zu warten, haben sich die Bürger selbst geholfen und mussten dafür erst den Staat zur Aufgabe seines Machtanspruchs drängen.

Wer mit offenen Augen durch Deutschland fährt, wird Hunderte solcher Beispiele finden. Es gibt sogar ein ganzes Büchlein darüber mit dem Titel *Deutschland zum Selbermachen*. Aber nur selten verläuft sich ein solches Thema in eines der regionalen Programme der öffentlich-rechtlichen Fernsehanstalten, geschweige denn in die bundesweiten Programme.

Die »Daseinsvorsorge« aber macht weiter Karriere. Der Begriff findet sich sogar in den Gemeindeordnungen der Länder Baden-Württemberg, Bayern und Thüringen. Einige Politiker und kommunalpolitische Verbände interpretieren die Leistungen, die unter diesem Begriff zusammengefasst werden, als Bestandteil der kommunalen Selbstverwaltung, die in der Verfassung garantiert ist. Und schwuppdiwupp! haben wir eine Debatte um die angeblich in der Verfassung garantierten unternehmerischen Tätigkeiten der Kommunen. Eine »Nazigeburt« wird in unserer staatsgläubigen Demokratie ein Verfassungsrecht. Eigentlich ist es den Kommunen untersagt, sich erwerbswirtschaftlich zu betätigen. Aber um die Daseinsvorsorge-Unternehmen gründen und betreiben zu können, schaffen sie städtische GmbHs oder Aktiengesellschaften. Sie begeben sich damit in eine rechtliche Grauzone, denn sie umgehen so die Umsatz- und Körperschaftssteuer. Was die Städte und Kommunen ihren Bürgern als Vorteil verkaufen, weil sie dann die Leistung billiger erbringen könnten, ist in Wirklichkeit Steuerhinterziehung zulasten der Allgemeinheit. Das nimmt zum Teil groteske Züge an. So erklärte eine Kommune selbst den Verkauf von Müllsäcken als hoheitlich und damit steuerbefreit, was ihr auch noch durch ein Urteil bestätigt wurde. Der Gesetzgeber erlaubt hier Dumping zugunsten des Staates.

Da die Europäische Union die Daseinsvorsorge nicht mitgeerbt hat, drängt Brüssel zunehmend auf Wettbewerb im Dienstleistungsmarkt für die Ver- und Entsorgung der Städte, für Verkehrsdienstleistungen und die Energieversorgung. Im Bereich der Telekommunikation ist dieser Prozess am Weitesten fortgeschritten – mit einer erheblichen Preissenkung und Leistungssteigerung für den Verbraucher. Erinnern Sie sich noch, wie lange Sie früher auf ein Telefon warten mussten? Oder wie teuer das Telefonieren war?

Ein Argument der Städte und Gemeinden lautet heute, dass sie die Daseinsvorsorge-Leistungen weiterhin benötigen, weil sie so verschuldet sind. Aber umgekehrt wird eher ein Schuh daraus: Die Kommunen sind so verschuldet, weil sie nie gelernt haben, wirtschaftlich zu arbeiten, und weil die Leistungen der Daseinsvorsorge irgendwie mit in den Finanzschlamassel hineingezogen wurden.

Die NSDAP gibt es nicht mehr. Ihre Rolle als der Verteidiger der »Daseinsvorsorge« hat jetzt die PDS/Linke übernommen. Da passt zusammen, was aus dem Geiste der Vormundschaft und Illegalität geboren ist. In ihrem Thesenpapier schreibt die Partei: »Die Linke setzt sich auf allen Ebenen für eine bürgernahe, gut bewirtschaftete, transparente öffentliche Daseinsvorsorge ein, die eine sozial gerechte Versorgungssicherheit für alle Menschen gewährleistet. Eine flächendeckende Versorgung in guter Qualität ist auch dann sicherzustellen, wenn sie sich ›nicht rechnet‹. Dort, wo Güter oder Leistungen der Daseinsvorsorge schon privatisiert wurden, setzt sich Die Linke dafür ein, diese in die Verantwortung der öffentlichen Hand, vorwiegend der Kommunen, zurückzuholen.«

Wer dagegen ist, wird als Kapitalist, Neoliberaler und mit all den anderen Vokabeln aus dem Repertoire der Gegner individueller Freiheiten beschimpft.

Es wäre an der Zeit, die Begriffsrelikte und ihre Inhalte von 1933 bis 1945 zu entnazifizieren. Statt »Daseinsvorsorge« durch den Staat zu fördern, müssen wir darauf drängen dass den Bürgern die notwendigen Dienstleistungen zu den auf dem Markt günstigsten Preisen angeboten werden. Für die Qualität der Dienstleistungen und die Sicherstellung, dass jeder Bürger sie nutzen kann, sorgt der Staat.

19. DDR – GLEICHHEIT STATT FREIHEIT

Es war im Frühjahr 1993. Die Städte und Dörfer in den neuen Bundesländern rochen noch nach DDR. Die Hunderte Milliarden Westmark waren noch nicht angekommen, aber erste Schönheitsreparaturen schon begonnen worden. Ich bummelte durch die Halbruinen des Leipziger Zentrums über bröckelnde Betonplatten, aufgeworfenes Pflaster, vorbei an verrußten Fassaden und einfallenden Dächern. So wie die DDR eben aussah, als wir sie von den Einheitssozialisten erbten. Eine gepflegte

Dame um die 50, gekleidet in einem schicken Pelz, sprach mich an und fragte, ob ich auch eine Protestaktion gegen den unverschämten Mietpreiswucher unterstützen würde. Auf einem Tisch hatten sie und ihre Mitstreiter Listen zur Unterschrift ausgelegt, die die meisten Passanten auch unterschrieben. Die Überschrift lautete sinngemäß: »Wir protestieren gegen Mieterhöhungen und verlangen einen Mietstopp zu Preisen, wie sie in der DDR waren.« Verantwortlich für die Aktion zeichnete sich die Leipziger PDS. Natürlich unterschrieb ich, ergänzte aber: »Und ich will meinen Trabi wiederhaben.« Große Verwunderung bei der schicken Dame. » Ja«, half ich ihr, mich zu verstehen, »wenn wir nur 40 Mark Miete für eine ›Zweiraumwohnung‹ bezahlen, dann bleibt uns konsequenterweise nichts anderes übrig, als auch sonst wieder auf das Versorgungsniveau der DDR abzusteigen. Mehr gibt die Volkswirtschaft dann nicht her.« Das Gespräch war sofort zu Ende. Mit einem Besserwessi wollte die Dame nicht diskutieren. Die Vorstellung vom gemütlichen Spießerland DDR ist tief im Bewusstsein vieler DDR-Bürger verankert und vererbt sich auf die Neukommunisten, die sich mittlerweile Die Linke nennen.

Das Märchen von der Leistungsfähigkeit der DDR-Betriebe, die doch immerhin viele konkurrenzfähige Produkte in den Westen geliefert hätten, spukt immer noch in den Köpfen vieler Ostbürger. Es wurde selbst von den Politikern nie ernsthaft infrage gestellt. Die Parole lautete: »Wir wollen die Wahlen gewinnen, um jeden Preis!« Da passte es nicht ins Konzept, den ohnehin schon gebeutelten DDR-Bewohnern deutlich zu sagen: Euer Staat ist ein Schrotthaufen, eure Lebensleistung ist vergeudet und eure sozialen Errungenschaften sind mit Auslandsschulden finanziert, die ihr nicht erarbeitet habt. Ihr wurdet ausgebeutet und belogen. Menschlich ist diese Zurückhaltung zu verstehen – ökonomisch hat sie wesentlich zur gesamtdeutschen Staatsverschuldung beigetragen und politisch hält sie immer noch die Linken mit ihrer Ostalgie am Leben. Sie ist das verseuchte Brackwasser, mit dem Gysi und Genossen immer noch die politische Landschaft vergiften.

Aktenzeichen b5-1155/89 ist ein DDR-Dokument, das eigentlich zur Pflichtlektüre eines jeden Abiturienten gehören sollte. Jedem Abgeordneten im Bundestag, den Landtagen und Kommunalparlamenten sollte es geläufig sein. Es wurde am 27. Oktober 1989 veröffentlicht und sollte am 31. Dezember 1989 vernichtet werden. Es unterlag der höchsten Geheimhaltungsstufe und wurde nur in wenigen Exemplaren ausgehändigt. Der Titel: »Analyse der ökonomischen Lage der DDR mit Schlussfolgerungen.« Das Vorwort: »Ausgehend vom Auftrag des Generalsekretärs des ZK der SED, Genossen Egon Krenz, ein ungeschminktes Bild der ökonomischen Lage der DDR mit Schlussfolgerungen vorzulegen, wird Folgendes dargelegt.« Im Verlauf dieses Kapitels werde ich im Einzelnen noch auf einige Punkte der 22-seitigen, schonungslosen Bankrotterklärung der DDR eingehen.

Der Verfasser war Gerhard Schürer, Vorsitzender der staatlichen Planungskommission, ein durch alle Instanzen gestählter Kommunist, der unter anderem an der Parteihochschule der KPdSU in Moskau ausgebildet worden war. Die Empfänger – neben Egon Krenz, dem Nachfolger von Erich Honecker – waren Gerhard Beil, Außenwirtschaftsminister der DDR, vor dem Krieg auch Mitglied der Hitlerjugend und der NSDAP, Ernst Höner, Finanzminister der DDR, Arno Donda, Leiter der Staatlichen Zentralverwaltung für die DDR-Statistik, und Dr. Alexander Schalck-Golodkowski, MfS-Oberst, Chef der kommerziellen Koordinierung (KoKo), die auf allen legalen und illegalen Wegen Westdevisen besorgen musste. Seine Karriere kann hier nur am Rande erwähnt werden. Dass er auch das Schürer-Papier bekam, ist ein Hinweis darauf, dass er als eine Schlüsselfigur an der wirtschaftlichen Nahtstelle zwischen Ost und West die Fäden zog. Sein Doktorvater war Stasi-Chef Erich Mielke, sein Gesprächspartner im Westen zu DDR-Zeiten unter anderem Bayerns Ministerpräsident Franz Josef Strauß. Nach der Wende wurde er von Wolfgang Schäuble beschützt, sodass er seinen Lebensabend im sehr gediegenen Rottach-Egern am Tegernsee verbringen konnte.

Schürer beginnt mit den üblichen Worthülsen, die alle offiziellen Papiere auszeichnet, die im Auftrag einer Regierung erstellt werden. Im Osten liest sich das dann so: »Die Deutsche Demokratische Republik hat beim Aufbau der entwickelten sozialistischen Gesellschaft bedeutende Erfolge erreicht, die auch international anerkannt werden.« Das war Schlagsahne zur Verzierung, bevor Schürer dann deutlich macht, dass der Kuchen darunter absolut ungenießbar ist. Auf Seite 6 steht dann: »Es wurde mehr verbraucht als aus eigener Produktion erwirtschaftet wurde zu Lasten der Verschuldung im NSW (Nicht-Sozialistischen-Währungsgebiet), die sich von 2 Milliarden VM (Valuta-Mark) 1970 auf 49 Milliarden VM 1989 erhöht hat. Das bedeutet, dass die Sozialpolitik seit dem VIII. Parteitag nicht in vollem Umfang auf eigenen Leistungen beruht, sondern zu einer wachsenden Verschuldung im NSW führte.«

Neben der Erkenntnis, dass die DDR mehr verbrauchte, als sie erwirtschaftete, ist vor allem interessant, dass die SED-Funktionäre, wenn es darum ging, reale Zahlen zu benennen, in Valuta-Mark, also Westmark, rechneten und nicht in ihrem Scheingeld. Schürer rechnet vor, dass die Verschuldung der DDR im rasanten Tempo weitergeht. Er stellt fest: »In der Arbeitsproduktivität liegt die DDR gegenwärtig 40 Prozent hinter der BRD zurück ... Geldumlauf und die Kreditaufnahme des Staates, darunter wesentlich aus Spareinlagen der Bevölkerung, sind schneller gestiegen als die volkswirtschaftliche Leistung.« Und so erwartet Schürer für 1990 eine Gesamtverschuldung von insgesamt 140 Milliarden Ostmark, für die es keinerlei Deckung gibt. Die brutale Schlussfolgerung, die die angeblichen sozialen Errungenschaften der DDR endgültig zur Farce macht, lautet dann: »Allein ein Stoppen der Verschuldung würde im Jahre 1990 eine Senkung des Lebensstandards um 25 – 30 Prozent erfordern und die DDR unregierbar machen. Selbst wenn das der Bevölkerung zugemutet würde, ist das erforderliche exportfähige Endprodukt in dieser Größenordnung nicht aufzubringen.«

1990 übernahm die Bundesrepublik die bankrotte DDR. Die Menschen, die unter dem SED-Regime gelebt hatten, mussten nicht mehr mit ansehen, wie ihre sozialistischen Segnungen von der SED-Regierung einkassiert wurden. Sie hatten sich zwar an Trabi und Plattenbau gewöhnt, aber sie hatten wenigstens ein gut gefülltes Sparbuch, eine sehr billige Wohnung, sehr preiswerte Grundnahrungsmittel und einen garantierten Arbeitsplatz gehabt. Diese ganze hoch subventionierte Scheinwelt stand vor dem Zusammenbruch. Massive Mieterhöhungen, Verteuerung der Nahrungsmittel, eine weitere Abwertung ihres sowieso schon wertlosen Geldes.

Es mag zynisch klingen, aber eine Wiedervereinigung nach dem absehbaren wirtschaftlichen Bankrott der DDR wäre ökonomisch rationeller verlaufen. Die Kommunisten hätten ihre Pleite selbst verkünden müssen. So kann die SEDPDSLINKE heute immer noch von den Vorzügen der DDR schwadronieren. Die Gesundheitsvorsorge, die Bildung, die günstigen Mieten und Lebenshaltungskosten seien gerechter gewesen, sollten der Bundesrepublik als Vorbild dienen. Und die Westpolitiker müssten nicht ins Stottern kommen, da sie dieser verdummenden Propaganda nichts entgegenzusetzen wissen, nur weil sie sich nicht oder nur oberflächlich mit dem wirtschaftlichen Zustand der DDR beschäftigt haben.

Bis zum heutigen Tag hält sich teilweise die Legende, dass die DDR bei ihrem Zusammenbruch unter den Industrienationen den 10. Rang eingenommen hatte, noch vor den EU-Mitgliedstaaten Griechenland und Portugal. In Kohls Kanzleramt glaubten seine Getreuen tatsächlich, dass sich eine bunt angestrichene DDR innerhalb von fünf Jahren in blühende Landschaften verwandeln könne. Der Aberwitz, dass die sozialistischen Errungenschaften der DDR durch Westkredite finanziert wurden, war selbst denen nicht geläufig, die das Geld in den Osten schleusten. Wie sollten dann die DDR-Untertanen wissen, dass sie nicht durch ihre deutsche Überlegenheit in der kommunistischen Welt ihren Rang als stärkste Nation im Ostblock erkämpft hatten? Viele glaubten tatsächlich, dass ihre Waren so hervorragend waren, dass sie selbst ins nicht sozialistische Ausland exportieren konnten, vor allem in die Bundesrepublik.

Dabei ließ sich gerade an den sogenannten Exporterfolgen besonders gut die schamlose Ausnutzung der DDR-Bürger ablesen. Der Bedarf an Deviseneinnahmen aus den nicht sozialistischen Wirtschaftsgebieten war unersättlich – da sich die zentral gesteuerte Ostblockwirtschaft als untauglich erwies, sowohl die Bedürfnisse der Bevölkerung nach Konsumgütern, als auch die Finanzierung der hohen Militärausgaben zu gewährleisten. Also wurde in den Westen verhökert, was irgendwie verkäuflich war. Den DDR-Bewohnern blieben die Plaste-Trabis nach 15 Jahren Wartezeit und Plattenbehausungen. Die Ausbeutung der vom Sozialismus Zwangsbeglückten kann am Wechselkurs Ostmark zu D-Mark abgelesen werden. Wer sich auf einen DDR-Besuch einließ, weil er Verwandte besuchen wollte oder ihn die Neugier in jene geschichtsträchtigen Landschaften trieb, der wurde gezwungen, einen bestimmten D-Mark Betrag pro Besuchstag zum Kurs von eins zu eins umzutauschen.

Kaum hatte er die missmutigen NVA-Grenzsoldaten hinter sich gelassen, musste er feststellen, dass er nur mit Mühe sein Ostgeld ausgeben konnte. Kaum jemand wollte es. Ein Tisch in einem der wenigen Lokale musste Tage vorher reserviert werden, Lebensmittel waren spottbillig. Langlebige Konsumgüter wie Farbfernsehapparate, HiFi-Technik oder moderne Kleidung gab es aber nur in Devisenläden gegen Westgeld. An jeder Straßenecke wurde der Westbesucher, der an seiner Kleidung zu erkennen war, angesprochen, ob er nicht Geld wechseln wolle: Kurs eins zu zehn, also eine Westmark gegen zehn Ostmark. Dieser Schwarzmarktkurs war der reale Marktwert. Um die Marktrealität zu vertuschen, versuchte das Regime, den privaten Geldumtausch mit drakonischen Strafen zu unterbinden. Vergeblich. Schließlich gab es noch einen offiziellen Valuta-Kurs für die Handelsbeziehungen. Der wurde mit leichten Abänderungen von den DDR-Machthabern mit eins zu vier, also eine Westmark für vier Ostmark, festgelegt.

Das Nettoeinkommen eines DDR-Beschäftigten betrug 1989 rund 800 Ostmark, wobei es dank des Gleichheitsgedankens der Kommunisten kaum Abweichungen nach oben oder unten gab. Ein Arzt schaffte es bis auf 1200 Ostmark. Lediglich die gehätschelten »Intellektuellen«, die Schriftsteller und linientreuen Musiker mit Westeinkommen waren wesentlich besser gestellt. Dazu zählten natürlich auch die privilegierten Staatsbediensteten und ihre Angehörigen mit Zugangsberechtigungen zu Sonderversorgungseinrichtungen.

800 Ostmark entsprachen auf dem Weltmarkt also gerade mal 80 Westmark. Wurden offizielle Transfergeschäfte abgewickelt, dann schrumpften die 800 Ostmark auf nur 200 D-Mark.

Mit diesen lächerlichen Lohnkosten war es für die DDR ein Leichtes, für große Versandketten oder Möbelhäuser im Westen sehr konkurrenzfähige Produkte herzustellen – oft als verlängerte Werkbank mit westlichem Design und westlicher Qualitätskontrolle. 80 D-Mark Lohnkosten pro Monat: Das war und ist das Geheimnis der östlichen Vollbeschäftigung. Damit konkurrierten die Betriebe zwischen Rostock und Zittau mit Indonesien und Bangladesch.

Die DDR-Betriebe hatten außerdem einen unschätzbaren Vorteil gegenüber ihren sozialistischen Bruderstaaten in Osteuropa. Die Bonner Republik bestand erst innerhalb der Europäischen Wirtschaftsgemeinschaft und später in der sich daraus entwickelnden Europäischen Union darauf, dass die Verträge für ganz Deutschland gelten, praktisch eine vorgezogene Wiedervereinigung bei Zoll-und Wirtschaftsabkommen. Während also Waren aus Polen, der Tschechoslowakei, Ungarn oder selbst der Sowjetunion mit Zolltarifen oder gar Handelsbeschränkungen, wie in der Textilindustrie üblich, benachteiligt waren, hatte die DDR ungehinderten Zugang zu den EU-Märkten.

Noch immer gaukeln die Postkommunisten der Ex-DDR-Bevölkerung vor, sie seien auch nicht schlechter als die BRD-Arbeiter gewesen. Der Aufschwung Ost habe unter den massiven Reparationen an die Sowjetunion gelitten, während Westdeutschland schon vom Dollar-Segen des Marshall-Plans verwöhnt wurde.

Von 1990 an, als ich mit meinen Berichten aus den neuen Bundesländern begann, hörte ich von vielen Ostdeutschen diesen Hinweis auf die Reparationen und ihre Leistungsfähigkeit, die sich in den Westexporten dokumentierten. Sie gehörten zum Selbstwertgefühl von Millionen Arbeiterinnen und Arbeitern, denen niemand die brutale Wahrheit sagte, dass sie auf dem Lohnniveau der Vierten Welt ausgebeutet wurden und dass sie in einem bankrotten Staat leben mussten.

So konnte sich auch die Legende bilden, dass die blühenden DDR-Unternehmen von der Treuhand plattgemacht wurden, um Konkurrenz zu verhindern. Sicher, die Treuhand war und ist kein Ruhmesblatt der deutschen Wiedervereinigung. Fast alles Negative, was über sie geschrieben wurde, stimmt. Da wurde betrogen, geplündert, abgesahnt, da wieherte der Amtsschimmel und blamierten sich Politiker. Kollegen wie Michael Jürgs haben darüber Bücher geschrieben, die ich hier nicht ergänzen muss.

Aber die Treuhand war nicht an den Zuständen in der DDR-Wirtschaft schuld. Sie war mit der Abwicklung dieses Erbes einfach überfordert. Wahrscheinlich wäre auch jede andere Organisation daran gescheitert. Denn die Vorgaben zur Auflösung des kommunistischen Experiments waren falsch: Die Fehleinschätzung der Leistungsfähigkeit der DDR, die politische Rücksichtnahme auf das Befinden ihrer Bewohner und die Selbstüberschätzung des Westens gaben der Region zwischen Werra und Oder den Rest.

Können Sie sich noch erinnern? Der fast in den demokratischen Himmel gehobene, später als Wahlfälscher verurteilte SED-Bezirksvorsitzende von Dresden Hans Modrow hatte die Treuhand noch gegründet und ging in der Eröffnungsbilanz von einem Wert von 630 Milliarden D-Mark Guthaben der Treuhand aus. Unter seiner kurzen Regentschaft als DDR-Ministerpräsident wurde die Parole ausgegeben, es müsse verhindert werden, dass die Westkapitalisten die Werte der DDR ausplünderten. Die Errungenschaften im Osten müssten gegen die Habgier des Westens verteidigt werden. Dankbar nahm dies die psychisch angeschlagene DDR auf. Viele, die vom Sozialismus mit menschlichem Antlitz träumten, wie der Wittenberger Pfarrer Friedrich Schorlemmer, glauben bis heute, dass der Zusammenbruch der DDR zu vermeiden gewesen wäre, dass die Massenarbeitslosigkeit eine Folge des Kapitalismus und, vielleicht noch schlimmer, des Neoliberalismus sei. Damit haben sie diese unausrottbare Legende geschaffen, der kaum je widersprochen wird. Sie verhindert, dass diejenigen, die Ostdeutschland ruiniert haben, für ihre wirtschaftlichen Verbrechen zur Verantwortung gezogen werden. Im Gegenteil: Dutzende Politiker, die dieses System mitgetragen haben, sitzen heute im Deutschen Bundestag in der ersten Reihe der SEDPDSLINKEN und wollen uns das ruinöse Konzept erneut schmackhaft machen. Dazu gehört die Parteivorsitzende Gesine Lötzsch, die Marxismus-Leninismus studiert hat, ebenso wie die Fraktionsvorsitzende der Linkspartei im Brandenburger Landtag Kerstin Kaiser.

630 Milliarden D-Mark Guthaben lautete die Eröffnungsbilanz der Treuhand, 230 Milliarden D-Mark Defizit die Abschlussbilanz. Hans Modrow und mit ihm die ahnungslose westdeut-

sche Politik hatten sich gerade mal um 860 Milliarden D-Mark verschätzt. Das ist aber für die politischen Schönfärber der katastrophalen Ostwirtschaft immer noch kein Grund, endlich Tacheles zu reden. Von den aus dem Westen importierten CDU-Ministerpräsidenten Bernhard Vogel (Thüringen) und Kurt Biedenkopf (Sachsen) bis hin zum DDR-Gewächs, dem SPD-Ministerpräsidenten Manfred Stolpe (Brandenburg), wurde immer betont, welch eine Leistung die Bürger ihres Landes vollbringen und dass das, was sie in ihrer Vergangenheit geschaffen haben, gewürdigt werden müsse.

Vor allem Kurt Biedenkopf hat in Sachsen bewiesen, dass er mit seiner landesväterlichen Art die Menschen in die neue Republik mitgenommen hat. Er hat ihnen ihren Stolz auf Sachsen zurückgegeben. Aber kaum war er weg, wächst die Linke in Sachsen, setzen sich die Parolen von der ehemals doch so leistungsfähigen DDR-Wirtschaft durch. Natürlich geben sie nicht zu, dass der Zusammenbruch des Ostens nicht die Schuld des Westens war. Und sie nutzen die diffuse Gefühlslage vieler Ex-DDR-Bürger, die Matthias Platzeck in einem *Spiegel*-Interview beschrieben hat: »Vielen Ostdeutschen wurde das Gefühl vermittelt, ihr ganzes vorheriges Leben sei sinnlos gewesen, sie müssten alles wegwerfen, es war alles Stasi und alles ideologieverseucht. (…) Aber soweit ich mich erinnere, sind wir nicht jeden Tag gebückt in unsere Betriebe gegangen.« Und: »Ich verlange Respekt.«

Ich empfinde viel Respekt davor, mit welcher Bereitschaft die Ostbürger ihr ganzes Leben umgekrempelt haben und bereit waren, in einer neuen Wirtschafts- und Gesellschaftsordnung mitzuarbeiten. Ich habe viel Respekt vor Menschen wie Joachim Gauck und auch dem einfachen Arbeiter, der sich nicht von der Stasi hat anwerben lassen. Aber ich habe keinen Respekt vor denen, die Ostdeutschland wirtschaftlich hingerichtet haben und jetzt dafür den Neoliberalismus, den Kapitalismus oder wen auch immer verantwortlich machen.

Vollbeschäftigung durch brutale Ausbeutung in einem abgeriegelten Staat: das Erfolgskonzept der DDR. Was soll daran vorbildlich sein? Umgerechnet auf die heutigen Währungsparitäten würde das Nettomonatseinkommen eines Arbeitnehmers 40 Euro betragen. Damit würden selbst die ärmsten Entwicklungsländer unterboten. Das ginge nur in einem Sklavenstaat.

Die 800 Ostmark Monatsnettoeinkommen wurden bar ausgezahlt. Die eigentlichen »sozialen Errungenschaften« der DDR aber lieferte der Staat. Diese direkten Zuwendungen für die Bevölkerung aus dem Staatshaushalt sind es, die 20 Jahre nach der Wiedervereinigung von den Illusionisten aller Parteien immer noch als vorbildlich gepriesen werden. Große Teile der Bevölkerung im Osten – und mittlerweile auch im Westen – sehen soziale Leistungen für alle aus dem Staatshaushalt als erstrebenswert an. Es sind die Subventionen für das Wohnungswesen, stabile, niedrige Preise für die Grundnahrungsmittel, niedrige Preise für die Tarife des Massenverkehrs und der Versorgung, das Bildungswesen, das Gesundheitswesen, die Kultur, den Sport, die Erholung usw.

Gerhard Schürer spricht in seinem Bericht von der zweiten Lohntüte – also nochmals Ausgaben pro Arbeitnehmer von mindestens 800 Ostmark. Hier wird das ganze Konzept des Bevormundungsstaates sichtbar: Die Bürger erhielten keinen anständigen Lohn für ihre Arbeit, sondern der Staat gab ihnen einen bestimmten Betrag, den er glaubte, nach Abzug aller Grundversorgungskosten, übrig zu haben.

Für die »Zweiraumwohnung« waren nur 40 Ostmark fällig. Die Energie war so billig, dass es in den Wohnungen noch nicht einmal Ventile gab, um die Heizung zu regeln. Bildung und Gesundheit gab es kostenlos. Jede Kleinstadt hatte ein Kulturhaus, in dem subventionierte Künstler das vortragen durften, was dem Staat diente. Weil niemand wusste, was das eigentlich alles kostete, basierte das ganze System auf purer Verschwendung. Es war billiger, Brot an ein Schwein zu verfüttern und es so zu mästen, als Schweinefleisch zu kaufen. Dafür mussten die DDR-Bewohner anmelden, wenn sie einmal eine Rinderroulade bei einem Familienfest servieren wollten. Gute Beziehungen waren dabei hilfreich.

Jeder DDR-Bewohner konnte sehen, wie verlogen und marode das ganze System war. Da konnten die Kleingärtner ihr Obst in der Kaufhalle zu einem vorher festgelegten Preis verkaufen, meist doppelt oder dreifach so hoch wie der Verbrauchspreis im Laden. Der Kleingärtner konnte also in der Kaufhalle seinen persönlichen Bedarf an Obst und Gemüse zu einem Bruchteil des Preises decken, den er gerade für seine Produkte erhalten hatte. Aber solange der Einzelne davon einen Vorteil hatte, machte er dieses Irrsinnsspiel eben mit.

Doch 20 Jahre nach der Wiedervereinigung ist dieses widersinnige Wirtschaften weitgehend in Vergessenheit geraten. Die Erwartungshaltung an den Staat hat im Osten nicht etwa abgenommen, sondern sie ist sogar im Westen gewachsen. Es ist doch eine zu schöne Illusion zu glauben, dass der Staat Leistungen erbringen kann, die nichts kosten. Es ist auch gar zu schön, wenn ich als Bürger nicht die Verantwortung für meine eigenen Ausgaben übernehmen muss, wenn ich über meine Verhältnisse lebe.

Die DDR hat über ihre Verhältnisse gelebt. Es ist eigentlich ein Treppenwitz der Geschichte: Da spiegelt eine kommunistische Diktatur ihren Bürgern soziale Errungenschaften vor, die sie mit Krediten aus dem kapitalistischen Ausland finanziert. Nach ihrem Zusammenbruch eifert jetzt der westliche Kreditgeber dem Osten nach und weitet diese Subventionsstrukturen aus. Das Geld dazu besorgt er sich auf den internationalen Finanzmärkten – genauso wie es einst die DDR gemacht hat. Die 16,5 Millionen DDR-Bewohner, für die diese »kostenlosen« Staatsleistungen zum Alltag gehörten, können wir nicht dafür verantwortlich machen, dass sie nicht begriffen, wie kaputt ihr Staat wirklich war. Den verantwortlichen Politikern im Westen muss der Vorwurf gemacht werden, dass sie nicht den Mut hatten, diese Staatswirtschaft gründlich zu beseitigen – oder haben sie es auch nicht besser gewusst?

Dem Kanzler der Einheit, Helmut Kohl, muss angelastet werden, dass – so großartig seine Leistung bei der politischen Wiedervereinigung auch war – seine von Machtpolitik bestimmten Entscheidungen in wirtschaftspolitischen Fragen grundsätzlich falsch waren. Es fehlte ihm die Grundüberzeugung der Wirkung der »Sozialen Marktwirtschaft«, so wie sie Ludwig Erhard 1948 gegen die Mehrheit der deutschen Elite durchgesetzt hat. »Kurzarbeit mit null Arbeitsstunden« war so eine Kohl'sche Erfindung, um die Menschen im Osten zu beruhigen. »Ich will nicht den Ludwig-Erhard-Preis gewinnen, sondern die Wahlen«, war ein von ihm postuliertes Credo. Eine verhängnisvolle Haltung mit langfristig negativen Folgen für Gesamtdeutschland. Kohl hat mitgeholfen, dass der Glaube sich unauslöschbar ins deutsche Bewusstsein eingepflanzt hat: Der fürsorgende Staat kann mehr leisten als eine für sich selbst verantwortliche Bürgerschaft.

Die Wiedervereinigung hat die »sozialen Errungenschaften« eines Sozialstaates für weite Teile der deutschen Bevölkerung als endgültiges Staatsziel gefestigt. Wir haben vom Zusammenbruch der DDR nicht gelernt, dass der Sozialismus keine Zukunft hat, sondern wir wollen, dass das »kostenlose« Bildungs- und Gesundheitswesen, die staatliche Förderung der Kultur, die staatliche Zucht von Spitzensportlern, und symbolische Niedrigpreise für die Versorgung mit Strom und Wasser, für Abfallentsorgung und Verkehr endlich auch in der Bundesrepublik Deutschland Wirklichkeit werden. Das ist das unverwüstliche geistige Erbe der DDR.

Das wirtschaftliche Erbe dagegen wird verdrängt. Ja, wir sind als Gesellschaft in der Bundesrepublik noch nicht einmal bereit, daraus Lehren zu ziehen, sondern lassen uns in die Staatsverschuldung treiben. Wir übernehmen die Irrlehre, dass der Staat auch nur irgendeine Leistung erbringen könne, ohne dass diese vorher vom Volk erwirtschaftet worden wäre. Das DDR-System war in sich wenigstens noch konsequent. Es hat den »Werktätigen« nicht erst hohe Löhne vorgegaukelt, die ihnen dann via Einkommenssteuer und direkten Steuern auf den Bedarf des täglichen Lebens wieder abgenommen wurden, sondern die DDR hat den Lebensstandard von Anfang an niedrig gehalten. Die Pleite dieses Systems wird, wie bereits beschrieben, bis heute in ihrer Dramatik weggeschwätzt. Die unverbesserlichen DDR-Gläubigen haben sich zu dem Schürer-Papier eine eigene Version zurechtgelegt. Klaus Blessing, ein kommunistischer Funktionär aus der DDR-Nomenklatura, hat sie 1993 in einer Schrift des Ostdeutschen Kuratoriums von Verbänden e.V., das sich den Kampf gegen die Benachteiligung Ostdeutscher auf sein rotes Fähnchen geschrieben hat, erklärt. Er schreibt, dass Schürer bewusst die Schulden der DDR übertrieben habe, damit die Milliarden aus Schalck-Golodkowskis Schattenreich unbemerkt in den Privatbesitz von einigen Ex-DDR-Insidern übergehen konnten.

Auch über eine andere Tatsache hängen die SED-Erben gerne den Mantel des Vergessens: Gerhard Schürer wurde im Januar 1990 aus der Partei ausgeschlossen, also zu den Zeiten, als Gregor Gysi und Hans Modrow zusammen mit Egon Krenz die neuen Führungsfiguren der SEDPDS waren, um zu retten, was nicht mehr zu retten war. Er wurde noch von der Staatsanwaltschaft der DDR wegen verbrecherischen Machtmissbrauchs angeklagt, was in der DDR mit dem Tode, mindestens aber mit lebenslangem Zuchthaus bestraft wurde. Schürer entzog sich dem Herrschaftsgebiet der Kommunisten in den Westen.

Im gleichen Zeitraum flüchtete auch Alexander Schalck-Golodkowski nach West-Berlin, weil er um sein Leben fürchtete. Der Mann, der politische Gefangene der DDR an den Westen verkaufte, den flächendeckenden Kunstraub im Osten organisiert hatte, um daraus Devisen für die DDR zu erwirtschaften, der Mann also, der an allen Verbrechen der DDR an entscheidender Stelle mitgewirkt hatte, bibberte jetzt vor Angst. Er kannte ja die Methoden seiner Kumpanen. Was er bei den Vernehmungen durch die westlichen Geheimdienste erzählt hat, wissen wir nicht. Das Meiste wird bis heute geheim gehalten, obwohl es für die Hintergründe des wirtschaftlichen Zusammenbruchs und damit auch des politischen Endes der DDR extrem aufschlussreich wäre.

So pleite die DDR war, so finanzstark waren die DDR-Parteien. Nie wurde ganz aufgeklärt, über welche verschlungenen Kanäle die Milliarden Westdevisen gewaschen und in die Taschen einiger Edelkommunisten und in das Vermögen der Nachfolgeparteien geschleust wurden. Sicher aber ist, dass der größte Nutznießer die sich in PDS umbenannte SED ist, nicht zuletzt durch das Geschick der Allzweckwaffe Gysi. Aber auch die CDU und FDP machten ihren Schnitt. Sie übernahmen unter anderem das Vermögen der Ost-CDU und der Ost-LDP. Daneben wurden auch die Nationalliberale Partei NLP und die Bauernpartei DBD beerbt. Der wirtschaftlich desaströse Wechselkurs von eins zu eins, den Kanzler Kohl aus politischen Gründen gegen alle Vernunft durchsetzte, hatte dadurch auch sehr angenehme Seiten für die Westparteien. Nur die SPD ging leer aus.

Die Wiedervereinigungspolitiker wollten und konnten die Liquidationsmasse der DDR nicht benennen. Sie warfen Nebelkerzen und verhinderten dadurch, dass die vollständige Bankrotterklärung der DDR in Zahlen manifestiert wurde. Doch während die DDR-Führung darüber stritt, ob sie zahlungsunfähig war, gab es eine mächtige Organisation, die über dieses aufgeblasene Kleindeutschland Bescheid wusste: der sowjetische Geheimdienst KGB. Und wenn der KGB im Bilde war, dann war es auch sein ehemaliger Chef Michail Gorbatschow, der es mittlerweile an die Spitze in der Sowjetunion geschafft hatte. Perestroika und Glasnost hießen seine Medizin, um den drohenden Zusammenbruch des Imperiums zu verhindern. Aber einige seiner Vasallen wollten da nicht mitspielen: die Altherrenriege in Ost-Berlin.

Die DDR hatte sich zu einem wirtschaftlicher Klotz am Bein der UdSSR entwickelt. Die Höhe der Auslandsschulden kannten die Sowjets genau. Die DDR war zu einem Zuschussgebiet mutiert. Längst vorbei die Zeiten, als die Sowjetunion durch Reparationszahlungen und Zwangslieferungen Ostdeutschland ausbeutete. Die DDR hing am Tropf der russischen Energielieferungen, für die im Westen mehr an Devisen zu erzielen gewesen wären. In der verhängnisvollen Plan- und Verbundwirtschaft des Rates für Gegenseitige Wirtschaftshilfe (RGW) war die Sowjetunion ein Nettozahler, alle anderen Oststaaten längst Subventionsempfänger. Und jetzt nölten die Greise um den störrischen Honecker auch noch an Gorbatschows Glasnost- und Perestroika-Politik herum und wagten sogar offene Kritik. Wie bei allen Kolonialmächten nach dem Zweiten Weltkrieg setzte sich auch in Moskau die Erkenntnis durch: Die Ausbeutung von Kolonien schlägt irgendwann in ein wirtschaftliches Minusgeschäft um. Und wie sich Briten und Franzosen aus Afrika und Asien zurückzogen, weil die Kolonien Milliarden Pfund und Franc kosteten, so verloren auch die Vernünftigen im Kreml die Lust am Ostblock.

Es geht mir wirklich nicht darum, den Mut und den Freiheitsdrang der Bürger in Ostdeutschland zu relativieren. Sie haben in Leipzig, Berlin, Plauen und Rostock ihr Leben riskiert, als sie skandierten: »Wir sind das Volk«, als sie von Bevormundung, Stacheldraht und Mauer endgültig die Schnauze voll hatten. Aber sie haben weder allein die Mauer zum Einsturz gebracht noch die Wiedervereinigung erzwungen. Krenz und seine Bande hätten keinen Augenblick gezögert, ein Blutbad anzurichten, wenn sie sich der Rückendeckung durch Moskau sicher gewesen wären. Seine Sympathien für die chinesische Lösung auf dem Tian'anmen Platz in Peking hatte Krenz ja nicht zurückgehalten. Doch die Führung im Moskauer Kreml hatte deutlich signalisiert, dass sie nicht intervenieren werde, die sowjetischen Panzer in den Kasernen bleiben würden und dass Krenz samt DDR-Führung für ein Blutbad und die Folgen selbst die Verantwortung übernehmen müssten. Da erst zuckten sie zurück, hatten wahrscheinlich auch Angst um ihr Leben. Die Quartiere für die Massenverhaftungen blieben leer.

Glauben wir wirklich, die Sowjetunion hätte eine wirtschaftlich kraftvolle DDR einfach aufgegeben? Nein, sie war ein kostspieliges Hindernis auf dem Weg zur sowjetischen Erneuerung. Die DDR war dank ihrer wirtschaftlich desaströsen Lage zu einem Handelsobjekt zwischen der Bundesrepublik und Moskau verkommen.

In seinen Memoiren regt sich Karriere-Kommunist Hans Modrow darüber auf, dass Helmut Kohl ihn kalt habe abblitzen lassen, als er um einen Milliardenkredit gebeten habe. Er hätte sich ja auch erkenntlich gezeigt. Im Schürer-Papier von Oktober 1989 steht, wie sich die ostdeutschen Kommunisten wieder mithilfe von Westgeld Luft verschaffen wollten: Gegen entsprechend Bares wäre die DDR bereit zu prüfen, ob sich die Hauptstadt der DDR und Berlin (West) um die gemeinsame Durchführung der Olympischen Spiele im Jahre 2004 bewerben sollten. Ein Stückchen Zucker für die westdeutschen Politiker – und schon fließen wieder Milliarden.

In der Vergangenheit war es der DDR ja tatsächlich gelungen, mit solchen »Erleichterungen« den Westen immer wieder zu beachtlichen Zahlungen zu bewegen. Doch 1989 war das Spiel aus. Michail Gorbatschow hatte erkannt, dass er die DDR verkaufen konnte und dass dadurch Geld in die Sowjetunion fließen würde. Warum sollte er da noch zögern und der ungeliebten DDR helfen? Die Endabrechung mit der Sowjetunion ist nirgends klar definiert und nachzulesen. Aber weit über 100 Milliarden D-Mark waren es bestimmt, die wir nach Moskau für den Truppenabzug, die Übernahme des radioaktiv verseuchten Uranbergbaus in der DDR und für alle möglichen DDR-Verbindlichkeiten überwiesen haben. Gut angelegtes Geld: Denn es hat 16,5 Millionen Menschen die Freiheit gebracht, auch wenn viele davon diese noch nicht ganz genießen können, sondern immer noch vom Staat gegängelt werden wollen.

Im Jagdrevier der Bonzen in der Schorfheide hat mir nach der Wende ein Förster diese passive Erwartungshaltung der DDR-Bürger an einem Beispiel zu verdeutlichen versucht: »Unter Honecker«, beschrieb er die Situation, »ging es uns wie dem Rotwild hier in der Schorfheide. Die Tiere waren in einem kleinen, überschaubaren Revier eingesperrt. Kam Honecker mit seinen Gästen zum Jagen, wurde der Zaun geöffnet, und das Rotwild lief den Staatsjägern direkt vor die Flinte. Dann kam die Wiedervereinigung. Der Zaun wurde abgebaut, das Rotwild kann jetzt in der ganzen Schorfheide herumlaufen. Aber das tut es nicht. Es ist an sein enges Revier gewöhnt, wo es sein Fressen serviert bekam, wo es sich auskennt. Kommen jetzt Jäger, brauchen sie nicht nächtelang auf dem Hochsitz zu warten. Das Rotwild steht bereit zum Abschuss. Und so geht es uns auch: Wir waren an unsere kleine, eingezäunte Welt gewöhnt. Jetzt ist der Zaun weg, aber wir setzen uns nicht in die Freiheit ab. Wir warten auf unsere Versorgung durch den Staat, so wie wir es immer gewöhnt waren.«

Es ist über 20 Jahre her, dass mir dieser Vergleich die Bewusstseinslage vieler Ostdeutscher deutlich machen sollte. Ich würde die Geschichte gerne ergänzen: Die Jäger, die jetzt so problemlos die Beute erlegen, sind die »Linken« mit ihren staatsgläubigen Parolen. Da die Bevölkerung mit einem Wohlfahrtsprogramm weiter versorgt wurde, ist es ein Leichtes für die Linken, die Menschen dort abzuholen, wo sie der Westen 1990 hat stehen lassen. Er hat ihnen die D-Mark gebracht, aber nicht erklärt, welche Kräfte eine freie Gesellschaft entfalten kann.

Die Geschichte ist doch viel heroischer und romantischer, wenn die Fiktion aufrechterhalten wird, die DDR sei zusammengebrochen, weil sich die Bürger erhoben haben, um für die Freiheit zu kämpfen. Wie gesagt, nichts liegt mir ferner, als diesen Mut zu schmälern. Die Massendemonstrationen haben es der sowjetischen Führung um Michail Gorbatschow sicher leichter gemacht, die DDR aufzugeben und der Wiedervereinigung zuzustimmen. Moskau hat damit viel latenten Hass auf Russland in Deutschland und Osteuropa abbauen können und den Ausbruch von gewalttätigen Revolutionen verhindert, wie wir sie in Lettland und Litauen leider erleben mussten. Im Gegenteil, die schnelle Zustimmung zur Wiedervereinigung hat den Boden für eine wirtschaftliche Zusammenarbeit eröffnet, die von Vertrauen und sogar von Freundschaft geprägt wird. Moskau hat fast alles richtig gemacht.

Bonn und Berlin dagegen haben viel falsch gemacht, sonst könnte das Leben in der DDR nach mehr als 20 Jahren nicht so verklärt werden und eine Partei wie Die Linke ganze Wahlkreise erobern. Sicher, die dauerhafte Massenarbeitslosigkeit im Osten ist für die Wirtschaftsverfassung, wie sie in den neuen Bundesländern praktiziert wird, kein Ruhmesblatt. Sie war aber nicht geprägt von einer Marktwirtschaft, die den Namen verdient, sondern von einer »verregelten« Bürokratenwirtschaft, wie sie sich im Westen im Laufe der Jahrzehnte verfestigt hat. Klare Ansagen wie: »Dieser Teil Deutschlands wurde von einem Regime für Jahrzehnte zerstört«, gehörten nicht zum Repertoire der westdeutschen Politiker, die weitgehend das Kommando übernahmen. Dafür wurden die Milliarden des Solidarpakts als Watte genutzt.

20. VOM LEBEN UND WIRTSCHAFTEN IM OSTEN

Es lohnt sich, die Szenen anzuschauen, die wir damals in den neuen Bundesländern für diverse Sendungen produzierten. Fast alle Innenstädte waren kurz vor dem Zusammenkrachen.

Ruinen wie nach einem Bombenangriff und ungepflegte Plattensiedlungen. In einigen Städten, so zum Beispiel in Stendal, hatten die SED-Verantwortlichen schon mit dem Abriss der Altstädte angefangen. Die bürgerliche Vergangenheit sollte ausgerottet werden und eine breite Straße mit Hochhäusern die ehemalige Hansestadt ersetzen. Stendal wurde gerettet. Bei der Bundestagswahl 2009 erzielten die Linken 22,64 Prozent. An diesem Beispiel lässt sich vielleicht erklären, was falsch lief, nicht nur in Stendal, sondern überall im Osten.

In der Stadt in der Altmark lebten vor dem Krieg etwa 36 000 Einwohner. Das ist ungefähr die Einwohnerzahl, die eine wirtschaftliche Basis in dieser Region finden kann. Im Deutschen Reich war Stendal einer der wichtigsten Eisenbahnknoten. Zu DDR-Zeiten beschlagnahmten die Sowjets die bürgerlichen Viertel und das Kasernengelände. Der Militärstützpunkt wurde ausgebaut, eine MIG-Staffel der Sowjets hier stationiert, sodass etwa 40 000 Sowjetsoldaten in und um Stendal lebten. In den Achtzigerjahren wurde Stendal als Standort für zwei Atomkraftwerke festgelegt, und für die Bauarbeiter weitere Plattensiedlungen gebaut. Die deutsche Einwohnerschaft stieg auf über 50 000 an. Der Fußballverein Lokomotive Stendal spielte meistens in der Oberliga der DDR.

Die Wende kam: Die 40 000 Sowjets zogen ab und hinterließen ein verseuchtes Militärgelände mit einer überdimensionierten Kaserne. Der Flughafen wurde geschlossen. Eine der ersten Entscheidungen der Bundesregierung war, die Atomkraftwerkspläne der DDR sofort einzukassieren. 10 000 Arbeiter in Stendal verloren ihren Job. Die Plattenbauten entvölkerten sich. Zwar wurden sehr schnell 20 Millionen D-Mark aus einem der vielen Programme für Ostdeutschland für die Verschönerung der Plattensiedlungen ausgegeben, doch schon 1999 war ein Leerstand von 20 Prozent zu beklagen. Dabei sind die immer noch teilweise ruinenartigen Häuser in der Innenstadt nicht mitgezählt.

Ob es aus Absicht oder aus Dummheit geschah, könnten nur

die beteiligten Minister der Kohl-Regierung erklären: Aber die weitgehend wertlosen Plattenwohnungen im Osten verwandelten sich in Goldesel für die Banken. Kurz vor dem Ende der DDR wurden die Finanzierungen der Platten in Kredite bei der DDR-Staatsbank umgewandelt. Danach kam die Währungsumstellung eins zu eins, und plötzlich hatten die Plattensiedlungen einen Wert von 53 Milliarden Westmark. Davon übernahm die Bundesregierung großzügig 28 Milliarden, 25 Milliarden blieben bei den genossenschaftlichen Wohnungsbaugesellschaften. Die mussten dafür Zinsen zahlen.

Mit Helmut Swillems, dem damaligen Geschäftsführer der Stendaler Wohnungsbaugesellschaft, ging ich 1999 durch die Südstadt. Wie bei einer Selektion fällte er die voraussichtlichen Todesurteile. Je nach Belegungs- und Renovierungsgrad senkte er den Daumen über einen der Plattenwohnblocks. Doch was immer er auch noch entschied: Seiner städtischen Wohnungsbaugesellschaft war nicht mehr zu helfen. Durch die wunderbare Geldschöpfung aus dem Nichts war in den Büchern für sein Unternehmen eine Bilanzsumme von 300 Millionen Mark eingetragen. Denen standen Verbindlichkeiten von 165 Millionen Mark gegenüber. Aber der Marktwert seiner Wohnungsbaugesellschaft lag bei einer Mark – wenn sie denn überhaupt einer haben wollte.

Diese Rechnung konnte und kann in fast jeder ostdeutschen Stadt aufgemacht werden. Statt für die ostdeutschen Verhältnisse einen Wohnungsmarkt zu schaffen, wurden durch Bilanzakrobatik und Währungsumrechnungen Werte geschaffen, für die Zinsen fällig wurden, die die finanzierenden Banken einstecken konnten.

So sehr die DDR-Bewohner auch an ihren Platten hingen, unsaniert und in Massen im Angebot wäre ihr Marktwert bei einer Zweiraumwohnung kaum über 10 000 Mark gestiegen. Wahrscheinlich hätten viele verschenkt werden müssen. Statt sie erst mit Milliarden zu sanieren, wären sie gleich abgerissen

worden – wegen mangelnder Nachfrage. Der Wohnungsbauminister von Sachsen-Anhalt war 1999 Jürgen Heyer von der
SPD. Auf die Frage, warum er nicht durch den Abriss dafür sorge, dass ein Markt entstehe, meinte der Nordrhein-Westfale, er
sei Wohnungsbauminister und nicht Abrissminister. Übrigens:
Auch 2011 ist der Wohnungsüberhang in Stendal immer noch
nicht beseitigt. In der Südstadt stehen immer noch Platten, die
zum Teil bewohnt werden, weil die sanierten Wohnungen mit
subventionierten Mieten unschlagbar billig sind. In der Innenstadt geht daher die Renovierung der alten Bürgerhäuser nur
schleppend voran.

Jetzt ist Klaus Schmotz, der von der CDU vorgeschlagen wurde, Bürgermeister der Stadt. Nur 34 Prozent der Stendaler sind
überhaupt zur Wahl gegangen, die klare Mehrheit (68,4 Prozent) von ihnen hat ihn gewählt. Dieses Beispiel zeigt, wie sehr
die CDU die christliche Tugend der Vergebung praktiziert.
Schmotz war in seinem ersten Leben im DDR-Ministerium für
Verteidigung als Oberoffizier für Finanzökonomie im Stab des
Grenzkommandos Nord tätig. Seine Aufgabe: die finanzielle Sicherstellung aller befehlsmilitärischen Aufgaben. Das heißt, er
war zuständig für die »Wartung von Selbstschussanlagen«.

Nicht weit von der Altmark liegt in Brandenburg die Prignitz.
Dort lernte ich 2005 Henry Köncke kennen, ein einfacher Bauarbeiter, damals 45 Jahre alt. Er bezog Hartz IV und wollte davon unbedingt weg. Sein Ziel: eine Forellenzucht. Köncke ist
für mich das Musterbeispiel dafür, wie die Politiker aller Partei-
en versagten, als es darum ging, den Menschen in Ostdeutschland die Vorteile der Marktwirtschaft angedeihen zu lassen.
Hier wollte ein gutmütiger, fleißiger Mann eine Idee umsetzen,
sich selbstständig machen, sich dem Markt aussetzen. Als ich
ihn 2009 nach der Bundestagswahl wieder traf, erzählte er mir,
dass er diesmal die »Linken« gewählt habe – jetzt habe er alle
mal durchprobiert.

Henry Köncke arbeitete in der Baugenossenschaft von Pritzwalk bis zum Ende der DDR. Nebenbei baute er für sich, seine Frau und seine beiden Söhne ein Einfamilienhaus. Er fühlte sich unterfordert und bevormundet, war sicher, dass er in einer Marktwirtschaft, so wie er sie vom Westfernsehen kannte, weiterkommen würde. Aber auf die Idee wegzuziehen kam er nie. Köncke versuchte, das Beste aus seiner Situation zu machen, so wie viele Millionen andere Menschen im Osten auch. Mit der Wende wurde sein Arbeitgeber abgewickelt. Zusammen mit einigen Kollegen übernahm er als Miteigentümer die Baugenossenschaft und hoffte auf bessere Zeiten. Dank des Bau-Booms Anfang der Neunzigerjahre hatte der Betrieb gut zu tun. Weder Köncke noch seine Kollegen konnten ahnen, dass sie nur wegen der hohen Steuersubventionen so viele Aufträge hatten. Der künstlich aufgeblähte Bauboom erreichte mit dem Auslaufen der Steuervergünstigungen ein jähes Ende, und das große Sterben der ostdeutschen Bauindustrie riss auch sein Unternehmen in den Abgrund. Könckes lange Karriere als Arbeitsloser begann. Es wechselten sich Phasen ab, in denen er Arbeitslosenunterstützung bekam, dann wurde er zur Weiterbildung eingeteilt, danach kamen Arbeitsbeschaffungsmaßnahmen – die berüchtigten ABM – und dann ging alles wieder von vorne los. Nichts brachte ihn weiter, er wurde recycelt. Mal tauchte er in den Statistiken als Arbeitsloser auf, mal nicht, weil er wieder in irgendeiner Maßnahme steckte. Da er aber ein optimistischer Mann ist, der daran glaubt, sich selbst helfen zu können, suchte er nach einer Perspektive.

Er kannte seine Region sehr genau, jedes Feld, jeden Bachlauf. Er hatte miterlebt, wie die Bauern in Landwirtschaftliche Produktionsgenossenschaften (LPG) gezwungen wurden. Er wusste, was früher angebaut worden war, was die LPG daraus gemacht hatten und was jetzt nach der Wende mit den Grundstücken passierte. In seinem Geburtsort Krumbeck hatte er als Junge oft an einem Bach gespielt – glasklar, voller Fische. So kam Köncke die Idee, dort eine Forellenzucht aufzuziehen mit der Möglichkeit, dass Freizeitangler ihre eigenen Fische fangen könnten und mit einer Räucherei, die er selbst betreiben wollte. 2005 steckte er gerade in einem Ein-Euro-Job, wurde also wieder einmal aus der Arbeitslosenstatistik herausrecycelt. Das bedeutete: Straßenkehren und Verschönerungsarbeiten in Pritzwalk. Parallel dazu besuchte er einen Kurs der Industrie- und Handelskammer Potsdam, in dem Arbeitslose auf ihre Selbstständigkeit vorbereitet wurden. Mithilfe der Kursleiterin stellte er einen Businessplan für seine Forellenzuchtanlage auf. Dieser ergab bei ungünstigem Verlauf nach Abzug aller Kosten für Köncke einen Gewinn von 900 Euro im Monat. Damit wäre er hoch zufrieden, denn endlich wären Hartz IV und die demütigenden Ein-Euro-Jobs Vergangenheit. Da seine Frau einen Halbtagsjob in der Region hatte, wollte er sich in seiner Heimat mit voller Kraft seiner Forellenzucht widmen. In Tanks im Keller seines Hauses fütterte er schon Regenbogenforellen aus einer dänischen Zucht, die mittlerweile 16 Zentimeter lang waren. Aber: Den Ein-Euro-Job durfte er nicht abbrechen, sonst hätte er auch keinen Zuschuss mehr für seine Weiterbildung bekommen. Die aber wiederum musste er nachweisen, damit er später in irgendeines der vielen Förderprogramme aufgenommen werden konnte.

Dennoch kommt er nicht voran. Das Flurstück 153 in Krumbeck, das er kaufen will, gehört jetzt einer Nachfolgegesellschaft der Treuhand, der Bodenverwertungs- und -verwaltungsgesellschaft BVVG, die das gesamte Gelände um Könckes Grundstück bereits an ein Agrarunternehmen aus Bayern verpachtet hat. Köncke aber bräuchte einen Zugang zu dem Flurstück 153. Die Bayern wären auch bereit, ihm ein Wegerecht einzuräumen, aber das können sie erst, wenn ihnen das Gelände gehört. Da tut sich aber gar nichts. Die Treuhand-Nachfolgegesellschaft BVVG kann das Gelände nicht mehr wie geplant schnell verkaufen, weil der Bundesminister für Finanzen einen Erlass veröffentlicht hat, dass keine Flächen mehr in den neuen Ländern, die land- oder forstwirtschaftlich genutzt werden, zum Verkehrswert verkauft werden dürfen. Ich fragte in Berlin nach, warum die schwarz-rote Regierung einen solch unverständlichen Erlass erfindet. Noch zu rot-grünen Zeiten sei den Naturschutzverbänden ein Vorkaufsrecht für alle landwirtschaftlichen Nutzflächen zugesagt worden. An diese Abmachung fühlten sich die Schwarz-Roten gebunden, lautete die Antwort.

Die Forellen in Könckes Keller sind mittlerweile auf 20 Zentimeter angewachsen, als ihm eine alte Katasterkarte in die Hände fällt. Auf ihr ist ein öffentlicher Weg von der Straße zu seinem Flurstück Nr. 153 eingezeichnet. Doch nach dem Hin und Her der Enteignungen durch den DDR-Staat und die Reprivatisierung an die Treuhand war der Weg verschwunden. Ohne Weg aber kann er nicht mit dem Ausbaggern des Teichs beginnen, und ohne den Teich kann er die Forellen aus seinem Keller nicht aussetzen.

Und schon droht neues Unheil: Zu DDR-Zeiten wurden die Flächen entlang des Bachlaufs als Weide genutzt. Damit die Kühe aber das Ufer nicht zertrampelten, wurde es mit Pflöcken aus Erlenholz und Stacheldraht geschützt. Das war jetzt 30 Jahre her. Die Erlenpflöcke erwiesen sich als sehr anpassungsfähig. Sie schlugen wieder aus, bildeten Wurzeln und Äste und wuchsen zu kräftigen Bäumen heran. Nur der Stacheldraht, der sich durch die Stämme von Baum zu Baum zog, erinnerte noch daran, dass sie eigentlich Zaunpfähle waren. Nun gibt es in Deutschland ein Gesetz, das alle Erlenufer unter Schutz stellt. Damit war Könckes Traum eigentlich geplatzt.

Aber dieses Mal hatte das Landratsamt in Perleberg ein Einsehen, und so trafen sich die zuständigen Behördenleiter, immerhin drei an der Zahl, und begutachteten die Stacheldrahterlen. Sie kamen zu einem weisen Schluss: Köncke darf die ehemaligen Zaunpfähle absägen und muss dafür an anderer Stelle dreimal so viel Erlen pflanzen, was ihn 658 Euro kostet. Für einen

Ein-Euro-Jobber eine Menge Geld. Darüber sind wieder Monate vergangen. Die Forellen im Keller haben 26 Zentimeter Länge erreicht. Der Fischteich muss jetzt dringend ausgebaggert werden. Denn um sein Gewerbe überhaupt anmelden zu können, braucht er den Fischereischein B. Diesen erhält er aber nur, wenn die Teiche ausgebaggert sind. Erinnerungen an den Schuster Voigt aus Köpenick werden wach: Wohnsitz kriegt er nur, wenn er Arbeit hat, Arbeit kriegt er nur, wenn er einen Wohnsitz hat. Als Hauptmann von Köpenick ist er in die Literaturgeschichte eingegangen. Das hat aber in deutschen Amtsstuben noch keine Veränderungen bewirkt.

Zugegeben, in Krumbeck geht es nur um einen Teich für die Forellen, aber es geht auch um einen Menschen, der aus der Arbeitslosigkeit herauswill und durchaus in der Lage wäre, sich selbst zu helfen, wenn die Bürokratie ihn nicht mehr daran hindern würde. Köncke verdankt die großzügige Ermessensentscheidung zur Überwindung dieser Hürde nicht zuletzt dem für Fische zuständigen Amtsveterinär des Landkreises, der das Leben in der neuen Bundesrepublik als einen einzigen Hürdenlauf durch Paragrafen empfindet. »1800 EU-Verordnungen muss ich einhalten – nur im Veterinäramt«, stöhnt er und dann beklagt er sich, dass das Land Brandenburg alles mit weiteren Bestimmungen und Ergänzungen noch schlimmer mache.

Mit diesem Vorwurf mache ich mich auf nach Potsdam zur Landesregierung. Diese sieht das natürlich alles ganz anders. Es gibt im Wirtschaftsministerium eine »Richtlinie zur Förderung der integrierten ländlichen Entwicklung«. Diese besagt: »Kooperationsvorhaben im ländlichen Raum zur Einkommensdiversifizierung oder Schaffung zusätzlicher Beschäftigungsmöglichkeiten können bezuschusst werden.« Das ist nur eine der unendlich vielen Fördermöglichkeiten, die Brandenburg bietet. Es sind so viele, die so umfangreich und kompliziert sind, dass es sogar eigene Förderrichtlinienberater gibt. Köncke wird auch Geld aus einem der vielen Töpfe bekommen. Aber ihm wäre mehr geholfen, wenn er zügig seine Forellenzucht auf- und ausbauen könnte.

Im Jahr 2010 schwimmen zwar seine Forellen im Teich, er verkauft sie auch frisch und geräuchert, nur die für die Finanzierung des Gesamtvorhabens wichtigen Freizeitangler darf er immer noch nicht an den Teich lassen. Denn dafür fehlt ein vorgeschriebenes Schutzhaus. Das darf er aber nicht bauen, weil da noch zwei Erlen im Weg stehen.

Die Politiker fordern, dass endlich Vorrang habe müsse, was Arbeit schafft. Alle Parteien wollen das, aber keine setzt es um. Wieso wundern sie sich dann, dass sie niemand mehr ernst nimmt, dass sie ihre Glaubwürdigkeit verloren haben? Sie schaffen neue Wirtschaftsförderungsprogramme, mehr als sie selbst noch überblicken, sie schaffen neue Gesetze, eine nicht abreißende Flut von Verordnungen. Dabei wäre das beste Arbeitsbeschaffungsprogramm ein massiver Abbau von Bestimmungen und Gesetzen, zumindest aber eine Überprüfung, ob eine neue Verordnung die Entstehung von Arbeitsplätzen behindert oder sogar Arbeitsplätze vernichtet. Doch dann müssten die Parteien, je nach ihrer ideologischen Vorprägung, ihre Finanziers aus den Lobbyverbänden beschneiden – und das wollen sie nicht.

Könckes Schicksal ist leider kein Einzelfall. Der Staat hat sich eine Machtbasis geschaffen, mit der er alle wirtschaftlichen und kulturellen Aktivitäten bestimmen und kontrollieren kann. Und das ist das Schizophrene an dieser Situation: Auf der einen Seite wird der Staat als Garant für das Gemeinwohl gesehen und gestärkt, auf der anderen Seite laufen die Bürger Sturm gegen die Entscheidungen, die ihm die Bürokratie im Auftrag des Staates oktroyiert.

In der kleinen ostbrandenburgischen Gemeinde Neuhardenberg mit rund 2700 Einwohnern wird dieser Widerspruch deutlich. Hier lebte der preußische Staatsmann Karl August von Hardenberg, der zusammen mit dem Freiherrn vom Stein durch freiheitliche Reformen mithalf, Preußen zur führenden

Macht in Deutschland aufsteigen zu lassen. Sein Schloss wurde nach der Wende von dem Verband der Sparkassen renoviert und zu einem Schulungszentrum ausgebaut. Oberflächlich betrachtet sieht Neuhardenberg aus, als sei hier die Landschaft erblüht. Bei genauerem Hinsehen aber wirken Teile der Gemeinde wie ausgestorben – eine Geisterstadt.

Die Nationalsozialisten bauten hier in den Märkischen Sand einen geheimen Flugplatz und testeten die ersten Raketentriebwerke. Mit der Machtübernahme durch die Kommunisten wurde der Ort zu einer sozialistischen Mustersiedlung umgestaltet. Die Hardenbergs mussten fliehen, ihre Güter wurden in eine LPG umgewandelt. Und der Ort bekam einen neuen Namen: aus Neuhardenberg wurde Marxwalde. Den Flughafen der Nazis übernahm die NVA, die Nationale Volksarmee. Eine Jagdfliegerstaffel und ebenso die Regierungsstaffel wurden hier stationiert. Direkt nach der Wende landeten in Neuhardenberg die Maschinen mit Westbeamten aus Bonn. Der Flugplatz besaß sämtliche Einrichtungen, die einen Tag- und Nachtflug ermöglichten. Eine besonders dicke Betondecke schützte die unterirdischen Kommandoleitungen. Der Flughafen war so etwas wie eine Garantie gegen die Verelendung der Region. Nachdem ihn die Bundeswehr aufgab, wurde er privatisiert. Darin sah die Bevölkerung erst einmal eine Riesenchance.

Doch dann kam alles ganz anders. Die private Flughafengesellschaft verhandelte mit der irischen Billigfluggesellschaft Ryanair, die großes Interesse signalisierte, denn sie wollte von Neuhardenberg ein Liniennetz zu osteuropäischen Zielen aufbauen, damit die neuen EU-Bürger preiswert nach Berlin fliegen könnten. Vor allem war das Unternehmen an einem privaten Flughafen interessiert, weil es dann nicht mit den Subventionsbestimmungen der EU zu kämpfen hätte. In der ersten Entwicklungsphase wären 600 Arbeitsplätze entstanden. Der private Investor war sich seiner Sache ziemlich sicher, denn er brauchte keine staatliche Unterstützung. Ryanair hatte Kontakt zu einer irischen Bank hergestellt, die die Investitionen finanziert hätte, für die Ryanair bürgen wollte. Das Verteidigungsministerium half, indem es die Einflugschneisen, die sehr nahe an der polnischen Grenze liegen, für die zivile Nutzung freigab. Aber dann kam doch das Aus: Die rot-schwarze Regierungskoalition in Potsdam entschied, dass sie für Neuhardenberg keine zivile Linienflugnutzung zulassen werde, weil sie alle Fluglinien auf den noch zu bauenden Flughafen Berlin-Schönefeld konzentrieren wolle. SPD und CDU ließen die Neuhardenberger eiskalt abblitzen.

Die Bürger kämpften mittlerweile um ihre Existenz: Knapp 1000 Einwohner hatten den Ort verlassen, weil sie keine Perspektive für sich sahen. Vom Abschlussjahrgang 2004 zum Beispiel mit 56 Schülern waren nur noch zehn im Ort geblieben. Der Rest war über die ganze Republik verstreut. Der Jugendclub wurde kaum noch genutzt. Das Wohngebiet am Rande des Flughafens stand leer und verwahrloste. Normalerweise hilft der Bund Gemeinden mit Zahlungen, wenn sie unter dem Verlust militärischer Einrichtungen leiden. Doch der Bund hilft nur, wenn die Gemeinde einen entsprechenden Eigenanteil aufbringt. Neuhardenberg als arme Gemeinde konnte den Eigenanteil von damals 800 000 Mark nicht aufbringen, also ging die Kommune leer aus.

Je unnachgiebiger sich die Landesregierung zeigte, umso näher rückten die Neuhardenberger zusammen. Über 10 000 Unterschriften sammelten sie im Ort und der Umgebung bei Bürgern, die sich für einen Flugbetrieb aussprachen. Besonders aktiv die Jugendlichen, die darauf hofften, in ihrer Heimat eine Arbeit zu finden. Doch SPD und CDU blieben bei ihrem Verbot. Sie hätten nichts anderes tun müssen, als Eigeninitiative zuzulassen. So etwas konnte sich der CDU-Wirtschaftsminister und ehemalige DDR-Funktionär Ulrich Junghans genauso wenig vorstellen wie SPD-Ministerpräsident Matthias Platzeck. Von der FDP und den Grünen ließ sich in Neuhardenberg niemand blicken. Die einen, weil sie in Ostbrandenburg so gut wie nicht existent sind, und die anderen, die Grünen, weil sie aus Prinzip gegen Flughäfen und Billigflieger sind.

Die Bürgerinitiative kämpft unverdrossen weiter um ihren Flugplatz, der für sie noch immer die letzte Hoffnung ist, Arbeitsplätze in der Region zu schaffen. Vorneweg: Bürgermeister Mario Eska, früher PDS und jetzt Mitglied der Linken. Der Sprecher der Bürgerinitiative »Pro Flughafen«, auch ein Linker, meinte: »Das Land müsste einfach danach schauen, wo sind Investoren vorhanden und nicht danach schauen, wo haben wir gefördert und was wollen wir künstlich zum Erfolg vorantreiben.« Wenn doch wenigstens die bürgerlichen Parteien zu solch einer Erkenntnis fähig wären! So aber entsteht die pikante Situation, dass die PDS massiv für einen privaten Flughafen kämpft, während die Parteien, die das Wort »Soziale Marktwirtschaft« strapazieren, sich nur für einen vom Staat betriebenen Flughafen einsetzen, indem sie jeden Wettbewerber verbieten. Das hat Folgen: Bei der letzten Kommunalwahl 2009 errang die PDS-LINKE neun Sitze, die SPD zwei und die CDU einen.

Die private Flughafengesellschaft meldete Insolvenz an, nachdem Ryanair von der ewigen Verzögerung die Nase voll hatte und Neuhardenberg als möglichen Knotenpunkt von der Wunschliste strich. Mittlerweile kämpft die nächste Gesellschaft, eine Firma aus Dänemark, darum, die exzellenten Bedingungen doch noch nutzen zu können. Aber das wird wohl auch nichts: In Brandenburg sind Investoren und Initiativen nur gelitten, wenn sie sich der Landesregierung unterordnen. Der Staat will einteilen und zuteilen – die Kontrolle behalten.

Der Flughafen hätte in Neuhardenberg sicher großes Potenzial gehabt und hätte, wenn er nicht von der eigenen Landesregierung in die Pleite getrieben worden wäre, mittlerweile mehr als tausend Arbeitsplätze geschaffen. Aber leider ist Neuhardenberg eine einzige Realsatire – und leider zahlen die Menschen der Region den Preis.

Mit Bürgermeister Mario Eska fahre ich auf der Bundesstraße 167 in Richtung Ortseingang. »Da, auf diesem Grundstück, wollte ein örtlicher Autohändler sein Geschäftsfeld erweitern«, Eska zeigt auf einen Hof voller Gerümpel. »Zehn Mitarbeiter wollte er für den Gebrauchtwagenhandel einstellen. Da ist natürlich ein Bedarf für Werbung. Doch die hat ihm die Untere Denkmalbehörde verboten, weil es sich in Neuhardenberg um einen denkmalgeschützten Bereich handelt.« Doch was man im Vorbeifahren sieht, ist eine Mischung aus Reklameschildern und unverputzten Häusern. Erst viel später kommt ein Hinweisschild auf das Schloss Neuhardenberg – aber das ist immer noch nicht zu sehen, da es hinter einer Kurve liegt. Doch das reichte den Bürokraten, um wirtschaftliche Entwicklung zu verbieten.

Es geht weiter, wir biegen in eine Seitenstraße ab, wo es einen örtlichen REWE-Markt gibt. Wann immer es die Gesetze erlauben, hält der Besitzer seinen Laden offen. Die Kaufkraft der Region ist gering, und so kämpft er um jeden Kunden, um jeden Euro Umsatz, um seine zehn Arbeitsplätze halten zu können – aber das wird ihm fast unmöglich gemacht. Er zeigt an einem Sonntag auf seinen leeren Parkplatz: »Meine Kunden sind in Polen. Da kann man jeden Tag von 7 bis 22 Uhr einkaufen, auch sonntags, und ich darf hier nur von 7 bis 10 Uhr Schrippen verkaufen und von 10 bis 12 Uhr Blumen. Das war es dann.« Rund 20 Kilometer weiter im katholischen Polen sind die Läden offen und machen mit deutschen Kunden Umsatz in den Filialen deutscher Einzelhandelskonzerne. So schaffen unsere Gesetze Arbeitsplätze – in Polen, und verhindern Arbeitsplätze in Deutschland.

Die Satire von Neuhardenberg treibt ihrem Höhepunkt entgegen. Fünf Kilometer von der Gemeinde entfernt liegt das Schloss Wulkow. Zu DDR-Zeiten völlig heruntergekommen, hat ein Investor aus Westfalen eine Million Euro in das marode Anwesen gesteckt und es als Hotel hergerichtet. Das Geschäft blüht. Die Hoteliersfamilie Hesselhaus hat sich auf Hochzeitsgesellschaften spezialisiert und ist das ganze Jahr über an Wochenenden ausgebucht. 30 Festangestellte haben dadurch einen sicheren Job gefunden. Der Clou der Hochzeitsfeiern: Die Paare werden direkt im Schloss getraut, wobei ein staatlicher Standesbeamter der Amtsgemeinde Neuhardenberg nach Wulkow kommt. Das ging einige Zeit gut, bis die Amtsgemeinde einen Beamten schickte, der die Hochzeiten auf Schloss Wulkow unterbinden wollte. Seine Begründung: Die Standesbeamten seien überlastet, weil sie an jedem Wochenende Dienst hätten und das sei unzumutbar.

Die Hoteliersfrau war entsetzt: »Aber dann verlieren 30 Mitarbeiter ihre Arbeitsplätze!« Das würde an seiner Entscheidung nichts ändern, beschied ihr die Amtsperson. Darauf könne man keine Rücksicht nehmen. Das Hotel müsste sich eben andere Gäste besorgen. Dieser Angriff auf ein blühendes Investment konnte mithilfe persönlicher Beziehungen noch abgewendet werden.

Doch die Realsatire geht immer noch weiter. Direkt neben dem Hochzeitsschloss gammelt ein Grundstück vor sich hin. Diese Aussicht aus dem Fenster nach der Hochzeitsnacht ist alles andere als erhebend und hat schon manchen Kunden abgeschreckt. Das besagte Grundstück war direkt nach der Wende von der Treuhand verkauft worden, aber nach zehn Jahren hatte der Käufer immer noch nicht bezahlt. Die Rückabwicklung wäre längst fällig gewesen. Familie Hesselhaus beschloss, das Gelände zu kaufen und dort einen Wellness-Bereich einzurichten. Das hätte weitere 12 bis 15 Arbeitsplätze geschaffen. Aber selbst innerhalb von drei Jahren konnten sie bei der Treuhand keinen Ansprechpartner ausfindig machen, der für den Grundstücksverkauf zuständig gewesen wäre. Und so blieb alles blockiert und der Blick in die Wüstenei den Frischvermählten erhalten.

Alles nur Einzelfälle? Leider nein. Köncke und Neuhardenberg sind Geschichten aus dem Alltag der neuen Bundesländer.

Das ist die »Marktwirtschaft«, die sie täglich erleben. Bürokratische Verschlingungen, die Kafkas Schloss noch als übersichtliche, geordnete Veranstaltung erscheinen lassen. Das grundsätzliche Missverständnis über den »Kapitalismus« liegt dabei nicht bei den Einwohnern der Ex-DDR, sie kannten schließlich bisher nur staatliche Bevormundung. Den schwerwiegendsten Fehler, der nach der Wiedervereinigung im Osten gemacht wurde, haben die Politiker und die Wirtschaftsfunktionäre der Verbände zu verantworten. »Wir haben im Osten die Marktwirtschaft eingeführt«, lautete das Credo der arroganten westdeutschen Elite. Sie merkte noch nicht einmal, dass bereits ihre Wortwahl sie ad absurdum führte.

Marktwirtschaft wird nicht eingeführt – Marktwirtschaft wird zugelassen. Regeln, Bestimmungen, Verordnungen werden eingeführt. Marktwirtschaft ist die Freiheit, etwas unternehmen zu dürfen. Und so müssen die Bewohner der Ex-DDR mit der irrigen Vorstellung leben, dass das, was ihnen 1989 übergestülpt wurde, Kapitalismus und Marktwirtschaft sind. Doch was da seit der Wende hinüberschwappte, hat sie nicht innerlich gefesselt und begeistert, hat ihre persönliche Freiheit nicht so entfalten lassen, wie sie es sich erhofft hatten – und deshalb sind viele vom Westen enttäuscht. Sie erleben den Wettstreit der Parteien darüber, wer noch mehr staatliche Fürsorge verspricht, und um eine Ausweitung der Transferzahlungen ohne Gegenleistung. Die sich mittlerweile auf über eine Billion Euro addierenden Summen zum Aufbau Ost fließen, auch wenn sie für sinnlose Gewerbeparks und Beleuchtungen für Feldwege ausgegeben werden. Dass diese Verschönerung der Städte und Sanierung der Landschaft nicht aus eigener Kraft geschieht, wird in Nebensätzen erwähnt. Sie stellen fest, dass es zwischen den Bürgermeistern der SEDPDSLINKEN und der CDU kaum einen Unterschied gibt. Das Gleiche trifft, mit Ausnahme von Sachsen, auch mehr oder weniger auf die Landesregierungen zu. Es herrscht zwar jetzt Meinungsfreiheit, sie ist aber nicht unbedingt Karriere fördernd, die regionale Presse oft extrem obrigkeitshörig.

Köncke zum Beispiel stellt lediglich fest, dass er gegen Wände läuft, dass er das Recht, das er erlebt, als Unrecht empfindet und dass er die Figuren, die an den Schaltstellen sitzen, alle von früher kennt. Der Mann möchte gerne Unternehmer sein, aber das wird ihm praktisch unmöglich gemacht. Reisen kann er jetzt, und statt eines Trabis fährt er einen Opel. Das erlebt er aber schon nicht mehr als großen Fortschritt, sondern als Selbstverständlichkeit. In Neuhardenberg kommen die Linken auf knapp 70 Prozent. Weder die CDU noch die SPD oder gar die FDP haben sich um den Ort gekümmert. Sie haben alle auf die Beschlüsse der Landesregierung verwiesen. Und dort erzählt SPD-Ministerpräsident Matthias Platzeck genau dasselbe wie CDU-Wirtschaftsminister Ulrich Junghanns. Sie haben beide für die Macht des Staates und gegen private Entwicklungschancen gestimmt.

Ja, die westdeutschen Politiker haben die D-Mark im Osten eingeführt, sie haben aber vergessen, die Menschen die großartigen Chancen der Freiheit erleben zu lassen. Sie haben damit die Basis bereitet, dass viele Ostdeutsche kaum mehr einen Unterschied zwischen den Parteien ausmachen können und so wählen sie immer öfter, falls sie überhaupt noch zur Wahl gehen, die Partei, die ihnen wenigstens das Schlaraffenland der Gleichheit verspricht: die Nachfolgeorganisation der SED.

TEIL 5

ALTERNATIVE – FREIHEIT STATT STAAT

21. WER SIND WIR UND WARUM SIND WIR SO?

Was immer ich in diesem Buch als Lösungsvorschlag anbiete, irgendeine Partei, eine bestehende oder eine neu gegründete, muss den Abbau der Staatsschulden, die Machteinschränkung des Staates und die Idee einer durch Eigenverantwortung geprägten Gesellschaft durchsetzen. Doch dafür müsste eine solche politische Gruppierung erst einmal gewählt werden. »Ein chancenloses Unterfangen,« haben mir bisher ausnahmslos alle Gesprächspartner entgegengehalten, selbst wenn sie sich eine vom Staat befreite Gesellschaft herbeisehnen. So viel Vernunft und Freiheitswillen trauen wir uns offensichtlich selbst nicht zu. Leider.

Aber wer sind wir denn – wir, die Wähler, die diese Politiker freiwillig gewählt haben, die uns in den Schlamassel hineingeritten haben? Da der direkte Kontakt zwischen den Regierenden und den Regierten trotz Informations- und Meinungsfreiheit weitgehend abgerissen ist, haben sich wichtige oder – besser formuliert – wichtigtuerische Berufsgruppen entwickelt, die die Botschaften zwischen Volk und Regierung transportieren: Meinungsforscher und Spin-Doktoren. Sie sagen der Politik, wer wir sind und was wir wollen. Das greift die Politik dann verbal auf und verspricht die Erfüllung dieser Wünsche – zumindest in ihren Sonntagsreden.

Eine wichtige Erkenntnis der Meinungsforschungsinstitute

aus vielen Millionen Euro teuren Untersuchungen lautet: »Die typischen von Herkunft und Arbeit geprägten Milieus gibt es nicht mehr. Damit sind auch die traditionellen Bindungen an die Parteien verloren gegangen.« Na so was! Das ist genauso überraschend wie ein Sonnenaufgang am Morgen. Aber wenn das Meinungsforscher sagen, klingt es besonders überzeugend.

Wir sind also keine gewerkschaftlich organisierten Arbeiter mehr, keine konservativen Beamten, keine katholisch geprägten Christen in Süd- und Westdeutschland und keine aus dem Bildungsbürgertum stammenden Selbstständigen, die alle eine feste Bindung zu einer der Parteien haben. Wir sind Hedonisten, idealistische Weltretter, emanzipatorische Weltbürger, heimatverbundene Naturliebhaber, multikulturelle Stadtmenschen, ökologische Landpfleger, christliche Grüne und reaktionäre Konservative. Die CDU öffnet sich für Homosexuelle, die SPD mutiert zur Partei der Staatsangestellten, die Liberalen sind, wie sich das gehört, für alle offen. Ein verwirrendes Durcheinander, bei dem leicht der Überblick verloren gehen kann. Und das sehen immer mehr Wähler genauso, bleiben am Wahltag zu Hause und wählen bei diesem beliebigen Angebot, das ihnen die Parteien unterbreiten, überhaupt nicht mehr.

Ein kleiner Trost: Diese gedankliche Gemengelage ist nicht auf Deutschland beschränkt, sondern ein Phänomen, das alle vergleichbaren Industriestaaten durchdrungen hat. In den meisten Nachbarländern sind diese gesellschaftlichen Prozesse schon weiter entwickelt und manifestieren sich in einer Parteienvielfalt, die Regierungsbildungen fast unmöglich macht – besonders wenn Parteien, die vor wenigen Jahren noch absolute Außenseiter waren, in die Regierung aufgenommen werden. Unübersehbare Beispiele dafür sind Dänemark und die Niederlande. In Kopenhagen wird eine bürgerliche Minderheitsregierung von Pia Kjaersgaard geduldet, die eine rigide Einwanderungspolitik betreibt, die es selbst EU-Bürgern schwer macht, sich in Dänemark niederzulassen. Und dieselbe Duldung einer

Mitte-Rechts-Regierung erleben die Niederländer, wo Geert Wilders mit seinen antiislamischen Parolen zur drittstärksten Partei aufstieg, ohne die kaum noch etwas zu bewegen ist.

In Großbritannien muss zum ersten Mal seit dem Zweiten Weltkrieg eine Koalitionsregierung aus Liberalen und Konservativen gebildet werden, in Italien herrscht das blanke Chaos, und in Belgien lehnt die stärkste Partei, die flämische Volkspartei, eine Beteiligung an einer Regierung schlichtweg ab, weil sie den gesamten belgischen Staat ablehnt. Willkommen im Europa der EU! Diese sich noch verstärkenden Zentrifugalkräfte sind auch eine Konsequenz der desolaten Finanzen in den europäischen Nationalstaaten. Über diesen Zusammenhang wird aber gern das Mäntelchen des Schweigens ausgebreitet. Lieber wird das persönliche Versagen einzelner Politiker in allen Varianten beschrieben. Also dieser Stockfisch Gordon Brown in London, der war ja so steif, dass er beim Wähler nicht ankommen konnte. Und dann Berlusconi, der vor lauter Prozessen keine Zeit mehr hat, um zu regieren. Sarkozy, ein Harlekin an der Seite eines wunderschönen Models. Dankbare Projektionsflächen für die Satiriker. Aber sind diese Politiker nicht auch schon Vorboten der drohenden Staatspleiten?

Mit immer neuen Geschenken wurde die Bevölkerung jahrzehntelang bei Laune gehalten. Beispiele: Die »scala mobile«, die automatische Anpassung der Löhne an die Inflation in Italien. Die Verstaatlichung der Banken durch Mitterand in Frankreich, ein Kniefall vor dem kommunistischen Partner als Bedingung für die Machtübernahme, die anarchistische Regellosigkeit von Margaret Thatcher und Tony Blair als Geschenk an die Finanzwelt der Londoner City. Konservative wie Sozialdemokraten haben sich in Europa im Verteilen von Wohltaten regelrecht überboten. Deutschland war lange der Einäugige unter den Blinden, bis mit der Wiedervereinigung auch in Bonn – und später in Berlin – alle Dämme brachen.

Das Problem ist also nicht, dass wir in einem Finanzdilemma stecken, sondern wie wir da wieder herauskommen. Und dafür ist es wichtig, die Frage zu klären: Wer sind wir? Und wie sind wir das geworden, was wir sind? Wie ich in den Kapiteln über die Bevölkerungsentwicklung schon beschrieben habe, werden wir in den nächsten Jahrzehnten eine Bevölkerung in den Grenzen von Deutschland haben, die zu gut einem Drittel aus Zuwanderern und deren Nachkommen besteht, also ungefähr 25 Millionen Neudeutscher, von denen knapp 20 Millionen aus muslimischen Familien stammen. Hauptsächlich in den ländlichen Gebieten und in Ostdeutschland leben dann noch die traditionellen Deutschen und ihre Kultur. Diese machen zwar noch eine Mehrheit aus, aber die Deutschen sind im Durchschnitt deutlich älter als die Einwanderer. Knapp 40 Prozent werden ab 2030 über 65 Jahre alt sein. Sie treffen sich bei Heimatabenden, pflegen das deutsche Brauchtum und müssen sich Sorgen machen, dass das »soziale« Sicherungsnetz am Ende völlig reißt.

Die in Deutschland lebende Bevölkerung zerfasert in den nächsten Jahren immer weiter. In den geburtenstarken Jahrgängen um 1965 hatte die Zahl der unehelich geborenen Kinder historische Tiefstände erreicht. Von 1,325 Millionen Geburten waren nur 76 000 unehelich. Der absolute Tiefpunkt war 1974 mit 66 000 unehelicher Kinder bei allerdings nur noch 782 000 Geburten insgesamt. Die Pille hatte zwar ihre Wirkung schon deutlich entfaltet, aber das familiäre Umfeld hatte sich noch nicht geändert. Die Rentner, die 2030 in den Ruhestand treten werden, sind selbst also noch weitgehend in traditionellen Familien groß geworden und haben mit ihrer Lebensleistung das Alter ihrer Eltern noch finanzieren können, so wie im Generationenvertrag vorgesehen. Für sie selbst sieht es allerdings viel trüber aus. 2008 zum Beispiel gab es bei 682 000 Geburten schon 218 800 uneheliche Kinder. Fast ein Drittel.

Es lohnt sich, diese ziemlich unbekannte Tatsache einmal genauer zu betrachten, was sich allerdings als äußerst schwierig erweist. Wann immer ich dieses Thema ansprach, merkte ich sofort, dass ich mich auf vermintes Terrain begab. Ausnahmslos war die Reaktion meiner Gesprächspartner folgende: »Na ja, das ist halt heute so. Die jungen Leute heiraten halt nicht mehr. Das heißt doch nicht, dass die Kinder Nachteile haben müssen.« Also: Beschwichtigung, Akzeptanz, Wegsehen. Über uneheliche Geburten rümpft der moderne Deutsche nicht mehr die Nase. Wer will schon zu den Erzkonservativen gehören, die noch den moralischen Zeigefinger heben, nur weil eine unverheiratete Frau ein Kind bekommt.

Dabei geht es bei dieser Geburtensituation überhaupt nicht um moralische Kategorien. Die Zahlen zeigen nämlich ökonomisch eine weit größere Dramatik als der erste Eindruck vermuten lässt. Während die Quote der unehelich Geborenen in Westdeutschland zwischen 15 und 25 Prozent liegt und damit die Vermutung zulässt, dass es sich in der Tat um Eltern handelt, die sich den Trauschein sparen, sind in Ostdeutschland Landkreis für Landkreis zwischen 60 und 70 Prozent der Neugeborenen unehelich. Gerade mal eine Handvoll Regionen wie das katholische Eichsfeld macht eine Ausnahme.

Im Osten waren 2008 allein knapp 5500 Mütter unter 20 Jahre alt, nur 333 von ihnen waren verheiratet. Ob verheiratet oder alleinstehend, die wenigsten dieser sehr jungen Menschen dürften in finanziell stabilen Verhältnissen leben. Von dem, was einmal als Familie bezeichnet wurde, ist im Osten nicht mehr viel übrig. Alle Untersuchungen über das Armutsrisiko zeigen, dass ledige Mütter mit Kindern das größte Risiko haben, in Hartz IV zu landen. Wie viele Kinder im Osten also direkt in die Sozialhilfe hineingeboren werden, sollte dringend untersucht werden.

Die geringste Quote unehelicher Geburten gibt es in den katholischen Gebieten Westdeutschlands. Dort leben auch die wenigsten Hartz-IV-Empfänger, und dort finden wir auch die niedrigsten Arbeitslosenzahlen. Es besteht offensichtlich ein Zusammenhang. Deshalb noch einmal die Frage: Warum wird die Diskussion um die extrem hohe Zahl unehelicher Geburten vor allem im Osten totgeschwiegen? Wollen die »modernen Tonangeber« verhindern, dass deutlich wird, dass das Erbe der DDR-Gesellschaft dabei nicht gut wegkommt, dass der Sozialismus doch nicht das ideale Familienbild geschaffen hat? Die Scheidungsquote war im Osten ja auch höher als im Westen.

Wollen die Mainstreamer verhindern, dass das traditionelle Familienbild zu positiv abschneidet? Oder verschweigen, was Untersuchungen ergeben, dass nämlich das Zeitalter der »Lebensabschnittsbegleitung« keine nachhaltige, stabile Gesellschaft gebildet hat? Geht es darum zu verhindern, dass die Politik vielleicht auf die Idee kommen könnte zu sagen: Der Staat ist nicht mehr dafür verantwortlich, wenn sich junge Menschen unverantwortlich verhalten?

Die jungen Mütter mit ihren unehelichen Kindern stammen fast alle aus dem rein deutschen Bevölkerungsteil. Der Familienverbund der Migranten bleibt nicht zuletzt wegen ihrer Religionszugehörigkeit oder Tradition erhalten. Im Moment sieht es also so aus: Ein Drittel der Neugeborenen stammt aus Ehen mit einem Elternpaar mit Migrationshintergrund, knapp ein Drittel ist unehelich mit deutscher Mutter, und für das letzte Drittel trifft das zu, was wir bisher unter einer bürgerlichen deutschen Familie verstanden haben. Einer gesellschaftlichen Wertung werde ich mich enthalten. Das gehört sich auch nicht mehr im modernen Deutschland. Aber über die Kosten werde ich schreiben. Denn dieses Geburtenverhalten hat zur Folge, dass immer größere staatliche Transferleistungen für diese unehelichen Kinder und ihre Mütter notwendig werden. Was sich schon seit der Jahrtausendwende in allen Statistiken abgezeichnet hat, verstärkt sich: Alleinstehende Mütter treiben die Betreuungskosten für den Staat, und damit für die Allgemeinheit, massiv in die Höhe. Dazu kommt verschärfend, dass die männlichen Erzeuger sich ohne große Gefahr ihrer Unterhaltspflicht entziehen können.

Dazu ein Beispiel aus Rheinland-Pfalz, das ich anonymisiert habe. Mit 15 Jahren wird Jasmin schwanger. Ihre Mutter und Großmutter sind dem Sozialamt bereits als Problemfälle bekannt. Der »Erzeuger«, wie es amtlich heißt, ist ein 19-jähriger Gelegenheitsarbeiter aus bürgerlichem Haus, der aber keine Lust auf Schule oder Arbeit hat. Da es sich bei der Mutter um eine Minderjährige handelt, ist automatisch das Jugendamt involviert. Bei den ersten Beratungen zeigt das Jugendamt Schwangerschaftsabbruch oder Adoption als Optionen auf. Beides lehnt Jasmin jedoch ab.

Nun dreht sich alles um die 15-Jährige. Zwar übt das Jugendamt die Vormundschaft sowohl für die Mutter als auch für das ungeborene Kind aus, aber Jasmin darf entscheiden, ob der Erzeuger das Kind sehen darf oder nicht. Sie begreift im Laufe der Gespräche, dass, was immer sie will, vom Staat bezahlt wird. Die Jugendämter verfahren nach dem Grundsatz: Das Beste für das Kind ist, wenn es bei der Mutter bleibt. Also wird alles unternommen, damit die Minderjährige eine Chance hat, das Kind auch zu behalten. Es wird ein Leistungskatalog angeboten. Jasmin kann wählen zwischen einem Mutter-Kind-Heim, einer betreuten Wohngemeinschaft mit Sozialarbeitern oder einem Heim, in dem sie getrennt vom Kind leben kann. Bis zur Geburt muss die Entscheidung vertagt werden, da Jasmin noch nicht sicher ist, ob sie das Kind behalten will. Die Eltern des Erzeugers, die in geordneten Familien- und Finanzverhältnissen leben, hätten ihr Enkelkind gerne aufgenommen. Aber das will die 15-Jährige, die die alleinige Entscheidungsgewalt in dieser Frage hat, nicht. Dadurch wird die nächste Stufe der Betreuungsskala erklommen: die Unterbringung bei Pflegeeltern.

Deutschland bietet ein breit gefächertes Spektrum der Kinderbetreuung an. Da gibt es Kurzzeit-Pflegeeltern für Notfälle, die auf Tagesbasis honoriert werden. Für Kinder bis sechs Jahre werden bis zu 23,10 Euro bezahlt. Diese Kurzzeit-Pflegeeltern erhalten für die Bereitschaft, jederzeit zur Verfügung zu stehen, pro Monat 250 Euro, auch wenn sie kein Kind betreuen. Weiterhin gibt es Pflegeeltern, die dauerhaft ein Kind aufnehmen und es oft auch adoptieren würden. Ihre Entschädigung liegt bei etwa 1300 Euro im Monat. Daneben könnte das Kind auch mit einem Zuschuss vom Jugendamt im Familienkreis untergebracht werden. Wer auch immer den Säugling übernimmt, ihm stehen weitere Leistungen zu, zum Beispiel eine Grundausstattung bis 2000 Euro. So kann die minderjährige Mutter zwar entscheiden, ob der Erzeuger sein Kind sehen darf, aber alles andere regelt dann der Vormund, das Jugendamt. Spannend wird es, wenn Eltern oder Großeltern nicht mit der Entscheidung des Jugendamts zufrieden sind. Sie können Klage einreichen. Auf der einen Seite bezahlt der Staat den Anwalt der klagenden Eltern von Jasmin, auf der anderen Seite den Anwalt des Jugendamts. Der Staat finanziert also das komplette Gerichtsverfahren.

Jasmins Baby wird zwischenzeitlich bei einem Ehepaar geparkt, das sich nichts sehnsüchtiger wünscht, als ein Kind zu adoptieren. Doch Jasmin weiß immer noch nicht so recht, wie es weitergehen soll. Am Entscheidungsprozess ist schließlich folgender Personenkreis beteiligt: der Vormund für das Baby, der Vormund für Jasmin, der Pflegedienst für die Pflegefamilie und der allgemeine soziale Dienst, der für Jasmins Mutter und Großmutter zuständig ist, weil diese von Hartz IV leben.

Nach einigen Wochen hat sich Jasmin endlich entschieden, ihr Kind zu behalten. Aber zwischenzeitlich ist sie in einen anderen Landkreis gezogen. Nun sind also mindestens doppelt so viele Amtspersonen mit ihrem Fall beschäftigt. Und weil die sich auch nicht immer einig sind, verschlingt der ganze Fall zusätzlich unnötige Arbeitsstunden der Behörden. Schließlich wird ein Mutter-Kind-Heim ausfindig gemacht, das bereit ist, Jasmin aufzunehmen – sofern sie sich in das Erziehungskonzept dieser Einrichtung einfügt. Vier Wochen lebt sie zur Probe mit sieben anderen Müttern und deren Kindern zusammen. Die anfallenden Kosten übernimmt das Jugendamt genauso wie die Kosten für die Pflegeeltern, die zu diesem Zeitpunkt noch hoffen, das Baby vielleicht doch behalten zu dürfen. Zur Annäherung zwischen Jasmin und ihrem Kind fahren die Pflegeeltern nun alle zwei Tage mit dem Säugling zur leiblichen Mutter. Die Abstände werden systematisch verkürzt, bis die Heimleitung entscheidet, dass die Übergangsphase beendet ist und Jasmin samt Kind jetzt endgültig im Heim bleiben kann. Inzwischen sind etwa 10 000 Euro an Kosten entstanden.

Im Mutter-Kind-Heim sind für acht jugendliche Mütter und ihre Kinder ständig zwei Betreuer vor Ort. Dazu kommen die Heimleitung und die sozialen Dienste. Körperliche oder psychische Defizite werden von Ergotherapeuten, Psychologen, Logopäden und anderen Spezialisten behandelt, denn die meisten Mütter und Kinder schaffen es nicht, ihren Alltag ohne Hilfe zu bewerkstelligen.

Jasmin holt jetzt ihren Hauptschulabschluss nach. Ihr Baby wird einstweilen betreut. Es wird ihr auch Freiraum geschaffen, damit sie Zeit für sich selbst hat und ihre Schulaufgaben erledigen kann. Bis das Kind sechs Jahre alt ist, kann sie im Heim bleiben, vorausgesetzt, sie hält sich an die Regeln. Eine große Entscheidung aber steht ihr bevor, wenn sie 18 Jahre wird. Mit der Volljährigkeit entfällt die Vormundschaft über sie, und das bedeutet, sie erhält die alleinige Verfügungsgewalt über ihr Kind. Dann kann sie zum Beispiel entscheiden, das Heim samt Kind zu verlassen und ganz von Hartz IV zu leben – so wie ihre Mutter und ihre Großmutter.

Für den Staat, also für uns alle, ändert sich nicht viel: Nur das Konto, von dem das Geld für Jasmin und ihr Kind abgebucht wird, wird in einem anderen Amt geführt. Ob Mutter und Kind es je schaffen, von den Transferzahlungen der Allgemeinheit unabhängig zu werden, bleibt ungewiss. Aber was ist die Alternative? Sind die Weichen in die Abhängigkeit vom Staat nicht schon in dem Moment gestellt, in dem eine 15-jährige Schul-abgängerin und ein 19-jähriger Schulversager ein Kind zeugen und sich darüber hinaus keine Gedanken machen? In Schweden und Großbritannien wäre das Kind von Amts wegen in eine Pflegefamilie gekommen. Dort wird das Wohlergehen des Kindes genauso in den Mittelpunkt gestellt wie bei uns, nur mit anderen Ergebnissen. Auch das ist sicher keine erstrebenswerte Lösung. Aber die umfangreiche, auf mehrere Ämter und Personen verteilte bürokratische Rundumversorgung wird den Staat auf Dauer überfordern.

Zwei Widersprüche sind dabei mitverantwortlich für das kostentreibende Prozedere. Auf der einen Seite steht die minderjährige Mutter unter der Vormundschaft des Jugendamts, darf aber entscheiden, ob zum Beispiel der »Erzeuger« das Kind überhaupt sehen darf. Dagegen waren die in bürgerlichen Verhältnissen lebenden Eltern des »Erzeugers« willens und in der Lage, ihr Enkelkind aufzunehmen. Dieses Recht wäre mütterlicherseits respektiert worden, wenn die Großmutter nicht selbst ein »sozial auffälliger« Fall gewesen wäre.

Nicht alle 218 800 in 2008 unehelich geborenen Kinder wurden in solch chaotische Verhältnisse hineingeboren, benötigen eine so intensive Betreuung. Aber die traditionelle Familie aus Vater, Mutter und Kindern ist eher das Auslaufmodell, für viele Kinder durch Scheidung nur eine kurzfristige Erfahrung. Normal ist eher eine Patchwork-Familie, bei der ein Elternteil schon mal ausgetauscht wurde.

Die Garantie des Staates, sich stärker um alleinstehende Mütter oder Väter zu kümmern, führt dazu, dass oft leichtfertig Kinder in die Welt gesetzt und Ehen aufgegeben werden. Jenseits aller moralischen Betrachtungen: Die traditionelle Familie ist für den Staat und die Gesellschaft preiswerter, ja, sie erwirtschaftet einen Überschuss, weil sie deutlich weniger staatliche Leistungen erhält. Was sich aber für den Staat lohnt, ist aus rein finanzieller Sicht für die Familiengründer meist verbunden mit einer Absenkung des eigenen Lebensstandards und einem Handicap auf der Karriereleiter.

Die beiden Autoren Harald C. Klien und Erich Becker-Boost haben den waghalsigen Versuch gemacht und ein Buch über die *Ökonomie der Liebe* geschrieben. Der eine hat als Betriebswirt promoviert, der andere als Naturwissenschaftler. Als sie das Buch geschrieben haben, blickten sie gemeinsam auf 67 Jahre Berufserfahrung in Österreich, Deutschland und den USA zurück. Sie stellen dar, dass eine Liebespartnerschaft eine berechenbare, ökonomische Wertschöpfung bewirkt, die sogar volkswirtschaftlichen Nutzen bringt. Die positiven Auswirkungen eines durch Liebe gewonnenen Glücksempfindens erhöhe die Produktivität eines Menschen und dadurch auch das Sozialkapital.

Der Leser ihres Buchs mag sich über manche Formeln wundern, die aussehen, als ob sie einem Lehrbuch der Chemie entnommen wurden. Aber vieles, was die beiden welterfahrenen Autoren zusammengetragen haben, ist leicht nachvollziehbar: »Junge Menschen, die eine Familie gründen wollen und deren Perspektive nur in Teilzeitjobs besteht, verlieren zwar nicht die Lust auf Sex, aber auf Kinder. Soziale Sicherheit ist notwendig, damit Familien gegründet werden.« Das können alle Parteien unterschreiben.

Jeder von uns kann sicher auch nachempfinden und hat es hoffentlich selbst schon erlebt, dass er in einer glücklichen Beziehung leistungsfähiger ist als in Phasen des Alleinseins oder des Liebeskummers. Sicherheit, Geborgenheit, Abwesenheit von Angst bei Krankheit und im Alter, einfach die Lust am Leben, wirken sich auch ökonomisch vorteilhaft für die Familie und für das ganze Land aus.

Für den Philosophen Karl Popper ist der Optimismus eine Pflicht, die er ökonomisch begründet. Deshalb zitieren ihn die Autoren in *Ökonomie der Liebe:* »Wenn ein arbeitender Mensch glücklich und zufrieden ist, hat er eine bessere Schaffenskraft als ein Miesmacher und Pessimist, der voller Sorgen und anderer negativer Universalgefühlen steckt. Somit ist ein direkter Einfluss auf die betriebswirtschaftliche Leistung gegeben, die sich bis in die volkswirtschaftliche Gesamtrechnung auswirken kann.« Auch das ist eigentlich eine Binsenweisheit.

So gesehen aber ist es nicht gut bestellt um Deutschland. Die Scheidungsrate steigt, Kinderarmut und Kinderlosigkeit nehmen zu.

Mittlerweile drückt sich ein Sammelsurium von realen und eingebildeten Bedrohungen in der Statistik der Krankenkassen aus: Bei den GKV lagen die Kosten für psychische Erkrankungen im Jahre 2009 mit ca. 30 Milliarden Euro schon an dritter Stelle der Aufwendungen der Krankenkassen. Die Anforderungen am Arbeitsplatz werden zu wenig durch Geborgenheit im Privatleben aufgefangen. Vor allem Beschäftigte im mittleren Alter sind davon betroffen – und das schlägt voll auf die Produktivität. Das ganze Szenario löst einen Teufelskreis aus. Weil die Menschen sich zunehmend von der Last des täglichen Lebens überfordert fühlen, verlangen sie mehr Leistungen vom Staat. Mehr Leistungen vom Staat bedeuten mehr Steuern oder mehr Staatsschulden. Beides wiederum verringert das verfügbare Einkommen der Betroffenen. Geringeres Einkommen löst wieder mehr Ängste aus – und diese wiederum mehr Bindungsangst und mehr Psychosen und so geht das immer weiter.

Die Verstaatlichung unseres Privatlebens geschieht nicht nur mit unserer Billigung, sie geschieht auf ausdrücklichen Wunsch der Mehrheit der in Deutschland lebenden Bevölkerung. Ja, wir begeben uns freiwillig in die Hände von Vater Staat, sind dann aber zu Tode erschrocken, wenn wir feststellen, dass dieser Vater sich als Amtmann der Sozialbehörde zu erkennen gibt.

Erleben wir nicht ständig auch in unserem Bekanntenkreis, wie finanziell abgesicherte Paare oder Familien durch eine Trennung an den Rand des wirtschaftlichen Ruins geraten? Das mühsam gebaute Häuschen im Grünen muss verkauft werden. Die ohnehin schon niedrige Rente wird gesplittet. Mit Sicherheit liegen in 90 Prozent der Fälle dann die Anwartschaften niedriger als 1000 Euro im Monat – zu wenig zum Leben. Sind Kinder zu versorgen, bleibt dem Vater, wenn er der Alleinverdiener war, oft gerade noch das Existenzminimum, für die Mutter aber reichen die Unterhaltszahlungen nicht ohne Zusatzeinnahmen aus. Die Kinder rutschen bei ehemaligen Normalverdienern an die Armutsgrenze. Für jeden Schulausflug, jede Sonderausgabe muss gespart werden. Haben vorher beide Partner gearbeitet, ist die finanzielle Not vielleicht nicht so groß, dann beginnt die Doppelbelastung mit der Kinderbetreuung und der Anforderung im Beruf. Übermäßiger Stress sorgt für Nachschub in den psychosomatischen Kliniken. Der Staat mit seinem sozialen Netz muss helfend einspringen.

Es herrscht in der deutschen Gesellschaft Konsens darüber, dass die traditionelle Familie überholt ist. Damit wurde auch die moralische Verantwortung füreinander einzustehen ausgehöhlt. Wir pochen einerseits auf unseren Individualismus, wollen andererseits aber nicht die Verantwortung für uns übernehmen, sondern delegieren diese an den Staat. Und das kommt die Gesellschaft teuer zu stehen.

Alle Novellierungen des Scheidungsrechts haben daran grundsätzlich nichts geändert. Einige kommen jetzt besser weg, andere schlechter. Nur wer keine Kinder hatte, wer ohne Rücksicht auf Nachwuchs seine Karriere planen und verwirklichen konnte und wer sich einen ebenbürtigen Partner gesucht hatte, kommt bei einer Trennung einigermaßen ungeschoren davon. Und weil dies so ist, verhalten sich auch immer mehr Bürgerinnen und Bürger ganz pragmatisch. Sie heiraten oder auch nicht, gehen ihren Weg, bleiben flexibel in jeder Beziehung und vor allem wollen sie keine Kinder. Wir sind so, wie der Staat uns offensichtlich haben will. Nur – mit einer solchen Bevölkerung überlebt kein Staat.

22. UNSER WOHLFAHRTSSTAAT – TEUER UND UNSOZIAL

Nach all den Staats- und Regierungsformen, die Deutschland über sich hat ergehen lassen müssen, dürfen wir endlich in einem Staat leben, der Freiheit garantiert. Keine Generation vor uns hatte das Glück, so lange in Frieden zu leben, einen solchen Wohlstand genießen zu dürfen. Es lohnt sich, diesen Staat zu schützen und zu verteidigen. Wurde er in den Zeiten des Kalten Krieges noch von außen bedroht, so sind wir jetzt von Freunden umzingelt – eine noch nie da gewesene historische Situation in der Mitte Europas. Doch es ist wie ein Fluch: Jetzt wird das Gefüge der Gesellschaft von innen bedroht. Die Entscheidungsprozesse zwischen der Gesetzesgewalt der Bundesregierung, den föderalen Einspruchsstrukturen der Bundesländer und den gänzlich undurchschaubaren Verordnungsentstehungen in Brüssel vermitteln ein Gefühl der Ohnmacht. Alles Ursachen für eine Verdrossenheit, die dazu führt, dass immer mehr Menschen auf ein essenzielles Recht verzichten, ohne das die Demokratie nicht existieren kann: das Wahlrecht. Eine weitere Gefahr droht unserem Gemeinwesen: Wir überfordern den Staat und machen ihn dadurch handlungsunfähig.

Artikel 20 des Grundgesetzes besagt: »Die Bundesrepublik Deutschland ist ein demokratischer und sozialer Bundesstaat. Alle Gewalt geht vom Volke aus.« Auf diesem Gebot gründen unsere umfangreichen Sozialgesetze, deren Umfang und Ausgestaltung die Republik bis in den letzten Winkel durchdrungen haben. Ein Drittel unseres Bruttoinlandsprodukts geben wir für das soziale Verfassungsgebot aus: Das sind immerhin rund 700 Milliarden Euro pro Jahr. Aber niemand ist damit zufrieden. Täglich hören wir, dass immer mehr Menschen von Armut bedroht sind, dass die unsozialen Hartz-IV-Gesetze abgeschafft, mindestens aber die Leistungen aufgestockt werden müssten. In den Talkshows sehen wir dann Betroffene, die erzählen, wie schlimm es ihnen ergeht, dass sie am gesellschaftlichen Leben nicht mehr teilnehmen können, weil das Geld einfach nicht reicht. Auf der anderen Seite präsentiert die Boulevardpresse den fidelen Sozialhilfeempfänger aus Florida, haben sich ganze Clans auf das Leben auf Staatskosten eingerichtet, sind die Zahlungen an Arbeitslose so bemessen, dass es sich nun wirklich nicht mehr lohnt, einen einfachen Job anzunehmen. Das auch in der Verfassung verlangte Abstandsgebot zwischen einem Arbeitenden und einem Arbeitslosen ist weitgehend aufgehoben. Die verbale Auseinandersetzung zwischen denjenigen, die Steuern und Abgaben zahlen, und denjenigen, die von den Steuern und Abgaben der anderen leben, nimmt hässliche Züge an. Der Begriff Sozialschmarotzer klingt da fast noch wie ein Kosename.

Seit sich diese Debatte auch noch mit der Problematik um die hier lebenden Ausländer vermischt, entsteht ein gefährlicher Sprengsatz, der an den Stammtischen unüberhörbar ist. Da helfen keine politisch korrekten Predigten mehr, sondern nur eine Analyse der derzeit praktizierten Umsetzung des Sozialstaatsgebots und deren Korrektur – zusammen mit den anderen Fehlentwicklungen in unserem Staat.

Ein längerer Aufenthalt in einem Büro eines Sachbearbeiters in einem Jobcenter würde sehr helfen und mit Vorurteilen aufräumen. Da ich mich in vielen Filmen mit dieser Thematik beschäftigt habe, wurde mir einige Male mit Zustimmung der Betroffenen erlaubt, die Arbeit der Sachbearbeiter zu verfolgen. Dazu kommen viele Gespräche in Jobcentern und Vermittlungsstellen der Agentur für Arbeit. Ein Fazit konnte ich schnell ziehen: Keiner der an der Sozialfront arbeitenden Beamten und Angestellten ist zu beneiden. Sie machen einen Knochenjob, bei dem sie viele Beschimpfungen und wenig Lob erfahren. Und sie werden vom Gesetzgeber ziemlich alleine gelassen, der sich zwar um alles kümmert, nur nicht um ihre täglichen Erfahrungen.

Das zweite Fazit, das mir alle Praktiker, die an der Sozialfront arbeiten, bestätigten: Das Sozialstaatsgebot der Verfassung wird durch den Wust der Gesetzgebung von Parteien, Verbänden und Ideologen missbraucht. Um die Betroffenen geht es dabei nur noch am Rande.

Sichtbarer Ausdruck dieses Befundes ist das Sozialgesetzbuch. Das müssen Sie in der Hand gehabt, darin geblättert und versucht haben, darin zu lesen. Dann werden Sie sich sicherlich auch fragen: Wer versteht denn eigentlich noch, was da drin steht, was da gefordert wird? Die Gesamtausgabe von 2010 umfasst auf 1542 eng bedruckten Seiten die Gesetze und Richtlinien, die sich die Politik für die Ausgestaltung des Sozialstaatsgebots ausgedacht hat. So wie niemand mehr unser Steuerrecht begreift, kann kein einzelner Sachbearbeiter alle Bestimmungen des Sozialgesetzbuchs kennen. Und selbst wenn er sich dank jahrelanger Erfahrung und einem fantastischen Gedächtnis auf den 1542 zweispaltig bedruckten Seiten zurechtfindet, wird er endgültig scheitern, wenn er zusätzlich die Kommentierungen der einzelnen Paragrafen, Hunderte Rechtsverordnungen parat haben soll. Ganz zu schweigen von der Rechtsprechung mit gigantischem Umfang.

Wie oft habe ich in Talkshows den Vorwurf gehört, dass die Sachbearbeiter in den Jobcentern nicht gut genug ausgebildet seien und dass deswegen immer mehr Hartz-IV-Empfänger zu den Sozialgerichten gehen müssten, um zu ihrem Recht zu kommen. Aber ich habe noch nie gehört, dass der Politik der Vorwurf gemacht wird, durch immer mehr unbestimmte, praxisferne Gesetze das Sozialrecht für alle Seiten zu einem unverständlichen Machwerk verkümmern zu lassen. Es geht mir hier überhaupt nicht um die Höhe oder um den Anspruch von Zahlungen, es geht mir ausnahmslos um die vom Gesetzgeber verschuldete Praxis.

§22 des Sozialgesetzbuchs II sagt, dass dem Bedürftigen die »angemessenen Kosten der Unterkunft und Heizung« zu bezahlen sind. Damit beginnt das Elend: Wer definiert, was angemessen ist? Dazu ein konkreter Fall aus einem westdeutschen Landkreis, in dem nur 6 Prozent der Bevölkerung Sozialleistungen nach dem Sozialgesetzbuch beziehen – der bundesdeutsche Durchschnitt lag 2009 bei 9,1 Prozent, in Ostdeutschland bei 15 Prozent. Da die von mir besuchte Region unter einer Bevölkerungsabwanderung leidet, gibt es einen Mietermarkt, das heißt, es werden mehr Wohnungen angeboten als vermietet werden können.

Ein Arbeitsloser, nennen wir ihn Fritz P., sucht eine Wohnung. Das Jobcenter bewilligt ihm für eine angemessen große Wohnung eine Kaltmiete bis 4,35 Euro pro Quadratmeter. Dafür liegen mehrere Angebote von Hausbesitzern vor. Fritz P. lehnt alle Wohnungen ab und legt Widerspruch, später Klage beim Sozialgericht ein. Die Gerichte fordern nun unter Berufung auf das Bundessozialgericht, dass der Landkreis zunächst ein schlüssiges Konzept zur Bestimmung einer abstrakt angemessenen Miete für den Vergleichsraum aufzustellen habe. Die Nennung mehrerer tatsächlich freier Wohnungen zu den vom Landkreis festgelegten Höchstsätzen reichte nicht aus. An dieses Konzept werden schließlich so hohe Anforderungen gestellt, dass sie letztlich von den Kommunen kaum zu erfüllen sind. In diesem Fall hat das Jobcenter für seine Mitarbeiter eine 30-seitige Broschüre für den internen Gebrauch erarbeitet, die gerichtsfeste Grundlagen und Berechnungen für den angemessenen Mietpreis vorgibt. Diese Broschüre, die umfangreiche Recherchen verlangt und einen Mitarbeiter wochenlang beschäftigt, muss jährlich überarbeitet werden, weil das Gericht immer sehr zeitnahe Daten abfragt. 8 bis 10 Prozent aller Bescheide, die §22 betreffen, werden mit einem Widerspruch angegriffen.

Die großen Nutznießer dieser unbestimmten Gesetze und Vorschriften sind unter anderem Anwälte. Diese müssen sich mit den Bestimmungen auf den 1542 Seiten des SGB letztlich nicht einmal auskennen. Es reicht, wenn sie den Widerspruch zum Beispiel betreffs §22 einlegen oder fristgerecht gegen einen

Widerspruchsbescheid klagen, denn bei der Behörde gilt der Amtsermittlungsgrundsatz, beim Sozialgericht der Untersuchungsgrundsatz. Jobcenter, Sozialamt und die Sozialgerichte sind verpflichtet, die Entscheidung und alle formalen Anforderungen dann nochmals umfangreich zu prüfen. Werden Fehler festgestellt, auch solche, die gar nicht Gegenstand des Widerspruchs waren, erfolgt im Fall der Behörde eine Amtshilfeentscheidung oder bei Gericht eine Entscheidung zugunsten des Antragstellers. Ein seit Jahren im Amt ergrauter Sachbearbeiter verriet mir einmal: »Einige Anwälte wissen manchmal gar nicht, warum sie ein Verfahren gewonnen haben.«

Oftmals beantragt der Anwalt zeitgleich zusammen mit dem Widerspruch ein Eilverfahren. Er kann dann neben den rund 300 Euro Gebühren für das Widerspruchsverfahren auch noch die Gebühren für das Eilverfahren in ähnlicher Höhe abrechnen.

Die entstehenden Kosten der Behörde und die Kosten des Gerichts bleiben hierbei unberücksichtigt. Da im Sozialrecht Kostenfreiheit herrscht, werden diese nicht ermittelt und somit nicht beziffert. Sie dürften aber schnell pro Fall vierstellige Beträge erreichen. Aber Achtung: Das sind nur die Aufwendungen für ein Eilverfahren in erster Instanz. Kommt es zusätzlich zu einer Hauptverhandlung oder gar zu einer Verhandlung vor dem Landessozialgericht, dann ist der Steuerzahler schnell mit 2500 bis 5000 Euro dabei. Denn das ist das Pikante bei den Sozialgerichtsverfahren: Letztlich zahlt immer der Staat, egal wer gewinnt oder verliert. Gewinnt der Antragsteller, werden die Kosten vom beklagten Jobcenter getragen. Verliert der Antragsteller, werden die Kosten der rechtlichen Vertretung aus der Prozesskostenhilfe übernommen. In jedem Fall klagt der Staat gegen sich selbst.

Eigentlich sollten wir, die zur Zahlung verdammten Bürger, davon ausgehen können, dass der Gesetzgeber ein Interesse hat, Paragrafen zu formulieren, die klar und deutlich sind, die Leistungen und Gegenleistungen beziffern, Rechte und Pflichten unmissverständlich benennen. Aber genau das versäumt er. Die Sozialgesetzgebung ist – neben den Steuergesetzen – eher mit einem Sumpf zu vergleichen, durch den die Betroffenen, Sozialämter und Sozialhilfeempfänger waten müssen, in der Hoffnung, dabei nicht in einem Moorloch zu versinken. Weit und breit nur schwammige Vokabeln wie »ermessen«, »zumutbar«, »angemessen«, »bedarfsgerecht« und so weiter. Die Öffentlichkeit streitet sich, ob die Hilfe für die Bedürftigen ausreichend ist, wir streiten leider nicht darüber, ob die Kosten der Gesetzgebung zu rechtfertigen sind.

Es war mir nicht möglich, auch nur eine annähernd belastbare Zahl zu erhalten, die die Gesamtkosten der deutschen Sozialgerichtsbarkeit umfasst. Natürlich wissen wir, wie hoch die Etats des Bundessozialamts und der Länder- und Bezirkssozialämter sind. Aber welche Anwaltshonorare bezahlt werden, wie viel Personal die Sozialämter und Jobcenter zusätzlich brauchen und wie hoch die aus dem Wirrwarr entstehenden, gesamten volkswirtschaftlichen Kosten sind, das bleibt im Dunkeln, das ist wahrscheinlich auch überhaupt nicht zu ermitteln. Bekannt ist die Zahl der eingelegten Widersprüche gegen die Hartz-IV-Entscheidungen im Jahre 2009: 831 000. Davon waren rund 36 Prozent erfolgreich.

Wir können davon ausgehen, dass die wenigsten Politiker, die sich an der Debatte und an der Gesetzgebung beteiligen, überhaupt wissen, was sie da beschließen. Sonst würden sie sich klarer ausdrücken, damit das folgende Beispiel aus Norddeutschland nicht möglich wäre.

§11 des Sozialgesetzbuches II definiert auf mehreren Seiten, was Einkommen ist und wie das erzielte Einkommen ausgerechnet wird. Ergänzend ist allein hierfür noch eine »Verordnung zur Berechnung von Einkommen sowie Nichtberücksichtigung von Einkommen und Vermögen beim Arbeitslosengeld II/Sozialgeld [Abk. Alg II-V]« mit nochmals zehn Paragrafen erlassen worden. §11 Absatz 2 Nr. 5 SGB II i.V.M. §3 ALG II-V regelt, was zu den notwendigen Ausgaben zählt, die mit der Erzielung des Einkommens verbunden sind.

Eine Zwischenfrage: Sie verstehen nichts mehr, oder? Dann reicht ihr Intelligenzquotient leider nicht aus, um Hartz IV zu beantragen. Dann brauchen sie wahrscheinlich einen Anwalt. Und weil das Unverständnis eher die Regel ist, erleben die Mitarbeiter in den Jobcentern die bizarrsten Geschichten.

In einem Fall meldet sich in Norddeutschland ein selbstständiger Fuhrunternehmer, der darlegt, dass sein Geschäft keinen Gewinn abwirft und er deshalb Zahlungen der Hartz-IV-Gesetze beansprucht. Das Problem des Mannes: Er hat zwar ein Fuhrunternehmen, aber keinen Führerschein. Deshalb beschäftigt er einen Fahrer. Sein Fahrzeug hat er auf Kredit gekauft und so muss er neben den Zinsen monatlich 1000 Euro abbezahlen. Diese 1000 Euro führen nun dazu, dass unterm Strich nichts mehr übrig bleibt. Das Jobcenter vertritt die Auffassung, dass es nicht sein könne, dass neben den anerkannten Zinsen auch noch die 1000 Euro als Kosten anerkannt werden sollten, und das Amt so indirekt den Bus abbezahlen müsse. Dies diene ja der Bildung von Eigentum, und das dürfe nicht aus der Sozialkasse bezahlt werden. Der führerscheinlose Busunternehmer legt Widerspruch ein und beantragt ein Eilverfahren, dem stattgegeben wird. Hätte das vom Jobcenter angerufene Landessozialgericht die Eilentscheidung des Sozialgerichts nicht aufgehoben, dann müsste der Steuerzahler bis zur Entscheidung im Hauptverfahren, das leicht drei Jahre dauern kann, mit 36 000 Euro das Fahrzeug mitfinanzieren. Die einzige Frage, die hier zu klären ist: Gehören neben den Schuldzinsen auch die Tilgungsleistungen für das Fahrzeug zu den notwendigen Ausgaben, die vom Einkommen abgesetzt werden können?

Aber nicht nur um große Beträge wird gestritten. §41 SGB II enthält unter anderem die Bestimmung, dass die Leistungen jeweils für sechs Monate im Voraus bewilligt und monatlich im Voraus erbracht werden sollen. Da sitzt nun der Sacharbeiter, und es kommt ein selbstständiges Ehepaar, das als Beruf »Komiker« angibt. Leider würden sie damit derzeit nichts verdienen. Die Ausgaben für die Reisen zu den Engagements seien höher als die Einnahmen. Der Sachbearbeiter bewilligt die entsprechenden Hartz-IV-Zahlungen zunächst nur für drei Monate, in denen er die Ausgaben- und Einnahmesituation nochmals überprüfen will. Die Komiker erheben Widerspruch und Klage und verlangen eine Bewilligung der Zahlungen für sechs Monate.

Unabhängig vom Ausgang solcher Verfahren, die letztlich noch nicht einmal einen Streitwert haben, werden personelle Ressourcen bei Verwaltung und Gericht gebunden, die neben den anfallenden Gebühren aus Steuermitteln zu erbringen sind. In Baden-Württemberg hat zum Beispiel ein Sozialgericht entschieden, dass keine Leistung für Arbeitslosengeld besteht, wenn der Betroffene gerade im Knast sitzt. Auf die irrwitzige Idee muss einer aber erst einmal kommen.

»Fördern und Fordern« lautet die Überschrift über den Hartz-IV-Gesetzen. Wer wollte sich gegen diese Grundsätze stellen? Der damalige Kanzler Gerhard Schröder hat das nicht nur so dahingesagt. Aber auch er konnte nicht verhindern, dass Juristen und Parteipolitiker so lange an den Ausführungsbestimmungen und Rechtsverordnungen herumgedreht haben, bis sie für die Betroffenen, sowohl für den Sachbearbeiter in den Sozialbehörden als auch für den Hilfsbedürftigen, im Nebel der Juristerei verschwommen sind.

Theoretisch sehen die Hartz-IV-Gesetze auch Sanktionen gegen den Missbrauch von Leistungen vor. Klare Bestimmungen für Sanktionen für die Abstauber sind der beste Schutz für diejenigen, die dringend auf die Hilfe des Staates angewiesen sind. Nur so kommen sie aus dem Generalverdacht heraus, alle Hartz-IV-Empfänger seien faule Schmarotzer. Umgekehrt wird dem Steuerzahler signalisiert: Dein Geld versickert nicht in den Taschen von Berufsfaulenzern.

Mehrere Stufen von Sanktionen für das Nichterscheinen zu

Einladungen im Amt, zu Vorstellungsgesprächen oder bei der Ablehnung der angebotenen Arbeit sind im Gesetz benannt. Es beginnt mit 10 Prozent Kürzung des Arbeitslosengeldes für einen unentschuldigt nicht wahrgenommenen Termin im Amt und setzt sich zum Beispiel bei Arbeitsverweigerung in Sanktionierungsstufen von 30 bis 100 Prozent Kürzungen fort.

Jetzt kommen die vielen »Aber«, die Ausnahmen zur Regel. Dazu wieder ein reales Beispiel. Ein ausgebildeter Kraftfahrzeugmechaniker wird von einem Leistungssachbearbeiter mit einer 10-prozentigen Leistungskürzung belegt, weil er trotz schriftlicher Aufforderung und Belehrung über die Folgen nicht zu einem Beratungsgespräch im Jobcenter erschienen ist. Drei Tage später unterbreitet das Jobcenter mittels Vordruck ein Arbeitsangebot in einer Autowerkstatt mit dem Hinweis aus dem Gesetzestext, dass bei Verweigerung der zumutbaren Arbeit die Regelleistung um 30 Prozent abgesenkt wird. Der Arbeitslose meldet sich nicht beim Arbeitgeber, führt also keinen wichtigen Grund an, der ihn an einer Arbeitsaufnahme hindert. Der Sachbearbeiter sanktioniert daraufhin das Verhalten des Arbeitslosen durch die Kürzung von weiteren 30 Prozent der Regelleistung, insgesamt also schon 40 Prozent.

Jetzt wird der arbeitslose Kraftfahrzeugmechaniker aktiv. Er geht zu einem Anwalt und legt Widerspruch ein, dem auch sofort stattgegeben werden muss. Nach Auffassung der Sozialgerichte reicht nämlich die abstrakte Androhung der im Gesetz normierten Kürzung nicht aus. Vielmehr hätte es in diesem Fall bereits bei der Androhung der Sanktion einer zusätzlichen Erläuterung bedurft, dass die Sanktion von 30 Prozent neben der Sanktion von 10 Prozent verhängt wird und damit die Kürzung dann 40 Prozent beträgt. Unabhängig davon ist vor jeder den Arbeitslosen belastenden Entscheidung zusätzlich eine Anhörung vorzunehmen, in der nochmals geklärt wird, ob ein wichtiger Grund für das Nichterscheinen oder die Arbeitsverweigerung vorgelegen hat.

Vor diesem potenziellen Aufwand kapitulieren viele Vermittler und verzichten von vornherein auf Sanktionen. Sie bringen ihnen nur noch mehr Arbeit, keinerlei Anerkennung an ihrem Arbeitsplatz und helfen im Endeffekt noch nicht einmal der Staatskasse. Wird nämlich bei einem chronischen Arbeitsverweigerer schließlich eine 60-prozentige Leistungsminderung verhängt, dann bekommt er zwar entsprechend weniger Geld, kann aber dafür vergleichbare Sachleistungen beantragen.

Monatelange Debatten um die Erhöhung der Hartz-IV-Bezüge für Kinder erwecken den Eindruck, dass an dieser Frage der endgültige Ruin der Staatsfinanzen hängt, und gleichzeitig verursachen die unklaren, liederlich formulierten Sozialgesetze Kosten in Milliardenhöhe, die Rechtsanwälten und der Justiz zugutekommen. Das ist unsozial, genauso wie die gesamte Sozialgesetzgebung, die so kompliziert ist, dass sie die Betroffenen nicht verstehen können. Die Ausmaße dieser gesetzlich geregelten Missstände sind kaum zu erfassen. 2009 wurden 47 014 Fälle vor Sozialgerichten verhandelt – und zwar allein in Bayern, wo es die wenigsten Menschen gibt, die mit Leistungen aus dem Sozialgesetzbuch II überhaupt in Berührung kommen. Im Pleiteland Berlin waren es 2009 schon 26 748 Fälle, Tendenz steigend. Waren es im vierten Quartal 2005 noch 1131 Verfahren vor den Sozialgerichten, so stiegen diese im zweiten Quartal 2009 auf 7619.

Wir reden hier mittlerweile von vielen Hundert Millionen Euro Kosten, Gelder, die zwar aus den Sozialetats bezahlt werden, die aber nicht bei den Bedürftigen ankommen. Es ist eine Umwegfinanzierung aus der Staatskasse zu den besser verdienenden Juristen – im Namen der sozialen Gerechtigkeit. Eine perfide Masche, die der Gesetzgeber durch präzise formulierte Gesetze ganz schnell abschaffen könnte, wenn er denn wollte.

Worum geht es denn in unserem Wohlfahrtsstaat? Die Aufgabe für Parteien und Gesellschaft muss sein, für jeden, der arbeiten will, einen Arbeitsplatz zu finden, jedem, der in un-

verschuldete Not gerät, ein menschenwürdiges Dasein zu ermöglichen, und jedem die gleichen Aufstiegschancen zu bieten. Mit unseren 754 Milliarden Euro, die wir jedes Jahr für
den Sozialstaat aufwenden, erreichen wir nicht ein einziges dieser Ziele. Der Unterschied zwischen Bedürftigen und Sozial-
schmarotzern wird bewusst verwischt, weil sich aus einer großen Zahl mehr parteipolitisches Kapital schlagen lässt. Arbeit
wird systematisch behindert, um alle möglichen ideologischen
oder klimapolitischen Träume zu realisieren, und jeder noch so
kleine parteipolitische Vorteil ist wichtiger, als dem Staat zu helfen. Das gilt auch für Unternehmen und andere gesellschafts-
relevante Gruppierungen. Die Forderung »Vorfahrt für Arbeit«
hat für keinen von ihnen oberste Priorität. Es wird höchste Zeit,
dass wir von dem heute praktizierten Wohlfahrtsstaat Abschied
nehmen und die 1542 Seiten des Sozialgesetzbuchs II in die Alt-
papiersammlung werfen – und am besten noch mal ganz von
vorne anfangen.

23. ARBEIT STATT ALMOSEN

»If you pay for unemployment, you get unemployment« – Wenn
du Arbeitslosigkeit bezahlst, dann bekommst du Arbeitslosigkeit. Für Sozialromantiker ist das ein brutaler Satz, allein schon
weil er aus den USA kommt, dem Hort des Kapitalismus. Dabei ist er in seiner Aussage logisch, klar und stimmig. Für jedes
staatliche Programm, für das Geld ausgegeben wird, findet sich
auch ein Abnehmer. 2009 haben wir für Hartz IV 37,7 Milliarden Euro ausgegeben und für jeden Cent hat sich ein Adressat
gefunden. Für 2010 sind 44,6 Milliarden Euro eingeplant. Würden wir die Summe verdoppeln, würde sie problemlos verteilt
werden können, ohne dass wir auch nur einen Arbeitslosen weniger hätten.

Jahrzehntelang galt der »Wohlfahrtsstaat« skandinavischer

Ausprägung unter den Nichtkommunisten als die höchste Entwicklungsstufe einer solidarischen, demokratischen Gesellschaft. In Deutschland hat sich an dieser Einschätzung bis heute nichts geändert, und so fühlen sich alle Parteien einer Ausgestaltung des Wohlfahrtsstaates verpflichtet. Die FDP vielleicht etwas weniger und Die Linke wahrscheinlich nur zähneknirschend als Übergang ins kommunistische Paradies. Diese Idee aus dem letzten Jahrhundert hat sich so in unsere Köpfe gefressen, dass wir in der breiten Öffentlichkeit überhaupt nicht wahrgenommen haben, dass sich die Skandinavier von dem Modell längst verabschiedet haben und mit ihnen alle angelsächsisch geprägten Nationen. Die Pleite Schwedens Mitte der Neunzigerjahre, der Beinahe-Bankrott Finnlands und Neuseelands sowie der Pragmatismus der Amerikaner haben die Wunschversion des sozialen Paradieses zum Einsturz gebracht. »Workfare« statt »Welfare« heißt jetzt das Modell, das erstaunlich erfolgreich ist. Also »Arbeit statt Wohlfahrt«.

Ausgerechnet in den USA hat sich dabei ein Modell entwickelt, das zu einem Exportschlager geworden ist. »W2« heißt es, ausgeschrieben »Wisconsin Works«. Delegationen aus allen Kontinenten pilgern in Wisconsins Hauptstadt Madison und die große Industriemetropole Milwaukee, um zu verstehen, wie es gelingen konnte, innerhalb kürzester Zeit die Arbeitslosenquote auf ein Viertel zu senken und die Kosten für Sozialhilfe auf ein Drittel zu reduzieren. Der einfache Grundgedanke: Wisconsin hörte auf, für Arbeitslosigkeit zu bezahlen. Stattdessen lautet jetzt die Devise: keine Leistung ohne Gegenleistung. Die knapp 600 000 Einwohner große Stadt Milwaukee ist dazu in fünf Bezirke zur Betreuung der Arbeitslosen aufgeteilt. Diese wurden an qualifizierte Unternehmen vergeben, die sich in der Sozialfürsorge bewährt haben, zum Beispiel den YMCA, in Deutschland bekannt als CVJM (Christlicher Verein Junger Menschen). Einen anderen Bezirk versorgt das Sozialamt der Stadt und einen weiteren übernahm das Privatunternehmen

Maximus, das Arbeitslose für die Arbeitswelt fit macht und in vielen US-Bundesstaaten tätig ist.

Eine Woche habe ich mich in Wisconsin aufgehalten und kann deshalb eines mit Gewissheit sagen: Das Wisconsin-Modell ist gerechter als unsere Hartz-IV-Gesetzgebung und deshalb auch sozialer. Bei Maximus konnte ich miterleben, wie »Wisconsin Works« funktioniert. Als das Programm gestartet wurde, waren im Maximus-Bezirk 90 000 Wohlfahrtsempfänger registriert. Maximus bekam 19 Millionen Dollar im Jahr vom Bundesstaat Wisconsin und musste davon die gesetzlich vorgesehenen Sozialleistungen bezahlen. Wenn es also gelingt, viele Arbeitslose wieder in Lohn und Brot zu bringen, kann das Unternehmen einen Gewinn machen. Wenn es aber die Arbeitslosen nur verwaltet, wird die Firma zwangsläufig Verluste einfahren.

Patricia Helms war eigentlich schon ihr ganzes Leben lang eine Wohlfahrtsscheck-Empfängerin. Sie lebte im Ghetto mit drei unehelichen Kindern, so wie ihre Mutter. An dem Morgen, als sie nach der Gesetzesänderung bei Maximus auftaucht, ist mit einem Schlag alles anders. Sie könne nur noch Geld beziehen, wenn sie auch arbeite, wird ihr von Fallmanagerin Colleen Miller beschieden. Aber das ginge nicht, antwortet Patricia, wie all die Jahre vorher auch. Sie habe doch drei Kinder zwischen zwei und sieben Jahren. »Kein Problem«, reagiert Colleen Miller. »Wir haben hier einen Kindergarten, den die Kinder ab sofort kostenlos besuchen werden. Sie können also sofort mit der Arbeit beginnen.« Patricia schaut ungläubig: Ja, aber sie habe kein Geld, um Benzin zu bezahlen, damit sie zu einer Arbeitsstelle fahren könne. »Auch kein Problem. Hier ist eine Monatsfahrkarte für das gesamte Bussystem Milwaukees. Die bekommen Sie von uns. Also, was wollen Sie arbeiten?« Patricia Helms gibt sich nicht geschlagen: Leider habe sie ziemlich heftige Schmerzen im Knie. Bei gut 100 Kilo Gewicht, die Patricia auf die Waage bringt, keine Überraschung für Colleen. »Das kann ich verstehen«, sagt sie deshalb mitfühlend und händigt ihr die Zusage für die Kosten einer ärztlichen Untersuchung plus entsprechender Behandlung aus. »Ihr Job bei uns ist es also, dass Sie gesund werden und sich entsprechend bemühen. Das wollen wir täglich von Ihnen dokumentiert haben, und deshalb müssen Sie mindestens 30 Stunden pro Woche hierher in unser Zentrum kommen.«

Aus war es mit dem Wohlfahrtsscheck, mit Geld ohne Gegenleistung. Selbst wenn die von Maximus geforderte Gegenleistung erst einmal bedeutete, Patricia überhaupt für den Arbeitsmarkt fit zu machen. Wenn sie alle Auflagen erfüllt, bekommt sie 650 Dollar cash im Monat und abhängig von der Höhe ihrer Mietkosten einen Wohn- und Heizkostenzuschuss sowie das Recht, bei den Lebensmittelausgabestellen entsprechend dem Alter ihrer Kinder frisches Obst und Gemüse, Fleisch und Milchprodukte abzuholen. Außer den kostenlosen Kindergartenplätzen für die beiden Kleinen erhält sie noch einen Gutschein für eine Schule für den Siebenjährigen, der ihr erlaubt, ihr Kind in jeder Schule anzumelden, auch wenn es sich um eine teure Privatschule handelt. Selbst die wird bezahlt, wenn das Kind nach einer Übergangsfrist die entsprechenden Leistungen erbringt. Das alles kostet erst einmal mehr als früher, als Patricia ihren monatlichen Scheck abholte und damit mehr schlecht als recht über die Runden kam. Aber damals musste sie nichts tun, außer herumzusitzen – und mehr hat sie auch nicht gemacht.

Doch damit ist die Fürsorge, die Maximus für Patricia übernommen hat, noch nicht zu Ende. Schließlich hat sie drei Kinder von drei Vätern. Sie soll die Namen nennen. Das will sie erst nicht. Dann aber würde sie keinerlei Leistungen mehr bekommen. Also »verrät« sie, wer die Erzeuger ihrer Kinder sind. Alle haben sich längst davongemacht, sind nicht mehr in Wisconsin. »Kein Problem«, sagt Maximus. Die Alimente übernimmt der Staat. Jetzt schulden die Väter dem Staat das Geld, und das kommt einer Hinterziehung von öffentlichen Mitteln gleich. Die Väter sind deshalb vom FBI in den USA zur Fahndung ausgeschrieben und einmal gefasst, werden sie umgehend nach Wisconsin gebracht. Dann bleiben ihnen zwei Möglichkeiten: Entweder sie arbeiten ihre Schulden ab, oder sie wandern ins Gefängnis.

Das System von W2 ist ganz einfach, für jeden verständlich und deshalb sehr effektiv. Innerhalb weniger Monate hatte sich die Zahl der Bedürftigen von 90 000 auf 30 000 verringert. Sie hatten Arbeit gefunden oder zogen es vor, als Schwarzarbeiter lieber unentdeckt zu bleiben. Die Hilfen, die Maximus auszahlt, sind deutlich niedriger als der Mindestlohn von 6,50 Dollar pro Stunde. Dazu kommen noch die 30 Stunden Pflichtanwesenheit im Zentrum, um sich weiterzubilden oder sich nachweislich um Arbeit zu bemühen. Diese angeordneten Stunden werden jede Woche verändert und sind sehr unregelmäßig. Damit wird sichergestellt, dass es dem Bedürftigen nicht möglich ist, einer Schwarzarbeit nachzugehen. Alle Schmarotzer und Betrüger verschwanden damit schnell aus der Statistik der Kostenstelle, ohne dass komplizierte Kontrollen nötig wurden.

Jean Rogers gilt als die Mutter dieses Modells. Mittlerweile genießt sie ihren Ruhestand. Sie hat zwei Grundregeln beachtet, als sie die Richtlinien entwickelte, die sie als Voraussetzung für jedes erfolgreiche Sozialmodell betrachtet. Erstens: Das Unterstützungsmodell für die sozial Schwachen in einer Gesellschaft darf nicht unter dem Gesichtspunkt des Sparens formuliert werden. Es muss aber dennoch so angelegt sein, dass es die Bedürftigen trifft und nicht wie eine Gießkanne wirkt. Mittel, die Leuten gegeben werden, die sie eigentlich nicht verdienen, werden nämlich denjenigen vorenthalten, die sie dringend brauchen. Zweitens: Die Gesetzgebung muss so klar und einfach sein, dass jeder sie sofort versteht und sich damit identifizieren kann, sowohl derjenige, der Mittel erhält, als auch derjenige, der die Mittel aufbringen muss, nämlich der Steuerzahler. Beides gelingt in Wisconsin seit bald 20 Jahren. Der Gouverneursposten hat in der Zwischenzeit mehrfach von einem Republikaner zu einem Demokraten und umgekehrt gewechselt. An das Wisconsin-Modell hat sich aber keiner gewagt, weil es von der ganzen Bevölkerung getragen wird.

In Deutschland hingegen entwerfen wir ein Modell nach dem anderen, das dafür sorgen soll, dass sich gering bezahlte Arbeit lohnt. Aber keines hat bisher funktioniert. Der Hauptgrund: Das Prinzip »Keine Leistung ohne Gegenleistung« wird als unzumutbar abgelehnt. Eher muten Gewerkschaften und Linke den Arbeitern zu, einen Teil ihres Lohns in Form von Zwangsabgaben an die Arbeitslosen abzugeben. Dabei wird entgegen allen Erfahrungen unterstellt: Der Arbeitslose würde ja arbeiten, wenn ihm dazu nur eine Möglichkeit geboten würde. Das trifft sicher auf viele Hunderttausend, vielleicht sogar auf eine Million Mitbürger zu. Aber das ist eben nur die halbe Wahrheit.

Das Bonner Institut zur Zukunft der Arbeit (IZA) hat in einer Untersuchung herausgearbeitet, warum alle deutschen Modelle im Endeffekt nicht funktionieren: Die staatlichen Leistungen für das Nichtstun sind ebenso hoch wie oder sogar höher als das Entgelt für einen Arbeitslosen, der einen einfachen Job annimmt. Der Marktlohn für gering qualifizierte Beschäftigung liegt nicht weit genug über dem staatlich garantierten Grundeinkommen in Form von Hartz IV plus Wohngeld und sonstige Beihilfen.

Die bürgerlichen Parteien bringen deswegen immer wieder den »Kombilohn« ins Gespräch. Die Idealvorstellung sieht so aus: Die Wirtschaft bietet genügend Niedriglohnjobs an, die sonst ins Ausland abwandern würden. Der Staat schießt die Differenz bis zu einem Lohn, der eine gesicherte Existenz bietet, zu. Theoretisch ist das eine gute Idee, würde doch der Arbeitnehmer, der Transferleistungen erhält, wenigstens einen Teil seiner Lebenshaltungskosten selbst erwirtschaften. Aber die Rechnung geht auch nur theoretisch auf. Das IZA hat ausgerechnet, dass jeder, der Zuzahlungen erhält, pro Jahr ein Mindesteinkommen von knapp 40 000 Euro benötigt, um mit einem Arbeitslosen gleichzuziehen. Schließlich muss der Beschäftigte Steuern und Sozialabgaben bezahlen, die für den Arbeitslosen nicht anfallen. Laut IZA würde der aufwendige Kombilohn die Arbeitslosenzahl gerade einmal um 100 000 senken. Unbeantwortet bleibt bei all diesen Modellen die Frage, welchen Anreiz zu arbeiten ein Hartz-IV-Empfänger haben soll, wenn er sich durch eine reguläre Arbeit finanziell nicht besserstellen kann. Zusätzlich zeigt die Erfahrung, dass wir davon ausgehen müssen, dass gerade die offiziell registrierten Arbeitslosen einen Großteil der rund 365 Milliarden Euro erwirtschaften, die das Volumen des Schwarzmarkts ausmachen. Solche Sozialschmarotzer würden ihre aktuelle Situation verschlechtern, gingen sie offiziell arbeiten.

Das IZA kommt zu dem Ergebnis, dass »Workfare« die faire Alternative zu unseren bestehenden Sozialgesetzen ist. Um einen dauerhaften und vollständigen Übergang aus dem Transfersystem in die Erwerbstätigkeit auf dem regulären Arbeitsmarkt zu fördern, muss sich der Sozialstaat von einer bedingungslosen Gewährung der Grundsicherung verabschieden. Alle politisch unabhängigen Studien kommen zum selben Schluss.

Wisconsin ist mittlerweile nur ein Beispiel. Selbst unsere Nachbarländer wie die Niederlande und Dänemark, die nun wirklich nicht in dem Ruf frühkapitalistischer Traditionen stehen, haben das Workfare-Modell konsequent umgesetzt. In allen anderen skandinavischen und angelsächsischen Staaten wird es in leicht veränderten Varianten praktiziert. Warum nur geht das bei uns nicht? Das übliche Argument, einem Ingenieur sei es nicht zuzumuten, als Straßenkehrer zu arbeiten, zieht nicht. Ist es denn für die Allgemeinheit zumutbar, den Ingenieur jahrelang fürs Nichtstun zu bezahlen? In allen Staaten, die sich für das Workfare-Modell entschieden haben, ist die Arbeitslosigkeit mindestens um die Hälfte gesunken. Selbst während der großen Finanzkrise waren sie weit weniger von Arbeitslosigkeit betroffen als jene Länder, die Arbeitslosigkeit finanzieren.

Wer sich eine Reise nach Wisconsin sparen möchte, kann wenigstens im benachbarten Dänemark nachschauen und lernen, wie auch bei uns Hartz IV von einem einfachen, verständlichen und sozialeren System abgelöst werden könnte.

In Dänemark gilt eine vierzehntägige Kündigungsfrist. Dann erhält der Betroffene allerdings 90 Prozent seines letzten Nettogehalts als Überbrückungsgeld. Wer unter 26 Jahre alt ist, bezieht diese hohe Arbeitslosenzahlung sechs Monate lang, alle Über-26-Jährige zwölf Monate. Danach müssen sie wieder arbeiten, egal was – und wenn sie selbst nichts gefunden haben, wird ihnen ein Job zugeteilt, ohne Rücksicht auf ihre frühere Position oder Ausbildung. Damit soll zweierlei erreicht werden: Unternehmen stellen schnell neue Mitarbeiter ein und brauchen dafür keine befristeten Verträge oder Zeitarbeiter. Das hohe Arbeitslosengeld verhindert den sozialen Absturz. Die Angst, durch einen Jobverlust auch die Ersparnisse, das Haus oder die familiäre Umgebung zu verlieren, besteht nicht.

Als die Dänen diese Regeln einführten, hatten sie eine Arbeitslosigkeit von etwa 12 Prozent und lagen damit an der Spitze in Europa. Heute haben sie nie mehr als 5 Prozent. Damals wussten die Jobcenter oft nicht, was sie den Langzeitarbeitslosen noch anbieten sollten. Sie mussten sehr erfinderisch sein, um die Vorgaben des Gesetzes einzuhalten. Also schickten sie auch schon mal Akademiker in den Wald, um dort aufzuräumen. Heute kommt es so gut wie nie vor, dass ein Zwangsarbeitsplatz zugewiesen werden muss. Die ganze Wirtschaft hat sich auf die neue Situation eingestellt und lange bevor die Fristen abgelaufen sind, haben die Arbeitslosen wieder eine Beschäftigung.

Zuständig für die Arbeitsvermittlung sind Jobcenter, die gemeinsam von den Kommunen und der Arbeitsvermittlung betrieben werden. Die örtliche Wirtschaft meldet ihren zu erwartenden Bedarf, und die Jobcenter suchen unter den Arbeitslosen Kandidaten aus, die sie für diese demnächst entstehenden Jobs ausbilden. Die Jobcenter kümmern sich, ähnlich wie in Wisconsin, auch um die Kinderbetreuung und um schulpflichtige Kinder, wenn der neue Job mit einem Ortswechsel verbunden ist.

In Horsens habe ich zum Beispiel die speziellen Ausbildungslehrgänge für geistig und körperlich Behinderte erleben können. Sie unterliegen den gleichen Gesetzen, und ihre Arbeitslosenquote ist nicht höher als die aller Dänen. Es gab auch eine Arbeitsgruppe mit Drogenabhängigen. Für sie ist ein spezielles Programm zur Rehabilitation eingerichtet, das sie wieder ins Arbeitsleben integrieren soll. Für alle aber gilt das gleiche Prinzip: Entweder sie arbeiten, nehmen an einer Förderung oder Rehabilitierung teil, oder sie bekommen keine Krone vom dänischen Staat.

Das Workfare-Prinzip stellt dabei die soziale Grundsicherung nicht infrage, und es senkt auch das Niveau für die Bedürftigen nicht ab. Es verhindert nur Missbrauch und setzt Anreize für den Betroffenen, Arbeit anzunehmen. Keine Leistung ohne Gegenleistung – ist das wirklich sozial ungerecht oder sogar menschenunwürdig? Workfare finanziert Arbeitslosigkeit nicht mehr, Workfare ist das Netz vor dem sozialen Absturz. Ein solches Prinzip würde gewiss auch von denjenigen in Deutschland akzeptiert, die es bezahlen müssen: von den Steuerzahlern, und damit von den Facharbeitern und den vielen mittleren und kleinen Angestellten, die sich jetzt oft blöd vorkommen müssen, weil sie für ihr Monatseinkommen 40 Stunden in der Woche hart arbeiten, während der Nachbar mit Schwarzarbeit und Sozialtransfer mehr netto zur Verfügung hat als sie.

Bleibt noch die Frage zu klären, warum wir in Deutschland den Begriff »Workfare« kaum kennen, warum er in den geschwätzigen Talkrunden des abendlichen Gebührenfernsehens nicht vorkommt. Workfare würde vielen professionellen Elendsvertretern die Geschäftsgrundlage entziehen und die bestehenden Machtstrukturen der Sozialpolitiker in ihren Grundfesten erschüttern. Die Zahl der Transferempfänger würde sich ruckartig um bis zu einer Million verringern. Die gehen dann als Wählerpotenzial der Linken verloren. Sie könnten nicht mehr als lebende Opfer einer neoliberalen Politik vorgeführt werden.

Aber auch die Unternehmen müssten umdenken. Vorbei die Zeiten, in denen sie billigen Zeitarbeitern und Aushilfskräften ordentliche Gehälter verweigern können. Denn eine 14-tägige Kündigungsfrist wie in Dänemark gilt auch für Arbeitnehmer. Dank dieser Gesetzesänderungen für den Arbeitsmarkt und der Auswirkungen der demografischen Entwicklung würde das auch bedeuten: Wer schlecht zahlt und seine Beschäftigten mies behandelt, steht schnell ohne Mitarbeiter da.

Workfare statt Welfare, das wäre eine andere Republik: sozial gerechter, von der Masse der Bevölkerung getragen und zukunftssicher. Doch nichts deutet darauf hin, dass wir diesen Schritt in der nächsten Zukunft vollziehen werden. Dafür fehlt in Deutschland die energische politische Führung, die für das Land und seine Menschen arbeitet und nicht für utopische Ziele oder den eigenen Machterhalt.

24. DIE ALTEN – DIE ZUKUNFT DER REPUBLIK

Die australische Regierung hat 2002 in einer Studie berechnet, dass eine Nation, in der 25 Prozent aller Bürger über 65 Jahre alt sind und noch eine fast 20-jährige Lebenserwartung haben, als Wohlfahrtsstaat wirtschaftlich nicht überleben kann. Dieses alarmierende Ergebnis hat zu einer Kettenreaktion von Maßnahmen geführt. Als erstes haben die Australier ein Ministry for Aging, also ein eigenes Ministerium für das Älterwerden, geschaffen – übrigens ist es nach wie vor das einzige auf der Welt. Die Aufgabe dieser Behörde ist es, alle Bereiche des täglichen Lebens so umzugestalten, dass älteren Menschen eine aktive Teilnahme am gesellschaftlichen Leben bis ins hohe Alter möglich bleibt.

In der Bangkoker englischsprachigen Zeitung *The Nation* stand im Juli 2010 ein Artikel über die drohende Gefahr der Überalterung in Thailand. Immerhin seien jetzt schon 12,5 Prozent der Bevölkerung über 65, und diese Zahl würde in den nächsten zwei Jahrzehnten auf 20 Prozent ansteigen. Thailand solle sich deshalb auf eine Einwanderung junger Arbeitskräfte einstellen, die bis zu 20 Prozent der heutigen Bevölkerung ausmachen müsste. »Die haben Sorgen«, kann einem da in den Sinn kommen. In der Bundesrepublik haben wir jetzt schon 20,7 Prozent Über-65-Jährige, und bis 2030 wird dieser Anteil auf circa 30 Prozent ansteigen. Nach australischer Lesart sind wir dann am Ende und nicht mehr überlebensfähig. Ich fürchte, die Australier haben recht. Immerhin: Ein bisschen was haben wir ja auch schon auf den Weg gebracht. Wir haben die Rente mit 67 beschlossen – sehr schematisch, sehr mathematisch, sehr bürokratisch. Entsprechend unbeliebt und umstritten ist dieses Gesetz.

Die Bertelsmann Stiftung hat weltweit untersucht, welche Nationen am besten ältere Menschen in die Gesellschaft integrieren. Dabei ging es nicht um den Staat, der das heute schon objektiv geschafft hat, sondern um die Staaten, die sich in einem Transferprozess befinden, die sich von einer schlechten Ausgangsbasis zu einem Vorbild gewandelt haben. Vielleicht, so die Hoffnung der Initiatoren, wäre Deutschland dann eher bereit, von einem solchen Staat zu lernen. Das war 2006, und gelernt hat Deutschland nichts. Japan, Neuseeland und die Schweiz sind seit Langem so vorbildlich, dass sie gar nicht erst zum Vergleich herangezogen wurden. Zukunftsweisende Reformen haben Finnland, Australien und die Niederlande durchgesetzt, alles Staaten, die durchaus in ihrer Mentalität und ihrer politischen Entwicklung mit Deutschland gleichzusetzen sind.

Die Ausrede »Das passt nicht in unsere Kultur«, die ich so oft gehört habe, um sich mit Veränderungen erst gar nicht auseinandersetzen zu müssen, kann in diesem Fall also nicht gelten.

Einige der Gesetze und der grundsätzlichen Überlegungen, die zu diesen Reformen geführt haben, will ich hier vorstellen. In Helsinki besuchte ich die Stadtwerke, wo Fahrzeuge gewartet werden wie Busse, Müllwagen, Schneepflüge und Sandstreuer. Die Jobs kosten Kraft und verlangen eine gute Ausbildung. In dem Betrieb konnte ich erleben, wie die Finnen den Übergang vom Arbeitsleben ins Rentenalter flexibilisiert haben: Wer vom 62. bis zum 65. Lebensalter arbeitet, bekommt pro Jahr 1,5 Prozent mehr Rente. Wer bis zum 68. Lebensjahr im Beruf bleibt, erhält sogar 4 Prozent mehr. Doch was nützen all die Anreize, wenn die Mitarbeiter nicht mehr arbeiten können, weil die Bandscheiben zum Beispiel nicht mehr mitmachen? Also wurde auch das finnische Gesundheitsministerium mit eingebunden, um für eine altersgerechte Beschäftigung Maßstäbe zu entwickeln. Jedes Jahr wird jeder Mitarbeiter von einem Arzt am Arbeitsplatz untersucht, der dann entscheidet, welche Arbeiten für den Betroffenen nicht mehr zumutbar sind und ob er vielleicht nur noch als Teilzeitbeschäftigter zur Verfügung stehen soll.

Auch das Bildungsministerium wurde in die gemeinsamen Anstrengungen zur Lösung der Überalterung einbezogen. Was nützt es, wenn ein älterer Mitarbeiter zwar weiterhin arbeiten möchte, aber neue technische Entwicklungen seine Kenntnisse überfordern? Deshalb werden für alle Berufsgruppen Weiterbildungskurse angeboten – und das bis ins hohe Alter.

Der Ansatz Weiterbildung plus Gesundheitsvorsorge und altersgerechte Beschäftigung ist auch in Australien zu finden. Die ohnehin sportbegeisterte Nation hat bis ins letzte Dorf irgendwo im unendlich weiten Land ein System von Gymnastikkursen und Fitnessstudios aufgezogen, in denen ältere Menschen kostenlos betreut werden, Hauptsache, sie halten sich fit. Das fixe Renteneintrittsalter wurde abgeschafft: Jeder entscheidet selbst, wann er aufhören will zu arbeiten. Damit verbunden war die Möglichkeit, sich bis ins hohe Alter selbstständig zu machen. Die Banken dürfen aus Altersgründen keine Kredite verwehren. Außerdem werden Unternehmen ausgezeichnet, die viele Über-60-Jährige beschäftigen. In Melbourne besuchte ich einen Automobilzulieferbetrieb, in dem 67-Jährige an der Werkbank standen und gar nicht daran dachten aufzuhören. In einem Buchhalterbüro mit über 20 Mitarbeitern lag das Durchschnittsalter über 60. Einer von ihnen, Peter Graham, meinte, er sei früher bei der Staatsbank beschäftigt gewesen und mit 62 in Rente gegangen. Das habe weder ihm noch seiner Frau gutgetan und deswegen habe er diesen Job angenommen. Er sehe auch nicht ein, dass er mit 70 schon aufhören solle.

Sicher, Australien eilt von Beschäftigungsrekord zu Beschäftigungsrekord. Wer in diesem Land nicht arbeitet, muss schon allerhand Fantasie aufbringen, um den überall vorhandenen Jobangeboten zu entkommen. Je weiter sich Australien vom europäischen Wohlfahrtsstaatsmodell entfernte, umso schneller wuchsen Wirtschaft und Beschäftigungsquote. Ein Allzeithoch wurde im Juli 2010 mit über 12 Millionen Erwerbstätigen gemeldet – bei 21,9 Millionen Einwohnern eine Quote von über 50 Prozent. Davon sind wir in Deutschland mit unserer intensiven Sozialbetreuung noch weit entfernt.

Soziale Betreuung wird in Australien anders definiert als bei uns. Eine serbische Einwanderin trennte sich nach Jahren der Unterdrückung und Misshandlung von ihrem Ehemann. Alleinerziehend mit drei Kindern war sie eigentlich mit 54 Jahren am Ende. Die Arbeitsvermittlung kümmerte sich jedoch so intensiv um diese Frau, dass sie einen Job als Betreuerin für Kranke annehmen konnte, der ihren Lebensunterhalt finanziert. Sie wird ganz gewiss nicht mit 65 aufhören zu arbeiten, denn für sie hat ein lebenswertes, selbstbestimmtes Leben erst mit ihrem 55. Lebensjahr begonnen.

Irgendwie hatte ich in Australien das Gefühl, die Menschen

sind keine staatlichen Subjekte, die betreut werden müssen, sondern selbstbestimmte Wesen, denen die Gesellschaft hilft. Das Gleiche empfand ich auch, als ich eine Neubausiedlung besichtigte, die nach den neuesten Bauvorschriften gestaltet worden war. Diese verlangen, dass alle Häuser altengerechtes Wohnen ermöglichen: breite Türen, durch die ein Rollstuhl fahren kann; Steckdosen vor dem Haus, um elektrische Rollstühle zu laden; behindertengerechte Toiletten; Küchen, die von Rollstuhlfahrern bedient werden können. Die ganze Siedlung ist so gestaltet, dass für Behinderte keine Gefahr durch den Autoverkehr entstehen kann. Das ist das Ergebnis, wenn ein Land ein Ministry for Aging hat.

In Deutschland, das von einer viel massiveren Überalterung betroffen ist als Australien, fehlt ein solches Gesamtkonzept. Wir diskutieren einzelne Problemfelder, wie Pflegeversicherung oder Rente mit 67, dies aber dann mit großer ideologischer Wucht. Sicher haben Sie auch schon einmal das Ritual in einer Talkshow gesehen, wenn es zum Beispiel um die Rente mit 67 geht. Da sitzen dann die besorgten Rentenexperten, die vorrechnen, dass bei einer gestiegenen Lebenserwartung eine Rente mit 65 einfach unfinanzierbar wird und verteidigen deshalb die Rente mit 67. Dann kommt ein Gutmensch, der sehr überzeugend aufzeigt, wie ungerecht es ist, wenn ein Schwerstarbeiter nach 45 Jahren jetzt noch zwei Jahre weitermachen soll. Der Dachdecker ist eines der Standardbeispiele. Wie soll der mit seinen kaputten Bandscheiben noch mit 67 auf dem Dach herumklettern? Keine Frage, damit haben sie recht. Das ist unzumutbar. Dagegen kommen die Renten-Mathematiker nicht an. Und damit endet die Talkshow – immer wieder und wieder dasselbe Ritual, weil natürlich auch immer wieder dieselben Akteure teilnehmen und die Moderatoren von der Problematik so viel wissen, wie es ihnen die Mitarbeiter aufgeschrieben haben.

Dabei ist die Diskussion um die Rente mit 67 eine Gespensterdebatte, die für die Parteien wichtig ist, für die Rentner aber völlig belanglos. Statt ideologischer Verrenkungen hilft hier die einfache Zinseszinsrechnung weiter, wie sie in der Hauptschule gelehrt wird. Geht nämlich ein Arbeitnehmer in Zukunft mit dem 65. Lebensjahr in Rente, dann entspricht dies einer Rentenkürzung von 7,2 Prozent. Der Abzug beträgt nämlich 0,3 Prozent pro Monat. Arbeitet er aber bis zur Vollendung des 67. Lebensjahres, dann muss er zwei Jahre länger Rentenbeiträge bezahlen und bekommt zwei Jahre später seine Rente ausgezahlt. Macht summa summarum wieder eine Rentenkürzung von 7,2 Prozent. Also: Das Gesetz zur Verschiebung des Rentenalters von 65 auf 67 Jahre ist nichts anderes als ebenfalls eine Rentenkürzung von 7,2 Prozent. So einfach ist das manchmal.

Und genauso verhält es sich mit all den anderen Rentenreformen der letzten Jahre. Sie hatten alle schöne Namen: das Nettorentenanpassungsgesetz von 1992, die modifizierte Bruttolohnanpassung 2001, das Nachhaltigkeitsfaktorgesetz von 2003 – alles nur Rentenkürzungsgesetze, die mit diesen verschwurbelten Namen daherkommen. Auch die Alternative zur Rente mit 67, die von den Linken vorgeschlagen wird, ist Augenwischerei. Sie wollen den Beitrag um 0,6 Prozent der Lohnkosten erhöhen. Damit zahlt der Arbeitnehmer vorher ein, was ihm dann später nicht abgezogen wird.

Die schlichte Wahrheit ist: Bei sinkender Beschäftigungszahl und steigender Lebenserwartung sind Rentenkürzungen unausweichlich. Der Ex-Sozialminister Norbert Blüm hat ja recht mit seinem Mantra: »Die Rente ist sicher« – er hat schließlich nicht gesagt, wie hoch sie dann noch ist. Bernd Raffelhüschen, der in seinem Freiburger Institut die Auswirkungen der verschiedenen Rentenmanipulationen berechnet, besteht darauf, dass zu diesen Erkenntnissen kein Studium der Finanzwissenschaften nötig ist, sondern ein qualifizierter Hauptschulabschluss. Da sollten sich Politiker und Journalisten doch mal hinterfragen.

Von der deutschen Grenze in die niederländische Stadt Groningen sind es etwa 52 Kilometer. Dort könnten ideologisch verklemmte Theoretiker praktische Lösungen studieren, wie die Aufgabe gelöst wird, älteren Menschen in der Arbeitswelt einen Platz einzuräumen. Müllabfuhr und Straßenreinigung sind körperlich schwere Jobs – eigentlich. Die Stadtwerke in Groningen haben mit ihren Beschäftigten einen Vertrag geschlossen: Keiner wird aus Altersgründen oder Krankheit entlassen – aber dafür ist jeder bereit, sich weiterzubilden und jede Arbeit anzunehmen, die für ihn zumutbar ist.

Mit Personalchefin Yvonne Verhagen war ich beim Vertrauensarzt. Eine Mitarbeiterin hatte eine schwere Armoperation. Sie wird nie wieder einen Computer bedienen können. In Deutschland ein klarer Fall der Frühverrentung. Nicht so in Groningen: »Wir fragen nicht, was ein Mitarbeiter nicht mehr kann«, erklärt Yvonne Verhagen das Prinzip. »Wir fragen nur, was er noch kann.« Die frisch operierte Dame zum Beispiel ist bereit, mit links schreiben zu lernen. Die Stadtwerke werden ihr dafür dann einen Job in der Disposition ermöglichen.

Morgens um 6 Uhr begleite ich einen ehemaligen Müllsäcke-Einsammler auf seinem Reinigungsfahrzeug. Seine Bandscheiben sind hinüber. Statt schwere Müllsäcke zu wuchten, fährt er jetzt auf einem mit einem Spezialsitz ausgestatteten Reinigungsfahrzeug durch die leere Stadt und spritzt sie sauber. Später treffe ich zwei Stadtwerker, die herrenlose Fahrräder einsammeln. In Groningen sind das pro Tag Dutzende. Sie werden in einer Werkstatt wieder aufbereitet und dann verkauft. Damit finanziert sich diese Arbeitsgruppe weitgehend selbst. Sie besteht aus Mitarbeitern mit psychischen Störungen, die einen Schichtdienst nicht durchhalten.

Die Leitung der Stadtwerke geht noch weiter: Sie untersucht, welche Arbeiten krank machen und schafft diese sukzessive ab. Zum Beispiel ruiniert das Einsammeln von Müllsäcken früher oder später die Bandscheiben. Straße für Straße baut Groningen jetzt in die Bürgersteige tief eingelassene Müllsammelstellen. Die Bewohner werfen ihren Abfall in eine Klappe und weg ist der Müll. Im Bürgersteig befindet sich ein Bügel. Wenn der Müllwagen vorfährt, hat der Fahrer ein Handgerät, mit dem er den Kran steuert, der den Großcontainer am Bügel aus dem Bürgersteig holt, ihn in den Wagen entleert und dann den leeren Container wieder fast spurlos in den Bürgersteig versenkt.

Vorsorge für eine ältere Gesellschaft heißt auch, Vorsorge dafür zu treffen, dass die Menschen mit 65 Jahren kein körperliches Wrack sind, das heißt, die Arbeitsplätze so zu gestalten, dass Menschen auch noch mit 70 beschäftigt sein können, wenn sie dies wollen und es sich leisten können. Den kalten mathematischen Berechnungen der Australier, dass eine Nation nicht wirtschaftlich überleben kann, wenn mehr als 25 Prozent über 65 Jahre und älter sind und von Transferleistungen wie Renten, Pensionen und Lebensversicherungen leben, muss mit viel Fantasie und Freiheitsschancen für den Einzelnen entgegengewirkt werden. Der ewige Verweis auf den bandscheibengeschädigten Dachdecker reicht da nicht.

Unsere Probleme mit einer überalternden Gesellschaft sind aber noch viel gravierender als in Australien, Finnland oder in den Niederlanden. Wir steuern auf eine Situation zu, in der wir mehr Hundertjährige haben als vor 30 Jahren noch 80-Jährige. Wer zwischen 60 und 70 ist, gehört bald noch zu den rüstigen Jahrgängen, die sich ganz sicher nicht nur Reisen und Wellness hingeben können, wie sich dies die heutigen Pensionäre und gut versorgten Rentner leisten.

Mit der Einführung der Pflegeversicherung wurde ein weiterer Sargnagel in die sozialen Sicherheitssysteme geschlagen. Der verstorbene Wirtschaftswissenschaftler Wolfram Engels stellte in seinen scharfzüngigen Kommentaren lakonisch fest: Der Wohlfahrtsstaat wird mit dieser Pflegeversicherung nur noch schneller zusammenbrechen. Im Prinzip wird er recht behalten, doch vorher wird die Pflegeversicherung den Staat mit Milliardendefiziten belasten. Die Ansprüche der heute Lebenden an die Pflegeversicherung im Alter beziffert der Freiburger Finanzwissenschaftler Bernd Raffelhüschen auf knapp 2 Billionen Euro, wie schon in Kapitel 8 erwähnt. Der Strukturfehler der Pflegeversicherung: Vom ersten Tag der gesetzlichen Einführung gab es Leistungsberechtigte, die nie einen Pfennig eingezahlt hatten. Wieder wurde damit ein soziales Sicherungssystem eingeführt, das auf einer Umlage basiert, also darauf, dass die nächste Generation für die vorherige zu zahlen hat.

Als Konrad Adenauer entgegen allen wirtschaftlichen Ratschlägen 1957 die umlagefinanzierte Rente durchsetzte, belehrte er seine Gegner mit dem mittlerweile legendären Satz: »Kinder gibt es immer!« Adenauer kann man noch zugutehalten, dass die Pille damals noch nicht erfunden war. Als die Pflegeversicherung von Norbert Blüm durchgesetzt wurde, litt das Land schon längst unter einer niedrigen Geburtenquote. Es war also klar, dass es keine nächste Generation geben wird, die die Umlage bezahlen kann. Damals stimmte auch die FDP für dieses halsbrecherische Unternehmen, obwohl der überzeugte Marktwirtschaftler Otto Graf Lambsdorff noch ein mächtiger Mann war.

Vielleicht werden die Gründe für die Entscheidung transparenter, wenn die Frage beantwortet wird: Cui bono – wem nützt es? Bei der Pflegeversicherung bin ich zu Ergebnissen gekommen, die von den Betroffenen mit großer Entrüstung zurückgewiesen, ja sogar als abwegig bezeichnet werden. Vor der gesetzlichen Verankerung der Pflegeversicherung musste das Sozialamt für die Kosten aufkommen, die über dem Einkommen und Vermögen des Pflegebedürftigen lagen, sollten ein Heimplatz oder eine häusliche Hilfe notwendig werden. Dafür griff das Sozialamt zunächst auf eventuell bestehendes Familienvermögen zurück. Das konnte bedeuten, dass für einen langjährigen Pflegefall schon mal das Einfamilienhäuschen verkauft werden musste. Dies war gleichzeitig aber auch ein Anreiz für die Angehörigen, ihre alten Eltern oder engen Verwandten selbst zu pflegen, um den Besitz zu retten.

Mit der Pflegeversicherung entstand aber eine völlig neue Lage: Wenn die Alten im Heim untergebracht wurden, linderten die Zuschüsse aus der Pflegeversicherung auch für Gutsituierte die Belastung. Nach dem Motto: Wenn es schon Geld vom Staat gibt, dann werden wir es auch beanspruchen. Opa ins Altersheim, und das Häuschen bleibt uns als Erbe erhalten. Davon profitierte wieder einmal vor allem die Mittel- und Oberschicht, denn anders als bei der Sozialhilfe gibt es bei der Pflegeversicherung keine Einkommensgrenze. Der Millionär bekommt genauso viel wie der Kleinstrentner.

Einer weiteren Institution kam die Pflegeversicherung sehr entgegen. Die Hilfe für die Alten mussten zuvor die Kommunen bezahlen. Diese waren und sind immer pleite. Die Sozialkosten für mittellose Rentner lasteten schwer auf den Taschen der Kämmerer. Schon damals wäre dringend eine Steuerreform nötig gewesen, um den Kommunen eigene Einnahmen zu verschaffen. Dies wiederum wollte und will die gesamte politische Klasse nicht, weil dann zu viel Transparenz ihre Misswirtschaft erhellen würde. Mit einem Schlag aber war der Druck für diese Steuerreform weg, denn die Pflegeversicherung entlastete die Kommunen um Milliarden.

Der wohlfahrtsstaatlichen Bemäntelung beraubt, mit der die Pflegeversicherung schmackhaft gemacht wurde, nenne ich diese sogenannte soziale Errungenschaft ein Erbschaftssicherungs- und Kommunalsteuerrechts-Verhinderungsgesetz. Dieses Gesetz hat keinen Altenpflegeplatz mehr geschaffen, sondern es macht die Angehörigen, die ihre Alten pflegen zu Trotteln, und es schafft unendlich viel Bürokratie. Es macht den Staat mächtiger, verwischt die Verantwortung, fördert Habgier und Egoismus. Und es dehnt sich wie ein Ungeheuer über die öffentlichen Finanzen aus.

Mit 1 Prozent Beitragssatz hat es angefangen, zu zahlen von

jedem, auch von Rentnern. Bald stellte sich heraus, dass dies natürlich nicht reicht. Also wurde der Beitrag auf 1,7 Prozent erhöht. Kinderlosen werden sogar 0,25 Prozent mehr zugemutet. Das ist eine Lachnummer. Denn niemand wird so sehr von der Pflegeversicherung profitieren wie unsere Kinderlosen. Noch werden über 70 Prozent der alten Menschen von ihren Angehörigen gepflegt: aus Fürsorge, aus Menschlichkeit, aus der Liebe, die unsere Gesellschaft noch immer zusammenhält. Das ist mit unendlich viel Verzicht auf Freizeit und Lebensqualität verbunden und selten mit Dankbarkeit. Es sind hauptsächlich die Töchter und Schwiegertöchter, die diese Verantwortung übernehmen – kostenlos für die Gesellschaft.

Wer aber soll demnächst die Kinderlosen pflegen – jene »Ich«-Generation, die an Karriere, Selbstverwirklichung, Lebensqualität gedacht und danach gelebt hat? Sie müssen auf die Pflegeversicherung hoffen. Niemand zwingt sie bisher, dass sie für ihr Alter Rücklagen bilden, damit sie dem Staat nicht zur Last fallen. Der Staat, das werden dann die Kinder derjenigen sein, die in ihrem Leben mehr Verantwortung gezeigt, auf Karriere und Einkommen verzichtet haben. Diesen gewaltigen Unterschied also berechnet der Staat zurzeit mit 0,25 Prozent Zuschlag. Die 2 Billionen zusätzlicher Kosten für die Pflegeversicherung sind also schnell beisammen. Wir müssen nur die rapide Zunahme der Alten an der Gesellschaft berücksichtigen und die längere Pflegezeit einkalkulieren, weil die vielen sehr Alten gebrechlicher sein werden. Vor allem verursachen der Pflegeversicherung die Millionen Alleinstehenden gewaltige Kosten, da sie niemanden haben, der sich im Alter um sie kümmert. Für das politische Berlin, das jetzt die Augen verschließt, fallen die dann irgendwann vom Himmel. Wer aber heute die Pflegeversicherung abwickeln will, wird mit Gewissheit als asozial, neoliberal und sonstigen Unwörtern niedergemacht. Sozial ist in unserem Land nämlich, was der Staat als sozialen Fortschritt definiert. Dabei stört die Realität.

Mit absoluter Sicherheit steht fest: Mit den heute geltenden Gesetzen und der heute installierten sozialen Infrastruktur wird Deutschland mit über 30 Prozent über 65-Jährigen weder wirtschaftlich bestehen noch den Alten einen menschenwürdigen Ruhestand bieten können.

Neue Ideen und Innovationen sind gefragt. Die Japaner, die eine noch schnellere Überalterung verkraften müssen als wir, haben herausgefunden, dass vor allem Nationen, in denen die älteren Menschen auf eine staatliche Rundumversorgung bauen können, eine niedrige Geburtenrate aufweisen. Seither arbeiten sie an einem Modell, das die Lasten zwischen den Generationen gerecht verteilen soll. Dabei gehen die Japaner von der Tatsache aus, dass es nur zwei nachhaltige Investitionen für die nächste Generation gibt: Kinder und Kapital. Wer Kinder hat, bedient den Generationenvertrag, sorgt für eine ständige Erneuerung der Nation. Er ist auch im Generationenvertrag im Alter dadurch wieder abgesichert. Wer aber keine Kinder hat, ist im bestehenden System Kostgänger des Generationenvertrags – sollte nach japanischem Modell ausgeschlossen werden. Er muss entsprechend Kapital ansammeln: für die erhöhten Krankenkosten im Alter, für die Rente und vor allem für die Pflege. Da kommt schnell ein Sparvolumen von einigen hunderttausend Euro auf einen Kinderlosen zu, will er die gleiche Absicherung haben wie derjenige, der Kinder hat. »Nix mehr drei Mal Hawaii«, erklärte mir der Teilnehmer einer Bevölkerungskonferenz in Tokio. Die jungen karrierebewussten, freizeitorientierten Paare, die übers verlängerte Wochenende schnell mal nach Hawaii geflogen waren, müssen jetzt ihr Geld für die Alterssicherung ansparen. Noch liegen keine Auswertungen vor, aber es sieht so aus, als sei es billiger, Kinder zu haben als kinderlos zu bleiben, weil die Summen, die das Alter verschlingt, für den Einzelnen sehr hoch sein werden.

Eine solche Lösung, um die Unterdeckung der Sozialsysteme zu verhindern, wird in Deutschland nicht diskutiert. Wer will sich schon mit den einflussreichen DINKS anlegen – den »double income no kids«-Mächtigen (zwei Einkommen, keine Kinder). Ohne jetzt unsere Führungseliten in Politik, Publizistik und Wirtschaft an den Pranger zu stellen: Aber die kinderlosen Profiteure unseres familienfeindlichen Systems sind da übermäßig stark vertreten. Schauen Sie sich einmal die Regierungsbank, die Abgeordnetenränge und Multiplikatoren genau an.

Kräftige Aufschläge für die Kündigung des Generationenvertrags in der Renten- und Pflegeversicherung wegen Kinderlosigkeit ist eigentlich eine versicherungstechnische Notwendigkeit, um eine Gleichheit bei Kosten und Risiko herzustellen. Das gilt auch für diejenigen, die aus biologischen Gründen keine Kinder bekommen können. Auch für sie fallen keine Kosten für die Kinder an. Auch sie betrifft die Nachhaltigkeitslücke, die durch Kapital gedeckt werden muss. Davon reden die sonst so auf Gleichheit bestehenden Egoisten aber nicht.

In Japan bin ich auf ein weiteres Modell gestoßen, das auch bei uns funktionieren könnte, wenn die bestehende Soziallobby und die Besitzstandswahrer überwunden werden könnten. Kozagawa liegt am Pazifik in der Wakayama-Präfektur, etwa gleich weit entfernt von den Metropolen Osaka und Tokio. Noch in den Fünfzigerjahren des 20. Jahrhunderts hatte die Stadt 10 000 Einwohner, heute sind es nur noch 3500. 20 Kilometer schlängelt sich das Stadtgebiet in einem Tal entlang. Kozagawa entspricht heute schon ziemlich genau der Bevölkerungszusammensetzung, die wir auch in einigen Jahrzehnten in ganz Deutschland haben werden: 40 Prozent der Bevölkerung sind über 65 Jahre alt, davon die Hälfte über 80 und nur 20 Prozent unter 18. Jahrelang sind die Jungen in die Städte abgewandert. Damit ist jetzt Schluss: Die Alten wollen hierbleiben und sterben. Und die wenigen Jüngeren sind in der Altenbetreuung und der Stadtverwaltung beschäftigt, den absolut notwendigen Dienstleistungen also.

Circa zehn Kilometer talaufwärts ragt ein wuchtiger Neubau in die idyllische Landschaft: das Altenzentrum – und das ist weit mehr als nur ein Altenheim. Jeden Tag steuern einige Kleinbusse die Anlage an und bringen alte Menschen aus der Umgebung hierher. Die Senioren entscheiden selbst, wie oft sie geholt werden wollen. Alles ist möglich, von ein bis sieben Mal pro Woche und das auch unregelmäßig. Wenn sie im Altenzentrum sind, werden die Senioren einem Gesundheitsscheck unterzogen. Zum Beispiel wird der Blutdruck überprüft, die Temperatur gemessen, Urin und Stuhl untersucht und alle Daten in ein Gesundheitsbuch eingetragen, das im Altenzentrum geführt wird. Damit ist eine kostengünstige Vorsorgekontrolle der älteren Japaner garantiert. Die Tagesgäste werden je nach Rüstigkeit beschäftigt. Bei meinem Besuch wurde in einem Raum getanzt, in einem anderen spielten Senioren mit Gehbehinderungen und in einem dritten Raum wurden leicht Demenzkranke und Menschen mit deutlichen Einschränkungen von Betreuern zu gemeinsamen Aktivitäten angehalten.

Zum Altenzentrum gehört auch eine Abteilung, in der Pflegefälle untergebracht sind, sowohl die schweren, die ständige Hilfe brauchen, als auch diejenigen, die nur teilweise betreut werden müssen. Diese zweite Gruppe war relativ klein. Das hängt damit zusammen, dass die Alten, solange es nur irgend geht, in ihren angestammten Wohnungen bleiben. Doch diese Senioren können ebenfalls Leistungen des Zentrums in Anspruch nehmen. Je nach Wunsch wird ihnen das Essen gebracht oder die notwendige medizinische Versorgung ambulant vorgenommen – die Krankengeschichte ist im Zentrum ja dokumentiert.

Was mir auffiel: Die meisten Betreuerinnen und auch die Fahrer, die die Transportdienste übernommen hatten, befanden sich ebenfalls im Rentenalter. Nur die Ärzte und Abteilungsleiterinnen waren im normalen Arbeitsalter und vom Zentrum angestellt. Genau das ist das Geheimnis der erfolgreichen Altenbetreuung in Japan: Wer sich nach seinem Ausscheiden aus dem Arbeitsleben als Hilfskraft den Altenzentren zur Verfügung stellt, bekommt zwar kein Geld, sammelt damit aber Leistungspunkte. Wird er selbst zum Betreuungsfall, wird für ihn der Aufenthalt im Altenzentrum entsprechend billiger. So kostet ein Tag in der Einrichtung von Kozagawa gerade einmal 15 bis 25 Euro, womit alle Leistungen abgegolten sind. Für eine Rundum-Betreuung sind höchstens 2000 Euro fällig. Außer den direkten Zahlungen der Benutzer gibt es noch einen Zuschuss aus einer Pflegeversicherung, in die jeder Japaner nach seinem 40. Lebensjahr einzahlen muss, zurzeit circa 30 Euro pro Monat. Das Altenzentrum in Kozagawa ist mittlerweile mit 150 Beschäftigten der größte Arbeitgeber vor Ort, gefolgt von der Stadtverwaltung.

Der Hauptgrund für die günstigen Tarife aber ist das System, dass rüstige ältere Menschen nicht mehr ganz so fitte und gesunde Alte mitbetreuen in dem Maße, in dem sie dazu in der Lage sind. Alle Betroffenen können in ihrem vertrauten Umfeld bleiben, ohne dass sich dadurch ihre medizinische Versorgung verschlechtert. Ein genialer Ansatz, der auch in vielen Regionen in der sich entleerenden Bundesrepublik hervorragend funktionieren könnte. Der japanische Staat hat auch mit seiner Steuergesetzgebung auf die Überalterung reagiert. Zum Beispiel verzichtet er auf alle nur möglichen Berechnungen eines geldwerten Vorteils, den die Helfer des Altenzentrums indirekt erwerben. Die Tokioter Wirtschaftsberater haben früh entdeckt, dass die Überalterung nicht nur bezahlt werden muss, sondern dass alte Menschen kaum noch Leistungen erbringen. Sobald die Überalterung 40 Prozent der Bevölkerung betrifft, kommt es zu einem massiven Einbruch des Bruttosozialprodukts. Wenn es schon nicht mehr genügend Junge gibt, so die japanische Logik, dann müssen halt die Alten noch etwas Bruttosozialprodukt erwirtschaften. Und um die Alten zur Arbeit zu motivieren, hat der Staat alle Einkünfte, die nach dem 65. Lebensjahr erwirtschaftet werden, abgabenfrei gestellt. Lediglich eine Steuer von 5,5 Prozent auf den Reingewinn wird fällig – eine wohl eher symbolische Belastung.

Womit ich wieder am Anfang des Kapitels wäre. Die Überalterung der deutschen Gesellschaft verlangt ein Gesamtkonzept, in dem die Senioren und Greise nicht als Kostenfaktor
behandelt werden, sondern als geschätzte Mitglieder, die wir in
die Lage versetzen, sich einzubringen, ihr Umfeld nach ihren
Möglichkeiten mitzugestalten. Mein Eindruck mag falsch sein,
aber immer öfter erlebe ich, wie sich ältere Menschen überflüssig vorkommen, sich als Last für ihre Umgebung empfinden.
Sie verfügen, dass nach dem Tod ihre Asche in den Friedhöfen auf einem Baumfeld verstreut wird. Sie erwarten nicht, dass
ihre Nachkommen sich die Zeit nehmen, ihr Grab zu pflegen.
Und Kosten wollen sie auch nicht mehr verursachen. Höchstens eine winzige Tafel mit ihrem Namen erinnert daran, dass
sie einmal gelebt haben. Ist das schon die Reaktion der Elternge-
neration auf unseren Umgang mit den Alten, die sich nur noch
als Kostenfaktor sehen? Es würde zumindest in das Gesamtbild einer Nation passen, die sich langsam aus der Geschichte
verabschiedet.

25. BILDUNG – IM WÜRGEGRIFF DER BÜROKRATIE

»Um die in Deutschland aus dem Arbeitsleben ausscheidende
Elite pro Jahr zu ersetzen, müssen von den heutigen Schülern
70 Prozent ein qualifiziertes Abitur schaffen.« Dieses Ergebnis
stellte Professor Dieter Lenzen, damals Präsident der Freien
Universität in Berlin, heute Präsident der Hamburger Universität, 2003 bei einer Veranstaltung zu der Studie »Bildung neu
denken« in München vor. Ein Satz, der wie eine Keule auf die
versammelten Honoratioren niedersauste. Darunter alle, die in
der bayerischen Kulturpolitik etwas zu sagen hatten, inklusive
der damaligen Bildungsministerin Monika Hohlmeier. Die Studie war mit großem Aufwand von der bayerischen Wirtschaft

finanziert worden und gemeinsam mit dem Baseler Prognos-Institut unter der wissenschaftlichen Betreuung von Professor Dieter Lenzen durchgeführt worden. Sie zeigte Lösungen auf, wie Deutschland wieder Anschluss an das internationale Bildungsniveau finden kann – von der Wiege bis zur Bahre, also von der frühkindlichen Betreuung bis zum lebenslangen Lernen für Erwachsene.

Um es gleich vorweg zu sagen: Wie alle anderen Studien und Ratschläge zur Reform des Bildungswesens wurden auch diese sehr konkreten Vorschläge in der Kultusbürokratie klein gemahlen und dann in winzigen Häppchen vereinnahmt und spurlos verdaut. Einer der Initiatoren, der die Gelder für die Studie beschafft hatte und wirklich daran glaubte, dass die Politik dankbar solche Vorarbeiten aufnehmen würde, war der Vorsitzende der Bayerischen Arbeitgeberverbände Randolf Rodenstock. Sein Verhältnis zur Münchner Staatsregierung ist seither – sagen wir es einmal sehr diplomatisch – ziemlich abgekühlt.

Das beschreibe ich deshalb so ausführlich, um Ihnen gleich alle Illusionen zu nehmen, dass irgendjemand in Deutschland gegen das undurchdringliche Kulturdickicht der Länder etwas ausrichten kann. Weder die Wirtschaft noch die Industriegewerkschaften. Weder die Parteien noch andere gesellschaftlich mächtige Gruppen. Dieses Monster Kulturpolitik schreit immer nur nach noch mehr Geld – und bekommt es auch. Schon die Frage, ob das Geld auch wirklich effizient ausgegeben wird, ist eine Beleidigung, und deshalb verkneifen sie sich unsere Politiker tunlichst. Alle nicken nur und beteuern: Bildung ist unsere Zukunft, daran darf nicht gespart werden. Der ehemalige bayerische Kultusminister Hans Zehetmair erklärte mir das Verhaltensmuster der Politiker: Mit der Schulpolitik kann man keine Wahlen gewinnen, aber sehr wohl verlieren. Das heißt übersetzt: Die Parteien palavern entsprechend ihren ideologischen Vorgaben und Schützengräben lauthals mit, ohne sich im Geringsten um die längerfristigen Ergebnisse ihres Tuns zu kümmern. Allen ist klar: Die Zukunft der demografisch dahinschrumpfenden Bundesrepublik hängt entscheidend davon ab, ob wir genügend »Elite« zusammenkratzen, um den hoch technisierten und hoch entwickelten Staat leiten zu können. Ungelernte Arbeitskräfte gibt es weltweit, wie an anderer Stelle beschrieben, in nahezu unbegrenzten Massen. 70 Prozent eines Jahrgangs, der heute in Deutschland in die Schule geht, sollten also Abitur machen. Wann immer ich diese Forderung mit einem Politiker diskutiere, kommt sofort die abwehrende Reaktion: »Das geht doch nur, wenn wir das Niveau des Abiturs deutlich absenken!« Diese Ansicht vertraten übrigens auch alle anderen, die ich mit dieser Aussage konfrontierte und die selbst das Abitur geschafft hatten. Wahrscheinlich hat das eher mit Psychologie zu tun als mit der Realität. Denn die meisten, die das deutsche Abitur haben, fühlen sich als etwas Besseres, und viele wollen nicht, dass Hinz und Kunz gleichziehen dürfen.

In Finnland schaffen circa 70 Prozent der Jugendlichen pro Jahrgang das Abitur. Und da Finnland bei den PISA-Tests, den internationalen Leistungsvergleichen der Schulen, Jahr für Jahr siegt, ist dieses nordische Land zum Maßstab für alle Bildungspolitiker mutiert. Ich konnte mir das finnische Modell ausführlich anschauen. Es war wie immer: Schnell stellte sich heraus, dass die Berichte über Finnland, die von den deutschen politischen Parteien übermittelt wurden, jeweils einseitig den Aspekt herausstellten, der zu ihrer ideologischen Richtung passte. Ich besuchte 2003 die Schulen von Turku, der zweitgrößten finnischen Stadt. Der erste Eindruck war geprägt von Ruhe und Disziplin, die in den Schulen herrschten. Nach der Pause liefen die Schüler brav in Zweierreihen hintereinander in die Klassenräume zurück. Das hatte ich das letzte Mal in Südkorea gesehen, das übrigens auch immer zu den Spitzenreitern der PISA-Tests gehört. Während des Unterrichts standen die Türen sperrangelweit offen. »So lernen die Schüler Rücksicht zu nehmen auf die anderen Klassen«, erklärte die Direktorin.

Meine erste Erkenntnis: Ohne Disziplin, ohne das Erlernen von Sozialverhalten ist keine Leistung möglich. Das habe ich bis heute noch in keinem Bericht über Finnland gelesen. Die Vorstellung, die deutschen Schüler würden artig aufgereiht in ihre Klassenräume gehen, würde den meisten antiautoritär geprägten Softie-Pädagogen wahrscheinlich absolut widerstreben. Die nächste Überraschung: Ich habe nicht einen einzigen Klassenraum gesehen, in dem nur ein Lehrer unterrichtete. Meistens sind es zwei oder sogar drei, darunter oft Praktikantinnen vor und während des Studiums. Hat ein Schüler eine Frage, kann er eine der Lehrkräfte direkt im Unterricht ansprechen. Haben zum Beispiel mehrere Kinder im Mathematikunterricht Probleme, so werden sie für eine Übergangszeit aus der Klasse herausgenommen und bekommen so lange intensive fachliche Zuwendung, bis sie wieder regulär am Unterricht teilnehmen können.

Besonders individualisiert ist der Sprachunterricht. Etwa 30 Prozent der Schüler in der Normalaalikoulu-Schule von Turku haben einen Migrationshintergrund. Es sind vor allem Flüchtlinge aus dem Mittleren Osten und Ostafrika. Entsprechend ihrer Sprachkenntnisse haben immer zwei oder drei Schüler jeweils eine Lehrerin. Bei Neuankömmlingen kommt es sogar vor, dass sie eins zu eins unterrichtet werden. »Was sollen sie hier lernen, wenn sie nicht perfekt Finnisch können?«, erläuterte die Direktorin, die meine Verblüffung bemerkte. Das Ziel: Nach vier Jahren soll jeder Schüler fließend die finnische Literatur lesen und begreifen.

In einer achten Klasse – da sind in Finnland noch immer alle Schüler seit der ersten Klasse zusammen – konnte ich einen Biologieunterricht auf Englisch erleben. Denn neben der Muttersprache Finnisch, die der Teufel im Zorn erschaffen hat, so schwierig ist sie, lernt jeder Finne in der Schule Schwedisch, das als zweite Amtssprache zugelassen ist, sowie weitere Fremdsprachen, wobei Englisch praktisch alle lernen und viele auch noch Deutsch. In einer 12. Klasse erlebe ich, wie 18-Jährige in Dreiergruppen auf Englisch über die Grundlagen der Philosophie diskutieren. Das zum Thema: Um die Zahl der Abiturienten zu erhöhen, müsste das Niveau abgesenkt werden.

Was SPD und Grüne am skandinavischen Schulsystem so fasziniert ist, dass die Jugendlichen so lange zusammen lernen, also keine Selektion nach dem vierten Schuljahr stattfindet. Deshalb rufen sie als parteiübergreifendes Projekt in den Ländern, in denen sie an die Regierung kommen, das gemeinsame Lernen bis zum sechsten Schuljahr aus. Darüber geraten die alten Eliten in hellen Aufruhr und sehen ihrerseits die Bildungswerte des Abendlandes bedroht. Sie wollen unbedingt, dass ihr Gymnasium erhalten bleibt. Da kommt es auf die Bildungsinhalte kaum mehr an. Beide lügen sich in die Tasche. Beiden geht es nur um Macht und noch ein bisschen Ideologie. Grüne und SPD müssten ehrlich genug sein und eine entsprechende Zahl von Lehrern aufbieten, damit die individuelle Förderung jedes einzelnen Kindes und ein hohes Niveau der Klasse gewährleistet bleiben. Dagegen könnten auch die konservativen Eliten nichts mehr einwenden, es sei denn, sie müssten zugeben, dass sie gegen die Aufstiegsmöglichkeit von Unterschichts- und Migrantenkindern sind, um ihre Privilegien zu retten.

In den letzten drei Schuljahren werden die Schüler dann auch in Finnland getrennt – und 70 Prozent schaffen es bis zur Hochschulreife. Die restlichen 30 Prozent werden in Betrieben und in der Schule auf praktische Berufe vorbereitet.

Die allgemeine Schulpflicht dauert bis zum 18. Lebensjahr. Nach zwölf Schuljahren ist in Finnland Schluss. Aber auch dagegen kämpfen hierzulande Grüne und SPD. Noch ist es mir nicht gelungen, die wahre Motivation dafür herauszufinden. Fast überall auf der Welt haben junge Menschen mit dem 18. Lebensjahr die Hochschulreife erlangt. Mit 13 Schuljahren und vielleicht einer Ehrenrunde sind die Deutschen oft schon 20

Jahre alt und haben damit einen deutlichen Wettbewerbsnachteil. Wenn dann endlich einmal eine Reform – zugegeben ziemlich stümperhaft – angegangen wird, wie das Abitur nach der 12. Klasse, erheben sich die Reformverweigerer aller Schichten zu einem peinlichen Jammergesang. In der Normalaalikoulu-Schule kann sich die Direktorin überhaupt nicht daran erinnern, wann das letzte Mal ein Schüler ein Jahr wiederholen musste. Das treffe nicht nur auf ihre Schule, sondern auf ganz Finnland zu, so viel ihr bekannt sei.

Professor Erno Lahtinen hat wesentlich an der Gestaltung des finnischen Schulsystems mitgearbeitet. Von ihm wollte ich wissen, ob dieser Aufwand mit so vielen Lehrern in einer Klasse nicht sehr teuer wäre und wie das finanziert werden könne. Das finnische Schulsystem sei preiswerter als das deutsche, klärte er mich auf. Das kleine Land mit nur vier Millionen Einwohnern könne es sich nicht leisten, Jahr für Jahr Tausende Schüler zu zwingen, ein Schuljahr zu wiederholen. Das sei eine Vergeudung volkswirtschaftlicher Ressourcen, denn die Jugendlichen würden wie totes Kapital ein Jahr ihres Lebens verlieren, statt zu arbeiten und etwas Nützliches zu tun. Das deutsche System dagegen produziere nicht nur hunderttausend Sitzenbleiber, sondern noch mal so viele Schulabgänger, die für eine Weiterbildung nicht geeignet seien. Für sie müsse der deutsche Staat dann Milliarden Euro ausgeben, um sie überhaupt für den Arbeitsmarkt fit zu machen. Finnland leiste in seinen Schulen solide Wertarbeit, Deutschland produziere aber Abgänger, die erst in einem nachschulischen Reparaturbetrieb fit gemacht werden müssten.

Zurück in Deutschland habe ich versucht herauszufinden, wie viele Milliarden wir für Jugendliche ausgeben, die ohne Schulabschluss oder mit mangelhaften Kenntnissen in die Statistik der Bundesagentur für Arbeit gekippt werden und die dann in vielen teuren Programmen weitergebildet werden müssen. Eine mühsame Recherche ohne befriedigenden Abschluss. Bei über zehn Milliarden Euro pro Jahr habe ich die Recherche aufgegeben. Die Programme werden vom Bund, von den Ländern, von Handwerkskammern und Industrie- und Handelskammern bezahlt. Sie kommen aus den Arbeits-, Sozial-, Wirtschafts- und Bildungsministerien. Sie beschäftigen ein Heer von Instituten und Betreuern. Am Ende habe ich immer noch keine Antwort auf die Frage: Wer ist eigentlich dagegen, dass wir wie die Finnen all diese Milliarden gleich in die Schulen stecken, um die Jugendlichen gleich richtig auszubilden? Sind wir dazu intellektuell nicht mehr in der Lage oder schaffen es die Lobbygruppen, die von der Schulmisere leben, eine vernünftige Schulreform zu verhindern? Ich selbst tippe auf den zweiten Sachverhalt.

In Deutschland sind die Länder für die Schulen verantwortlich. Ich habe nachgefragt: Wie viele Beamte und Angestellte sind in den jeweiligen Bundesländern in der Schulverwaltung tätig? Das weiß leider niemand – selbst die Kultusministerkonferenz konnte mir keine Antwort geben. Helmut E. Klein vom Institut der deutschen Wirtschaft beschäftigt sich intensiv mit der Bildungsfinanzierung in unserer Republik. Trotzdem kann auch er nicht genau beziffern, wie hoch der Verwaltungsaufwand ist, der in unseren Bildungsetats versteckt ist. Seine Ergebnisse: Einschließlich des Verwaltungspersonals gibt es bundesweit schätzungsweise 10 000 Personen, die mit der Schulverwaltung und -aufsicht befasst sind. Bei den Schulträgern entfallen etwa 5 bis 10 Prozent der Personalkosten der Kernverwaltung auf die Schulverwaltung. Diese Kosten werden jedoch im Bildungsbudget ebenso wenig erfasst wie die Ausgaben für die Schulverwaltung, die auf der Ebene der Bezirksregierungen oder Regierungspräsidien anfallen. Die sind in der Regel im Haushalt des Innenministeriums versteckt. Für 2002 sind die letzten einigermaßen zuverlässigen Zahlen laut Rechnungsergebnissen der öffentlichen Haushalte vorhanden. Demnach wurden für

Schulaufsicht und Schulverwaltung rund 1,13 Milliarden Euro ausgegeben.

In einer Studie hat Helmut E. Klein die Verhältnisse in Hessen genauer untersucht. Daraus auszugsweise ein paar Zahlen: Die Stadt Offenbach gibt pro Schüler 1370 Euro an Verwaltungskosten aus, die Stadt Wiesbaden 787 Euro. Alle Landkreise Hessens haben Ausgaben um die 500 Euro. Fazit: Der Ruf nach mehr Geld für die Bildung überlagert die enormen Reserven, die in der überbürokratisierten Schulverwaltung versteckt sind. In vielen Fällen, siehe Offenbach, wäre es wahrscheinlich richtig, die Gelder zu kürzen, wenn die Stadt nicht ihre Verwaltungskosten senkt. Und entsprechend dem niederländischen Modell, das ich gleich im Anschluss beschreiben werde, könnten viele Milliarden umgeleitet, von der Verwaltung in die Pädagogik und Betreuung gesteckt werden.

Alle 16 Bundesländer entwerfen ständig neue Bildungsprogramme, neue Schulsysteme, neue Strukturreformen. Manchmal halten sie gerade eine Legislaturperiode oder bis zum Parteienwechsel in der Regierung. Inhaltlich haben sie wenig bis nichts gebracht, das zeigen die PISA-Ergebnisse und die Auswertungen der OECD. In kaum einem anderen OECD-Staat ist nämlich die Bildung so vom Einkommen der Eltern abhängig wie in Deutschland. Dieser verbeamtete Bürokratiehaufen hat ausgedient – er gehört beseitigt, komplett. Geht es nach dem Elternwillen, hat er sowieso keine Zukunft. Mittlerweile lehnen 80 Prozent der Deutschen den Föderalismus im Bildungswesen ab. Ein vernichtendes Urteil, leider ohne jede Konsequenz.

Ein Blick in die Niederlande zeigt, wie das Modell für ein Bildungssystem aussehen könnte, in dem Markt und Wettbewerb wieder zur Geltung kommen – und in dem der Elternwille entscheidend ist. Ein System also, das durch und durch demokratisch legitimiert ist. In diesem Land entscheiden nämlich einzig und allein die Eltern, auf welche Schule sie ihr Kind schicken. Für jedes angemeldete Kind erhält die Schule vom Staat 4000

Euro. Für Kinder aus sozial schwachen Familien gibt es vier Jahre lang sogar 6000 Euro, damit die Schule sich um sie intensiver kümmern kann. Für Schüler aus Migrantenfamilien gibt es vier Jahre lang 8000 Euro, damit deren Sprachfähigkeit extra gefördert werden kann – unabhängig davon, ob die Defizite bei der Einschulung mit fünf Jahren bestehen oder das Kind schon älter war, als es einwanderte.

Im Übrigen kümmert sich die niederländische Regierung überhaupt nicht darum, ob sich die Schule als Lyzeum, Gesamtschule, Musische Schule oder Wirtschaftsschule bezeichnet. Das ist alles eine Angelegenheit der Schule und der Eltern. Es gibt keine detaillierten Rahmenrichtlinien, wie die Leistungsvorgaben erzielt werden. Die Schulen entscheiden weitgehend selbst, wie und was sie unterrichten. Im Extremfall können die Schüler jeden Tag spazieren gehen. Aber: Am Ende eines Schuljahres wird im gesamten Königreich von Ost bis West und Nord bis Süd in jedem Fach der gleiche Test gemacht. Die Ergebnisse stehen danach ausführlich im Internet. Die Eltern können dort nachlesen, ob ihre Entscheidung für die entsprechende Schule richtig war. Da steht dann, dass ein Lyzeum in Amsterdam Ost 20 Prozent unter dem Durchschnitt liegt, die Gesamtschule von Amsterdam West aber 10 Prozent über dem Durchschnitt. Die Schule vom benachbarten Leiden zeichnet sich durch herausragende Leistungen in den musischen Fächern aus und so weiter.

Melden die Eltern ihr Kind von einer Schule ab, weil diese nicht ihren Vorstellungen entspricht, fehlen der Schule im nächsten Jahr 4000 Euro. Zirka 13 Abmeldungen, so die Faustregel, bedeuten, dass ein Lehrer nicht mehr bezahlt werden kann. Einem aus dem Kollegium müsste also gekündigt werden. Da die Niederlande aber auch eher eine Konsensgesellschaft sind, ist es üblich, dass dann das Lehrerkollegium die Gehälter prozentual entsprechend senkt. Umgekehrt gilt: In den Niederlanden lohnt sich Leistung für die Erzieher. Seit dieses System praktiziert wird, sind Lehrer selbstverständlich bereit, zusätzliche Kurse anzubieten, egal ob es sich um technische Arbeitskreise oder musische Bereicherungen des Schulalltags von Musikband bis Theatergruppen handelt. Mehr Demokratie durch die Stärkung des Elternrechts, mehr Leistung durch Wettbewerb, mehr Anerkennung durch mehr Engagement.

In der DDR riefen die Systemgegner: Stasi an die Arbeiterfront. Auf unser Bildungssystem umgemünzt müsste der Spruch lauten: Bürokraten in die Klassenzimmer. Damit sie einen Eindruck von der Realität bekommen.

Nein, ich habe keine prophetische Gabe, wenn ich voraussage: Wir werden weder finnische Verhältnisse erreichen noch ein wettbewerbsorientiertes Schulsystem wie in den Niederlanden einführen. Wir werden weiter einen bitteren ideologischen Grabenkrieg führen, ob über unserem versagenden Schulsystem die Überschrift »Gesamtschule« oder »Gymnasium« prangt. Die Bürokratie wird keine Planstelle freigeben, egal ob sie in einem CDU oder einem SPD-geführten Land ihre Herrschaft ausübt. Deshalb werden wir nie die erwähnten 70 Prozent an qualifizierten Abiturienten pro Jahrgang erreichen. Damit wird uns trotz des Mantras aller Parteien, dass Bildung die wichtigste Ressource für unser Land ist, die Elite fehlen, die Deutschland in 10 bis 15 Jahren braucht. Übrigens: Am Geld liegt es nicht, dass Niederländer und Finnen ein erfolgreicheres Bildungssystem vorweisen können als wir. In Bezug auf das Bruttoinlandsprodukt pro Kopf geben wir an Bildungsausgaben pro Schüler 26,8 Prozent aus, die Finnen 26,3 Prozent und die Niederländer 24,2 Prozent. Schuld sind wir alle, weil wir alle das Ritual der palavernden Bildungspolitiker ertragen. Die Lösungen sind bekannt, nur werden sie nicht umgesetzt.

Die beiden dicken Bände *Bildung neu denken* und *Die Finanzierung der neuen Bildungspolitik,* beide vom Prognos-Institut und der Vereinigung der Bayerischen Wirtschaft, liefern alle Fakten. Deshalb will ich die Grundpositionen kurz zusammenfassen.

1. Wir brauchen ein flächendeckendes Angebot für die frühkindliche Erziehung. Die Gehirnforschung hat längst nachgewiesen, dass Kinder ab dem vierten Lebensjahr am lernfähigsten sind. Hier ist Frankreich das Vorbild.

2. Wir brauchen ein durchlässiges Schulsystem bis zur Hochschulreife, das Kindern aller Einkommensschichten den Zugang zu allen Bildungseinrichtungen ermöglicht. Vorbilder: Finnland und die Niederlande.

3. Wir brauchen ein leistungsfähiges Berufsausbildungssystem, das handwerklich begabten jungen Menschen den qualifizierten Zugang zur Selbstständigkeit und Spezialisierung ermöglicht. Vorbild: das deutsche duale System der Ausbildung in Betrieb und Berufsschule.

4. Wir brauchen eine differenzierte akademische Ausbildung, die einmal den Bedürfnissen der Wirtschaft entspricht und die durch Bachelor- und Masterstudiengänge international wettbewerbsfähig sein muss, und wir brauchen die Forschungseinrichtungen der Universitäten, die weiterhin einen hohen Stand der Forschung und Lehre garantieren. Die Hochschulen sind in ihrer Autonomie so zu stärken, dass sie möglichst staatsunabhängig werden. Ein Universitätsstudium bietet den Absolventen ein überdurchschnittliches Einkommen und sollte deshalb von den Profiteuren in Form von Studiengebühren auch mitfinanziert werden. Dabei muss durch einen Rechtsanspruch auf ein Darlehen sichergestellt werden, dass jeder Bewerber, der die Aufnahmeprüfung für eine Hochschule schafft, auch mit den nötigen Finanzmitteln ausgestattet wird – unabhängig vom Einkommen einer Familie.

5. Wir brauchen eine Kultur des lebenslangen Lernens, damit ältere Mitbürger nicht aus dem Arbeitsleben gedrängt werden und der Einstieg ins Arbeitsleben früher als bisher erfolgen kann. Die Vorbilder sind bekannt: Schweiz, USA, Australien.

26. UNIVERSITÄTEN – BEUTE DER BESSERVERDIENENDEN

»Mehr Geld für die Bildung«: Alle Parteien wiederholen diesen Satz und vermeiden gleichzeitig, ihn mit Inhalten zu füllen. SPD, Grüne und Linke versprechen vor allem, in ihrem Einflussbereich die Studiengebühren wieder abzuschaffen. Läppische 500 Euro pro Semester betragen diese in einigen Bundesländern. Überall, wo die CDU und die FDP eine Mehrheit verloren haben, war der erste sichtbare Erfolg der vereinigten Linken, diesen kleinen Finanzierungsbeitrag der späteren Elite wieder abzuschaffen. So geschehen in Hessen, Hamburg und dem Saarland. Stark gewehrt hat sich die CDU dabei nicht. In Nordrhein-Westfalen war die Abschaffung der Studiengebühren bei den Koalitionsgesprächen sogar der erste Punkt, auf den sich SPD und Grüne einigen konnten. Genauso wie 2013 nach der Wahl in Niedersachsen. Selbst in Bayern will die CSU im Zuge der vorauseilenden angepassten Wählerbewirtschaftung auf die Studiengebühren verzichten, auf die sie einst so stolz waren. Alle machen einen Kniefall vor der Mixtur aus den Interessen der akademischen Mittelschicht und dem verlogenen Ruf nach Gleichheit der Bildungschancen. Die CDU ist mittlerweile voll dabei. Nur die FDP wehrte sich vorübergehend in Bayern, hat aber in ihrem Wahlprogramm für die Bundestagswahl 2013 Studiengebühren auch nicht mehr erwähnt.

Ich versuche, es zu verstehen. Die Parteien wollen mehr Geld für Bildung. Das Erste, was die diversen Schattierungen der Linken und die Parteien der bürgerlichen Egoisten aber machen: Sie verringern die Einnahmen für die Hochschulen. Bleibt die Frage, woher sie das Geld nehmen, das sie jetzt nicht mehr haben oder was stattdessen auf der Strecke bleibt. Dazu stellt sich noch eine zweite Frage: Wem nützt die Abschaffung der Studiengebühr von 500 Euro pro Semester, wer spart das Geld denn wirklich?

Alle Untersuchungen über das deutsche Bildungswesen im In- und Ausland kommen zu dem Schluss, dass in Deutschland, wie in keinem anderen Industriestaat, das Einkommen der Eltern über den Zugang zu den Hochschulen entscheidet. Ich bitte Sie, sich eindrücklich zu erinnern: Diese Untersuchungsergebnisse beschreiben unser Hochschulwesen ohne Studiengebühren. Nur neun Prozent der deutschen Studenten kommen aus Arbeiterfamilien. Auf den extrem teuren Eliteuniversitäten der USA sind es immerhin 19 Prozent.

Der entscheidende Unterschied zwischen den beiden Systemen: Wer in den USA die Aufnahmeprüfung für eine dieser Universitäten besteht, bekommt selbstverständlich ein Darlehen angeboten, das alle Kosten deckt, und nicht vom Einkommen der Eltern abhängig gemacht wird. An der Harvard Business School sind das zum Beispiel 120 000 US-Dollar für zwei Jahre. Wer in Deutschland aus einer einkommensschwachen Familie stammt, bekommt Bafög, also einen Zuschuss zum Lebensunterhalt, der zurückgezahlt werden muss. Auch die Studiengebühren sollten durch ein Darlehen oder Stipendium abgedeckt werden. Diese Sicherheit ist die grundlegende Voraussetzung, um über Studiengebühren – auch höhere – überhaupt nachzudenken. Wenn über 80 Prozent der Studentinnen und Studenten aus gehobenen Beamtenhaushalten, aus Akademikerfamilien und der gut verdienenden Mittel- und Oberschicht kommen, dann sind es auch genau diese Bevölkerungsgruppen, die am meisten von der kostenlosen Universität profitieren.

Zu Recht beklagen wir ein Auseinanderfallen der Gesellschaft – die einen rutschen aus dem Mittelstand ab, und die anderen werden immer reicher. Die kostenlose Universität ist auch ein Grund für diese Entwicklung. SPD, Grüne und Linke prangern diese Zustände zwar an, unternehmen aber nichts, was die Wurzel des Übels beseitigen könnte. Stereotyp und einfallslos fordern sie dagegen höhere Steuern für die Besserverdienenden, eine höhere Erbschafts- und Vermögenssteuer. Abgesehen davon, dass sich durch staatliche Umverteilung noch nie irgendwo auf der Welt ein Problem hat lösen lassen, taugen diese langweiligen Konzepte für Wahlkämpfe und sonst gar nichts.

Der Ansatz, die Hochschulbildung durch Umverteilung gerechter zu machen, erschließt sich mir nicht. Warum sollen die Besserverdienenden das Geld erst dem Staat abtreten, damit dieser dann entscheidet, welche Hochschule wie gefördert wird? Die Mittel wandern also erst einmal in die Finanzbürokratie, dann nach heftigen Machtkämpfen in die Länder, und von dort wird den Hochschulen etwas Geld abgegeben, nachdem es wieder durch die Kultusbürokratie gewaschen wurde. Das ernährt recht viele gut verdienende Beamte, die alle ihre Kinder auf die kostenlosen Universitäten schicken können. Wäre es nicht viel effizienter, wenn die gebildeten, gut verdienenden Familien für das Studium ihrer Kinder direkt bezahlen müssten? Je nach Studienfach kostet sie das zwischen 100 000 Euro für einen Soziologen und 220 000 Euro für einen Mediziner an Studiengebühren. Worauf müsste eine Akademikerfamilie mit zwei Einkommen verzichten? Auf die Ferienwohnung in Spanien, eine Mitgliedschaft im Golfclub, eine Kreuzfahrt im Jahr? Wie lange müsste ein Lehrerehepaar sparen, damit für das in der Regel nur eine Kind eine Universitätsausbildung möglich wird – fünf Jahre? Wäre das alles unzumutbar? Dafür sollten die Ausbildungskosten steuerlich absetzbar sein – Steuersenkungen zur Entlastung der Eltern sind leider erst dann möglich, wenn der Staat durch einen Lastenausgleich (siehe Kapitel 11) schuldenfrei ist.

Laut OECD haben in Deutschland Hochschulabsolventen ein Einkommen, das im Durchschnitt 150 Prozent über dem eines Nichtakademikers liegt. Der so Begünstigte sollte wenigstens erkennen, dass er für sich lernt, dass er mit dem Studium sein Einkommen erhöht, seine Chancen im Leben verbessert. Es sollte für ihn eine Selbstverständlichkeit sein, dass er dafür auch mitbezahlt. Diese direkte Investition der gehobenen Einkommensschichten in die universitäre Ausbildung ihrer Kinder würde den Staat mehr entlasten als jede Steuererhöhung oder Vermögenssteuer. Sie würde vor allem der Bildung einen ganz anderen Stellenwert geben als dies heute der Fall ist. Schlimmer noch: Die kostenlose Universität stärkt bei der deutschen Elite das Bewusstsein, dass der Staat für sie da ist. Die gesamte Subventions- und Versorgungsmentalität hat hier ihren Ursprung. Unsere Elite will schon dafür belohnt werden, dass sie vom Staat eine kostenlose Befähigung zum Geldverdienen angenommen hat. Die kostenlose Universität halte ich für eine der entscheidenden Ursachen, warum Deutschland nicht mehr die Kraft aufbringt, um sich dem drohenden Crash zu entziehen.

Der mittlerweile emeritierte Bonner Politologie-Professor Dr. Erich Weede macht an einem ganz einfachen Beispiel deutlich, wie sich Eigenverantwortung auf die Haltung der zukünftigen Elite auswirkt. Einige Jahre lang hatte er einen Lehrauftrag an der Johns Hopkins-Universität, die auch einen Campus in Bologna unterhält. Dort studieren Europäer, weitgehend handverlesen, denen ein Stipendium gewährt wird, sowie US-Amerikaner, die das Studium selbst oder mit einem Kredit finanzieren. Wenn nun ein Professor mitteilt, dass er zu einem Kongress fahren wolle und deshalb Lehrveranstaltungen ausfallen würden, protestieren die Amerikaner sofort. Sie würden schließlich für ihren Unterricht bezahlen, und wenn der Herr Professor anderes wichtiger fände, dann solle er ihnen ihre Gebühren zurückgeben. Den Europäern hingegen war das egal. An seiner Heimatuniversität in Bonn aber sei die Reaktion eine völlig andere. Wenn eine Vorlesung oder ein Seminar wegen anderer Verpflichtungen des Professors ausfalle, dann freuten sich die Studenten wie Schulkinder, die hitzefrei bekommen. Der Kampf gegen Studiengebühren ist immer auch ein Kampf der Professoren gegen den eigenen Leistungsnachweis.

Wie verdreht die Bildungsdebatte auch geführt wird, immer wird darauf hingewiesen, dass wir ja in Deutschland keine Rohstoffe hätten, sondern nur durch Bildung im internationalen

Wettbewerb bestehen könnten. Das ist so auch richtig. Aber glauben die »Bildungspolitiker« der vereinigten Linken wirklich, unsere Jungakademiker könnten nach einem weitgehend zwangsfreien Studienablauf im internationalen Wettbewerb bestehen? Sicher, die Einführung der Bachelor- und Masterstudiengänge bedeutet für viele Studenten ein Ende der alten Burschenherrlichkeit und zügiges Lernen. Die Proteste waren entsprechend heftig.

In den meisten Ländern Asiens sparen ganze Familien, damit die Kinder die Schule, und wenigstens ein Mitglied der Sippe die Universität besuchen kann. Die wollen einsteigen, die wollen raus aus ihrer Armut und Unterentwicklung. Die indischen Software-Schmiede geben uns da einen Vorgeschmack. Die 600 000 Ingenieure, die China jährlich ausbildet, werden auch nicht auf deutsche Vorgesetzte warten.

In Deutschland protestieren Schüler gemeinsam mit Eltern und Lehrern vor den Kultusministerien gegen den Leistungsdruck. Und als Reinhold Beckmann, einer der Stichwortgeber der Nation, voller Mitgefühl darüber klagte, dass sein Sohn keine Freizeit mehr habe, seit das Abitur schon nach 12 Jahren abgelegt werden muss, löste er einen Sturm in der Republik aus, der das Ende des Leistungsdrucks verlangte. Und sie wollen die zukünftige Elite Deutschlands sein? Gegen wen wollen sich denn unsere umhegten Sprösslinge noch durchsetzen?

Ein Blick nach China: Dort müssen die Schüler 8000 Schriftzeichen lernen, nur um lesen und schreiben zu können. Oder Japan: Dort gibt es nur 2000 Schriftzeichen, die bis zu 36 Striche in vorherbestimmter Reihenfolge und bis zu 20 verschiedene Bedeutungen haben. Dazu kommen noch zwei Silbenschriften à 112 Zeichen, die mit den chinesischen Zeichen gemischt werden. Dies alles lernen die Schüler in den ersten acht Jahren und außerdem noch all das, was bei uns auch zum Lernprogramm gehört. Koreaner und Japaner schneiden, wie wir aus den PISA-Studien wissen, immer besser ab als wir. Chinesen und Inder werden noch nicht erfasst. Also: Wenn wir uns nur dank unserer Bildung behaupten wollen, dann können wir uns bei dem jetzt praktizierten Schulsystem und föderalen Universitätskrampf eigentlich schon aus dem Wettbewerb um die zukunftsfähigen Nationen abmelden. Wir werden verlieren – selbst wenn wir der unersättlichen Bildungsbürokratie noch ein paar Milliarden mehr zum Fraße vorwerfen.

Das lockere Studentenleben hat noch nie für die einkommensschwachen Bevölkerungsgruppen zugetroffen, wenn sie es denn geschafft hatten, zu den auserwählten 9 Prozent Arbeiterkinder zu gehören, die eine Universität besuchen. Trotz Bafög und Gebührenfreiheit lastete auf ihnen ein finanzieller Druck und damit eine Notwendigkeit, das Studium schnell und zügig zu beenden. Sie leiden aber unter der Ineffizienz unserer Universitäten, unter Professoren, die keine Zeit für sie haben. Wer dagegen zum exklusiven Netzwerk der Bildungselite zählt, hat bessere Chancen, dass ein Ehemaliger oder Eltern dafür sorgen, dass sich der Herr Professor doch bereit erklärt, den Filius als Doktoranden zu akzeptieren.

Niemand würde von effizienten Universitäten mit Studiengebühren und Darlehen mit Rechtsanspruch so profitieren wie Studenten aus bildungsfernen, einkommensschwachen Familien. Aber sie haben eben keine Lobby. Linke, Grüne und selbst die SPD kümmern sich um die Interessen der organisierten Professoren und der GEW, je nach politischem Hintergrund ausgeschrieben als »Gewerkschaft Erziehung und Wissenschaft« oder »Gewerkschaft ewige Wahrheiten«. Wenn nämlich die Gleichmacherparteien Bildungswege für die einkommensschwachen Schichten eröffnen wollten, müssten sie für großzügige und rechtsverbindliche Darlehens- und Stipendienprogramme eintreten. Natürlich können wir es uns nicht leisten, dass ein befähigter Jugendlicher nur deshalb nicht studieren kann, weil ihm das Geld fehlt. Dies darf auch nicht von Gönnern und Mäzenen abhängen.

Studiengebühren müssen parallel zu einem Darlehens- und Stipendienprogramm eingeführt werden, das jedem, der die Aufnahmeprüfung für eine Hochschule schafft, einen Rechtsanspruch auf ein kostendeckendes Darlehen garantiert. Das beinhaltet auch, endlich die Universitäten in die Autarkie zu entlassen. Die private Zeppelin Universität in Friedrichshafen zeigt, dass ein solches Modell auch in Deutschland funktioniert. Rund 24 000 Euro kostet dort ein dreijähriges Bachelor-Programm. Wer nicht ohnehin schon ein Stipendium hat, erhält von der Sparkasse Friedrichshafen garantiert ein Komplettdarlehen mit sehr niedrigen Zinsen. Zurückgezahlt wird nach dem Einstieg in den Job.

Ein Argument gegen die Studiengebühren mit Darlehensgarantie lautet: Die Verschuldung schreckt viele junge Menschen aus einkommensschwachen Schichten ab. Ein ernst zu nehmendes Argument. Es wird also darauf ankommen, wie die Rückzahlung geregelt wird. Natürlich wird man einem freiberuflichen Sozialberater, der selbst drei Kinder hat, nicht sein spärliches Gehalt wegpfänden. Eine Ausfallquote für solche Härtefälle muss einkalkuliert werden. Aber unser ehemaliger Bundeskanzler Gerhard Schröder, der aus sehr einfachen Verhältnissen stammt, hätte bei diesem System sorglos studieren können und mit seinem jetzigen Einkommen bei Gazprom mit einem Halbjahresgehalt locker die Investition der Allgemeinheit in seine Karriere zurückzahlen können.

Anders sein Parteifreund, der für mich der Prototyp des Schmarotzers ist, der gezüchtet wird, wenn es keine Studiengebühren gibt. Ich schreibe hier von Niels Annen. Er selbst wusste nicht mehr so genau, ob er 26 oder 27 Semester Politologie studiert hat. Vom nicht abgeschlossenen Langzeitstudium ohne Magister oder einen vergleichbaren Abschluss wechselte er direkt in den Bundestag als Abgeordneter des Hamburger Wahlkreises Eimsbüttel. Ja, so habe ich mir schon immer einen Arbeiterführer vorgestellt. Die eigenen Delegierten haben ihn dann abgesägt und der Wahlkreis ging an die CDU. Als er 2009 aus dem Parlament flog, blieb er aber noch im Bundesvorstand der SPD. Immerhin hat er mittlerweile einen Bachelor in Geschichte gemacht. Niels Annen ist leider kein Extremfall, denn es gibt Hunderttausende, die die deutschen Universitäten bevölkern, ohne je zu einem Abschluss in einem vertretbaren Zeitrahmen zu kommen. In Nordrhein-Westfalen gibt es davon Prachtexemplare zu bewundern, die es direkt vom Endlosstudium in den Landtag geschafft haben. Für die wären Studiengebühren natürlich extrem bei ihrer Karriereplanung hinderlich gewesen. Mit den gut 9000 Euro Abgeordnetendiäten pro Monat, die sie jetzt erhalten, wäre es ja auch vermessen, sie aufzufordern, einen Teil der Mittel an die Gesellschaft zurückzuzahlen, auf deren Kosten sie sich bisher ausgelebt haben.

Zurück zur Forderung: Mehr Geld für die Bildung! Einverstanden. Mehr Geld für die frühkindliche Erziehung und Kindergärten, die nicht nur Aufbewahrungsstätten sind – und die überall in Deutschland für die Eltern kostenlos sein sollten. Dagegen die deutsche Realität: Wir verlangen Kindergartengebühren je nach Kassenlage der Städte. Pro Jahr in Heilbronn zum Beispiel nichts, im armen Gelsenkirchen 2208 Euro, im ostdeutschen Potsdam 2316 Euro und im westfälischen Minden 2592 Euro. Und obwohl die Geburtenzahl ständig sinkt, gibt es noch immer Wartelisten für Kindergarten-und Krippenplätze.

Mehr Geld für die fällige Umwandlung unserer Schulen in Ganztagsschulen? Aber muss dies denn wirklich die Haushalte mehr belasten? Das Institut der deutschen Wirtschaft hat eine interessante Rechnung aufgemacht. 2015 wird der Staat 1,7 Milliarden Euro durch sinkende Kinderzahlen beim Kindergeld sparen. Das ist keine Prognose, sondern eine Feststellung, denn die Kinder, die nicht geboren wurden, brauchen kein Kindergeld. Das bedeutet auch: Es müssen 3,3 Milliarden Euro weniger für allgemeinbildende Schulen ausgegeben werden, weil es weniger Schüler gibt. Aus dem gleichen Grund muss der

Staat eine Milliarde Euro weniger für die Berufsschulen und Berufsvorbereitung aufbringen. Macht zusammen 6 Milliarden Euro.

Davon könnten 2,3 Milliarden Euro in mehr Betreuungsplätze der unter Dreijährigen investiert werden. Beim Ausbau der individuellen Sprachförderung ist mit 1,7 Milliarden zu rechnen, und für neue Ganztagsschulen stehen dann immer noch 2 Milliarden zur Verfügung. Mit dem Umwidmen der Summen könnte schon im nächsten Haushalt begonnen werden.

Mehr Geld für die Bildung: Je länger und intensiver ich mich mit dem Thema beschäftigt habe, umso mehr sehe ich darin ein Schlagwort, mit dem die Politiker aller Parteien aller Parteien den Eltern vorgaukeln, dass sie für bessere Noten bei einer staatsfinanzierten Ausbildung sorgen können. In Wirklichkeit aber heißt »mehr Bildung« mehr Geld und mehr Einfluss für die eigene Zunft.

Stellen Sie sich eine Arbeitsgruppe vor, die aus Menschen mit folgenden Berufen besteht: Student, Dipl. Psychologin, Verwaltungsangestellter, freiberufliche Dipl. Psychologin, eine Dipl. Chemikerin bei einem Photovoltaikunternehmen, Sozialberater, Politikwissenschaftler, Diplom-Ingenieur, Dipl. Sozialpädagogin, Referent mit Studium der Sozialwissenschaften, Kommunalbeamter in der Abteilung Umwelt, Museumspädagogin, Erzieherin, Regisseur, Politikwissenschaftler, Krankenhausplaner, Dipl. Sozialwirtin und Dipl. Sozialpädagogin, Jurist im Referat Umwelt- und Naturschutz, wissenschaftlicher Mitarbeiter nach 13 Jahren Studium, Historikerin, Dipl. Ing für Maschinenbau, Nebenerwerbsbauer, Studentin, Studienrätin, Musikwissenschaftlerin, biologisch-technische Assistentin, Dipl. Sozialarbeiterin, Autorin, Dipl. Finanzwirtin.

Was auffällt: Fast alle verdienen ihr Geld in der »grünen« Wirtschaft, lassen sich vom Staat bezahlen oder werden vom Staat ausgehalten. Ich könnte mir vorstellen, mit dieser Gruppe ein Heim für sozial gestörte Jugendliche aufzumachen oder sie in einer Sozialeinrichtung in einem städtischen Brennpunkt zu beschäftigen. Einen Mangel an wirtschaftlichen Erkenntnissen und zukunftsträchtigen Ideen würde ich aber mit Gewissheit vermuten. Leider würde ich mit dieser Einschätzung völlig falschliegen. Es sind die Berufe der 29 gewählten Grünen-Abgeordneten im nordrhein-westfälischen Landtag – und sie gestalten jetzt wesentlich die Zukunft des größten und industriell wichtigsten Bundeslandes unserer Republik.

Einen ersten Eindruck, wie eine neue Bildungspolitik aussehen soll, damit NRW umgestaltet werden kann, steht in der Koalitionsvereinbarung: »Die Kopfnoten in den Zeugnissen werden wieder abgeschafft.« Was wäre das auch für eine Zumutung, wenn Betragen und Fleiß, also Tugenden, die das Verhalten eines Schülers beschreiben, auch noch festgehalten würden. »Bis zum 6. Schuljahr bleiben die Kinder zusammen.« Dagegen ist nichts einzuwenden, wenn gleichzeitig bekannt gegeben wird, wie viele Lehrer mehr zur Verfügung stehen, um die individuelle Förderung zu gewährleisten. »Die Eltern an weiterführenden Schulen dürfen sich aussuchen, ob sie für ihre Kinder das Abitur nach acht oder neun Jahren anstreben.« Das wird noch spannend und teuer. Jedes Jahr muss dann die Schule entsprechende Kapazitäten von Lehrern und Klassenräumen bereitstellen oder wieder auflösen. Damit hat die Bürokratie ein neues Betätigungsfeld, das auch noch mit demokratischem Elternwillen kaschiert werden kann.

Diese »Reform der Reform« wird mittlerweile in fast allen Bundesländern wieder ermöglicht. Ein Armutszeugnis der Kulturbürokratie, die nicht in der Lage war, vernünftige Lehrpläne für ein 8-jähriges Abitur zu schaffen. Niemand rechnet aus, was es kostet, Lehrer und Räume für den ausgedünnten Jahrgang der Klasse 13 vorzuhalten. So etwas gibt es nur in Deutschland. Das bedeutet aber im Endeffekt: Wir schaffen die Nachteile für unsere Abiturienten im internationalen Vergleich nicht ab. Der

Rest der Welt verlässt die Schule mit 18 Jahren. Sind unsere Schüler wenigstens mit 19 schlauer? Alle Untersuchungen bisher haben nur ergeben: Sie sind vor allem älter.

Drei der vier »gewaltigen Reformen« kosten Geld. Da aber Nordrhein-Westfalen keine separaten Steuern erheben kann, um zum Beispiel die fehlenden Einnahmen der Studiengebühr auszugleichen, werden mehr Schulden im Haushalt eingeplant. Von 2 Milliarden ist die Rede. Diese müssen alle Bürger des Landes mit Zins und Zinseszins bezahlen. Was wie eine Beglückung für viele aussieht, wird so zu einer Belastung für alle.

Da hilft wieder ein Blick auf die Berufe der Grünen-Fraktion. Da fehlt einer, der die Mechanismen der Kapitalwirtschaft erklären kann, der aufzeigt, wie Schulden arm machen, da fehlen Facharbeiter, die davon betroffen sind, wenn die Berufsschulen vergessen werden. Das ganze Elend der bisherigen unzählbaren Bildungsreformen und der elternfeindlichen Zersplitterung durch 16 Bundesländer wird von Fraktionen wie jetzt von den Grünen in Nordrhein-Westfalen in ihrem Wolkenkuckucksheim verbrochen. Mit der Gesamtschuldiskussion vor 40 Jahren fing der ideologische Grabenkrieg um die Schulen an, und das wird so weitergehen, bis zum großen Crash, irgendwann in den nächsten 20 Jahren.

Als Hilfstruppe für den beschleunigten Niedergang dank gleichmacherischer, ineffizienter Bildungspolitik und unverantwortlicher Neuverschuldung bietet sich noch eine Truppe an: die Fraktion der Linken mit ganz ähnlicher Berufszusammensetzung.

Am Beispiel von Nordrhein-Westfalen habe ich das Dilemma ausführlicher beschrieben, weil es sich 2010 abgespielt hat. Aber es gilt für jedes Bundesland, ob SPD oder CDU geführt, ob da die FDP oder die Grünen in der Vergangenheit den kleinen Partner gespielt haben. In den 40 Jahren Strukturreformen hat sich weder am Unterrichtsausfall etwas geändert noch an der Qualität der Lehrer. Und das hängt wieder mit der Qualität unserer Universitäten und der damit verbundenen Ausbildung unserer Lehrer zusammen.

Dazu noch einmal ein Blick nach Finnland. Von 100 Bewerbern auf einen Studienplatz für den Lehrberuf werden durchschnittlich 20 Aspiranten akzeptiert. Sie müssen sich Aufnahmeprüfungen unterziehen, die nicht nur ihren Wissensstand, sondern auch ihre pädagogischen Fähigkeiten testen. Zum Beispiel wird es positiv gewertet, wenn die Bewerber – meist junge Frauen – schon Praktika in Schulen absolviert haben. Aussagen wie »Ich bin kinderlieb« sind dagegen eher negativ. Solche Allgemeinplätze will niemand hören. Obligatorisch sind Stresstests, die auch schon einmal einige Tage unter erschwerten Gruppenbedingungen in einem abgelegenen Wald bedeuten können. Dabei werden zusätzlich das Sozialverhalten und die Kontaktfreudigkeit unter die Lupe genommen. Lehrer Lehrerinnen und haben einen ausgesprochenen Stressberuf, so die Bewertung des finnischen Kultusministeriums – und in Finnland haben die Pädagogen in der Gesellschaft einen hohen Stellenwert. Es ist deshalb unüblich, sich Anweisungen und Beurteilungen durch die Lehrer zu widersetzen.

Dazu passt auch die folgende Feststellung: Nicht die Größe der Klasse ist für das Leistungsniveau verantwortlich, sondern die Qualität des Lehrers. Studien sehen 25 Kinder pro Klasse als ideale Größe, damit auch soziales Verhalten gelebt und gelernt werden kann. Damit sind Schmalspurpädagogen überfordert.

In Passau konnte ich angehende Lehramtsstudentinnen im ersten Semester fragen, warum sie Pädagoginnen werden wollen. Zwei stereotype Antworten überwogen: »Weil ich kinderlieb bin.« – »Weil sich der Beruf gut mit einer Familie verbinden lässt.« Weitere Argumente: »Das Studium ist kurz.« – »Es gibt viel Freizeit.« – »Als Beamtin habe ich einen sicheren Arbeitsplatz«, und eine war ganz ehrlich: »Ich habe festgestellt, dass Rechtsanwälte gerne Lehrerinnen heiraten!« Dieses Argument habe ich danach systematisch überprüft, wann immer mir ein Rechtsanwalt über den Weg lief. Das Ergebnis ist verblüffend. Tatsächlich hatten viele Rechtsanwälte eine verbeamtete Lehrerin zur Frau. Die Mischung Freiberufler und Beamtin ist scheinbar ein unschlagbares sozialpolitisches Modell. Doch meine nicht empirischen Umfragen ergaben auch, dass dieses Modell ebenfalls auf öffentlich-rechtliche Redakteure mit angeheirateter Beamtin zutrifft. Bei zum Teil sehr heftig geführten Diskussionen über die kostenlose Universität habe ich nie ein Paar gefunden, dass der Auffassung war, dass es vielleicht für das Studium seines Kindes selbst aufkommen sollte. Ich habe aber auch kein Paar gefunden, das nicht der Auffassung war, dass es viel zu viel Steuern zu zahlen hätte.

Was sich in den letzten 40 Jahren deutlich verändert hat, ist die Erwartungshaltung der Eltern gegenüber der Schule. Je lauter die Parteien damit Wahlkampf machen, dass sie ein besseres Schulsystem einführen wollen, umso mehr erwarten natürlich auch die Eltern, dass die Schule endlich hält, was sie verspricht. Es sind noch nicht einmal die Pädagogen, die für den wachsenden Widerspruch zwischen Erwartung und Leistung verantwortlich sind, sondern die sich allmächtig gebärdenden Politiker.

Das Massaker in Winnenden mit fünfzehn Toten: Schuld seien die Lehrer, die nicht gemerkt hätten, was mit dem Jungen los sei – und es fehlten doch Schulpsychologen. Damit wird eine neue Forderung geboren, noch mehr Macht an die Politiker, an die Schulbürokratie verlagert. Was aber ist mit dem Elternhaus? Wann immer Probleme mit Kindern und Jugendlichen auftreten, sind die Eltern schnell dabei, ihre eigene Verantwortung auf die Schule zu projizieren. Die Litanei der Schuldzuweisung: Die Kinder sitzen zu lange vor dem Computer – Abhilfe soll die Ganztagsschule schaffen. Die Kinder bewegen sich zu wenig – also mehr Sport in den Schulen. Sie sind zu dick – also Ernährungsberatung und entsprechende gesunde Kost in den Schulen. Die Kinder essen zu wenig Obst – einige Bundesländer beginnen sofort damit, in den Schulen Äpfel zu verteilen. Die Schulpsychologen wissen: Die Schüler sind zu nervös, zu abgelenkt, zu aggressiv, zu passiv – für alles soll die Schule herhalten. Und kein Politiker, keine Partei ruft: Stopp!

Die Schule soll Wissen vermitteln, sie soll die Jugendlichen fit machen für den Beruf und das Leben. Aber die Schule wird nie und nimmer das Erziehungsdefizit ausgleichen, das die Eltern hinterlassen. Damit meine ich nicht nur Migranten oder alleinerziehende Mütter in schwierigen finanziellen Verhältnissen. Es sind auch die Eltern der Mittel- und Oberschicht, die aus Bequemlichkeit die Erziehung ihres Nachwuchses delegieren, um dann lautstark das Versagen der Schulen zu beklagen. Damit haben sie einen Schuldigen – sie haben ja nichts falsch gemacht.

Während meiner Korrespondentenzeit in Tokio nannten das Lehrerinnen und Lehrer der Auslandsschule »Wohlstandsverwahrlosung«. Die Diskussionen der 17-Jährigen drehten sich um die besseren Einkaufsmöglichkeiten in Singapur oder Hongkong, den besseren Golfclub in Australien oder Hawaii. Die soziale Kompetenz aber ging gegen null. »Was kann ich denn dafür, dass meine Mutter noch lebt«, antwortete ein 18-Jähriger, als es darum ging, einem Klassenkameraden emotional zu helfen, dessen Mutter überraschend gestorben war.

Der verhängnisvolle Trend, den alle Parteien unterstützen, dass sich der Staat von der Geburt bis zum Studienabschluss für die Betreuung und Erziehung der Kinder zuständig erklärt, hat bei der Elternschaft einen Rückzug aus der Verantwortung zur Folge, den sie aus Bequemlichkeit und ohne schlechtes Gewissen angetreten haben. Sie machen damit einen anonymen Staat stark – das ist gedankenlos –, sie bereiten damit auch den Weg in eine unfreie Gesellschaft vor.

TEIL 6

DIE DEUTSCHE REALITÄT

27. HAUPTSACHE: DAGEGEN

Die Stadt Kassel hat in den letzten 15 Jahren 8000 Einwohner verloren. Sie hat die höchste Arbeitslosenquote Hessens und weist eine überdurchschnittliche Überalterung aus. Kassel und dessen Umland sind Hessens Problemgebiet. Doch seit dem Mauerfall zeichnen Kassel zwei Vorteile aus, die den Absturz gebremst haben. Die Stadt liegt mitten in Deutschland und sie ist durch die neue ICE-Strecke samt neuem Bahnhof verkehrstechnisch gut angebunden. Tagungen und Kongresse werden deshalb gerne hier abgehalten, die Stadt entwickelt sich zu einem Logistikzentrum für ganz Mitteleuropa. Die Einweihung der ersten Hochgeschwindigkeitstrasse durch den damaligen Bundespräsidenten Richard von Weizsäcker wurde 1991 in Kassel gefeiert – und seither ist der neue Bahnhof Kassel-Wilhelmshöhe so etwas wie ein Wahrzeichen.

Wäre es 1972, als die Planungen begannen, nach dem Willen der Stadt und der Bürger Kassels gegangen, gäbe es diesen Bahnhof heute nicht, würde die Hochgeschwindigkeitstrasse weit an Kassel vorbeiführen. Die Stadt würde heute noch schneller schrumpfen und demütig um Hilfe betteln. Damals kämpften 23 Interessengruppen gegeneinander und gleichzeitig miteinander gegen jede Veränderung. Kassel wurde zum Musterbeispiel der Nimby-Gesellschaft. »Not in my backyard« nennen die Angelsachsen diese Verweigerungshaltung – »Nicht in meinem Hinterhof« sprachen die Kasseler und schoben die Trasse quer durch die Stadt in den Garten des jeweiligen Nachbarstadtteils. Die Stadtverwaltung, die wusste, dass das Schicksal der Stadt an der ICE-Trasse hing, sah lange Zeit hilflos zu.

Der damalige Oberbürgermeister war Hans Eichel, später hessischer Ministerpräsident und Bundesfinanzminister. Er erinnert sich an die Wortführer des Protestes: »Die führenden Köpfe, das waren immer Lehrer, Sozialarbeiter, Rechtsanwälte, weil die sich natürlich gut artikulieren können und natürlich besonders gut wissen, wie sie andere beeinflussen. Das erleben Sie immer, nicht nur bei einem solchen Projekt.« Kassel hatte vorher einen nur wenig angefahrenen Kopfbahnhof, den die Protestler unbedingt erhalten wollten. Dabei sah der ziemlich gerupft aus, weil er im Krieg total zerstört worden war ebenso wie die ganze Innenstadt.

Der Kompromiss der Stadtverwaltung mit den Bürgern war schließlich, dass sie gemeinsam einen kilometerlangen Tunnel unter der Innenstadt forderten, der dann in den Kopfbahnhof münden sollte. Das hätte entsprechend dem Preisniveau von 1975 bis zu 2,5 Milliarden Mark mehr gekostet. Unterstützt wurden die Protestler durch die Berichterstattung des Hessischen Rundfunks (HR), der alle Nachteile des Baus in den Nachrichten und Magazinberichten ausführlich darstellte, über die wirtschaftlichen Perspektiven für die Region aber kaum ein Wort verlor. Mit einem gewissen Triumph verkündete dann der HR, dass auch die Stadt Kassel beim Verwaltungsgericht Klage eingereicht hatte, da sie mit der Erschließung im Bereich des neuen Bahnhofs in Kassel-Wilhelmshöhe nicht einverstanden war.

Hessens damaliger Wirtschaftsminister Alfred Schmidt (FDP) erhielt daraufhin einen Anruf von der Bundesbahn, dass diese jetzt so verärgert sei, dass sie ernsthaft überlege, die neuen ICE-Züge auf der alten Strecke ohne Halt in Kassel durchfahren zu lassen. Schmidt beschreibt denselben Personenkreis, der für diese Boykotthaltung verantwortlich ist, wie Eichel: »Das sind alles Leute, die es sich leisten können, das Thema Arbeitsplätze und auskömmliche Existenz zu vernachlässigen, also alles Leute, die nicht unmittelbar betroffen sind, denen es gut geht. Sie finden ja kaum Arbeitnehmer unter den Menschen, sondern es sind ja in der Regel Bessergestellte, vielleicht darf ich den Begriff Besserverdienende verwenden.« Eine Charakterisierung, die immer auf die Protestler bei Infrastrukturprojekten zutrifft – auch wieder 2010 beim Kampf gegen Stuttgart 21.

Der oberste Bauleiter der Bahn, Dr. Günter Klotz, der ein halbes Arbeitsleben mit der Verwirklichung der Hochgeschwindigkeitstrasse durch Hessen und dem neuen Kasseler Bahnhof zugebracht hat, schrieb nach der Pensionierung seine Doktorarbeit über das Thema »Bürgerbeteiligung und die Bahn«. Dabei rechnete er aus, was die Verzögerung damals gekostet hat: Er kam auf 23 Millionen Mark bis zur Einweihung 1991. Das war damals viel Geld.

Heute sind 23 Millionen noch weniger als »Peanuts«. Beim Umbau des Stuttgarter Kopfbahnhofs geht es um Milliarden Euro. Jeden Tag ein neues Gutachten, jeden Tag mehr Demonstranten, jeden Tag mehr Bürger auf den Straßen. 1994 war ich das erste Mal mit dem Projekt Stuttgart 21 befasst. Ich drehte einen Film über die städtebaulichen Chancen, die die Beseitigung der riesigen Gleisschneisen eröffnen, die in Frankfurt, Stuttgart und München bis in die Innenstädte reichen. Sie sind das Ergebnis der Eigensüchteleien der Fürstentümer und Königreiche Deutschlands und der Technik des vorletzten Jahrhunderts. In Stuttgart zum Beispiel füllte das Gleisbett das gesamte Tal zwischen Bad Cannstadt und der Innenstadt aus. Die Folge waren extrem hohe Immobilienpreise an den Hängen der Innenstadt, die für Normalverdiener unerschwinglich sind, und eine Zersiedlung der Hochebenen rund um die Stadt bis weit ins Hinterland.

Wie alle Großprojekte musste die Planung für Stuttgart 21 alle Stufen des Planfeststellungsverfahrens durchlaufen, zu dem auch die Offenlegung der Pläne gehört, damit jeder Bürger sie einsehen und Einspruch einlegen kann. Nichts war geheim. Die Mehrheit der im Stadtrat vertretenen Abgeordneten stimmte für Stuttgart 21, die Verwaltungsgerichte arbeiteten alle Einsprüche ab und schließlich wurde nach 15 Jahren die Baugenehmigung erteilt. Die Grünen waren von Anfang dagegen und machten Stuttgart 21 bei den Kommunalwahlen zu ihrem Hauptthema. Das brachte ihnen Stimmengewinne, ohne allerdings eine Mehrheit zu erzielen. Bis dahin entspricht der Ablauf einem demokratischen und sehr komplizierten Rechtsstaat.

Aber dann rückten im Sommer 2010 die Bagger an, und es wurde ernst. Straßenumleitungen wurden nötig, der erste Baulärm war auch in den Spitzenwohnlagen am Killesberg zu hören. Als dann mit dem Abriss des Nordflügels begonnen wurde, brach der Proteststurm los. Die Anführer: siehe die Charaktersierung von Hans Eichel und Alfred Schmidt beim Bau der ICE-Strecke in Kassel. In Stuttgart würden die Arbeiter sagen: Das Killesbergpack macht Krach. »Killesbergpack«, mit dieser herabsetzenden Einstufung hat der schwäbische Volksmund die Bewohner des Millionenhügels eingeordnet.

Der Berichterstattung fällt, wie bei all diesen Großprojekten, eine unrühmliche Rolle zu. Typisches Beispiel eine Sendung in der Infowelle des Hessischen Rundfunks. Der Moderator im Frankfurter Funkhaus: »Heute werden 50 000 Demonstranten gegen den Abriss des denkmalgeschützten Bahnhofes in Stuttgart erwartet. Ich frage meinen Kollegen vor Ort: Sind die 50 000 schon da?« Antwort aus Stuttgart: »Nein, es sind wahrscheinlich nur 20 000, die gegen den Abriss des denkmalgeschützten Nordflügels demonstrieren.« Nach einigen Fragen und Antworten die Abmoderation des Frankfurters: »Das war mein Kollege aus Stuttgart, wo 50 000 Stuttgarter gegen den Abriss des denkmalgeschützten Bahnhofs demonstrieren.« Der Dampfplauderer in Frankfurt lässt sich noch nicht einmal durch seinen Kollegen vor Ort von seinen falschen Behauptungen abbringen. Er nimmt einfach nicht zur Kenntnis, dass es nur um den Nordflügel geht: Er will den Bahnhof abreißen. Genauso, wie er bei seinen 50 000 Teilnehmern bleibt, die gar nicht da sind. Durch Fakten lässt er sich doch nicht von seiner Hurra-Stimmung abbringen.

Ein paar Tage später im Südwestrundfunk (SWR). Es klingt wie eine sachliche Ankündigung: »Das Projekt Stuttgart 21 wird noch viel teurer als bisher angenommen. Das geht aus zwei neuen Gutachten hervor, die heute vorgestellt werden.« Dann kommt die etwas ausführlichere Erklärung: »Wie Greenpeace heute erklärte, soll die Neubaustrecke zwischen Wendlingen und Ulm wesentlich teurer werden als geplant. Wie sie zu diesem Ergebnis kommen, wollen sie heute noch in einer Pressekonferenz mitteilen.«

Die Meldung »Stuttgart 21 wird teurer« erweckt den Eindruck, als ob es sich wieder um das Bahnhofsprojekt in der Innenstadt handele. Das ist einfach falsch. Die genannte ICE-Trasse zwischen Wendlingen und Ulm wird unabhängig vom Bahnhofsprojekt Stuttgart 21 finanziert. Damit soll die Trasse der königlich-württembergischen Eisenbahn über die Geislinger Steige ersetzt werden, auf der die Züge so langsam fahren, dass der Volksmund spottet, selbst beim ICE bleibe genügend Zeit, um auszusteigen und ein paar Blümchen zu pflücken.

Die Meldung war nicht nur irreführend, sondern auch überflüssig. Die Begründung für die Verteuerung war ja noch nicht bekannt. Der Moderator machte also nur Stimmung, ohne Inhalte – konnte so eine negative Meldung über das verhasste Projekt lancieren.

Greenpeace arbeitet nicht nur gegen die ICE-Trasse, sondern auch gegen den Umbau des Stuttgarter Bahnhofs. Das verstehe ich überhaupt nicht. Hier geht es um die Verlegung eines Bahnhofs unter die Erde. Über der Erde werden Parks vergrößert,

Wohnungen und Gewerbegebiete in der Stadtmitte möglich, die sonst zu einer weiteren Zersiedlung und zusätzlichem Landverbrauch im Umland führen. Hier wird einmal mehr deutlich, dass es Greenpeace schon lange nicht mehr um die Rettung der Umwelt geht, sondern als PR-Konzern in eigener Sache unterwegs ist: durchkommerzialisiert bis in die letzte Aktion, die publikumswirksam vermarktet wird. Stuttgart 21 und der Protest der Bürger, die während des Planungsprozesses geschlafen haben, bieten da eine wunderbare Reflexionsfläche. Natürlich leben mittlerweile Scharen von Gutachterbüros von den Aufträgen der Gutmenschenindustrie.

Stuttgart 21 ist ein Marktplatz der Heuchler und parteipolitischen Taktiker. Um die Sache geht es nur noch am Rande. Vorneweg kochen die Grünen hier eine scharf gewürzte Suppe, an der sich die Regierungsparteien den Mund verbrennen sollen und die ihnen das Amt des Ministerpräsidenten von Baden-Württemberg bescheren soll. Das kann ich akzeptieren, aber um die Umwelt geht es ihnen dabei gewiss nicht. Wie hätte sonst Cem Özdemir einen Hubschrauber mieten können, nur um schnell vom Flughafen zum Protest zu kommen? Er nimmt sich dieses »umweltfreundliche« Privileg heraus, der Bevölkerung aber, für die gerade dieser Neubau vom Flughafen zur Innenstadt eine schnellere Verbindung bringen soll, will er diese Verbesserung vorenthalten.

Der Protest und die parteitaktischen Spielchen rund um den Umbau des Stuttgarter Bahnhofs zeigen, dass unser Planungsrecht, so umständlich, kostspielig und langwierig es auch ist, nicht mehr dem demokratischen Mitbestimmungsbedürfnis der Menschen entspricht. Statt sich im Nachhinein darüber zu streiten, wer zu welchem Zeitpunkt geschlafen hat, wer den besseren Gutachter hat, wer wann wen ausgetrickst hat, sollten die Lehren aus den überlangen Planungszeiträumen gezogen werden. Nachdem ich mich seit Jahrzehnten mit Infrastrukturprojekten beschäftige, wage ich, einen Vorschlag zu machen:

1. Vor der politischen Entscheidung muss eine Volksabstimmung über ein Projekt stattfinden. Dabei ist sicherzustellen, dass die Betroffenen befragt werden und nicht die Berufsverhinderer aus der ganzen Republik. Das bedeutet: eine Stärkung der Regionen und ein Machtverlust ortsfremder Umweltverbände.

2. Die Finanzierung der Projekte muss so gestaltet werden, dass diejenigen, die abstimmen, später von ihrer Zustimmung oder Ablehnung finanziell betroffen sind. Das setzt eine Steuerreform voraus, bei der Bund, Länder und Gemeinden ihre eigene Steuerhoheit haben, so wie dies in der Schweiz der Fall ist.

3. Die Planungsabläufe nach der Volksabstimmung werden so organisiert, dass spätestens nach fünf Jahren mit dem Bau begonnen werden muss. Damit wird garantiert, dass sich die Baukosten nicht vervielfachen, weil Jahrzehnte ins Land gegangen und die ursprünglichen Berechnungen nur noch Makulatur sind.

4. Für Fehlplanungen, falsche Etatansätze, bewusste oder unbewusste Irreführung der Bevölkerung müssen die vorher eindeutig definierten Verantwortlichen die Konsequenzen tragen.

Mit diesen vier Punkten wären alle Forderungen eines demokratischen Staates des 21. Jahrhunderts erfüllt: mehr Bürgerbeteiligung, mehr Transparenz, mehr Kostensicherheit, mehr volkswirtschaftlicher Nutzen.

Eine Volksabstimmung der Betroffenen über Stuttgart 21 vor 15 Jahren hätte, und da bin ich ganz sicher, eine große Mehrheit für das Projekt gebracht. Damals war noch Erwin Rommel Oberbürgermeister, den seine Schwaben verehrten. »Was ganz Großes machen wir hier«, hat er zusammen mit dem Schwaben Heinz Dürr, damals Bahnchef, und dem Schwaben Matthias Wissmann, damals Bundesverkehrsminister, verkündet. Es gab keinen ernst zu nehmenden Widerspruch, aber viel Begeisterung, nachzulesen in den damaligen Veröffentlichungen.

Aber selbst 2012 stimmten die Baden-Württemberger noch

für das Projekt Stuttgart 21. Dabei fiel auf: Die direkt Betroffenen in Stuttgart und Ulm waren dafür, die im weit abgelegenen Freiburg wohnenden grün orientierten Wähler waren dagegen. Damit fühlt sich der grüne Ministerpräsident Winfried Kretschmann verpflichtet, Stuttgart 21 mitzubauen. Aber er wusste genau, wie alle anderen Gegner, dass es eine Hintertür geben wird: die üblichen Preissteigerungen. Weil in Deutschland so geplant und gebaut wird, wie es gerade noch formal dem Gesetz entspricht, kommt das dicke Ende immer mitten in der Bauphase. Mindestens 50 Prozent Kostensteigerung sind dann fällig. Und genauso ist es in Stuttgart. Anfang 2013 reden wir über zwei Milliarden Euro Mehrkosten – und jetzt haben die politischen Befürworter den Schwarzen Peter. Sie müssen jetzt sehen, woher sie das Geld beschaffen. Die Grünen in der Stadt Stuttgart und im Land Baden-Württemberg sind nur an die in der Volksabstimmung bezifferten Kosten gebunden. Was auch immer mit Stuttgart 21 geschieht: Vielleicht führt das Debakel dazu, dass das deutsche Planungsrecht und die Volksbeteiligung zu ehrlichen, machbaren und vernünftigen Großprojekten führen.

Damit ändert sich vielleicht auch die Berichterstattung über Großprojekte, die immer noch Kampagnen gleichen. Niemand fragt, wer die gewalttätigen Aktionen mit der Besetzung von Baumaschinen, Bäumen und Gebäudeteilen für die bürgerlichen Protestler übernimmt. Die Realität, dass es in Deutschland so etwas wie den Beruf »Protestler« gibt, wird einfach ignoriert. Diese »Idealisten« ziehen von Großdemonstration zu Großdemonstration, erhalten Kost und Verpflegung, meistens auch noch die Reiseauslagen und machen die Drecksarbeit vor Ort. Frau Rechtsanwaltsgattin vom Killesberg wird nicht auf die Bäume klettern. Die steht unten mit der Kerze in der Hand und gehört zur Spezies »Grüne Witwe«. Während der Gatte in höheren Einkommensklassen den Lebensstandard sichert, ist sie für das Gute in der Welt zuständig.

Der adlige Sprecher der Stuttgarter Parkschützer, die jede

Teilnahme an den Schlichtungsgesprächen ablehnten, ist so ein Produkt unserer Zeit. Matthias von Herrmann wohnt nach elf Jahren Studium bei seiner Mutter und bezeichnet es als glücklichen Umstand, arbeitslos zu sein. Dadurch habe er Zeit, sich komplett um die Demonstrationen rund um Stuttgart 21 zu kümmern. Der selbst ernannte Gutmensch und Greenpeace-Aktivist tritt in den Medien auf, gleichberechtigt im *Heute Journal* mit einer gewählten Ministerin. Er setzt Maßstäbe, was schlecht, gut und am besten ist für unsere Republik. Seine einzige Legitimation bezieht er aus der Aufmerksamkeit der Medien.

Wenn in Brandenburg 18 000 Unterschriften gegen Windkraftwerke in der Nähe von Wohngebieten gesammelt und dem Ministerpräsidenten überreicht werden, wird das kaum erwähnt. Wenn 10 000 gegen den Bau des Flughafens Berlin-Schönefeld demonstrieren, findet sich keine Sekunde im Fernsehen, keine Zeile in der Presse – so geschehen 2004. Und wenn sich im hessischen Vogelsberg fast alle Abgeordneten der Stadt Alsfeld und die große Mehrheit der Bevölkerung gegen den Bau von 80 200 Meter hohen Windkraftanlagen wehren, haben sie Glück, wenn in der örtlichen Presse wenigstens Negativmeldungen über sie gedruckt werden.

Entschuldigen Sie hier meinen Zynismus – aber diese Selbstgefälligkeit, mit der finanziell bestens versorgte Gutmenschen in den Mainstream-Medien die moralischen Vorgaben für eine Gesellschaft vortragen dürfen, ist zunehmend unerträglich. Umwelt wird zum Selbstdarstellungszweck, Tierliebe wichtiger als das Schicksal der Menschen, Veganer höher angesehen als Vegetarier, und selbstverständlich ist der Ausbau der Infrastruktur abzulehnen. Dies alles wird mit absoluter Gewissheit und dem Furor Savonarolas betrieben, denn nur so könne die Zukunft der Menschheit gerettet werden. Aber tierlieber Vegetarier, der Alkohol und Tabak mied, war Adolf Hitler auch. Das

sind also keine Eigenschaften, die einen guten Menschen aus-
zeichnen, heute höchstens einen politisch Korrekten in unserer
verkorksten Gesellschaft.

In einem Feature für die ARD habe ich versucht, an sechs
Beispielen zu zeigen, welche wirtschaftlichen Konsequenzen es
für unsere Republik hätte, wenn einige Infrastrukturprojekte
nicht durchgesetzt worden wären. Dazu zählen der Münchner
Flughafen, der sich als Jobmaschine für halb Oberbayern entpuppt hat, und das Bankenviertel von Frankfurt, ohne das die
Stadt am Main Hunderttausende hoch dotierter Arbeitsplätze
und gut verdienender Steuerzahler nicht hätte. Leider war für
diesen Film in den nächsten zwölf Monaten kein Sendeplatz im
Abendprogramm zu finden, obwohl sich der HR intensiv darum bemühte. Er wurde dann im Dritten Programm gesendet
und auf dem Höhepunkt der Stuttgart-Demonstrationen von
Phönix wiederholt. Das ist keine Zensur, aber auf jeden Fall eine
unbewusste Verbeugung vor dem Zeitgeist.

Volksabstimmungen über Infrastrukturprojekte würden den
Protestparteien eher schaden als nutzen und sie von ihrem hohen Ross herunterholen, das sie als angebliche Interessenver-
treter der übergangenen Mehrheit bestiegen haben. Wer mit
offenen Augen durch die Republik fährt, sieht mehr Protest-
schilder für als gegen ein Straßenbauprojekt: »Autobahn A33
jetzt!« – »Wo bleibt die Umgehungsstraße B252?« – »Wir werden krank vom Autolärm – Neubau B3 sofort.« Solche Schilder
finden sich von Nord bis Süd, von Ost bis West. Es sind die Betroffenen, die neue Autobahnen und Umgehungsstraßen wollen, und es sind die »Grünen Krieger« aus entfernten Regionen,
die dagegen klagen.

Bisweilen nehmen solche Auseinandersetzungen bizarre
Züge an, über die sehr selten in den »Leitmedien« berichtet
wird. Dabei würde eine faire, unparteiische Berichterstattung
skurrile Geschichten erzählen können. Zum Beispiel die Wild-
brücke südlich von Dresden für eine gengeschädigte Fleder-

mausart; von den Großtrappen, die für 30 Millionen Mark beim Bau der ICE-Trasse Berlin-Hannover geschützt wurden und die später von Füchsen teilweise gefressen wurden; von den 5000 Kammmolchen an der A 44, deren Rettung Gesamtkosten von 50 Millionen Euro verursachte, also 10 000 Euro pro Molch. Dabei gibt es von diesen Tierchen noch mehrere Hunderttausend in Deutschland. Bei uns stehen sie aber unter Artenschutz, weil sie in Teilen Europas verschwunden sind.

Die A44 von Kassel nach Eisenach, Teil der »Verkehrsprojekte Deutsche Einheit« und damit im Parlament rechtskräftig verabschiedet, ist ein Musterbeispiel für die Taktik dieser »Grünen Front«. Es geht um Verhinderung um jeden Preis und damit eine Verteuerung der Baukosten. Die Bürger von Hessisch Lichtenau, die sich eine wesentliche Verbesserung ihrer Lebensqualität durch die neue Autobahn erhofften und gleichzeitig ein Gewerbegebiet an der geplanten Autobahnausfahrt gebaut hatten, um Unternehmen in ihre strukturschwache Region zu locken, wollten von den angeblichen Naturrettern nichts mehr wissen.

Mit großer Erleichterung wurde der erste Spatenstich gefeiert. Die Straßenplaner von der Kasseler Behörde glaubten, sich mit dem NABU, dem Naturschutzbund Deutschland, geeinigt zu haben. Dieser hatte nämlich südlich von Hessisch Lichtenau Veilchengrasbiotope gekauft und versichert, mit einer Trasse nördlich der Stadt einverstanden zu sein. Da tauchte der sehr viel militantere BUND auf, der Bund für Umwelt und Naturschutz. Dessen Sprecher Wolf von Bültzinglöwen hatte nördlich von Hessisch Lichtenau Pfeiffengraswiesen entdeckt, die er für absolut schützenswert hielt. Jetzt standen sich also Pfeiffengraswiesen und Veilchengrasbiotope gegenüber. Obwohl die Bäume schon gerodet und mit dem Tunnelbau begonnen worden war, verhängte das Verwaltungsgericht einen Baustopp. Begründung: Die Straßenbaubehörde hatte die Alternativen nicht genau genug untersucht, sondern sich auf den NABU verlassen.

Die Bürger von Hessisch Lichtenau kochten vor Wut. Eine Versammlung des BUND musste von der Polizei geschützt werden, weil die Bauern drohten, mit den Mistgabeln auf die »Biotopenfreunde« loszugehen. Viele Tausend Einheimische bildeten eine kilometerlange Menschenkette entlang der stillgelegten Baustelle für die Autobahn. Darüber wurde nicht berichtet. Der BUND beriet daraufhin nur noch in Südhessen über seine Blockadeaktionen. Aber auch dorthin folgten ihnen die Nordhessen. In mehreren Bussen fuhren 400 Bürger von Hessisch Lichtenau unter der Führung ihres SPD-Bürgermeisters bis nach Frankfurt und blockierten dort die Versammlung. Wie gesagt: Das ging alles weitgehend ohne Berichterstattung über die Bühne. So etwas passt nicht in die Vorstellung der angegrünten öffentlich-rechtlichen Rundfunk- und Fernsehredaktionen.

2013 soll die Umgehung von Hessisch Lichtenau endlich befahrbar sein. Bis aber die rund 65 Kilometer der neuen A44 fertig sind, wagt heute niemand mehr vorauszusagen. Aber sie werden dann mindestens 1,4 Milliarden Euro gekostet haben. Immer neue Anforderungen an die Linienführung machen diese Teilstrecke, die parallel zur Bundesstraße 7 durch eine Mittelgebirgslandschaft verläuft, zur teuersten Überlandautobahn in Europa. Der hessische Verkehrsminister Dieter Posch hat deshalb für sein Bundesland eine Bilanz erstellt: Die Einsprüche, die hauptsächlich durch den BUND verursacht werden, haben in Hessen zwischen 2000 und 2008 44 Millionen Euro mehr an Planungskosten und 71,5 Millionen Euro mehr an Baukosten verursacht. Für alle im Bundesverkehrswegeplan gesetzlich beschlossenen Projekte machen die Mehrkosten von 2004 bis 2015 inzwischen über 2 Milliarden Euro aus. Posch regte an, dass es doch sinnvoller und umweltschonender sei, wenn nicht jeder Molch gerettet werden muss, sondern dieses Geld zum Beispiel für Lärmschutz entlang der Bahnlinien genutzt werden könnte.

Daraufhin brach ein Sturm der Entrüstung los. Er hatte an einem der Tabus gerüttelt, mit denen sich unsere Gesellschaft arrangiert hat: Was Umweltschutz ist, bestimmen hierzulande der BUND, Greenpeace, der NABU, der Verkehrsclub Deutschland (VCD) und als politischer Überbau die Grünen. Sie allein entscheiden, was der Umwelt dient. Da gibt es durchaus Argumentationsstrukturen von kaum vorstellbarer Bandbreite: Wenn zum Beispiel ein Seeadler von einer Windkraftanlage zerschmettert wird, ist das hinzunehmen, denn Windkraft rettet schließlich das Klima. Das muss auch der Seeadler noch lernen. Soweit mir bekannt ist, sind 20 tote Seeadler registriert, 140 unter strengem Schutz stehende Rotmilane haben die Propeller bereits erwischt. Kein Problem – das sind eben vertretbare Kollateralschäden des grünen Fortschritts.

Im UNESCO-Weltkulturerbe des Mittelrheins entleeren sich Städte und Dörfer, die Bewohner vertrieben vom Bahnlärm. Bis 107 Dezibel haben wir gemessen, im 5- bis 7-Minuten-Takt. Das entspricht in etwa dem Pegel startender Militärjets. Aber: Die Bahn ist gut, der Lkw schlecht. Mehr Güter auf die Bahn ist die Forderung der grünen Einheitsfront, da spielt Lärm keine Rolle. Der allerdings ist des Teufels bei 75 Dezibel, wenn er von Passagiermaschinen kommt.

Die Vernetzung der Protestler funktioniert dabei hervorragend. Bei jeder politischen Entscheidung, von der sich diese grünen Gruppen angesprochen fühlen, gehen sofort ähnliche bis gleichlautende Stellungnahmen an die Journalisten. Das ist beispielhaft bei der Hochmoselquerung der B50 nachzuvollziehen, die das Rhein-Main-Gebiet mit den Nordseehäfen verbindet. Da meldet der Südwestfunk: Das umstrittene Projekt Hochmoselquerung wird abgelehnt von der Grünen Partei, die zu diesem Zeitpunkt nicht im Parlament vertreten ist. Und dann kommt einer nach dem anderen der verbandelten Meinungsmachertruppe. Aber keine Partei, die im Landtag sitzt, kommt zu Wort.

Besonders obskur sind die Stellungnahmen des VCD, eines Umweltverbands mit gerade mal 63 000 Mitgliedern, entsprechend den Angaben im *Taschenbuch des öffentlichen Lebens.* Der ADAC mit über 16 Millionen und der AvD mit 1,3 Millionen Mitgliedern bleiben unerwähnt. Auch ein Blick auf die Homepage des VCD im Internet sollte eigentlich genügen, die obskure Sichtweise dieses Vereins zu entlarven. Da steht zum Beispiel: Ein neues Gutachten des VCD habe herausgefunden, dass nur jeder 50. Arbeitsplatz in Deutschland von der Automobilindustrie abhängig sei und nicht jeder 6. Was soll diese Lachnummer? Will der VCD damit beweisen, dass wir auf die Automobilindustrie bei dieser unbedeutenden Größe verzichten können? Bedenklich ist lediglich, dass eine solche ideologische Pressure-Group regelmäßig von den Leitmedien erwähnt wird. Vertreter des Güterverkehrs und der produzierenden Wirtschaft werden dagegen selten bis nie zitiert.

Diese einseitige Berieselung führt seit Jahren in Deutschland zu einer völlig verzerrten Wahrnehmung der Realität und der Stimmung in der Bevölkerung. Da sich aber die überarbeiteten Berufspolitiker an der veröffentlichten Meinung orientieren, driften sie mit ab, in eine politisch korrekte Welt, die es so gar nicht gibt.

Die Wirklichkeit ist brutal: Die dringend gebotene Privatisierung des deutschen Autobahnnetzes scheitert, weil in fast allen Parteien und der von ihnen getragenen Verwaltung das eherne Gesetz der Daseinsvorsorge unser Land beherrscht, das ich in Kapitel 18 beschrieben habe. Der ADAC will sie nicht, weil er der berechtigten Auffassung ist, dass wir die Straßen mit der Mineralölsteuer schon mehrfach bezahlt haben. Nur, das Geld ist weg, von den Staatsausgaben abgesaugt und durch die Staatsverschuldung unauffindbar vergraben. Ein Ausgleich für die zweckentfremdete Mineralölsteuer muss sein, sodass der Erlös aus den Autobahnen – circa 120 Milliarden Euro – zur Schuldentilgung benutzt werden muss. Die Grünen wollen es nicht, weil dann ständig fließende Gebühreneinnahmen für den Ausbau und den Unterhalt der Straßen vorhanden wären, aber die sollen ja in ihrem »Lästigkeitswert« erhöht werden. Je länger die Staus, umso mehr sehen sie sich ihrer Idealvorstellung der Verkehrspolitik nahe. Die ständigen Preissteigerungen durch immer längere Planungs- und Bauzeiten haben zu der irrwitzigen Tatsache geführt, dass 2010 zum ersten Mal seit dem Beginn des Autobahnbaus kein einziger Kilometer neue, vierspurige Autobahn dem Verkehr übergeben worden ist, ein Minusrekord in der Nachkriegszeit.

Bundesverkehrsminister Peter Ramsauer hat sicher Zugang zu einer vertraulichen Akte, die auch mir vorliegt. Darin wurden zehn Neubau- und Erweiterungsabschnitte in den alten Bundesländern untersucht. Ergebnis: Vom Linienentwurf bis zum rechtskräftig planfestgestellten Vorhaben dauert es im Schnitt 17 Jahre, bis ein Autobahnabschnitt gebaut ist. Die reinen Nettobaukosten für einen Kilometer der betroffenen Teilstrecke betragen 11,73 Millionen Euro. Pro Genehmigungsverfahren sind 18 Gutachter und 200 externe Ingenieure beschäftigt. Die Kosten liegen allein dafür pro Kilometer bei rund 4,9 Millionen Euro. Schließlich die Bürokratiekosten: Pro Kilometer sitzen Beamte 193 000 Stunden ab – in Worten: einhundertdreiundneunzigtausend –, um die Aktenmengen zu produzieren, die sich meterlang in den Regalen stapeln. Bei nur 48 Euro Lohnkosten pro Stunde, was sicher eher zu niedrig angesetzt ist, kommen wir auf 9,5 Millionen Euro pro Kilometer. Das bedeutet: Ein Kilometer Autobahn wird auf das Preisniveau von 26,13 Millionen Euro hochgetrieben. So ist es verständlich, dass sich die Mühlen der gewaltigen Straßenbaubürokratie heftig drehen, aber nur wenige Kilometer hinten herauskommen.

Übrigens: Für die neuen Autobahnen im Osten wurde eine eigene Fachgesellschaft gegründet, die wie ein privates Unternehmen arbeiten kann. Sie schaffte es, den Kilometer für 8,1 Millionen Euro neu zu bauen oder von vier auf sechs Spuren zu erweitern, was genauso viel kostete, wie eine ganz neue Autobahn. Diese DEGES GmbH könnte ohne Weiteres auch im

Westen arbeiten. Die Länder Schleswig-Holstein, Hamburg, Bremen und Hessen haben dies schon beschlossen, aber diese Machtabgabe ist den anderen Bundesstaaten zu heikel.

Es lohnt sich, einmal die Geduld aufzubringen und eine mehrtägige Anhörung für einen neuen Autobahnabschnitt durchzuhalten. Die Gegner gehen immer mit den gleichen Methoden vor. Von den durchaus berechtigten Anliegen Betroffener zum besseren Lärm- oder Sichtschutz einmal abgesehen, wird dabei ein Ritual abgespult, das die Staatsvertreter aus Dutzenden Ämtern mit einer Engelsgeduld hinnehmen.

Bei einer dieser Anhörungen ist mir ein Papier in die Hände gefallen, das genau beschreibt, wie die Gegner eines Projekts vorgehen müssen, um es zu verzögern oder zu verhindern. Es umfasst 21 Punkte, die genau das beschreiben, was ich mehrfach erlebt habe. Einige sind hier abgedruckt. Überschrift: »21 gute Tipps für Einwender bei Anhörungen«.

1. Halte Dich niemals an die Tagesordnung, denn die hilft nur dem Antragsteller, sich vorzubereiten. Durch flinken Themenwechsel hast Du eine Chance, Antragsteller und Genehmigungsbehörden unzureichender Vorbereitung und unzureichender Kenntnisse zu bezichtigen.

7. Behaupte als Stand der Wissenschaft und Technik, was immer Du wünschenswert hältst. Du schuldest keine Beweise. Dafür bleibt der Gegenbeweis immer am Antragsteller hängen.

20. Stelle vorhandene Gesetze, Verordnungen, Richtlinien und alles Einschlägige als für diesen speziellen Fall nicht anwendbar, veraltet, unzutreffend und zu großzügig dar.

21. Halte flammende Appelle an die Politiker (die sowieso von der Industrie gekauft sind) nach besseren Gesetzen, und zwar in Deinem Sinne. Und verdächtige alle Gutachter der Gegenseite ebenfalls als Vertreter profitsüchtiger Industrie.

Viele Einwendungen der Stuttgart-21-Gegner haben eine verblüffende Ähnlichkeit mit den Inhalten des Leitfadens – und das ist sicher kein Zufall.

Bevor das Kapitel nun gänzlich in einer Abwatsche für die Grünen-Krieger ausartet, muss natürlich festgestellt werden, dass die Naturschutzauswüchse juristisch nicht möglich wären, wenn es nicht in Brüssel ein Fauna-Flora-Habitat-Gesetz gäbe. Daran müssen sich alle Europäer halten. Zwar frage ich mich, wie dies Franzosen, Spanier und Portugiesen handhaben, um nur drei Staaten zu nennen, deren Tempo und Kilometerzahl, die sie jedes Jahr an Autobahnen bauen, eigentlich unmöglich sind.

In Deutschland wird das FFH-Gesetz von den Verwaltungsgerichten akribisch genau umgesetzt. Es ist sozusagen das Schwert, mit dem der Grünen-Verbund auf die Projekte einschlägt. Aber sie haben das Schwert weder geschmiedet noch gestohlen. Das Fauna-Flora-Habitat-Gesetz, das alle Tiere und Pflanzen berücksichtigt, nur nicht die Kreatur Mensch, wurde vom CDU-Umweltminister Klaus Töpfer der EU-Kommission aufgedrängt. Es ist eine deutsche Erfindung. Die politische Verantwortung dafür haben der damalige Kanzler der Republik Helmut Kohl, CDU, und sein Vize Hans-Dietrich Genscher, FDP. Früh sprießet, was ein grünes Pflänzchen werden will.

28. PARTEIEN OHNE VOLK

Während ich im Jahr 2010 diese letzten Kapitel schreibe, feiert Deutschland gerade die höchste Wachstumsrate seit 1992: 3,8 Prozent für 2010. Die Steuereinnahmen übertreffen alle Erwartungen. Deutschland wird zur Konjunkturlokomotive Europas hochgejubelt. Kein anderes europäisches Land ist so gut aus der Krise gestartet wie Deutschland. Vor diesem Hintergrund sei meine Zustandsbeschreibung viel zu negativ, zu düster, wird mir von fast allen Kollegen und Politikern vorgehalten, mit denen ich über die Inhalte dieses Buches diskutiert habe. Aber deuten die positiven Zahlen vom Herbst 2010 wirklich den Umschwung an? Dass die schwarz-gelbe Regierung sich freut, endlich etwas Positives melden zu können, kann jeder verstehen. Aber keines der strukturellen Probleme wird gelöst, wenn die Gesellschaft nicht auf Eigenverantwortung, Wettbewerb und Freiheit aufbaut.

So erfreulich die höheren Steuereinnahmen auch sind, sie reichen nicht, um auf eine Neuverschuldung zu verzichten. Statt 80 Milliarden Euro werden es im Jahre 2010 für den Bund »nur« 50 Milliarden sein. Da muss die Regierung schon Millionen rosaroter Brillen verteilen, damit wir Bürger die schwarzen Löcher übersehen. Denn um die Staatsschulden zurückzuzahlen, brauchen wir mindestens 20 Jahre jeweils 4 Prozent Wachstum und müssten davon jeden Cent sparen und für die Zinsen und Tilgung nutzen – eine irrwitzige Vorstellung. Sobald wir aber unerwartet höhere Steuern einnehmen, fordern die Linken und Grünen im Bundestag schon neue Sozialprogramme mit der Begründung: Jetzt käme auch einmal der »kleine Mann« dran. Die Liberalen möchten am liebsten Steuern senken und die Union hat mal wieder viele Ideen, die sich alle widersprechen.

Dabei erleben wir 2010, was Staatsschulden anrichten. Die Bürger Europas sind in Aufruhr. Harte Einschnitte in den Lebensstandard treiben die Menschen auf die Straßen. In Griechenland hat es begonnen. Danach folgten Massenkundgebungen in Portugal, Spanien, Frankreich, Italien und Belgien. Großbritannien will 500 000 Staatsbedienstete entlassen und Irland ist wie schon so oft in seiner Geschichte von einer Auswanderungswelle betroffen. Die Staaten zahlen jetzt für ihre Schulden und das sind bittere Zeiten. Wir drücken uns noch vor diesen Zahltagen, aber sie werden auch in Deutschland unvermeidlich sein. Und dann?

Die Selbstgefälligkeit, mit der die deutsche Politik und Öffentlichkeit sich gerade damit brüsten, wieder einmal die Besten zu sein, wird unweigerlich in einem bösen Erwachen enden. Wer soll denn in Deutschland die Probleme anpacken?

Die Iren, deren prozentuale Staatsverschuldung am Bruttoinlandsprodukt etwa genauso hoch ist wie die der Bundesrepublik, entlassen 25 000 Staatsangestellte. Auf die Größe Deutschlands umgerechnet würde das bedeuten: Wir müssten 500 000 Beamte und Staatsangestellte nach Hause schicken. Eine unvorstellbare Horrorvision. Aber welche Partei, welche politische Gruppierung hat die Kraft und den Willen, die Fehlentwicklungen, die zu diesen Schulden führen, samt ihrer Wurzeln zu beseitigen? Ich sehe keine.

Mittlerweile haben wir seit 2011 einen Grünen als Landeschef in Baden-Württemberg. Auch er findet nur gigantische Schulden und eine abnehmende Bevölkerung vor. Bisher zeichnen sich die Grünen für mich dadurch aus, dass sie es schaffen, ihre Staatsgläubigkeit und Bürgerbevormundung so geschickt zu verpacken, dass sie vor allem das saturierte, egoistische Bürgertum auf ihre Seite ziehen. Ob sie nun mitregieren oder nicht: Für einige Zeit werden die Grünen die Diskussion um die Zukunft des Landes weitgehend bestimmen. Sie haben es geschafft, dass die Gleichung Klimaschutz = Energiewende = Umweltschutz von allen Parteien übernommen wurde. Dadurch haben wir Schwarzgrüne, Rotgrüne, Gelbgrüne und Dunkelrotgrüne. Eine der Folgen: Wer an die grünen Szenarien glaubt, wählt gleich Grün. Wer nicht daran glaubt, wählt gar nicht.

Es ist in meinen Filmen, Büchern und Kolumnen seit Jahren nicht zu übersehen, dass ich zu den Klimarealisten gehöre, die nicht von einem entscheidenden Einfluss des Menschen auf den Klimawandel überzeugt sind. Nach intensiven Recherchen vertraue ich den Wissenschaftlern, die die Sonne maßgeblich für den immerwährenden Klimawandel verantwortlich machen. Aber die Lobby und die politischen Zusammenhänge der Klimadebatte würden ein eigenes Buch füllen. An einem Beispiel möchte ich aber verdeutlichen, wie verheerend sich die Politik der Grünen und all ihrer Helfershelfer in den anderen Parteien auf die Wirtschaft und Gesellschaft unseres Landes auswirkt. Es handelt sich um das EEG, das Gesetz zur Erneuerbaren Energie, über dessen Wirkung ich ja schon in Kapitel 6 geschrieben habe.

Gehen wir davon aus, dass es sinnvoll wäre, auch im nasskalten Deutschland neue Energiequellen zu entwickeln, um unsere Abhängigkeit von politisch unzuverlässigen Weltregionen zu vermindern. Gehen wir davon aus, dass dazu in der Gesellschaft ein weitgehender Konsens besteht. Aber warum müssen dann Wettbewerb und Marktmechanismus außer Kraft gesetzt und ein sozial unverantwortliches Gesetz beschlossen werden, das eine massive Umverteilung von unten nach oben bewirkt? Das EEG besagt im Wesentlichen, dass jedes Kilowatt erneuerbare Energie von den Stromlieferanten zu einem festen Preis abgekauft werden muss, in jeder angebotenen Menge. Damit wird gleich zweimal massiv gegen den Marktmechanismus verstoßen: Ein Garantiepreis für ein Produkt wird immer zu einer unverhältnismäßigen Preiserhöhung führen. Im Jahr 2010 hat die Regierung folgende Einspeisevergütungen festgelegt: Für Wind gibt es circa neun Cent pro Kilowattstunde, für Biogas 16 Cent und für die Sonne circa 40 Cent. Der zweite Verstoß ist die garantierte Absatzmenge – egal ob Bedarf da ist oder nicht. Das leitet natürlich massenhaft Kapital in dieses Produkt. In den Werbeprospekten ist von garantierten Renditen von 8 Prozent die Rede. Und das in Zeiten, in denen die Sparkassen höchstens 2 Prozent zusichern.

Die künstliche Verteuerung des Strompreises – im Jahr 2012 sind es 5,27 Cent pro Kilowattstunde – zahlen dann alle: die Hartz-IV-Empfänger, die Kleinrentner, die Mieter mit niedrigem Einkommen und der Bürger mit normalem Einkommen. Bis zu 60 Euro für einen Durchschnittshaushalt macht das pro Jahr aus. Und Jahr für Jahr wird die Summe steigen. Für einen alleinstehenden Rentner wird damit die letzte Rentenerhöhung mehr als aufgefressen. Der Investor aber kompensiert seine höheren Strompreise mit seiner garantierten Einspeisevergütung.

Was für eine brutale Umverteilung! Hemmungslos belügen die Parteien dabei die Wähler über ihre unlauteren Motive.

Die CSU macht mit, weil sie dadurch ihren Landwirten neue Subventionen zukommen lassen kann. Biogasanlagen und Photovoltaikanlagen auf den Dächern Bayerns zeigen, wem hier geholfen wird. Ähnliche Motive hat die CDU. Die Volksparteien haben auch noch die Stadtwerke als Klientel. Je mehr Strom sie aus erneuerbarer Energie herstellen, umso mehr können die Stadtwerke für ihre klammen Kommunen über die Strompreise abzocken. Die FDP wiederum hat die gut verdienenden Selbstständigen auf ihrer Liste, denen so in der Zinsflaute zu guten Kapitalrenditen verholfen wird.

Noch nicht begriffen habe ich, warum die SPD dabei mitmacht, ihre ehemalige Klientel so abkassieren zu lassen. Sind sie schon so von den Grünen abhängig, dass sie noch nicht einmal mehr die Bedürfnisse des »kleinen Mannes« erkennen? Wie können sie zulassen, dass die niedrigen Einkommensgruppen die überhöhten Gewinne der Kapital- und Landbesitzer direkt bezahlen?

Ist es der SPD auch egal, wie viele Arbeitsplätze in der deutschen Schwer- und Metallindustrie verloren gehen? Die verdienen noch Geld und zahlen Steuern. Die hochgepriesenen neuen Arbeitsplätze in der Solar- und Windindustrie aber bekommen Steuergelder. Haben die SPD und Gewerkschaften – voran die IG Metall und die Gewerkschaft Bergbau, Chemie, Energie – vergessen, wo ihre Mitglieder ihr Geld verdienen? Oder geben die akademischen Theoretiker der Zentralen die Themen vor?

Mittlerweile haben die Großkonzerne längst erkannt, welch schöne, risikolose Renditen mit der Rettung der Welt erwirtschaftet werden können. Siemens will Weltmarktführer in der Windenergie werden. Die Banken wetteifern um die Finanzierung solch gigantischer Projekte wie Windparks in Nord- und Ostsee – natürlich mit Staatsbürgschaften. Das Desertec-Projekt, jene illusorische Idee, wir könnten aus weit entfernten Sonnenkraftwerken in der Sahara unseren Strombedarf decken, verspricht ein ebenso gigantisches Geschäft für die Münchener Rück, die Deutsche Bank und Siemens zu werden. Aber seitdem klar ist, dass kein Staat für diese Wüstennummer bürgen wird, ziehen sich die großen Konzerne zurück. Desertec ist tot. Wie widersprüchlich dieses Milliardenprojekt war, zeigt die Tatsache, dass wir neue Energiequellen erschließen wollen, um vom Nahen Osten unabhängig zu werden, uns mit Desertec aber von den Chaosstaaten der Sahara abhängig gemacht hätten. Wären wir dann auf der Seite Frankreichs in Mali in den Krieg gezogen, um unsere Solarpaneele zu schützen? Aber wie naiv sind denn unsere Geldhäuser und Weltkonzerne à la Siemens?

Voraussetzung für all die Geschäfte sind die Weltuntergangsszenarien der Klimakatastrophe, die niemand so glaubwürdig vermitteln kann wie die Grünen. Und so werden sie zunehmend von der Wirtschaft unterstützt. Die Umwelt ist dabei zur Projektionsfläche von Geschäften mit Milliardensummen verkommen.

Ein Vorschlag, der wenigstens die Umverteilung von unten nach oben unterbindet und für alle deutschen Bürger die gleichen Voraussetzungen für die Höhe der Stromrechnung schafft: Wie wäre es, wenn der Gesetzgeber jeden Stromanbieter dazu verpflichtet, einen Anteil von zum Beispiel 20 Prozent Erneuerbare Energie in seinem Strommix anzubieten – egal woher er diese bezieht? Je preiswerter er also Erneuerbare Energie herstellt oder einkauft, umso günstiger ist sein Strompreis. Wir würden dann einen Wettbewerb um die günstigste Erneuerbare Energie bekommen und nicht um die am höchsten subventionierte. Die Besserverdienenden wären nicht mehr die Nutznießer dieser unsozialen Gesetzgebung und würden dank ihres höheren Lebensstandards, der mehr Strom verbraucht, auch entsprechend an den höheren Stromkosten beteiligt. Solange aber der FDP und der CDU/CSU das Bedienen ihrer Klientel wichtiger ist als die Prinzipien der Marktwirtschaft, müssen die Grünen keine Angst haben. Sie können weiterhin bei den Besserverdienenden um Stimmen buhlen, weil sie die höchsten Subventionen für die Erneuerbare Energie anbieten.

In einem marktwirtschaftlichen Modell wird auch die Nuklearindustrie entideologisiert. Sie wird zu einem Kostenfaktor, der sich rentiert oder nicht. Darüber sollte dann eine Volksabstimmung abgehalten werden. Die Antwort auf die Frage wäre sicher spannend. Wollen Sie Atomstrom für 2,5 Cent pro Kilowattstunde oder Sonnenstrom für 50 Cent – das sind im Moment die Preise, die gehandelt werden? Die Schweizer haben sich bei einer ähnlichen Frage allerdings vor der Fukushima-Katastrophe für Nuklearstrom entschieden. In den USA werden vier Kernkraftwerke in Wisconsin und Florida stillgelegt, weil sie sich nicht mehr rechnen, da die Gaspreise so stark gesunken sind. In einer Marktwirtschaft würden auch in Deutschland die Atomkraftwerke eines natürlichen Abgangs sterben.

Wie brutal sich die Markteingriffe rächen, zeigen im Frühjahr 2013 die Versuche, die ausufernden Kosten der Erneuerbaren Energien wieder einzufangen. Alle Subventionsempfänger gehen auf die Barrikaden und beschwören den Untergang der Energiewende. Dabei kommen die wahren Profiteure aus ihren Löchern: die Banken, die Landwirte, die grünen Projektbüros, die Maschinenbauer der Windkraftanlagen und die Besserverdienenden. Und deshalb schreibe ich es noch einmal: Es geht nicht um den Weltuntergang, es geht um die Münchner Rück, die grüne Ideologie und um die Einschränkung der Demokratie.

In einem Essay haben Dirk Maxeiner und Michael Miersch die Frage gestellt: »Ist die Linke noch links?« Sie beschreiben darin, wie heute Linke die Privilegien und Sonderrechte der Staatsangestellten und Beamten verteidigen, die Bedürfnisse und Lebenswelten der Arbeiter aber längst vergessen haben. Ich möchte diese Beobachtungen auf die Sozialdemokratie beziehen. Die Trennungslinie des »Klassenkampfs« teilt heute die Beschäftigten in zwei Gruppen: Die einen verdienen ihr Geld in der Privatwirtschaft und unterliegen dadurch Konjunkturschwankungen, müssen mit Firmenpleiten rechnen, bezahlen den Sozialstaat mit ihrer Arbeit. Die anderen sind beim Staat beschäftigt, beziehen ihre Besoldung direkt vom Steuer- oder vom Gebührenzahler. Sie sind bei ver.di, der Gewerkschaft der Staatsbediensteten, organisiert. Sie sind besonders streiklustig, bedrohen sie mit überzogenen Forderungen, doch nie ihren Arbeitsplatz. Im Zweifel werden eben die Staatsschulden erhöht. Mehr Staat bedeutet für sie mehr Macht. Umso leichter können sie dann die Gesellschaft als Geisel nehmen: Streiks in den Kindergärten, in den Krankenhäusern, an den Flughäfen, bei der Bahn. Zu der Klasse der privilegierten Dienstleister gehören auch die Ärzte, Flugkapitäne und Lokführer, die ihre eigenen Pressure-Groups gegründet haben. Einige, wie die Flugkapitäne, gehören zu den Spitzenverdienern, aber wenn sie ihre Gehaltsforderungen stellen, hört es sich an, als ob sie kurz vor der Insolvenz stünden.

Ein wunderbares Beispiel einer ordnungspolitischen Verwirrung war die letzte Gehaltserhöhung für niedergelassene Ärzte. Sie nennen sich Freiberufler und gleichzeitig verhandeln sie mit dem Staat über eine Gebührenerhöhung. Diese zahlt aber dann nicht der Staat, sondern der Kunde, also der Patient. Dieser wird aber nicht gefragt, genauso wenig wie seine Krankenkasse. Was für eine schöne Welt. Da verhandeln zwei, was ein Dritter bezahlen muss.

In ihrem Essay beschreiben Dirk Maxeiner und Michael Miersch, wie dieser »Klassenkampf von oben« der geistigen Hegemonie der kulturellen Eliten zu Macht und Geld verhilft. Da nahezu der gesamte Kulturbetrieb von Staatsgeldern abhängig ist, können diese rundum versorgten Kulturmandarine den Klassenkampf von gestern führen, weil sie den von heute nicht begreifen. Dazu fällt mir spontan der Schauspieler Walter Sittler ein, der seinen politischen Durchbruch gerade am Stuttgarter Bahnhof erlebt.

Die Sozialdemokraten als Partei der öffentlich-rechtlich abgesicherten Beschäftigten und den von Alltagsproblemen losgelösten Kulturträgern sind kein rein deutsches Phänomen. Der SPD sollte ein Blick nach Frankreich zeigen, wie das endet. Dort haben die Sozialisten schon lange keine wichtige Wahl mehr gewonnen, und ihr Koalitionspartner – die Kommunisten – ist praktisch von der politischen Bildfläche verschwunden. In den roten Arbeiterbezirken, die früher kommunistische Abgeordnete entsandten, feiern heute die Rechtsaußen der Nationalen Front ihre Wahlsiege. Die linken Bauern und ländlichen Bezirke haben eine der bürgerlichen Parteien gewählt und für die Sozialisten stimmen die »fonctionnaires«, die Staatsangestellten.

In Deutschland hat die kommunistische Linke noch eine breite Basis im Osten. Dort lebt sie von Ostalgie, Gedächtnisschwund und der immerwährenden Hoffnung vom sich selbst zerstörenden Kapitalismus und dem darauf folgenden Sozialismus mit menschlichem Antlitz. Und sie lebt vom widersprüchlichen Verhalten der anderen Parteien zu Freiheit und Marktwirtschaft. Trotzdem ist mir vor dem Sozialismus der Linken nicht bange. Der Niedergang von Staaten, die die kommunistischen Ideen in praktische Politik umsetzten, war jeweils so rasant, dass die Sozialisten schnell wieder davongejagt wurden, solange sie ihre Experimente in demokratischen Staaten versuchten.

Angst macht mir das Verhältnis der Linken zur Freiheit. Für ihr marxistisch-leninistisches Gesellschaftsmodell sind sie bereit, die Menschen notfalls mit Gewalt zu zwingen, in ihrem Herrschaftsbereich zu bleiben. Die Mauer war nur der extreme Auswuchs dieser Menschenverachtung. Aber ich habe auch in Nicaragua erlebt, wie die von Kuba und der Sowjetunion unterstützten Sandinisten versuchten, die Diktatur des Gewaltherrschers Somoza in eine Diktatur des Proletariats zu verwandeln.

Als Erstes zwangen sie die Marktfrauen, ihre spärlichen Lebensmittel abzugeben, weil sie nur noch an Kooperative abliefern durften. Wer seine Hühner und Maiskolben nicht sofort rausrückte, wurde zusammengeschlagen.

Damals feierten die Jusos die Sandinisten noch als Befreier. Dann kämpfte das Irrlicht Hugo Chavez in Venezuela darum, sein Land in eine sozialistische Diktatur zu verwandeln. Während fast alle Staaten Südamerikas einen noch nie da gewesenen Aufschwung erleben – allein in Brasilien sind 30 Millionen Menschen der Armut entkommen –, schrumpft im ölreichen Venezuela die Wirtschaft, nimmt der Hunger zu. Von den deutschen Linken aber kommt kein Wort der Kritik. Kein linker Diktator mit blutbefleckten Händen, dem Gregor Gysi nicht seine Aufwartung machte. Ob es sich um Fidel Castro oder den im Gefängnis gestorbenen Serben Slobodan Milošević handelte.

Wenn den Linken, einschließlich der bekennenden Kommunistin Sahra Wagenknecht, in den Talkshows die Bühne überlassen wird, dann dürfen sie ihre utopischen Wirtschaftstheorien im Namen der Gleichheit und Gerechtigkeit verkünden – und das war es dann. Ihr gestörtes Verhältnis zur Freiheit wird nie diskutiert. Das gehört sich offensichtlich nicht. Eine Krönung dieser journalistischen Peinlichkeit trug sich am Jahrestag der Befreiung der Botschaftsflüchtlinge in Prag durch Hans-Dietrich Genscher zu. Bei Reinhold Beckmann saß er gemeinsam mit Gregor Gysi. Politisch sehr korrekt, wie immer bei Beckmann, wurde da über diese bewegenden Tage geplaudert. Jeden Moment dachte ich, jetzt wird Beckmann an Gysi die entscheidenden Fragen stellen: »Sie waren damals im Auftrag der DDR-Regierung auch in Prag. Was war Ihre Aufgabe? Sollten Sie die DDR-Bürger dazu überreden, wieder in ihr Großgefängnis zurückzukehren? Und wie fühlen Sie sich heute, dass Sie für diese Diktatur den Rattenfänger gespielt haben?« Kein Wort über diese peinliche Rolle des Medienlieblings Gregor Gysi. Unsere Talkmeister reden über Gleichheit, nicht über Freiheit. Bleibt die Frage, warum Gysi überhaupt zu dieser Diskussion eingeladen wurde. Wahrscheinlich helfen seine flotten Sprüche bei der Einschaltquote.

Die Zunahme der Talkshows als Ersatz für eigenständige journalistische Analysen, Reportagen und Dokumentationen passt in das Bild der weitgehend vereinheitlichten Betrachtungsweise unserer Welt. Während es mittlerweile völlig normal ist, dass sich Politiker kritischen Sendungen verweigern, Ministerien Interviews zu Skandalen einfach ablehnen, haben sie für die Plauderrunden fast immer Zeit. Dort kann wenig passieren. Da dürfen sie in vertrauter Runde ihre nichtssagenden Sprüche loswerden und wissen schon, was der politische Gegner darauf antworten wird. Die finanzielle Ausstattung und die Vergabe der Produktionsrechte an die Talkmeister haben mindestens ein »Geschmäckle«. Sie liegen weit außerhalb des Tarifrahmens oder der Honorare für freie Mitarbeiter. Die Sendungen könnten auch heißen: »Wie werde ich Millionärin?« Dies alles wäre alleinige Angelegenheit der Sender, würden sie nicht mit Zwangsgebühren finanziert. Seit Januar 2013 sind für jeden Haushalt 17,98 Euro fällig, egal, ob der betreffende Bewohner ein Radio oder ein Fernsehgerät besitzt. Damit steht dann den öffentlich-rechtlichen Rundfunk- und Fernsehanstalten mehr Geld zur Verfügung als der katholischen oder evangelischen Kirche.

Der Verdacht, dass sich die Politiker hier eigennützige Einrichtungen schaffen, wird durch die Programmgestaltung nicht ausgeräumt, sondern eher gefördert. Diese Problematik verdient ebenfalls ein eigenes Buch. Aber zwei Gedanken will ich hier dennoch thematisieren, weil sie direkt mit der »politischen Correctness« zu tun haben, die ich mitverantwortlich für die Schieflage unserer Nation halte.

Ist es zu rechtfertigen, dass die öffentlich-rechtlichen Sender an einige Mitarbeiter Jahresgehälter von über 500 000 Euro zahlen, ohne dass diese für das Programm eine inhaltliche Verantwortung und für sich ein Beschäftigungsrisiko übernehmen?

Für die verstaatlichten Banken hat die Politik Einkommensgrenzen festgelegt. Warum gilt dies nicht auch für die Gagen bei den mit Zwangsgebühren finanzierten Sendern? Eine Rückbesinnung auf die Kernkompetenz eines öffentlich-rechtlichen Senders, nämlich auf unabhängige, kritische Informationsbeschaffung rechtfertigt Gebühren. Ob wir allerdings als einziges Land der Welt dafür gleich zwei Senderketten brauchen, ist mehr als fraglich.

Die zweite grundsätzliche Frage lautet: Warum müssen Sport und Unterhaltung mit Zwangsgebühren finanziert werden? Carmen Nebel könnte ihre Sänger genauso gut in einem privaten Sender auftreten lassen. Gottschalks Werbesendung *Wetten, dass ...?* würde sich dank ihrer Beliebtheit sicher mit Werbegeldern refinanzieren. Die Grenze zwischen privat und öffentlich-rechtlich im Unterhaltungsprogramm ist nur noch mit Mühe auszumachen, zumal auch die Stars zwischen den Systemen ausgetauscht werden. Private Unterhaltung sollte dann auch die volle Mehrwertsteuer zahlen.

Über eine Entstaatlichung, die ich als Voraussetzung für die Erneuerung unseres Staates sehe, werden die öffentlich-rechtlichen Sender sicher nur sehr eingeschränkt berichten. Das werden schon die von Politikern durchsetzen Kontrollgremien verhindern. Die Sender schaffen nämlich auch die Voraussetzung, jene Personen zu alimentieren, die für die Politiker ganz wichtig sind, wie verbeamtete Meinungsführer, selbstverliebte Künstler und über Gebühren mitfinanzierte Sportvereine. Und nicht geht über die Talkshows, die eine so herrliche Bühne zur Selbstdarstellung bieten.

Was aber ist mit der CDU/CSU und der FDP, die beide immer noch von der Erfolgsgeschichte der »sozialen Marktwirtschaft« reden? Beide erinnern an die Leistungsträger, fordern mehr Netto vom Brutto, wollen, dass sich Leistung lohnt. In ihren Sonntagsreden klingt das alles ganz gut, aber es klingt auch hohl. Wenn sie von sozialer Marktwirtschaft reden, dann ist das eine Worthülse. Wenn sie regieren, ist von dem, was die Väter dieser Wirtschaftsordnung wie Alfred Müller Armack und Ludwig Erhard einmal wollten, nicht mehr viel übrig.

Die CDU ist eine Allerweltspartei, die inhaltlich für fast alles steht. Mit Helmut Kohl hat die ordnungspolitische Beliebigkeit angefangen und mit Angela Merkel ist sie zum Markenzeichen geworden. Kurzfristige Machtüberlegungen ersetzen die politische Orientierung. Da eine eigene Überzeugung fehlt, müssen die Meinungsforscher aushelfen. Doch die Meinungsforscher können nur das abfragen, was vorher von der Politik und den Medien verbreitet worden ist. Selbstbefruchtung heißt das in der Botanik. Enttäuscht von der Beliebigkeit der CDU und der Widersprüchlichkeit der CSU haben Millionen Wähler bei der letzten Bundestagswahl 2009 ihr Kreuz bei der FDP gemacht, der Freien Demokratischen Partei. Liberalität und Staatsferne hat sie im Wahlkampf versprochen und sehr viele haben sich genau das gewünscht.

Bisher litt die FDP unter dem Image, eine Interessenpartei der A-Berufe zu sein: der Apotheker, Ärzte, Anwälte und Architekten. Nicht um für sie Märkte zu schaffen, sondern um sie vor allzu viel Markt zu beschützen. Das sollte 2009 anders werden. Wurde es auch. Jetzt ist sie zwar immer noch eine A-Partei. Das »A« steht aber nun für »Auch«-Partei. Die FDP ist jetzt auch für Steuerbegünstigungen (Hoteliers), auch für das EEG, auch für Landwirtschaftssubventionen, auch, auch, auch … Und wer braucht eine »Auch-Partei«? Eigentlich niemand. So sind die Wähler wieder geflohen und grollen, sind heimatlos.

Es gibt viele einflussreiche Gruppen und Zirkel, die damit liebäugeln, das Vakuum von CDU/CSU und FDP durch eine Parteineugründung zu füllen. Es geht hier nicht um eine national rechts orientierte Partei, wie wir sie in fast ganz Europa schon in den Parlamenten haben. Eher eine Partei, in der die Erhard'schen Ideale und Prinzipien politisch umgesetzt werden. Und warum soll das nicht möglich sein?

Die Parallelen von 1948 und heute sind so unterschiedlich nicht, wie es auf den ersten Blick den Anschein haben könnte – zumindest parteipolitisch nicht. Die SPD hatte gerade 1948 auf ihrem Düsseldorfer Parteitag beschlossen: »Die Wirtschaft kann sich nicht selbst überlassen bleiben. Der Traum vom ausgleichenden, segensreichen Spiel der freien Kräfte ist ausgeträumt.« Das könnte auch aus dem Jahre 2010 stammen. Die CDU bestand aus vielen Flügeln, die von weit rechts bis weit links reichten.

Der Freidemokrat Thomas Dehler brachte Ludwig Erhard mit zu den Verhandlungen über die Wirtschaftsverfassung des zu gründenden Staates. Ein Liberaler, mit dem die CDU lange nichts anzufangen wusste. Das würde ihm heute bei einem CDU-Parteitag auch nicht anders ergehen. Später, in den ersten Jahren der Bundesrepublik, hatte er heftige Auseinandersetzungen mit der SPD auszufechten. »Ihre Gegnerschaft gegen meine Wirtschaftspolitik hat nicht zuletzt ihren Grund darin, dass diese Wirtschaftspolitik das ganze Funktionärswesen in unserer Wirtschaft zerschlägt«, warf er dem SPD-Vorsitzenden Kurt Schumacher vor. Der antwortete: »Aber die Funktionäre sorgen für die Arbeitslosen und Sie nicht.« Auch dieser Gegensatz ist heute noch im Parlament nachzuvollziehen. Nur dass diese Funktionärsposition eher von den »Linken« vertreten wird.

Damals wie heute setzen die Intellektuellen und das Feuilleton auf den Staat und nicht auf die freie Marktwirtschaft. Die hoch angesehene Marion Gräfin Dönhoff schrieb 1948 über Erhard: »Wenn Deutschland nicht eh schon ruiniert wäre, dieser Mann mit seinem absurden Plan, alle Bewirtschaftung aufzuheben, würde es gewiss fertigbringen. Gott schütze uns davor … Das wäre nach Hitler und der Zerstörung Deutschlands die dritte Katastrophe.« Ein überzeugendes Dokument dafür, dass der ostpreußische Adel mit Liberalität nichts zu tun hatte.

Damals hat Erhard sein Konzept durchgesetzt von einer Wirtschaftspolitik, »die den Menschen, jedem einzelnen Menschen, hilft«. Er hat so die junge Demokratie gestützt, vielleicht sogar überhaupt erst möglich gemacht. Warum nur hat keine Partei, keine gesellschaftlich bedeutende Organisation in unserem Land die Kraft und den Mut, zu den Erhard'schen Grundsätzen zurückzukehren? Es ist diese Resignation, die wenig Hoffnung zulässt, dass Deutschland trotz der bedrohlichen Entwicklung sich aus der staatlichen Umklammerung befreit und nicht nach Kaiserreich, Naziregime und DDR in der vierten Staatspleite innerhalb von hundert Jahren endet. Die wirtschaftlichen Folgen einer Staatswirtschaft sind bekannt – die politischen Konsequenzen in den nächsten Jahren aber nicht vorhersehbar.

Zu einem Ausflug auf die andere Hälfte unseres Planeten will ich Sie noch mitnehmen, um zu zeigen, dass es Hoffnung gäbe, wenn wir nur wollten. Vor gut 20 Jahren war Neuseeland pleite. Keine Bank der Welt war bereit, auch nur einen Cent für ein Land auszugeben, das um 1950 noch zu den reichsten Staaten der Welt gehört hatte. 1980 betrug der Spitzensteuersatz 65 Prozent, die Staatsverschuldung etwa 300 Prozent, die Inflationsrate galoppierte auf 20 Prozent zu und nur die Arbeitslosigkeit war niedrig, weil niemand entlassen werden durfte.

Neuseeland war total verregelt: Margarine gab es nur auf Krankenschein, um die heimische Butterindustrie zu schützen. Der neuseeländische Dollar unterlag der Devisenbewirtschaftung. Für Waren, die eingeführt wurden, gab es begrenzte Lizenzen. Die Liste der wohlfahrtsstaatlichen Leistungen und Abschottungen würde Seiten füllen. Es war der Finanzminister der Labour-Partei, Roger Douglas, der zu dem Schluss kam, dass dieses System den Kapitalisten hilft, die sich mit ihren Monopolen dank Lizenzen und Subventionen dumm und dämlich verdienten, das Geld aber überall auf der Welt investierten, nur nicht in Neuseeland. Und es diente den Schmarotzern, die sich in der sozialen Hängematte des Wohlfahrtsstaates ausruhten.

Bezahlen mussten das alles die Arbeiter in seinem Wahlkreis in Auckland, die immer ärmer wurden.

Douglas setzte eine radikale Entstaatlichung durch. Alle Arbeitsgesetze wie Mindestlohn, Flächentarifverträge, Beschäftigungsgarantien wurden aufgehoben und alle Subventionen innerhalb von drei Jahren auf null zurückgefahren. Vorher lebten die Landwirte und Schafzüchter zu fast 40 Prozent von staatlichen Zuteilungen. Alle Einfuhrbeschränkungen wurden eliminiert. Die Währung freigegeben, der Spitzensteuersatz auf 35 Prozent gesenkt und das Schuldenmachen der Regierung und staatlichen Behörden und Organisationen verboten. Der Notenbankgouverneur erhielt einen Vertrag, der ihn verpflichtete, die Inflation zwischen 0 und 2 Prozent zu halten. Bei 4 Prozent drohte ihm die sofortige Entlassung.

Heute hat Neuseeland alle Schulden abbezahlt. Das Land hat Vollbeschäftigung. Jeder Arbeitsplatz ist dem Weltmarkt ausgesetzt. Die Bauern wollen nie wieder Subventionen, weil sie den Staat von ihren Höfen haben. Ihre Wettbewerbsfähigkeit spüren gerade die europäischen Milchbauern, die immer noch nicht an den Markt glauben.

Der Mann, der die Blaupausen für Roger Douglas entwarf, ist der Wirtschaftswissenschaftler Robert Kerr. Ihn fragte ich, wie er sicher sein konnte, dass diese Radikalkur Erfolg haben könnte. »Das fragen Sie mich, wo Sie doch aus Deutschland kommen?«, gab er sich erstaunt. »Ich habe noch einmal genau die Lehren von Ludwig Erhard studiert. Von ihm konnte ich viel lernen. Er hat zeitlos recht. Wir haben nur seine Politik umgesetzt. Seine liberalen Lehren stimmen immer, egal, ob es sich um ein kleines oder ein großes Land handelt. Deutschland wurde damit groß. Neuseeland hat sich damit gerettet.«

Da bin ich einmal um die halbe Welt gereist, um von einem Neuseeländer zu hören, wie wir uns aus unserem Schlamassel befreien können. Damit habe ich auch begriffen: Weder ist ein Marktwirtschaftler wie Ludwig Erhard noch ein Labour-Finanzminister wie Roger Douglas im Moment bei uns weit und breit zu sehen. Und selbst wenn, das ist die eigentliche Tragik: Beide hätten zurzeit in Deutschland keine Chance, weil wir seit der Episode Ludwig Erhard immer mehr in die Staatsgläubigkeit zurückfallen.

29. DER ABSCHIED DER DEUTSCHEN – EIN NACHRUF

Die Geschichte der letzten hundert Jahre hat es mit Deutschland nicht gut gemeint. Sie war brutal. Die Deutschen waren mal Opfer, mal Täter, und beides in solch extremen Ausmaßen, dass die Menschen in tiefe Scham verfielen oder ihre Geschichte ausblenden wollten. Noch immer sind wir weit von einer Normalität entfernt. Vielleicht sind die letzten hundert Jahre einfach zu viel für ein Volk: von Verdun bis Auschwitz, vom überheblichen Kaiserreich zum gedemütigten, geteilten Restdeutschland. Vielleicht sind wir einfach nicht mehr in der Lage, die Zukunft unseres Landes in Freiheit zu gestalten.

Im wiedervereinigten Deutschland prallen jetzt alle Strömungen aufeinander, die dieses Land prägten, vom bürgerlichen Egoismus bis hin zur deutschen Sozialromantik. Die Berliner Republik vereint

- die Überheblichkeit der herrschenden Klassen im Kaiserreich, die ihre Privilegien mit einem unterwürfigen Glauben an die Staatsautorität sicherten,
- die demokratische Unsicherheit im Umgang mit Wirtschaftskrisen wie in der Weimarer Republik,
- die vom Staat organisierte Verteilung sozialer Wohltaten während der NS-Zeit als Bestechung des Volkes, damit es den Wahn bis hin zum totalen Krieg mitmacht, sowie
- die sozialistische Gleichmacherei einer utopischen Staatsidee wie in der DDR.

Die sozialen »Errungenschaften« Bismarcks, die Umverteilungsgesetze zugunsten der Volksgenossen durch die Nazis und die sozialistischen Geschenke der SED-Kommunisten, all diese angeblichen Errungenschaften halten wir aufrecht und bauen sie noch aus. Das Kaiserreich ist am Größenwahn untergegangen und endete mit dem Bankrott in den Zwanzigerjahren, den die schwache Demokratie politisch nicht verkraften konnte. Die auf Verschuldung beruhende Wirtschaft der Nazis führte direkt in den Untergang und die DDR war so pleite, dass sich die Sowjetunion gerne für einen Appel und ein Ei von ihr trennte.

Aber wir haben die Schnauze von Untertanengeist und Staatswirtschaft immer noch nicht voll. Wir verschulden den Staat wieder bis hin zum Offenbarungseid. Die sich selbst als Elite betrachtenden Akteure suggerieren: Noch mehr Macht in ihren Händen wäre die Lösung – so fordern sie, von den gemäßigten Sozialdemokraten, über die trickreichen Grünen bis zur skrupellosen PDSLINKEN mehr soziale Wohltaten und mehr Staatseinfluss. Und wo sie können, machen sie gleich noch mehr Schulden, wie nach der Regierungsübernahme 2010 in Nordrhein-Westfalen.

Die sich bürgerlich nennenden Gesellschaftsschichten wollen nur, dass sie ungeschoren die Schuldenlawine überstehen. Sie sind aber kraft- und ideenlose Egoisten. Karl Marx und die Frankfurter Schule haben die geistige Führung übernommen. Die Idee der Freiheit, des eigenverantwortlichen Menschen, die einmal kurz zu Ludwig Erhards Zeiten aufblitzte, wird nur noch von einer einflusslosen Randgruppe hochgehalten. Damit erleidet Erhard dasselbe Schicksal wie alle Freiheitsreformer Deutschlands: Er verkümmert zu einer kurzen, historischen Episode.

Die unumkehrbare demoskopische Kurve zeigt, dass die Urdeutschen, also die, die vor der Einwanderungswelle seit den Siebzigerjahren des 20. Jahrhunderts schon hier gelebt haben, zu einer Minderheit von höchstens 40 Millionen bis zur Jahrhundertwende 2100 zusammenschmelzen werden. Ist es wirklich ein Verlust für Europa, wenn ein Volk, das sich nicht mit der Freiheit anfreunden kann, wenn dieses Volk in der Mitte Europas keine prägende Rolle mehr spielt?

LITERATURVERZEICHNIS

Aly, Götz: *Hitlers Volksstaat. Raub, Rassenkrieg und nationaler Sozialismus.* Frankfurt a. M.: S. Fischer Verlag, 2005.

Becker-Boost, Erich, Harald C. Klien: *Ökonomie der Liebe. Die Vermessung der Gefühle.* Wien: Thomas Sessler Verlag, 2009.

Bertelsmann-Stiftung: *Älter werden – aktiv bleiben. Beschäftigung in Wirtschaft und Gesellschaft.* Gütersloh, 2006.

Birg, Herwig: *Die demographische Zeitenwende. Der Bevölkerungsrückgang in Deutschland und Europa.* München: Verlag C. H. Beck, 2005

Cunningham Jr., Noble E.: *Jefferson vs. Hamilton: Confrontation That Shaped a Nation.* Boston/New York: Bedford/St. Martin's, 2000.

Diem, Marianne und Claus: *Der Staat – die große Fiktion. Ein Claude-Frédéric-Bastiat-Brevier.* Thun: Ott Verlag, 2001.

Ederer, Peer: *Lebensbilanzen. Die Berechnungen des finanziellen Verhältnisses eines Einwohners mit dem deutschen Staat.* Universität Witten-Herdecke, 2002.

Ederer, Peer, Philipp Schuller, Stephan Willms: *Geschäftsplan Deutschland.* Stuttgart: Schäffer-Poeschel Verlag, 2008.

Habermann, Gerd: *Der Wohlfahrtsstaat. Geschichte eines Irrwegs.* Berlin: Propyläen Verlag, 1994.

Habermann, Gerd: *Vision und Tat. Ein Ludwig-Erhard-Brevier.* Thun: Ott Verlag, 2000.

Hennecke, Hans Jörg: *Friedrich August von Hayek – Eine Einführung.* Hamburg: Junius Verlag, 2008.

Höfer, Max A.: *Meinungsführer, Denker, Visionäre. Wer sie sind, was sie denken, wie sie wirken.* Frankfurt a. M.: Eichborn Verlag, 2005.

Höfer, Max A., Ronald Voigt, Sebastian Braun: *Deutschland zum*

Selbermachen. Initiative Neue Soziale Marktwirtschaft, Forschungszentrum für Bürgerliches Engagement. München/Zürich: Pendo Verlag, 2007.

IPCC – Intergovernmental Panel on Climate Change: *The Science of Climate Change*. Cambridge University Press, 1995.

Knigge, Volkhard, Imanuel Baumann: *»…mitten im deutschen Volke«. Buchenwald, Weimar und die nationalsozialistische Volksgemeinschaft*. Göttingen: Wallstein Verlag, 2008.

Langguth, Gerd: *Angela Merkel*. München: Deutscher Taschenbuchverlag, 2005.

Lenzen, Dieter, Prognos AG: *Bildung neu denken! Das Zukunftsprojekt*. Vereinigung der Bayerischen Wirtschaft e.V., Opladen: Leske + Budrich Verlag, 2003.

Maxeiner, Dirk: *Hurra, wir retten die Welt. Wie Politik und Medien mit der Klimaforschung umspringen*. Berlin: Wolf Jobst Siedler Verlag, 2007.

Raffelhüschen, Bernd, Stefan Moog: *Ehrbarer Staat? Die Generationenbilanz*. Albert-Ludwigs-Universität Freiburg, 2010.

Safranski, Rüdiger: *Romantik. Eine deutsche Affäre*. München: Carl Hanser Verlag, 2007.

Wein, Martin: *Die Weizsäcker – Geschichte einer deutschen Familie*. Stuttgart: Deutsche Verlags-Anstalt, 1988.

Wiggershaus, Rolf: *Die Frankfurter Schule. Geschichte. Theoretische Entwicklung. Politische Bedeutung*. München: Deutscher Taschenbuchverlag, 2008.

REGELMÄSSIGE VERÖFFENTLICHUNGEN

Berichte der Deutschen Bundesbank
Berichte des Statistischen Bundesamts
Informationsdienst des Instituts der deutschen Wirtschaft
Subventionsberichte des Instituts für Weltwirtschaft der Universität Kiel

Wirtschaftsmagazin *Der Steuerzahler* vom Bund der Steuerzahler

Orientierungen zur Wirtschafts- und Gesellschaftspolitik der
Ludwig-Erhard-Stiftung

GÜNTER EDERER

Jahrgang 1941, produzierte über 40 Jahre lang Filme für ARD und ZDF und berichtete aus 62 Ländern mit dem Schwerpunkt Wirtschaft. Sechs Jahre lang war er ZDF-Korrespondent in Tokio. Er ist im Beirat des Unternehmerinstituts, Fellow im Institut Zukunft für Arbeit und Aufsichtsrat der gemeinnützigen Aktiengesellschaft »Pro Wettbewerb«. Mit 23 Preisen ist er der meist ausgezeichnete Wirtschaftsjournalist Deutschlands.

AUSZEICHNUNGEN

1960   1. Preis des hessischen Kultusministers für die beste jugendeigene Zeitschrift

1983   Deutsch-Französischer Journalistenpreis
ZDF-Dokumentation: *Die Ehe mit Marianne – 20 Jahre deutsch-französischer Freundschaftsvertrag*

1986   Roster of Heroes, Auszeichnung der philippinischen Präsidentin für die Berichterstattung über die Revolution

1990   Ernst-Schneider-Preis der deutschen Industrie- und Handelskammern
Zwei ZDF-Dokumentationen: *Ein Versuch, die Japaner zu verstehen*

1993   Ernst-Schneider-Preis der deutschen Industrie- und Handelskammern
ZDF-Serie: *Industriestandort Deutschland*

1995   Buch des Jahres des Bundesverbandes deutscher Unternehmensberater
Das Erbe der Egoisten – Wie unsere Generation die Zukunft Deutschlands verspielt

1996 Deutscher Wirtschaftsfilmpreis
ARD-Feature: *Das Märchen vom König Kunde – Service in Deutschland*

1997 Ernst-Schneider-Preis der deutschen Industrie- und Handelskammern
ARD-Feature: *Das Märchen vom König Kunde – Service in Deutschland*

1998 Journalistenpreis des Bundes der Deutschen Steuerzahler Nordrhein-Westfalen e.V.
ARD-Feature: *Die Verschwender der Nation. Subventions-sumpf Deutschland*

1998 Nominierung der ARD für den Telestar
ARD-Feature: *Die Verschwender der Nation. Subventions-sumpf Deutschland*

1999 Ernst-Schneider-Preis der deutschen Industrie- und Handelskammern
ARD-Feature: *Der Trottel der Nation – Wer arbeitet wird abgezockt*

2000 Medien-Preis der Johanna-Quandt-Stiftung in Gedenken an Herbert Quandt
ARD-Dokumentation: *Schocktherapie – Wie die Hoechst-Manager ihren Konzern zerschlagen*

2000 Deutsch-Französischer Journalistenpreis – ASKO Son-derpreis für Wirtschaftsthemen
ARD-Dokumentation: *Schocktherapie – Wie die Hoechst-Manager ihren Konzern zerschlagen*

2000 Nominierung der ARD für den Deutschen Fernsehpreis
ARD-Dokumentation: *Schocktherapie – Wie die Hoechst-Manager ihren Konzern zerschlagen*

2001 MPW-Journalistenpreis 2001
ARD-Feature: *Leeres Land – Sterben die Deutschen aus?*

2002 intermedia-globe SILVER *Melitta – ein Portrait jenseits der Zahlen*

2002 Karl-Bräuer-Preis vom deutschen Bund der Steuerzahler

Nach uns die Sintflut – Die Staatsverschuldung frisst die
Zukunft unserer Kinder

2002 Der Deutsche Fernsehpreis
ARD-Reportage: *Menschenpoker – Neue Wahrheiten über*
die Arbeitslosigkeit

2003 Publizistikpreis der Stiftung Gesundheit
WDR-Hörfunkreportage: *Wie geht's uns denn, Herr Dok-*
tor? – Eine Statusaufnahme des deutschen Gesundheitswe-
sens

2003 Stern der Woche von der Kulturredaktion der *Abendzei-*
tung für ARD-Reportage: *Das Märchen vom blühenden*
Arbeitsmarkt

2003 Ludwig-Erhard-Preis für Wirtschaftspublizistik
Buch: *Die Sehnsucht nach einer verlogenen Welt: Die deut-*
sche Furcht vor Freiheit, Markt und Eigenverantwortung –
Über Gutmenschen und andere Scheinheilige

2004 Ernst-Schneider-Preis der deutschen Industrie- und
Handelskammern
Drei ARD-Features: *Das Märchen von der sicheren Rente,*
Das Märchen von der gerechten Steuer, Das Märchen vom
blühenden Arbeitsmarkt

2006 Friedrich A. von Hayek-Medaille von der Friedrich A.
von Hayek-Gesellschaft für sein kompromissloses Eintreten für die Freiheit

VERÖFFENTLICHUNGEN

1988 *Korea, geteiltes Land* – Mitautor. Berlin: Edition Myron
1988 Merian Heft: Korea – Mitautor
1991 *Das leise Lächeln des Siegers – Was wir von den Japanern*
lernen können. 6. Auflage im März 1994, Düsseldorf:
Econ Verlag
Bestsellerliste der Wirtschaftswoche Platz 13

1991 *Abenteuer und Legenden* – Mitautor. Bergisch-Gladbach: Lübbe-Verlag

1993 *Dramatische Augenblicke – Fernsehreporter über ihre aufregendsten Erlebnisse* – Mitautor. Stuttgart: DVA

1995 *Das Erbe der Egoisten. Wie unsere Generation die Zukunft Deutschlands verspielt.* München: C. Bertelsmann Verlag
Bestsellerliste der Wirtschaftswoche Platz 2

1995 *TIME-Magazine:* »But Beware of Termits. Germany's Economy in Transition«

1996 *Der Sieg des himmlischen Kapitalismus – Wie der Aufstieg Chinas unsere Zukunft verändert.* Landsberg: verlag moderne industrie
Bestsellerliste der Wirtschaftswoche Platz 6

1998 Günter Ederer und Lothar J. Seiwert: *Das Märchen vom König Kunde.* Offenbach: Gabal Verlag

2000 *Die Sehnsucht nach einer verlogenen Welt – Unsere Angst vor Freiheit, Markt und Eigenverantwortung. Über Gutmenschen und andere Scheinheilige.* München: C. Bertelsmann Verlag

2009 *Fuldaer Zeitung* – 14-tägige Kolumne: »Was Ludwig Erhard dazu sagen würde«